De Atahuallpa a Cuauhtémoc

Los nacionalismos culturales de Benjamín Carrión y José Vasconcelos

JUAN CARLOS GRIJALVA
Y
MICHAEL HANDELSMAN
Editores

Museo de la ciudad, Quito.
Intituto Internacional de Literatura Iberoamericana, EE.UU.

DE ATAHUALLPA A CUAUHTÉMOC.
Los nacionalismos culturales de
Benjamín Carrión y José Vasconcelos

Investigación financiada por el Museo de la Ciudad de Quito. Fundación Museos de la Ciudad, Ecuador.

Auspician:
Museo de la Ciudad de Quito. Fundación Museos de la Ciudad, Ecuador.
Instituto Cultural de México, Francia.
Instituto Internacional de Literatura Iberoamericana, EE.UU.

Coordinación de la investigación:
Juan Carlos Grijalva y Michael Handelsman

Autores de los ensayos:
Alejandro Querejeta Barceló, Carmen Fernández-Salvador, Rocío Fuentes, Javier Garciadiego, Juan Carlos Grijalva, Yanna Hadatty Mora, Michael Handelsman, Carlos A. Jáuregui, Esteban Loustaunau, Luis A. Marentes, Françoise Perus, Ignacio M. Sánchez Prado, Emmanuelle Sinardet.

ISBN: 1-930744-65-X
© Serie Nueva América, 2014
INSTITUTO INTERNACIONAL DE
LITERATURA IBEROAMERICANA
Universidad de Pittsburgh
1312 Cathedral of Learning
Pittsburgh, PA 15260
(412) 624-5246 • (412) 624-0829
iili@pitt.edu • www.iilionline.org

Colaboraron con la preparación de este libro:

Composición, diseño gráfico y tapa: Erika Arredondo
Corrección de textos: Grace Sigüenza, Juan Carlos Grijalva, Michael Handelsman, Henán Medina y Jorge Tapia

Fotografías. Fondo de Cultura Económica, *José Vasconcelos. Iconografía*, 2010.
E-mail: editorial@fondodeculturaeconomica.com

Imagen de la portada: Detalle de *El incario y la conquista* (1940), de Oswaldo Guayasamín. Casa de la Cultura Ecuatoriana Benjamín Carrión, Quito.

Editado en el formato de la Modern Languages Association (MLA), USA.

SUMARIO

Introducción: Vasconcelos/Carrión, una democratización cultural restringida. JUAN CARLOS GRIJALVA 7

I. ROSTROS DEL MESTIZAJE

Visiones del mestizaje en *Indología* de José Vasconcelos y *Atahuallpa* de Benjamín Carrión. MICHAEL HANDELSMAN ... 31
Cuauhtémoc y Atahuallpa: símbolos del mestizaje iberoamericano en Vasconcelos y Carrión. LUIS A. MARENTES 59
Oswaldo Guayasamín, Benjamín Carrión y los monstruos de la razón mestiza (A propósito de los 60 años de *Huacayñán*, 1952-1953). CARLOS A. JÁUREGUI 83
José Vasconcelos y las políticas del mestizaje en la educación. Rocío FUENTES 115
Imaginar la ecuatorianidad en tiempos de crisis: *Cartas al Ecuador* y la representación cultural de la migración contemporánea. ESTEBAN LOUSTAUNAU 147

II. LITERATURA, ARTE, VANGUARDIA

Vasconcelos y los libros "clásicos". JAVIER GARCIADIEGO .. 179
Los tonos de la patria: Carrión en México y las fundaciones de la cultura nacional en América Latina. IGNACIO M. SÁNCHEZ PRADO 201
Benjamín Carrión y las políticas culturales de la primera mitad del siglo XX: de las colecciones privadas a la esfera pública. CARMEN FERNÁNDEZ-SALVADOR 219
José Vasconcelos y Benjamín Carrión, suscitadores de las vanguardias. YANNA HADATTY MORA 247

García Moreno, el santo del patíbulo y *Ulises criollo*: biografía y autobiografía en los bordes de la ficción.
FRANÇOISE PERUS 273

III. INTELECTUALES Y CULTURA NACIONAL

Vasconcelos y Carrión: un sumario epistolar. ALEJANDRO QUEREJETA BARCELÓ 301

A caballo, por la ruta de los libertadores: el legado mesiánico y elitista de José Vasconcelos en Ecuador. JUAN CARLOS GRIJALVA 321

La revisión del proyecto cultural de Benjamín Carrión: los tzánticos parricidas. EMMANUELLE SINARDET SEEWALD 353

IV. SOBRE LOS AUTORES   381

José Vasconcelos. Fuente: *José Vasconcelos. Iconografía*. México: Secretaría de Educación Pública/Fondo de Cultura Económica, 2010.

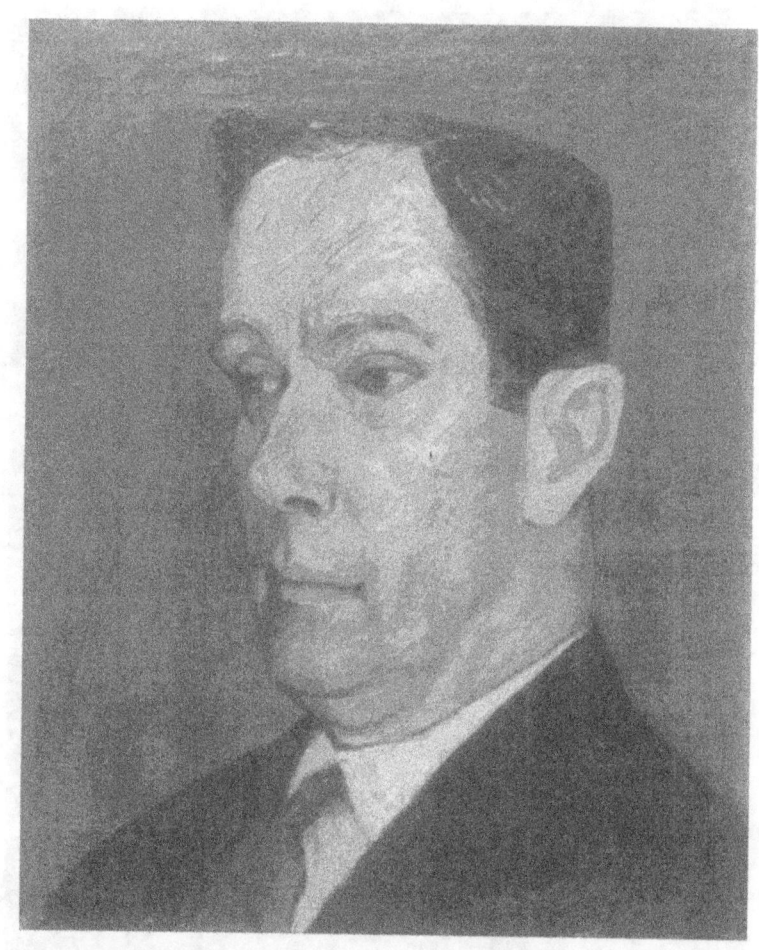

Benjamín Carrión, de Oswaldo Guayasamín (*Huacayñán*, retratos). Cortesía de la Fundación Guayasamín.

Introducción:
Vasconcelos/Carrión, una democratización cultural restringida

JUAN CARLOS GRIJALVA
Assumption College

> *Seamos una gran potencia de cultura porque para eso nos autoriza y alienta nuestra historia.*
>
> Manuel Benjamín Carrión

Esta es la consigna nacionalista que en la Plaza de la Santa Veracruz, en la Ciudad de México, rodea la escultura en bronce de un hombre de edad mediana, sentado en una pequeña mesa, jugando plácidamente una partida de ajedrez. Pedro Filiberto Ramírez Ponzanelli, autor de la obra, imagina así al intelectual y gestor cultural ecuatoriano Manuel Benjamín Carrión. La antigua épica libertadora del pedestal, la espada y el caballo han desaparecido; el intelectual es ahora un individuo que habita la plaza, de grandeza cotidiana y pasatiempos de la inteligencia. La consigna de Carrión, por otra parte, expresa bien la manera en que el nacionalismo moderno, legitimado por el Estado, sus instituciones y grupos intelectuales afines, afirma el imperativo de proteger la "gran potencia" de la cultura nacional; e inventa, como diría Hobsbawm, una tradición histórica legendaria que "autorice" y "aliente" a un nosotros, un "seamos", a reconocerse como una fuerza colectiva, consciente y orgullosa de su pertenencia nacional.

La construcción nacionalista de una "cultura oficial", modelo de la nacionalidad, ha estado presente en los países latinoamericanos desde su mismo surgimiento como repúblicas independientes a principios del siglo XIX. La búsqueda de naciones integradas territorial, lingüística y culturalmente, llevó, como se sabe, a la afirmación de una identidad nacional abstracta; a imaginar naciones que existían en las letras, los mapas y las leyes como un "deber ser", pero que en los hechos defendían una ciudadanía excluyente y elitista. A partir de las primeras décadas del siglo xx, y sobre todo bajo el impacto de la Revolución Mexicana (1910), surgirá un nuevo tipo de nacionalismo, democratizante, de corte fuertemente cultural y popular, que intentará representar y cooptar el potencial político de vanguardia de los sectores más empobrecidos y explotados. Tal como han observado Franco, Rowe y Shelling, entre otros, el período que continúa a la Primera Guerra Mundial de 1914 en Latinoamérica fue un tiempo de "fermentación social": de huelgas obreras y sublevaciones indígenas, de protestas estudiantiles y reformas educativas, del final de largas dictaduras y crisis de hegemonía de las antiguas oligarquías terratenientes, de creciente internacionalización de las economías latinoamericanas, desarrollo urbano caótico y emergencia de nuevas clases sociales y trabajadoras.

El mexicano José Vasconcelos Calderón (1882-1959) y el ecuatoriano Manuel Benjamín Carrión Mora (1897-1979) sobresalen, en este contexto, como dos figuras intelectuales paradigmáticas del proyecto nacionalista que intentó, en la primera mitad del siglo xx, democratizar la cultura nacional, destruir las graves injusticias sociales y construir una sociedad igualitaria y orgullosa de sus diversidades étnicas, raciales y populares, en sus respectivos países. Vasconcelos, conocido en la década del veinte como "maestro de las juventudes", no sólo influenciará de manera diversa en la producción intelectual ecuatoriana de la época; sino que proporcionará a Carrión, en particular, un modelo cultural para pensar lo mestizo ecuatoriano. La gestión político-institucional de Vasconcelos como rector de la Universidad Nacional Autónoma de México y secretario de Educación Pública ejemplificará, además, una manera de entender el nuevo rol del intelectual, comprometido con la educación popular, la producción literaria y artística nacional, la gestación de publicaciones y revistas culturales, y, en general, la promoción de la hispanidad, el antiimperialismo y la unidad latinoamericana. La gestión político-cultural de Carrión en la década de los cuarenta, análogamente, será fundamental en la creación de la Casa de la Cultura Ecuatoriana; la dirección de publicaciones como *Letras del*

Ecuador. Periódico de literatura y arte; y el apoyo y promoción de artistas y escritores ecuatorianos como Eduardo Kingman, Oswaldo Guayasamín, Pablo Palacio, Jorge Icaza o Jorge Carrera Andrade, entre otros. La obra ensayística y literaria de Carrión, que se inicia desde los años veinte, será una tribuna pública para la reflexión sobre la cultura, historia y literatura ecuatorianas y latinoamericanas, así como para la misma valoración del legado de su precursor mexicano. Carrión fue un comunicador de las ideas y pensamiento latinoamericanos, como ha dicho Michael Handelsman, y su gestión es reconocida hoy en día como un lugar de discusión indispensable de la cultura ecuatoriana contemporánea.

A pesar de sus distancias históricas y sociales, los proyectos nacionalistas de Vasconcelos y Carrión surgen bajo el denominador común de la amenaza y la desilusión. Por un lado, ambos lideran una impugnación nacionalista frente a la voracidad de los Estados Unidos en Latinoamérica, enjuiciada ya desde mucho antes por intelectuales como Rubén Darío, José Martí o José Enrique Rodó, entre otros; por otro lado, encabezan la necesidad apremiante de reconciliar a sus respectivas naciones consigo mismas. Mientras que en México fue imperioso construir un Gobierno democratizante y popular que emulara los ideales de la Revolución, y contrarrestara el caos y la convulsión populares en que había quedado el país; en el Ecuador, años más tarde, la derrota en la guerra ecuatoriano-peruana de 1941, la pérdida de una parte significativa del territorio nacional en el Protocolo de Río de Janeiro y el consiguiente resquebrajamiento territorial y político serían los detonantes de un movimiento cultural nacionalista, en el que Carrión emergería como el gran mecenas cultural del Estado, intentando reafirmar el valor y orgullo nacionales. A lo cual se sumaría, además, la desilusión cultural provocada por el declive de Europa como modelo arquetípico de la civilización occidental, brillantemente descrita en el libro *La decadencia de occidente* (1918-22), de Oswald Spengler. En respuesta, una vasta generación de intelectuales latinoamericanos regresaría sus ojos a América y se abanderaría de un hispanoamericanismo utópico, heredero de una cultura e identidad mestizas, de raíces universales y nativas, hispánicas e indígenas, continentalmente compartidas. En *La utopía de América* (1925), Pedro Henríquez Ureña precisa de manera diáfana el significado del nuevo nacionalismo cultural emergente en esta época, y que compete con igual intensidad tanto a Vasconcelos como a Carrión. Henríquez Ureña escribe: "México sabe qué instrumentos ha de emplear para la obra en que está empeñado; y esos instrumentos son la cultura y el nacionalismo" (4). La "cultura", por una parte, ha dejado de ser, como lo era en el siglo XIX, un "huerto cerrado" de "flores artificiales" y un bien exclusivo de los privilegiados; en contraste, la "cultura" es ahora "social" y es "ofrecida y dada realmente a todos y fundada en el trabajo" (4); el nuevo "nacionalismo", por otra parte, antes que ser un instrumento puramente político de defensa de un pueblo uniforme, emerge como un "nacionalismo espiritual", esto es, "el que nace de las particularidades de cada pueblo cuando se traducen en arte y pensamiento" (5). Los intelectuales, artistas y políticos orgánicos a este proceso de democratización nacional y popular, se verían obligados a bajar del Parnaso a la realidad, abandonarían sus bibliotecas y torres de marfil para dirigirse y comunicarse con las mayorías de una manera más cercana y directa. Los murales pintados por Rivera, Orozco y Siqueiros, afirma Enrique Florescano, visibilizarán una realidad ignorada por la historiografía tradicional, le habrán "dado cabida física y visual a los campesinos, obreros y grupos populares... Por primera vez los innumerables rostros de la ciudad, el campo y las aldeas más remotas aparecían retratados en el lienzo histórico, formando parte de la entidad llamada México, unidos por un devenir compartido" ("El nacionalismo cultural", versión digital).

Pero más allá de una visión celebratoria de este "nuevo" tipo de nacionalismo y de la simple apología de sus ideólogos e intelectuales, hay quienes cuestionan la relación entre "nacionalismo estatal" y "cultura oficial" como una combinación nefasta. En efecto, la "cultura oficial" en América

Latina, y en particular durante la posrevolución mexicana, como afirma Ricardo Pérez Montfort, ha tendido a manipular, si no es que a negar, la heterogeneidad de las culturas locales y los proyectos creativos de individuos concretos, favoreciendo la afirmación de un poder central (11). La instrumentalización del nacionalismo como una voluntad de Estado a cualquier precio, que respondía únicamente a los intereses ambiciosos de una minoría privilegiada, ha sido responsable, según Pérez Montford, de la formación de una serie de identidades culturales falsas y estereotipadas en la literatura, la música, las artes populares y los medios masivos. En *Nacionalismo y cultura*, Rudolf Rocker, desde una posición todavía más radical, argumenta que "La cultura como cultura no fue jamás nacional, ya por el hecho mismo de que va más allá de los marcos políticos de las formas estatales y no está circunscrita por frontera alguna".[1] Para Rocker, además, el capitalismo moderno que organiza la vida económica de las naciones no ha sido nunca nacionalista, sino que ha respondido invariablemente a los intereses de una minoría que ha monopolizado los medios de producción y la riqueza social. De esta manera, "El capital, que primitivamente se sentía ligado a ciertos intereses económicos nacionales, toma proporciones de capital mundial y se esfuerza por organizar la explotación de toda la humanidad según principios básicos unitarios" (versión digital). Los argumentos de Montford y Rocker, en definitiva, conceptualizan al nacionalismo como una ideología y un sistema de poder estatal que constriñe la cultura en sus manifestaciones y grupos humanos más periféricos y subalternos. Es significativo, en esta perspectiva, que ni Vasconcelos ni Carrión llegaran a elaborar una crítica económica radical de los sistemas de explotación económica imperantes en su tiempo, si bien afirmarían simpatizar con las demandas materiales de los sectores más desfavorecidos, o en el caso de Carrión, éste se adscribiría incluso a

---

[1] Ver edición virtual de su libro, tomo segundo, capítulo octavo ("La ilusión de los conceptos de cultura nacional"), en <http://www.antorcha.net/biblioteca_virtual/politica/nacionalismo/ indice.html>.

militar abiertamente en las filas socialistas. Influenciados profundamente por las ideas de Rodó y su visión espiritual de la cultura, lo que realmente defienden y comparten es una suerte de veneración por la herencia cultural hispánica y el rol de élite de los intelectuales, de sí mismos, en su misión mesiánica y civilizadora del pueblo. En *Nación y movimiento en América Latina*, Regina Crespo ha observado que Vasconcelos "jamás puso en tela de juicio la creencia en la necesidad de una élite dirigente para su país" (56); y, por tanto, al final, terminó siendo partidario de un "proceso de modernización conservadora, en el cual los papeles sociales estaban muy bien delimitados" (56). Tanto para Vasconcelos como, más tarde, para Carrión, la élite lideraría y dirigiría, mientras que el pueblo acataría y seguiría. En este sentido, para citar la conclusión de Crespo –quien se refiere a Vasconcelos y al brasileño Monteiro Lobato–, "nada tendrían de revolucionarios. A lo mucho serían reformistas" (56).

Explorar de una manera comparativa, interdisciplinaria y crítica, las múltiples relaciones de influencia, confluencia e interdependencia que los proyectos nacionalistas de Vasconcelos y Carrión desplegaron en su interpretación de la cultura, la historia o la literatura; así como también, en su gestión institucional con respecto al arte, la educación pública y la producción cultural en general, es el objetivo primordial de este libro. Los trece ensayos que aquí se compilan, interrogan desde perspectivas tan diversas como la historia del arte, la educación bilingüe o la crítica literaria y cultural, diferentes aspectos de este legado nacionalista cultural. La idea de este libro debe situarse, además, en el contexto de los nuevos estudios que problematizan las ideologías nacionalistas del mestizaje en Latinoamérica; temática que tiene resonancias fuertes en las discusiones actuales sobre la pluriculturalidad del Estado, los retos de la educación intercultural indígena o las demandas culturales y políticas de las poblaciones indígenas en Ecuador, México y otros países del continente.

La primera sección de este libro está dedicada precisamente al discurso del mestizaje como fundamento de la identidad nacional. El ensayo de Michael Handelsman discute de manera comparada las limitaciones y contradicciones del concepto de mestizaje en dos ensayos: *Indología. Una interpretación de la cultura iberoamericana*, de Vasconcelos, y *Atahuallpa*, de Carrión. Para Handelsman, el problema del discurso del mestizaje es que continúa siendo un discurso de poder: una forma integracionista de las minorías étnicas al nacionalismo dominante. Si bien es necesario reconocer el innegable e inacabado proceso de contacto e intercambio cultural, histórico y socialmente dado entre distintos pueblos, hay que distinguirlo de lo que podría llamarse una "meta-narrativa del concepto de mestizaje". En *Indología* –afirma Handelsman–, Vasconcelos hace del mestizaje un relato universal y totalizante que afirma una historia nacional común, privilegia la tradición hispánica y el castellano; y, en definitiva, defiende una síntesis racial y cultural armónicas, como base de un orden social que continúa siendo racista y segregacionista. Por su parte, Carrión, siguiendo este modelo, convierte a Atahuallpa, último rey del Imperio inca, en un símbolo de prestigio cultural y autenticidad histórica de la nación mestiza ecuatoriana; pero jamás al precio de cuestionar su hispanofilia e idealización de Pizarro como semilla de una civilización superior. La pervivencia y revitalización actual de la ideología del mestizaje –o la figura de Atahuallpa como símbolo de la ecuatorianidad actual– hacen patente el reto por construir un Estado y sociedad ecuatorianas efectivamente interculturales.

Luis A. Marentes, por su parte, contrasta y matiza la apropiación mestiza de las figuras indígenas de Cuauhtémoc y Atahuallpa en la obra de Vasconcelos y Carrión. Según Marentes, ambos intelectuales compartieron una visión heroica e hispanista de la conquista de América y un "optimismo tropical" sobre el continente americano como lugar de una nueva y más perfecta civilización. Sin embargo, mientras que el discurso de mestizaje de Vasconcelos apuntó a una visión universal y épica de la historia humana; el propuesto por Carrión se enfocó en la particularidad de lo nacional, fue más localista: "la suave patria", como la llamaría el mexicano

Ramón López Velarde. Para Marentes, aunque Vasconcelos y Carrión celebran el proyecto de unidad iberoamericana bajo la continuidad de un "universalismo hispánico", el interés del segundo recae con mayor énfasis sobre un mundo precolombino, que le sirve de fundamento étnico al imaginario nacional ecuatoriano. Mientras que Cuauhtémoc, en la obra de Vasconcelos –afirma Marentes– parece un "símbolo impuesto", un referente étnico puramente retórico y coyuntural; Atahuallpa es, para Carrión, un símbolo mucho más complejo en términos de su cultura y su mundo: el antiguo Tahuantin-Suyo y el conflicto político-dinástico entre él y su hermano Huáscar. Así las cosas, Handelsman y Marentes concuerdan en que Carrión, siguiendo la misma lógica hispanófila de Vasconcelos, terminará haciendo de Atahuallpa el recordatorio de una realidad derrotada, que sólo puede ser redimida en su "conciliación" con la cultura conquistadora y la misión universal del mestizaje que posibilita esa conquista.

Carlos Jáuregui nos propone una lectura crítico-cultural "de ida y vuelta" a los sueños, utopías, fracturas y pesadillas de la ideología del mestizaje de "la pequeña gran nación" de Benjamín Carrión, a través del proceso de creación, exhibición y recepción de *Huacayñán* o "El camino del llanto", una obra poco estudiada de Oswaldo Guayasamín y que fuera financiada e interpretada por el mismo Carrión, en su calidad de presidente de la Casa de la Cultura Ecuatoriana. En su lectura "de ida", Jáuregui analiza los entretelones personales, argumentos y justificaciones de Carrión, el propio Guayasamín y Jorge Enrique Adoum, entre otros, que interpretan este mural como la expresión pictórica de la historia de progreso y síntesis cultural defendidos por la ideología del mestizaje de Carrión. Jáuregui reconstruye de una manera crítica cómo *Huacayñán* sirve de alegoría nacional de "la pequeña gran nación", así como justifica la labor de la Casa de la Cultura Ecuatoriana (CCE) y el mecenazgo artístico de su presidente en la promoción de la producción artística del país. El modelo de mestizaje defendido por Vasconcelos y el ejemplo nacionalista del muralismo mexicano aparecen aquí como un referente mayor. En su lectura "de vuelta", sin embargo, Jáuregui revela las complejidades y obscuridades de varias pinturas de *Huacayñán*, y en especial del mural titulado *Ecuador*, para mostrar cómo el modelo de mestizaje que se le superpone no encaja, produce pesadillas: la heterogeneidad cultural y violencia simbólica de las imágenes propuestas por *Huacayñán* se desparraman, salpican, quiebran la contención sintética, pacífica y uniforme de la "pequeña gran nación" mestiza. Si el sueño de la razón del mestizaje crea monstruos, el mecenazgo cultural de Carrión y la CCE aparecen en contradicción con la obra patrocinada. Jáuregui nos ofrece así un análisis novedoso al respecto de la visión ideológica del mestizaje en Carrión y su contraparte, en Guayasamín; restituye la importancia de la creación y destino del significativo mural del famoso pintor ecuatoriano, y nos presenta un caso ejemplar sobre cómo la ideología cultural del mestizaje cubre/descubre en su materialidad sus desvaríos y utopías en esta época.

El ensayo de Rocío Fuentes, desde la perspectiva lingüístico-educativa, analiza los efectos materiales del modelo del mestizaje vasconceliano en las políticas educativas de México, y específicamente, la castellanización de sus poblaciones indígenas. Integrar al indio a la nación a través de su homogeneización occidental y lingüística −argumenta Fuentes−, ha sido el paradigma predominante de la educación indígena mexicana desde el siglo xix hasta las últimas décadas del xx. Al igual que Handelsman, el planteamiento de Fuentes reevalúa el legado educativo de Vasconcelos y el modelo de la educación bilingüe mexicana desde la participación política y autonomía cultural reclamadas por los pueblos indígenas en la actualidad. Vasconcelos es quien federaliza la educación nacional, propaga la imagen del maestro como un apóstol del pueblo, implementa la idea del mestizaje como fundamento educativo de la nación y, además, pone en marcha una política lingüística que privilegia la enseñanza del español en las comunidades indígenas mexicanas. Su gestión político-cultural, sin embargo, es ambigua: desdeña la necesidad de un Departamento de Educación Indígena como parte de la Secretaría de Educación Pública, a la vez que defiende únicamente al "indígena integrado", redimido por la conquista y la castellanización. En la obra redentora del mexicano, las culturas indígenas representan un lugar de atraso y barbarie. Las buenas intenciones del programa educativo de Vasconcelos –afirma Fuentes– son sobrepasadas por la falta de agencia de los indios. El surgimiento en las últimas décadas de una educación bilingüe intercultural tampoco representa un cambio radical: es otro modelo educativo impuesto desde arriba, funcional a las necesidades laborales del mercado y el Estado liberal. Sólo después del levantamiento zapatista de los años noventa – argumenta Fuentes– surgirá una lucha política por la definición del término "bilingüe-intercultural", la problematización del rol de las lenguas indígenas en este proceso, así como los alcances de lo intercultural para la sociedad en su conjunto. Para Fuentes, la herencia vasconceliana del mestizaje en la educación indígena continúa afirmando la homogeneización lingüística y cultural de las poblaciones étnicas nativas, incluso bajo el nuevo discurso de la interculturalidad.

Esteban Loustaunau, para cerrar esta sección, contrasta y evalúa cómo se imagina la "ecuatorianidad" –expresión nacionalista del mestizaje– en el ensayo *Cartas al Ecuador* de Benjamín Carrión, obra publicada poco después de la guerra ecuatoriano-peruana de 1941, y en las nuevas narrativas de identidad que arrojan la literatura y el cine documental sobre los migrantes ecuatorianos en el extranjero. Si para Handelsman, Jáuregui y Fuentes el mestizaje estalla como concepto comprehensivo ante una realidad étnicamente heterogénea y conflictiva; Loustaunau apunta a una situación similar, pero como producto de las nuevas miradas que sobre la identidad nacional está produciendo la migración ecuatoriana. El análisis de Loustaunau revela en *Cartas al Ecuador* la existencia de una identidad cultural elitista y homogeneizadora que intenta representar el ideal de un pueblo ilustrado; sin embargo, la multiplicidad de visiones de los migrantes en la actualidad cuestiona la existencia de un mestizaje homogéneo o, inclusive, de un territorio nacional geográficamente estable. El ensayo de Loustaunau sugiere la necesidad de descifrar los nuevos territorios imaginados e identidades heterogéneas que redefinen la ecuatorianidad desde la experiencia migrante.

La segunda sección de este libro explora distintos aspectos literarios, estéticos y artísticos de la obra, pensamiento y gestión político-cultural de Vasconcelos y Carrión. El ensayo de Javier Garciadiego analiza el proyecto cultural de Vasconcelos como hombre de libros y lecturas, esto es, como editor y divulgador masivo de 'autores clásicos' de la literatura y pensamiento universales, ideólogo de los planes de lectura ciudadana del México posrevolucionario y en sus años finales, director de bibliotecas públicas. El proyecto editorial de Vasconcelos representa, para Garciadiego, el plan de publicaciones populares más ambicioso y polémico de la historia cultural mexicana. Auto-investido como "guía espiritual" de la nación, Vasconcelos no duda en proyectar en su programa de publicaciones y lectura ciudadana sus gustos y fobias más personales, así como sus prejuicios y concepciones ideológicas. Esto sugiere que la codificación (selección, jerarquización, exclusión) de los libros considerados como "clásicos" supone un horizonte de lecturas y sentido histórico conectado estrechamente con las concepciones de Vasconcelos al respecto de la historia universal, el mestizaje cultural, la herencia hispánica y greco-latina en Hispanoamérica, así como su visión pedagógica de una cultura europea de élite. El ensayo de Garciadiego tiene así un punto de conexión interesante con las discusiones anteriores de Handelsman, Marentes o Fuentes. Aunque Garciadiego concluye que la publicación de los "clásicos" de Vasconcelos fue un proyecto irrealizable –no sólo por lo arbitrario y subjetivo de las obras seleccionadas, los imposibles tirajes de publicación prometidos o los enormes recursos económicos que se hubieran requerido, sino también por el hecho simple e ineludible de que existía en ese entonces una población fundamentalmente analfabeta–; su objetivo general sí apuntaba a algo fundamental: hacer posible el acceso del pueblo mexicano a los mayores aportes de la cultura universal, lo cual continúa siendo un reto actual. En su desempeño como bibliotecario público, Vasconcelos no abandonaría sus planes de lectura ciudadana de carácter universalista, intentando convertir el espacio de la biblioteca en un soporte de la escuela y la instrucción popular. La gestión político-cultural de Vasconcelos se debate así entre Ulises, figura heroica inalcanzable y Prometeo, símbolo de un intelectual visionario. La necesidad de una investigación paralela para el caso de Carrión queda sugerida como una tarea pendiente. ¿Cuál fue el programa editorial de revistas, publicaciones culturales y lectura ciudadana de Carrión como Presidente de la Casa de la Cultura Ecuatoriana? ¿cómo se reflejó su visión de la "literatura nacional" en su mecenazgo cultural con respecto a la publicación de los autores nacionales? ¿a quiénes incluyó y quiénes fueron los excluidos, los censurados?.

El ensayo de Ignacio M. Sánchez Prado analiza la doble mirada estético-literaria sobre la cultura nacional en México y la forma en que Vasconcelos y Carrión, entre otros intelectuales y escritores de la época, se sitúan en ella. Por un lado, Sánchez Prado distingue un "tono mayor", universalista, épico, teleológico de la cultura nacional, inspirado en Vasconcelos; por el otro, se apela a un "tono menor", provincial, íntimo, cotidiano, ejemplificado en la obra de Alfonso Reyes. Para Sánchez Prado, el pensamiento y la acción institucional de Carrión habría que ubicarlos en su recepción del "tono menor" de la cultura intelectual mexicana de los años veinte y treinta del siglo xx. Sus ideas se nutren tanto de una literatura mexicana nacionalista que expresará los valores posrevolucionarios, como de una visión más cosmopolita, defensora de una producción literaria autónoma de la cultura y las negociaciones con el poder. En sus cercanías con el grupo de los Contemporáneos, y en especial la obra de Jaime Torres Bodet y Guillermo Owen, Carrión reconcilia el nacionalismo de la literatura con su derecho al universalismo; una idea que aparece también, si bien reformulada, en *La raza cósmica* de Vasconcelos. Carrión –afirma Sánchez Prado– acogerá el legado vasconceliano en dos aspectos fundamentales: su occidentalismo, su énfasis en lo "humano integral" y su gestión política institucional como hombre de acción. La originalidad de Carrión como lector de la variada producción intelectual de Vasconcelos, Reyes, Torres Bodet, Owen, Gamio, entre otros, es haberlos integrado a una visión democratizadora, en "tono menor", íntimo, de la cultura nacional ecuatoriana.

No muy lejos de esta tesis, Carmen Fernández Salvador afirma que Carrión fue el precursor de la democratización del arte ecuatoriano en el siglo XX. Antes de Carrión –puntualiza Fernández Salvador–, el arte ecuatoriano, especialmente el heredado de la Colonia, se alojaba principalmente en las colecciones y museos privados, y representaba una marca cultural de los sectores aristocráticos y de élite. Existía –según Fernández Salvador– un "incómodo predicamento de la cultura" en el Ecuador de la época, que excluye en lugar de integrar. La política cultural de Carrión, influida profundamente en sus lineamientos ideológicos por el mecenazgo cultural de Vasconcelos a la producción artística nacional y, en particular, la presencia continental que adquiriría el muralismo mexicano en toda América Latina, promocionará la creación de un arte público al servicio del pueblo, en la década de los cuarenta, en el Ecuador. Este proyecto cultural nacionalista sería apoyado por el gobierno populista de José María Velasco Ibarra con el propósito de reconstruir el orgullo e identidad nacionales, seriamente afectados por la derrota en la guerra ecuatoriano-peruana de 1941. La aparición de los primeros murales en Quito, la publicación de revistas culturales y literarias, la organización de exhibiciones de arte y museos públicos, así como la fundación del Instituto Nacional de Patrimonio Cultural o la Casa de la Cultura Ecuatoriana (CCE) en 1944, son expresión de este proyecto cultural institucional generado por Carrión, y los intelectuales y artistas cercanos a su grupo. En realidad, a diferencia de México –explica Fernández Salvador–, el muralismo ecuatoriano no fue significativo y el arte se publicó, de manera relativa, a través de los medios impresos políticos y literarios. Aunque Carrión concibe la cultura, siguiendo las ideas del filósofo John Dewey, como una vocación nacional y una forma de comunicación con las mayorías desfavorecidas, Fernández Salvador cuestiona que su concepción tiene límites: pierde su rumbo democratizador en la vorágine política, se oficializa y se vuelve elitista en su práctica, reinstalando la producción artística en el círculo privilegiado de la "alta cultura". La autora arriba así a un cuestionamiento compartido por Loustaunau, Handelsman, Fuentes, y otros autores de este libro, en torno al lugar ambiguo, democratizante y elitista, de la visión arielista de Carrión y Vasconcelos.

Yanna Hadatty Mora, desde la crítica literaria, interpreta la gestión cultural de Vasconcelos y Carrión como suscitadora de las vanguardias artísticas de su época. Hadatty establece un paralelo interesante entre el apoyo de Vasconcelos a la creación de un arte mural posrevolucionario en la década de los veinte, y la recepción elogiosa de Carrión a la obra vanguardista de Pablo Palacio en la literatura y José Carlos Mariátegui en el pensamiento sociopolítico. Si bien –aclara Hadatty–, ni Vasconcelos ni Carrión pueden llamarse vanguardistas en un sentido estricto, hay en su pensamiento y gestión política institucional una actitud estética de apertura y patrocinio hacia la producción de las vanguardias históricas. Carrión reconoce a Palacio, por ejemplo, como un humorista sensitivo y productor de un "arte nuevo": escritor de una literatura autorreflexiva o meta-literaria en el sentido de que toma como objeto de su ficción sus propias operaciones narrativas. Mariátegui, por otra parte, representante de la vanguardia política, indigenista y marxista, es considerado por Carrión como un precursor y suscitador intelectual. Carrión –afirma Hadatty– valora sobre todo al Mariátegui esteta, crítico de una literatura y poesía de avanzada, si bien no deja de haber un tono conservador en cuanto a la evaluación ideológico-marxista del intelectual peruano. Aunque en sus trayectorias intelectuales y políticas, Vasconcelos y Carrión no asumen directamente principios vanguardistas, los patrocinan y valoran. Ambos son, pese a su arielismo, intelectuales catalizadores, mediadores de la ruptura vanguardista en el campo cultural y el advenimiento de una producción estética nueva. En el último ensayo de esta sección, Françoise Perus indaga las relaciones fronterizas, propias también de una actitud vanguardista, entre ficción narrativa y relato histórico en el *Ulises criollo*, autobiografía novelada de Vasconcelos; y *García Moreno, el santo del patíbulo*, ensayo histórico-biográfico de Carrión. Hay –afirma Perus– problemas de enunciación y poética narrativa que afectan de manera transversal la narración biográfica y autobiográfica, y que posibilitan la existencia de un mundo más "ficticio" que "real", con elementos tanto subjetivos como objetivos. Perus observa, en primer lugar, el paradójico título que llevan estos libros: un héroe griego retrotraído al mundo criollo y un santo vuelto "patibulario". En el caso del *Ulises criollo*, Vasconcelos remarca que su relato –el primer volumen de su autobiografía– no busca el heroísmo personal ni la visión absoluta del pasado; sin embargo, identifica los eventos de su narración con una *Odisea*, y su vida personal con un destino colectivo, un mito: convertirse en un héroe hispanista y criollo. Perus, al contrario de Hadatty, sugiere que el criollismo de Vasconcelos obstaculiza una plena valoración vanguardista del indigenismo de los muralistas mexicanos. En cuanto a lo compositivo y estilístico del texto, el *Ulises criollo*, inspirado en la novelística de André Gide y Honoré de Balzac, es, a decir de su mismo autor, una biografía novelada. El problema –como señala Perus– es que Vasconcelos no establece distancias con su "otro" autobiografiado y el turbio mundo evocado. Perus concluye que la forma novelesca fracasa y toma su lugar la épica, el mito de un sujeto heroico, sin fisuras, que existirá en un mundo fragmentado. El valor del *Ulises criollo* –apunta Perus– está más bien en su carácter testimonial, en su reconstrucción de la historia como memoria personal. En el caso de la biografía de *Gabriel García Moreno. El santo del patíbulo*, Carrión busca revertir el mito político creado alrededor del expresidente ecuatoriano. Sin embargo, la polémica, la pasión, la épica de su relato, lo terminan reedificando. García Moreno es presentado por Carrión en fragmentos y yuxtapuesto en distintos aspectos de su vida pública y privada; no es un héroe, sino el síntoma, en tamaño humano, de un proceso histórico violento y grotesco. Perus concluye que la narratividad del *Ulises criollo* y *García Moreno. El santo del patíbulo* supone diferencias de objetivo y forma, pero mantiene coincidencias al bordear las fronteras entre historia, literatura y mito. Mientras Carrión utiliza los mecanismos de la ficción para desmitificar el mito de García Moreno, Vasconcelos pone el mito a su servicio, como héroe hispánico.

La tercera sección de este libro está dedicada a la misión intelectual de Vasconcelos y Carrión, sus nexos, su impacto y contradicciones, así como a la recepción crítica de su gestión en su propia época. Un primer acercamiento a este tema lo traza Alejandro Querejeta a partir del análisis de la correspondencia entre ambos intelectuales, y su círculo de amistades comunes. Según Querejeta, Carrión conoció a Vasconcelos en Rúan, Francia, alrededor de 1926, por intermediación del escritor y diplomático ecuatoriano César E. Arroyo y de su amistad con la poeta chilena Gabriela Mistral. Los años de Carrión como cónsul del Ecuador en El Havre marcan una etapa de formación intelectual. Francia se convierte para Carrión, como para muchos otros intelectuales que la transitarían por aquellos años, en el escenario cultural de su autorreconocimiento como latinoamericano. Alfonso Reyes, Jaime Torres Bodet, Carlos Pellicer, Gabriela Mistral, Francisco y Ventura García Calderón, Miguel Ángel Asturias, Luis Cardoza y Aragón, Teresa de la Parra, Manuel Ugarte, Alcides Arguedas, Miguel de Unamuno o Ramón Gómez de la Serna, son algunos de los intelectuales latinoamericanos y españoles con los que Carrión entraría en contacto en esta época. La correspondencia cruzada entre Carrión y Vasconcelos –explica Querejeta– devela de manera personal e íntima su admiración mutua, su coincidencia en tesis fundamentales en torno a la unidad de Latinoamérica, el rechazo al intervencionismo norteamericano y la necesidad de superar los graves males económicos y políticos de la región, lo cual suponía pensar en la patria desde una perspectiva continental, humanista y cosmopolita. Querejeta observa, además, como sugieren Hadatty y Fernández Salvador, que no se trató de una influencia puramente de ideales, sino que insistió en la necesidad de suscitar, de crear una política pública e instituciones culturales concretas que los expresaran. Aunque Vasconcelos, paradójicamente, se separa de esta visión hacia el final de su vida, Carrión nunca dejará de admirar en él a su "maestro" y "precursor" de los años posrevolucionarios.

La visión intelectual de Vasconcelos como "libertador hispanoamericano", sin embargo, no deja de ser contradictoria y problemática. A partir del viaje de Vasconcelos al Ecuador en 1930, Juan Carlos Grijalva explora las contradicciones y limitaciones de su autorrepresentación intelectual, así como su influencia sobre varios intelectuales ecuatorianos representativos del momento (e.g., José María Velasco Ibarra, Pío Jaramillo Alvarado, Fernando Chaves y, de manera privilegiada, Benjamín Carrión). A pesar de su llegada heroica al Ecuador, montado a caballo y siguiendo la ruta de una de las campañas libertarias de Bolívar, las observaciones racistas, elitistas y prejuiciosas de Vasconcelos sobre la heterogeneidad socio-cultural ecuatoriana revelan la existencia de un intelectual ambiguo y contradictorio. Por un lado, democratizante y socialmente comprometido con las demandas populares; por el otro, elitista y mesiánico, pues deprecia a las poblaciones indígenas y piensa en la cultura nacional mestiza desde una lógica civilizadora decimonónica. Este legado contradictorio será, afirma Grijalva, el que Vasconcelos dejará entre los intelectuales arielistas e indigenistas de la época. La misión intelectual de Benjamín Carrión continuará reproduciendo este dilema de su pensamiento y acción política. Aunque Carrión intentará fusionar distintas visiones ideológicas de la nación dentro de un modelo armónico e integrador, el indigenismo y socialismo por él defendidos, jamás ocuparán un lugar central en su pensamiento; y por el contrario, terminarán siendo absorbidos a favor del hispanismo y el arielismo. La condición de Vasconcelos y Carrión como intelectuales de una nueva época está en disputa, entonces, con su conservadurismo y rechazo consciente a elaborar una crítica política radical del modelo de cultura e intelectual heredados del siglo diecinueve. En efecto, la crítica al proyecto cultural elitista de Carrión como figura directriz de la CCE no fue ajena a su época. Emmanuelle Sinardet Seewald aborda un aspecto ineludible de esta: la respuesta de los tzántzicos parricidas. Según explica Sinardet, los tzántzicos, constituidos en 1961, propusieron una revisión radical de las relaciones entre arte y política en el Ecuador, favoreciendo la defensa de un arte militante y revolucionario. A partir de esta perspectiva, la gestión cultural de Carrión, como fundador y director de la CCE, es percibida, ambiguamente, como la expresión de un modelo cultural nacional extranjerizante, elitista y servil. Pero más allá de la individualidad de Carrión, la crítica de los tzántzicos apuntará –afirma Sinardet– a problematizar los límites de su ideal nacional, el cual buscaba hacer del Ecuador una "gran potencia de la cultura". Surgen así distintos espacios culturales alternativos a los oficiales: el Café 77, las revistas *Pucuna, Indoamérica, Ágora* o *La bufanda del sol*; la organización de debates públicos; recitales de poesía o presentaciones artísticas contestarias, entre otras actividades. La estética del "buen gusto", fundamental en el pensamiento arielista de Vasconcelos y Carrión, es reemplazada por un "arte de ruptura" que busca ahora llegar verdaderamente al pueblo. El intelectual tzántzico, de esta manera, radicaliza, desde una posición de izquierda, una tendencia democratizante y popular ya existente entre los intelectuales ecuatorianos de las décadas del veinte y treinta en el Ecuador, y que en algún grado se percibe también en el Vasconcelos de los años veinte en México. En su interés por cultivar un pensamiento cosmopolita, vinculado a la filosofía, el teatro, el cine, la literatura o el arte de vanguardia en general, los tzántzicos cuestionan el provincialismo, el elitismo y la extranjerización cultural. La toma de la CCE y la posterior fundación del Frente Cultural representan probablemente, a la vez, el momento más intenso de la crítica tzántzica y el inicio de su declive. La crítica radical de Fernando Tinajero y Ulises Estrella es sintomática: su posición de ruptura radical con el proyecto cultural de la CCE cambiará progresivamente a la colaboración institucional. Pero se trata de una ambigüedad que se patentiza también en los mismos ataques a Carrión, sesgados a la vez por la admiración y la búsqueda del poder. Para Sinardet, el valor duradero de los tzántzicos, en todo caso, fue que abrieron un período de renovación cultural en un momento de fuerte institucionalización de la sociedad ecuatoriana de la época.

La gestión literaria, cultural e institucional de José Vasconcelos y Benjamín Carrión tuvo un rol determinante en el proceso de construcción democrático-popular de la cultura nacional mexicana y ecuatoriana del siglo xx, demostrando tener inclusive resonancias duraderas en el siglo xxi. Bajo su liderazgo y mecenazgo cultural se redefiniría el carácter público y misión social de la educación y las artes; patrocinándose tendencias estéticas y producciones individuales que no fueron únicamente un reflejo ideológico de sus propias ideas. Ambos intelectuales propiciaron, además, una mirada latinoamericana de problemas nacionales comunes que estimularía el contacto e intercambio de ideas, así como la tan anhelada integración continental. La Secretaría de Educación Pública en México y la Casa de la Cultura Ecuatoriana –todavía existentes en la actualidad–, constituyeron las dos instituciones más notorias en torno a las cuales se cristalizaron su gestión y proyectos nacionalistas.

Uno de los problemas más discutidos en este libro, sin embargo, es el grado de radicalidad en las transformaciones sociales y culturales propuestas por estos intelectuales y su modelo cultural de integración nacional abstracta. Existe un acuerdo casi unánime al respecto: se trató, en ambos casos, de una gestión democratizadora restringida y contradictoria. Vasconcelos y Carrión no dejaron de concebir la cultura y el rol de los intelectuales, artistas, educadores, desde una posición elitista. De esta manera, el pueblo analfabeto y étnicamente heterogéneo quedó reducido a una forma de barbarie que era necesario civilizar. Los dos anhelaron ser, ante todo, los retoños intelectuales de Rodó, pues lo consideraron como su maestro y mayor referente, en un momento en que el indigenismo radical, el marxismo y las revoluciones populares en marcha proclamaban su muerte y superación. Es posible que las ambigüedades y contradicciones de su legado nacionalista cultural patentizaran, como ha dicho Handelsman, la emergencia prototípica de un "intelectual latinoamericano de transición", en lucha entre dos siglos (127); sin embargo, existió también una negativa política consciente a cuestionar el sistema de explotación económica capitalista y el *status quo* culturalmente establecido; su opción, como vía alternativa, fue defender una especie de "arielismo de Estado" y una democratización cultural restringida de la sociedad.

No podría concluir esta introducción sin agradecer a las personas e instituciones que han hecho posible esta publicación. Michael Handelsman, co-director del proyecto de investigación y co-editor de este libro, acogió la idea de este proyecto de manera inmediata, aportando su gran experiencia y conocimiento, y siendo un lector riguroso e infatigable, así como un compañero de discusión inmejorable. Quiero dejar sentada aquí mi gratitud personal a sus múltiples contribuciones académicas a este libro y a la calidad humana del amigo. Imposible dejar de mencionar, además, la decidida y eficiente colaboración de los coautores: Alejandro Querejeta Barceló, Carmen Fernández-Salvador, Rocío Fuentes, Javier Garciadiego, Juan Carlos Grijalva, Yanna Hadatty Mora, Michael Handelsman, Carlos A. Jáuregui, Esteban Loustaunau, Luis A. Marentes, Françoise Perus, Ignacio M. Sánchez Prado y Emmanuelle Sinardet Seewald. Muchísimas gracias por su generosidad y contribuciones intelectuales a este proyecto. Esta investigación también se enriqueció, en diferentes momentos, con la ayuda erudita de Vicente Robalino, Raúl Pacheco Pérez, J. Enrique Ojeda, Gustavo Salazar y Juan Fernando Regalado. Asimismo, hago llegar mi gratitud a Grace Sigüenza, Hernán Medina y Jorge Tapia por la eficiencia y prolijidad en el trabajo de corrección editorial.

En un lugar especialísimo, expreso mi sincero reconocimiento a Ana María Armijos, Ana Rodríguez

Ludeña y María Fernanda Cartajena, ésta última, actual directora ejecutiva de la Fundación Museos de la Ciudad de Quito; y asimismo, a Andrea Moreno, directora técnica de la misma institución, por su comprometido y generoso apoyo económico e institucional para la realización investigativa de este proyecto. Me resulta indispensable agradecer, además, al Departamento de Lenguas y Literaturas Extranjeras Modernas (*Department of Modern Foreign Languages and Literatures*), la Facultad de Artes y Ciencias (*The College of Arts and Sciences*) y la Oficina de Investigación (*Office of Research*) de la Universidad de Tennessee, en Knoxville, Kentucky; e igualmente, a la Oficina del Vice-Rectorado (*Provost Office*) y a Louise Carroll-Keeley, Provost, de la Universidad de Assumption College, en Worcester, Massachusetts, Estados Unidos, por su generosísimo apoyo en el financiamiento de esta publicación.

Es necesario indicar, finalmente, que los ensayos de esta investigación han propiciado varios foros de discusión en París, Pittsburgh, Ciudad de México y Quito. El coloquio internacional "Formaciones culturales de la nación en Ecuador y México: Una mirada comparada e interdisciplinaria a Benjamín Carrión y José Vasconcelos", se llevó a cabo en el Instituto Cultural de México en París, Francia, el 9 de Marzo del 2012. La realización de este evento fue posible gracias a la eficiente colaboración y respaldo que encontré en Emmanuelle Sinardet Seewald, directora del Centro de Estudios Ecuatorianos de la Université Paris Ouest, CRIIA; Ramiro Noriega, ministro de cultura de la Embajada del Ecuador en Francia; y Carolina Becerril, Directora del Instituto Cultural de México en París. A ellos se sumaron, además, Carlos Játiva, Embajador del Ecuador en Francia; Carlos de Icaza, Embajador de México en Francia; Javier Garciadiego, Presidente de El Colegio de México; Rocío Durán-Barba, escritora radicada en París; y Claude Lara B., ministro ecuatoriano ante la UNESCO en Francia. En Ciudad de México, el mismo año, el apoyo del entonces Embajador Galo Galarza Dávila y la gestión de Yanna Hadatty Mora, hicieron posible otro encuentro de discusión sobre la obra de Carrión y Vasconcelos. En Pittsburgh, Estados Unidos, gracias al generosísimo apoyo de Kathleen Musante, directora general, y John Frechione, director asociado del Centro de Estudios Latinoamericanos (CLAS) de la Universidad de Pittsburgh, se realizó el coloquio "Nacionalismos culturales en Ecuador y México: mestizaje, intelectuales, educación indígena y arte público en Benjamín Carrión y José Vasconcelos", el 11 de abril del 2013. Y más recientemente, en Quito, gracias a Fernando Checa, por entonces director del Centro Internacional de Estudios Superiores de Comunicación para América Latina, se efectuó el foro de discusión "Manuel Benjamín Carrión bajo la mira. Vanguardismo literario, nacionalismo cultural y gestión intelectual", el 9 de enero de 2014. Ojalá que esta investigación, ahora publicada por el Instituto Internacional de Literatura Iberoamericana de la Universidad de Pittsburgh, siga estimulando muchos más estudios y debates sobre este tema.

Massachusetts, Estados Unidos, 2014.

I. Rostros del mestizaje

Visiones del mestizaje en *Indología* de José Vasconcelos y *Atahuallpa* de Benjamín Carrión

MICHAEL HANDELSMAN
University of Tennessee, Knoxville

Aunque el mestizaje como proyecto nacional gozó de gran resonancia en toda América Latina durante los años veinte y treinta del siglo pasado y, luego, pasó por un largo período de cuestionamiento e interpelación por su tendencia a blanquear muy diversas poblaciones y culturas, ha habido en los últimos veinte años, más o menos, una suerte de resurgimiento del mestizaje como referente medular de las identidades nacionales latinoamericanas.[1] Sin duda, ese nuevo interés se explica en parte por la emergencia de numerosos procesos sociales liderados por diversas nacionalidades indígenas y pueblos afros a lo largo de todo el continente, los mismos que defienden sus autonomías territoriales y derechos colectivos como una alternativa frente a los tradicionales sistemas de poder todavía vigentes y profundamente arraigados en la colonialidad del poder.[2] Esta última referencia no es casual,

---

[1] Uno de los críticos que más ha denunciado las distorsiones del mestizaje ha sido Antonio Cornejo Polar, el mismo que ha señalado que "el concepto de mestizaje, pese a su tradición y prestigio, es el que falsifica de una manera más drástica la condición de nuestra cultura y literatura. En efecto, lo que hace es ofrecer imágenes armónicas de lo que obviamente es desgajado y beligerante, proponiendo figuraciones que en el fondo sólo son pertinentes a quienes conviene imaginar nuestras sociedades como tersos y nada conflictivos espacios de convivencia" (7-8).

[2] Nelson Maldonado-Torres ha puntualizado: "Coloniality is different from colonialism. Colonialism denotes a political and economic relation in which sovereignty of a nation or a people rests on the power of another nation, which makes such a nation an empire. Coloniality, instead, refers to long-standing patterns of power that emerge as a result of colonialism, but that define culture, labor, intersubjective relations, and knowledge production well beyond the strict limits of colonial administrations" (Mignolo y Escobar 97).

ya que su eje principal, según ha señalado Aníbal Quijano, es la raza como dispositivo de dominación y exclusión.[3]

Cualquier lector atento a las múltiples reacciones provocadas por los movimientos sociales de Chiapas, Ecuador, Bolivia y partes de la Amazonía desde 1990, por ejemplo, comprenderá que las heridas coloniales de pasados (y presentes) racismos difícilmente se cicatrizan del todo.[4] Luis Macas, expresidente de la CONAIE (Confederación de Nacionalidades Indígenas del Ecuador), además de haber sido asambleísta y ministro de Estado del Ecuador, ha dado una voz de alerta que algunos sectores blanco-mestizos han retomado como una amenaza al orden nacional/"natural":

> No podemos hablar de la interculturalidad solamente desde el discurso o de un simple diálogo de culturas; es importante que desde los pueblos y naciones originarios aportemos hacia el cambio del sistema y de las estructuras. Es decir que la propuesta indígena de la interculturalidad debe ser de alto contenido político ("Diversidad y plurinacionalidad", s.p.).

En el contexto de México, este mismo espíritu de lucha indígena por un Estado "otro" se vislumbra en las palabras de la comandanta zapatista Esther:

> Ese es el país que queremos los zapatistas. Un país donde se reconozca la diferencia y se respete. Donde el ser y pensar diferente no sea motivo para ir a la cárcel, para ser perseguido o para morir [...]. Llegó la hora de nosotras y nosotros, los indígenas mexicanos.

---

[3] Javier Sanjinés ha resumido esta conflictividad entre mestizaje y colonialidad al referirse al escenario boliviano actual: "[...] el mestizaje, promovido por las élites mestizo-criollas bajo el discurso del nacionalismo revolucionario, se propuso extirpar la cultura indígena tradicional [...]; sin embargo, el mundo de lo indígena ha vuelto hoy más rebelde y autónomo que nunca, con su propia epistemología y su propio discurso ideológico" (169).

[4] Al referirse concretamente al Ecuador, por ejemplo, Manuel Espinosa Apolo ha constatado que "los mestizos ecuatorianos conciben en última instancia al mestizaje como un hecho racial. Mientras que en términos culturales se asumen como hombres occidentales. Esto explica el por qué el mestizo común urbano rechaza o se muestra reacio a aceptar cualquier señalamiento que busque presentarlo como de ascendencia indígena o portador de rasgos culturales indios" (218).

Estamos pidiendo que se nos reconozcan nuestras diferencias y nuestro ser mexicanos (EZLN, s.p.).

Para entender cabalmente las tensiones y pugnas que Macas y la comandanta Esther habían despertado en el Ecuador y México con estos pronunciamientos que se acaban de citar, conviene volver a leer a José Vasconcelos y a Benjamín Carrión que se perfilan como dos de los principales iniciadores intelectuales del concepto de mestizaje como proyecto nacional moderno en los años veinte y treinta. De hecho, desde las páginas de *Indología* (1926), Vasconcelos había declarado: "¡Pero veo en el triunfo remoto, mas no imposible, de esta aventura del mestizaje, la única esperanza del mundo!" (78). Por su parte, Carrión enseñó años después que el mestizaje constituía la "base esencial del presente y el futuro latinoamericanos" ("El mestizaje y lo mestizo" 379).

Lamentablemente, esta proyección hacia el futuro no contemplaba la presencia indígena. Según Vasconcelos, "la nueva raza mestiza" anulaba a la indígena "que no volvería a obrar por su cuenta" y, como golpe de gracia, este mismo mentalizador de la raza cósmica declaró que "todo lo que sabe [el indio], todo lo que piensa, todo lo que hoy es, procede de la invasión europea. Lo suyo se disgregó, tal y como se han disgregado todas las antiguas culturas, para no volver más" (77). En vista de algunos de los principales acontecimientos históricos y políticos vividos desde 1980, especialmente en la región andina y México, no ha de sorprendernos que Antonio Cornejo Polar haya puntualizado que el mestizaje "trata de un concepto ideologizado en extremo" (7).[5]

Al tomar en cuenta las numerosas acusaciones contra supuestos fundamentalismos indígenas en Bolivia y Ecuador

---

[5] Recordemos con Manuel Espinosa Apolo que "el Estado utiliza la noción de mestizaje como argumento para eliminar la posibilidad de permanencia de las identidades indias diferenciadas. La ideología del mestizaje se reactiva bajo este propósito, por lo que en este momento y en estas circunstancias el concepto del mestizo se vacía de todo contenido y se convierte en negación de cualquier especificidad sociocultural" (219).

junto con algunas reacciones a los censos recientes que aparentemente reafirman la condición mestiza de naciones como Ecuador y México, se vislumbra una tendencia peligrosa a volver a los errores conceptuales del pasado, ya que, con demasiada frecuencia, los textos fundacionales del mestizaje se evocan sin someterlos a lecturas y reflexiones suficientemente complejizadas y matizadas capaces de dejar al descubierto las razones que explican los fracasos del mestizaje como proyecto nacional a lo largo y ancho de América Latina. Por consiguiente, un retorno a *Indología* (1926) de Vasconcelos y *Atahuallpa* (1934) de Carrión será pertinente para este volumen de ensayos dedicados a revalorar el nacionalismo cultural de ambos pensadores.

El mestizaje e hispanofilia de José Vasconcelos

Se recordará que *Indología* fue el producto de una serie de conferencias que Vasconcelos había pronunciado en Puerto Rico poco después de la publicación de *La raza cósmica* (1925). Invitado por la Universidad de Puerto Rico, los organizadores de la visita habían reconocido en Vasconcelos una especie de guía espiritual de la época. El mismo Vasconcelos, al referirse a una de sus conferencias, comentó en el prólogo a *Indología*: "El Teatro Municipal de San Juan, lleno con sus mil quinientos o más espectadores de paga, presentaba un aspecto imponente; había en la atmósfera ardor patriótico, se veían mujeres y banderas, se me recibía como a un portavoz de la raza; se me pedía un mensaje, se me exigía un grito" (xvi).

Portada de *Indología*, París: Agencia Mundial de Librería, 1926.

Estas referencias al patriotismo y a la raza ponen de manifiesto el carácter ambiguo y contradictorio del discurso retórico vasconceliano. Mientras se proyectaba como portavoz de la unión y futura grandeza de América Latina frente al creciente imperialismo de Estados Unidos, Vasconcelos y sus seguidores entusiastas se perdían en una tradición utópica que imposibilitaba la construcción de una América verdaderamente unida desde sus profundas diferencias. Aunque Vasconcelos proclamaba que "Todo el mundo comprende los problemas vitales de la raza y la necesidad de sacudir la indiferencia para emprender la marcha unida hacia adelante" (*Indología* xxxviii-ix), su mensaje era poco más que una rancia xenofobia hispanista tan patente en tales declaraciones como:

> Por muy abundantes que sean nuestras importaciones culturales, queda firme el hecho de que somos castellanos y latinos de temperamento y de mentalidad, aun cuando no lo fuésemos de sangre (*Indología* 130).
> Se olvida a menudo, y casi siempre con intenciones bastardas, que nosotros somos continuación y retoño de la poderosa cultura española que en una época se impuso a la Europa (*Indología* 16).
> Vinieron a la América los españoles, y hay que desengañarse: vinieron los Mejores [...]. Lo cierto es que la mejor casta española vino al continente, la mejor en la devoción y en el esfuerzo (*Indología* 76).[6]

En efecto, el pensamiento de Vasconcelos que celebraba la unión latinoamericana en nombre de una síntesis armónica de las diferencias terminó siendo una estrategia engañosamente asimilacionista que contribuyó a la promoción de la hispanidad como respuesta definitiva a todos los peligros de fragmentación y disgregación inherentes al modelo poderoso de Estados Unidos en los años veinte del siglo pasado. Como ya se sabe, al privilegiar la hispanidad como esencia absoluta del mestizaje, lo que Vasconcelos presentó como una afirmación cultural e

---

[6] Con mucha razón, Juan Carlos Grijalva ha puntualizado: "El discurso utópico del mestizaje afirmado por Vasconcelos *borra* las crueldades vividas en la historia del colonizado y trivializa el genocidio de la conquista" (336).

histórica fue, en el fondo, una rotunda negación de los valores múltiples de América Latina. Según enseñó este maestro de juventudes: "[...] mientras en Europa encontramos una docena o más de idiomas, de costumbres y de variedades raciales, entre nosotros no hay más que un idioma, un territorio continuo y una raza completamente homogénea" (*Indología* 20).[7]

Esta homogeneización está anclada en los conceptos nacionales del criollato del siglo XIX y, aunque Vasconcelos definía su proyecto de una raza cósmica "como una novedad casi sin precedente en la historia" (*Indología* 7), hemos de entender su continuidad como discurso hegemónico en el contexto de la colonialidad del poder, junto a las colonialidades del ser y saber. Es decir, a partir de una tradición racializada que se arraigó en las Américas en el siglo XVI, pocas referencias a políticas de integración y modernización no han apuntado a las mismas exclusiones e injusticias de siempre. De hecho, a pesar de toda la conmoción generada en 1925 con la publicación de *La raza cósmica* y su promesa de una nueva América Latina, el mismo Vasconcelos explica en *Indología* que dicha raza cósmica es nada menos que la raza iberoamericana: "Llamaremos Indología a todo el conjunto de reflexiones que me propongo presentar a propósito de la vida contemporánea, los orígenes y el porvenir de esta gran rama de la especie racional que se conoce con el nombre de raza iberoamericana" (7).[8] No puede haber la menor duda de lo que significa(ba) lo iberoamericano

---

[7] En lo que se refiere al mestizaje de la misma época en que Vasconcelos escribió *La raza cósmica* e *Indología*, Ángel Rama observó que "los *indigenistas* [...] carecieron de un conocimiento serio acerca de la cultura india [...], por lo cual no fueron capaces de valorarla ni tampoco de reconocer humildemente los múltiples productos que ella generó (vestidos, instrumentos, danzas, objetos de culto, utensilios, comidas, etc.), así como la originalidad de sus creencias, costumbres, artes" (en *Formación de una cultura nacional indoamericana*, xv). Christopher Domínguez Michael destacó esta misma carencia en Vasconcelos, que "nunca comprendió a las antiguas culturas mesoamericanas. Su ignorancia frente a aquella 'civilización sin alma', como la llamó, a veces es escandalosa" (xlii-xliii).

[8] La relación entre estos dos libros seminales del pensamiento vasconceliano se patentiza cuando Vasconcelos escribe en *Indología*: "recomiendo la lectura de mi libro *La Raza Cósmica* [sic], del cual el presente en cierto sentido es sólo una ampliación" (lvi).

para Vasconcelos: "Todos los asuntos de pensamiento relacionados con tal agregado étnico los comprendo bajo el nombre de Indología, porque quiero restituir nuestro ideal a la visión profética del descubridor del Nuevo Mundo y a su ilusión de que al pisar el territorio de la India consumaba la circunvalación del planeta" (7-8). En efecto, la presencia indígena dentro de la raza cósmica era poco más que una leve nostalgia por aquella Atlántida perdida en los recovecos más escondidos de la imaginación occidental.

En honor a la verdad, sin embargo, y con el afán de no caer en simplificaciones, no estará de más reconocer aquí que la hispanofilia de Vasconcelos pertenecía a una larga historia republicana caracterizada por sus repetidos intentos de unificación continental tan evidente en el pensamiento independentista de Andrés Bello, por ejemplo. Además, esta misma hispanofilia serviría como una estratagema lógica contra las inminentes invasiones e incursiones imperialistas de Estados Unidos. En el caso de Bello, su defensa inquebrantable del castellano como denominador común de América Latina constituía una política articulada claramente para evitar la disgregación de los nuevos países hermanos. Respecto al peligro estadounidense que emergía durante el siglo XIX, ganando fuerza con la Doctrina Monroe de 1823 y, luego, con la guerra entre México y Estados Unidos de 1846 a 1848, se recurriría a la hispanidad como antídoto contra dicho imperialismo yanqui y, al mismo tiempo, como legitimación cultural y espiritual iberoamericana. Sin duda alguna, es desde esta tradición que hay que leer el pensamiento de Vasconcelos, ya que todo su pensamiento evoca aquellos versos desafiantes de Rubén Darío que advertían: "Eres los Estados Unidos, eres el futuro invasor/de la América ingenua que tiene sangre indígena,/ que aún reza a Jesucristo y aún habla en español" ("A Roosevelt"); "¿Tantos millones de hombres hablaremos inglés?" ("Los cisnes").

Lo que no hemos de pasar por alto es la medida en que estos ejemplos de una aparente afirmación iberoamericana bien intencionada y estratégicamente planteada revelan, más bien, nuevas manifestaciones de la colonización. En efecto, hay que situar el pensamiento vasconceliano dentro de una dialéctica que también evoca a Octavio Paz y su observación de que "Nuestra literatura es la respuesta de la realidad real de los americanos a la realidad utópica de América". Y, luego, según el mismo Paz en *Puertas al campo*: "Antes de tener existencia histórica propia, empezamos por ser una historia europea. No se nos puede entender si se olvida que somos un capítulo de la historia de las utopías" (en Rivera-Rodas 34). El paralelo que existe entre lo que Paz llama *realidad real* y *realidad utópica*, por un lado, y lo que Ángel Rama ha designado como *ciudad real* y *ciudad letrada*, por otro, es instructivo, puesto que apunta a toda una historia de relaciones de poder en las cuales la invención intelectual, en nombre del orden, invisibiliza todo lo que no corresponde a esa imaginación hegemónica.[9]

De manera que el deseo de construir un mundo de orden y de unión estaba destinado al fracaso precisamente porque Vasconcelos no pudo liberarse de las estructuras coloniales de su propia imaginación letrada. Se perdía, pues, en su propia retórica contradictoria y, por más que había insistido en la inclusión y la universalidad como metas definitivas de su proyecto, la raza cósmica nunca dejó de ser una negación de aquella "realidad real" que era/es América. "No pretendo –escribía Vasconcelos– amparar bajo tal nombre (Indología) ninguna intención de predominio favorable a la tradición

---

[9] Rivera-Rodas ha señalado que en la época de Vasconcelos y las vanguardias latinoamericanas, "Los escritores [...] habían tomado los caminos de la imaginación, seguros de sus facultades para la invención de nuevas realidades. Sin embargo, el saldo de esa experiencia ha sido una literatura disociadora y de crisis. Ese resultado final explica cómo la euforia vanguardista, comprometida con la invención, deviene al cabo en una angustiante disforia. El vertiginoso ascenso y la celebración en los espacios, se trueca en descenso inevitable y caída" (34). Es de recordar que Vasconcelos también pretendía inventar una nueva realidad (i.e., la raza cósmica), pero por medio de las utopías y la hispanidad que, supuestamente, aseguraban la unidad frente a las numerosas fuerzas de disgregación y desorden de la época (e.g., el imperialismo, la inmigración, el crecimiento urbano, el indigenismo, el realismo social, el socialismo, los experimentos lingüísticos de las vanguardias).

autóctona de América o a la raza indígena del continente [...]. La tesis misma de la existencia de la raza futura descansa en una norma de universalidad que no excluye, que engloba y asimila caracteres y sangres" (9).[10] Hay que matizar con mucho cuidado estas últimas referencias a la no exclusión y la asimilación, puesto que son el producto de un doble discurso apropiado por un "nosotros" que, al tomar la palabra de todos, silenció a grandes sectores de América Latina en nombre de una universalidad imaginaria.[11] No hemos de olvidar que Vasconcelos había puntualizado:

> [...] para designar esta nueva corriente vital de la historia hemos de emplear el nombre de Indología en el sentido de ciencia de

---

[10] Estas mismas contradicciones y paradojas del pensamiento vasconceliano que se han de comprender como constitutivas de la colonialidad del poder, del saber y del ser, se ven repetidamente en otros pensadores de América Latina como, por ejemplo, Pedro Albizu Campos, una de las máximas figuras independentistas de Puerto Rico del siglo XX. Recordar a Albizu Campos es pertinente a los propósitos de este estudio precisamente porque fue en Puerto Rico donde Vasconcelos presentó originalmente el contenido de *Indología* como una suerte de ideario revolucionario y latinoamericanista que muchos puertorriqueños recibieron erróneamente como una respuesta lúcida y alternativa a la situación política de la isla. En *El país de cuatro pisos*, José Luis González resalta el mismísimo problema de la hispanofilia que, en nombre del antiimperialismo, inevitablemente reproducía la colonización. Según se lee: "[...] la impotencia de esa clase [la clase dirigente criolla] para enfrentarse con un proyecto histórico progresista al imperialismo norteamericano en razón de su cada vez mayor debilidad económica, la llevó a abandonar su liberalismo decimonónico para asumir el conservadurismo que ha caracterizado su ideología en lo que va de este siglo. La idealización –vale decir la tergiversación– del pasado histórico ha sido uno de los rasgos típicos de esa ideología. Pedro Albizu Campos fue, sin duda alguna, el portavoz más coherente y consecuente de esa ideología conservadora. Conservadora en su contenido, pero, en el caso de Albizu, radical en su forma, porque dio voz especialmente al sector más desesperado [...] de esa clase. Esa desesperación histórica, explicable hasta el punto de que no tendría por qué sorprender a nadie, fue la que obligó a Albizu a tergiversar la verdad refiriéndose al régimen español en Puerto Rico como 'la vieja felicidad colectiva'" (17-18).

[11] En *La rebelión de los genes (El mestizaje americano en la sociedad futura)*, Manuel Zapata Olivella advirtió: "Hasta ahora la literatura iletrada y su creador, los pueblos analfabetos, han sufrido el despotismo de la cultura ilustrada [...]. El arte de fabular permite que el autor, demiurgo olímpico, a través de sus personajes creados a imagen y semejanza de sus ideas e intereses, proclamen sus propias aspiraciones y rebeldías y no las de los oprimidos que suelen aparecer en sus obras" (17).

> Indias, ciencia de Universo, no de las Indias antiguas ni de las Indias modernas, ni de las Indias geográficas, sino de las Indias en el sentido del ensueño colombino de redondez de la tierra, de unidad de la especie y de concierto de las culturas. (*Indología* 10)

En efecto, la yuxtaposición entre "ciencia" y "ensueño colombino" es típica del pensamiento iluso del maestro mexicano. Si bien la referencia a la ciencia parece tener la función de legitimar su Indología con bases empíricas ancladas en la racionalidad, lo que realmente prevalece en la propuesta de Vasconcelos son el ensueño y la nostalgia por una Castilla todopoderosa hecha trizas desde 1898. Por eso, él mismo terminó siendo la comprobación de su propia profecía: "toda filosofía de meras ideas, es como un juego de globos de cristal: hermosos, pero vacíos. La vida se ausenta de ella desde el principio, y no le queda más que una fantasmagoría de conceptos generales [...]" (*Indología* 5).

Así fue el caso de su raza cósmica; los conceptos generales de inclusión desplazaron a las mayorías de "la ciudad real" que ponían en peligro la supremacía del cristianismo, del castellano y de la hispanidad como valores rectores del proyecto civilizatorio y cósmico vasconceliano.[12] En fin, a pesar de un lenguaje que prometía un nuevo orden incluyente y democrático, el pensamiento de Vasconcelos seguía constituyendo un ejemplo más de la epistemología básica de la colonialidad del poder: "[...] todo el esfuerzo de los nuevos colonizadores debiera emplearse en la conquista moral; es decir, en el mejoramiento espiritual de las poblaciones sometidas. No se debe destruir una raza, pero sí puede emprenderse su educación" (*Indología* 89). El evidente paternalismo de esta última cita, junto al de aquel "nosotros" ya mencionado en líneas anteriores, impuso una verticalidad de relaciones de poder sobre las diferencias constitutivas de América Latina.

---

[12] Pertinente a nuestro análisis es la siguiente observación de Juan Carlos Grijalva: "Vasconcelos convierte la utopía racial de su profecía en una forma maquillada, estetizada, de exclusión étnica y cultural, donde sólo aquellas razas consideradas bellas y compatibles tendrían derecho a mezclarse" (340).

Esta misma imposición condenó el mestizaje que Vasconcelos había conceptualizado como un gran proyecto latinoamericano de inclusión a un estado permanente de incoherencias y distorsiones que sustentaban, a fin de cuentas, "la superioridad racial blanca de la tradición cultural occidental" (Grijalva 339).[13]

Resonancias vasconcelianas en el pensamiento nacional de Benjamín Carrión[14]

Aunque Benjamín Carrión nunca llegó a los extremos retóricos de José Vasconcelos,[15] hubo una plena identificación conceptual con el maestro mexicano, especialmente en lo que se refería a la hispanidad como uno de los fundamentos medulares de la nación ecuatoriana. De hecho, el siguiente comentario escrito por Vasconcelos en *Indología* parece anunciar con ocho años de anticipación la tesis principal de *Atahuallpa*:

> El tema fundamental, el *leit motif* de nuestras especulaciones, nos lo dará la comprobación de la unidad espiritual de la raza hispánica de América y de España, identidad en el pasado, disgregación necesaria para recomenzar la vida en condiciones nuevas y reunión ideal posterior, pero ya sobre las bases de autonomía y de libertad, de disciplina y de justicia, bases sin las cuales ninguna cultura alcanza esplendor. (18)

---

[13] No estará de más cerrar este apartado sobre los efectos excluyentes reales de aquellas promesas de inclusión para todos con dos reflexiones más. La primera es de Joshua Lund: "On the one hand, Mexico's indigenous inhabitants are the authentic source for a cultural patrimony that has coalesced into the nation; on the other hand, that same nation is founded on their abandonment. I call this discourse the mestizo state" (1418). Por su parte, y en el contexto boliviano, Javier Sanjinés ha observado que "[...] el paradigma del mestizaje no es más que el discurso letrado de las clases altas, cuyo propósito es justificar la dominación continuada del sector de los mestizo-criollos que asumieron el poder después de la Revolución Nacional de 1952" (167).

[14] Lo que sigue sobre Benjamín Carrión es, en parte, una adaptación de algunas ideas expresadas en un ensayo mío titulado "*Atahuallpa* y Benjamín Carrión ante la historia nacional del Ecuador" [véase Handelsman 135-149].

[15] En lugar de proponer una teoría de la raza cósmica como ruta del futuro de toda América Latina, Carrión elaboró su teoría del pequeño gran país, contentándose con dirigir sus propuestas primordialmente al Ecuador.

Para que no haya dudas de las convergencias conceptuales e ideológicas que unen a Carrión y Vasconcelos, conviene recordar lo que Carrión escribió en 1928 en *Los creadores de la Nueva América* acerca del compañero mexicano: "Pueblo mestizo él mismo, este pueblo español que por suerte nos llevó a nuestra América su generosa amplitud universalista y su fuerza espiritual" (en *Obras* 42). Y con el mismo ardor de Vasconcelos, el maestro Carrión se apropió como suyo del ideario que este había difundido en *La raza cósmica* e *Indología*:

> La gente compenetrativa [...] de la gran sintetización unificadora de la especie, será presidida, dirigida por el espíritu latino –hispánico, quizá mejor– de los actuales pueblos de la América ibera. Ese alto privilegio les corresponde no sólo por ser ellos los habitadores actuales del gran albergue de la humanidad futura, sino porque ellos –sangre y espíritu renovados de la España universalista y generosa– no alientan y cultivan ese egoísta y antihumano espíritu defensivo que busca la imposible e injusta prevalencia de una sola raza, con derrota y extinción de las otras [...]. (*Obras* 39)

En efecto, como se patentiza en este primer ensayo de *Los creadores de la Nueva América*, Carrión era un lector asiduo de Vasconcelos, llamándolo "Maestro de América" y poniéndole como título a dicho texto: "El civilizador y el constructor".

La admiración que Carrión sentía por Vasconcelos no ha de sorprendernos, ya que gran parte de la intelectualidad ecuatoriana encontraba en sus contrapartes mexicanos, incluyendo a Vasconcelos, un camino de superación cultural que, supuestamente, los conducía hacia la construcción de una nación moderna. La historiadora de artes plásticas, Michele Greet, ha resaltado la envergadura y profundidad de esta relación al referirse a la revista ecuatoriana *Hélice* de los años treinta, en que se publicaron varios artículos sobre temas mexicanos, lo cual sugiere algunos paralelos de pensamiento entre ambos países (64-65). Además, Greet menciona la publicación en Quito, en 1936, de una colección de ensayos escritos por ecuatorianos titulada *México: Homenaje a los héroes de la independencia mexicana 1810-1936*. En este mismo libro Carrión había contribuido con un homenaje a Vasconcelos y a los muralistas mexicanos, caracterizando a México como "the confirmation of our possibilities" (114). De modo que, para los ecuatorianos, como para muchos otros latinoamericanos de los años veinte y treinta, México se perfilaba como un "prototype of cultural independence in the Western Hemisphere" (114). De hecho, la influencia mexicana de la época como un centro cultural internacional era de tal grado que, según Greet, México había comenzado a desplazar a Europa como modelo cultural (114).

Portada de *Atahuallpa*. España: Albon International, 1968.

Sin perder de vista la influencia ineludible de Vasconcelos y de la intelectualidad mexicana, en general, se comprenderá la medida en que Atahuallpa como una arqueología de la nación ecuatoriana fundamentada en una síntesis del mestizaje, la hispanidad y lo iberoamericano iba a reproducir la misma negación ya comentada arriba que, en nombre de todos, construía una colectividad nacional de excluidos, invisibilizados y silenciados. Es así que en su introducción a este ensayo de Carrión, publicada en la edición de Clásicos Ariel, Hernán Rodríguez Castelo acertó al constatar que "Quien busque a Atahuallpa en el libro, saldrá casi defraudado" (*Atahuallpa* 16-17). Por consiguiente, la figura histórica de Atahuallpa ha sido un mero pretexto que apuntaba hacia otros objetivos e inquietudes que preocupaban a Carrión.[16]

---

[16] Uno de esos objetivos que no viene al caso para este ensayo tiene que ver con el conflicto limítrofe entre el Ecuador y Perú. Al resaltar a Atahuallpa como superior

En efecto, la visión utópica de Vasconcelos que Carrión había asimilado, junto a la democratización que se vivía en el Ecuador en los años veinte y treinta del siglo pasado, constituían la sustancia misma de *Atahuallpa*. La finalidad del texto se comprendía claramente en términos de afirmar la nacionalidad ecuatoriana en base a la mítica raza cósmica (el mestizaje por excelencia) y el reconocimiento de los orígenes indígenas como componentes legítimos de la ecuatorianidad. Por eso, se ha constatado que el *Atahuallpa* de Carrión "fue el más significativo esfuerzo por darle historicidad y forma teórica a la formación de esa conciencia nacional" y "encontró en el momento de la conquista, la reivindicación de la 'civilización y la barbarie' como totalidades activas e iguales que la cultura actual del Ecuador debía recuperar para engendrar una dialéctica viva y creadora de afirmación nacional" (Moreano 59). Esta visión cósmica y de unión armónica entre la civilización (España/Europa) y la barbarie (la América Latina indígena) sale a flor de piel en las últimas líneas de *Atahuallpa*. Carrión insiste utópicamente:

> Hoy es la hora de construcción en Indohispania. Todas las voces –que se expresan indeclinablemente en español– afirman su anhelo de vivir en justicia y en igualdad sociales. Desde el México eterno de Zapata, pasando por el Perú de Mariátegui, hasta el sur fecundo de afirmación y de anhelos. Atahuallpa no dice en estas páginas su odio hacia Pizarro. Cuatro siglos ya. Atahuallpa y Pizarro esperan –y harán llegar– la hora de la tierra y de la justicia (195).

Palabras inquietantes y muy reveladoras en cuanto al pensamiento nacional de Carrión. Referirse a la "construcción en Indohispania" es desconocer la totalidad étnico-cultural de América y del Ecuador; prestar oídos únicamente a "las voces que se expresan indeclinablemente en español" es negarles a los grupos no hispanos un verdadero sitial de igualdad y

---

a su hermano Huáscar, Carrión defendió metafóricamente en su texto literario los derechos del Ecuador en las disputas territoriales que tenía durante muchos años con el vecino. Para un análisis más elaborado sobre esta propuesta de lectura, véase mi *Ideario de Benjamín Carrión* (135-149).

de participación en aquella soñada "construcción" ya citada; afirmar que "Atahuallpa no dice ... su odio hacia Pizarro" es reducir la conquista a una quimera, a un tema novelesco que encubre los dolorosos y contradictorios orígenes de América y del Ecuador, en particular; evocar a Atahuallpa y a Pizarro fraternalmente abrazados en espera de "la hora de la tierra y de la justicia" nos dice mucho más de la imaginación utópica/ vasconceliana de Carrión (y de su hispanofilia)[17] que de la verdadera historia.[18]

Aunque Carrión siempre había mirado hacia la historia, hay que recordar que él nunca fue historiador. Carrión dependía de sus intuiciones y de sus propios sueños cada vez que pretendía reconstruir el pasado nacional. Distancia objetiva, rigor científico, coherencia de interpretaciones no fueron nunca sus instrumentos de investigación. El mismo Carrión había confesado: "Yo nunca escribo desapasionadamente. Si tal hiciera, habría preferido la profesión de notario En cambio, mi verdad, es mi emoción [...]" (*Santa Gabriela Mistral* 242-243).[19]

Producto de su formación arielista, a través de toda su obra Carrión ha ocupado la cátedra del profesor Próspero. Muchos han comentado el estilo conversacional de los textos

---

[17] Seguramente, cuando Carrión hizo referencia a "Todas las voces –que se expresan indeclinablemente en español"– la de Vasconcelos habría sido la más audible al pontificar: "El mundo físico americano está hecho como para contrariar esa ley de eterna renovación que es inseparable de la vida del espíritu. Las grandes distancias, los desiertos, las selvas, las cordilleras, todo es obstáculo para la reunión y renovación de los grupos. Quizá esto explique esas misteriosas decadencias, esas desapariciones totales de culturas que llegaron a tan alta cumbre, como la Maya y la Zapoteca: les faltó el contacto de otras culturas. Las razas de América se habían quedado, pues, como dormidas, y esto marca la importancia de la llegada de los españoles" (*Indología* 72-73). Con esta explicación de Vasconcelos, ya se comprende por qué "Atahuallpa no dice en estas páginas su odio hacia Pizarro".

[18] Augusto Roa Bastos ha puntualizado: "No hubo tal idílica convivencia, ni era posible que la hubiese. Lo que hubo fueron luchas terribles en las que las culturas autóctonas acabaron devastadas y sus portadores sometidos o aniquilados, como ocurre siempre en las guerras de conquista, en los largos y desordenados imperios coloniales" (12).

[19] Otra vez, se evidencia un fuerte nexo conceptual entre maestros: Vasconcelos había constatado que "No hago historia, intento crear un mito" (citado en Domínguez Michael, xxxiv).

carrionescos; no es casual que lo hayan identificado como al Maestro. Junto con el personaje de Rodó, Carrión no se había cansado nunca de alentar a la juventud, de motivarla a actuar y, sobre todo, a soñar y a tener fe en el futuro. Rodó lanzó su mensaje inmediatamente después de la guerra entre España y Estados Unidos, en un momento de crisis en una América Latina donde ya se había inaugurado plenamente el imperialismo norteamericano. Fue necesario combatir derrotismos y despertar esperanzas. Veintiocho años después de la publicación de *Ariel* (1900), Próspero parece haber resucitado en el Ecuador cuando Carrión le coge la posta y, en su primer libro titulado *Los creadores de la Nueva América*, inicia un diálogo con la juventud que durará cincuenta años. Suscitador más que historiador, todo lo que él rescataba del pasado le servía como un mecanismo catalizador que pretendía guiar, sobre todo, a los ecuatorianos hacia un futuro prometedor, hacia la siempre anhelada Segunda Independencia. Es en este sentido docente, si se quiere, que hemos de leer interpretaciones como:

> Nuestra historia de Patria es una historia noble y una historia bella. Acaso la más noble y bella de entre las comarcas de América. Porque esta patria mía nació con Atahuallpa, el conquistador magnífico, unificador del Imperio del Tahuantinsuyo, fruto del amor del gran Huayna Cápac, el Carlo Magno del Incario, y la Reina de los Caras. Mi patria tuvo su confirmación con Bolívar, con Sucre en las alturas de Pichincha, y su partida de bautismo fue inscrita el Diez de Agosto de 1809, cuando el primer Grito de Independencia Americana (*Santa Gabriela Mistral* 107-108).[20]

---

[20] El paralelo ideológico y de formación intelectual que existe entre Carrión y Vasconcelos se vislumbra una vez más al leer: "El uruguayo Rodó (1871-1917) da a Vasconcelos la perspectiva racial y continental que acabaría por dar forma a la más ambiciosa de sus teorías: la raza cósmica. [...] La *idea-fuerza* de Rodó, llevando a un extremo altamente lírico el potencial bolivariano, llamaba a la juventud hispanoamericana a levantarse con una dura crítica de la civilización norteamericana buscando en sí misma una síntesis espiritual. Esa idea-fuerza sería la que Vasconcelos tome para sí cuando lo llamó la gloria" (Domínguez Michael, xxi).

A pesar de su retórica altamente patriótica, y pese a su misión de mentor en la línea de Rodó (y de Vasconcelos), Carrión no superó nunca sus propios orígenes culturales que estaban firmemente arraigados en un mundo supuestamente dividido entre "civilización y barbarie". El mestizaje que tanto exaltaba resultó ser más bien un sueño desarticulado en vez de una realidad equilibrada. La civilización se entendía siempre en términos paternalistas y europeizantes –por no decir hispánicos– mientras que la barbarie evocaba aquellas fuerzas salvajes que esperaban la bondad y la salvación de algún Próspero para así comenzar a vivir de verdad.[21]

No hay otra manera de comprender la visión histórica de un occidente que insiste en un Nuevo Mundo que nace solo a partir de 1492. Esta concepción del mundo ha sido tan dominante, que hasta algunos de los latinoamericanos más aferrados a la construcción de una América Latina libre e independiente se han dejado engañar.[22] Moreano capta esta paradoja al penetrar el verdadero sentido de la metáfora de la raza cósmica (un matiz más de "civilización y barbarie") que tanto había influido a Carrión, entre muchos. Según explica Moreano:

> En la utopía vasconceliana la "barbarie" se convierte en el gran útero del engendramiento de la universápolis, la máxima síntesis

---

[21] En *Indología*, Vasconcelos ofrecía esta misma línea de pensamiento: "No pocos indios, al educarse, entraron de lleno a participar de las ventajas de la vida social en una civilización como la nuestra, que jamás trazó barreras por razón de color o de sangre" (144). De nuevo, el discurso de la inclusión contradice la realidad; casi ochenta años después de la publicación de *Indología* (y a unos setenta años desde que comenzó a circular *Atahuallpa*), el dirigente indígena del Ecuador, Luis Macas, seguía preguntando: "¿cómo podemos hablar de interculturalidad si existe un poder dominante, pueblos y culturas subordinados, desde su visión? [sic]. Y es un poder agresivo y violento que está prácticamente arrasando con pueblos, culturas y sociedades" (s.p.).
[22] Recordemos que Vasconcelos escribió en *Indología*: "Se dirá que al bautizar Colón con el nombre de Indias el territorio que hoy es nuestro, un soplo del mismo genio que lo había llevado a descubrir nuevas rutas en el mar, lo levantaba hasta el concepto de una nueva era de civilización, una era en que la vida colectiva había de cristalizar en formas definitivas y universales" (8). Está claro que esta "nueva civilización" supone el verdadero comienzo de la historia de América.

de la historia de la humanidad... En América, el espacio y la raza son aún "naturaleza" lista a ser fecundada por el espíritu. La Raza, es la gran matriz, la tierra –la india, la malinche– capaz de receptar todas las simientes y posibilitar un proceso de mestizaje y síntesis universales, la formación de la raza cósmica... Inseminación artificial al fin.(56)[23]

Esta misma metáfora de inseminación artificial ayuda a interpretar uno de los baluartes conceptuales del *Atahuallpa*. Aunque Carrión había enseñado en muchas ocasiones que la nación ecuatoriana había comenzado con Atahuallpa, la atracción de lo europeo, de la civilización y de una hispanidad exaltada lo descarrila y lo convierte en un exponente más de "civilización y barbarie", piedra angular de la colonialidad del poder. Es así que Carrión relata que al regresar Pizarro a España en busca del apoyo real para su expedición hacia el sur, el futuro conquistador se había encontrado con sus hermanos, todos de diferentes madres y padres. El encuentro mueve a Carrión a reflexionar:

> Este enredo de sangres, esta múltiple participación de semen y de útero para producir más amplia fraternidad, nos prefigura ya la taumaturgia de la colonización y la conquista por España, la nación generosa de su sangre; la que reconociendo la fuerza de la tierra materna de América, le envió la fecundación viril para universalizarla. (164)

Pasmado por su propia retórica, consciente o inconscientemente, Carrión encuentra en un bastardo, en un analfabeto, en un porquero –pero siempre español– la generosa y viril semilla de universalización (es decir, de la civilización y la hispanidad) que ha de ser recibida con alegría y gratitud

---

[23] El acierto de la interpretación de Moreano se ratifica al leer la siguiente afirmación de Vasconcelos: "Desde un punto de vista cultural, no cabe duda que los efectos de la colonización española son mucho más hondos, pues mientras los ingleses siguen siendo en la India extranjeros invasores, los españoles hicieron de la América una España grande [...]. Y se explica, los españoles emprendieron una verdadera conquista de almas. Lograron reemplazar una civilización retardada como era la indígena por una civilización en ascenso, como la de ellos en la época de los descubrimientos" (*Indología* 88).

por un imperio cuyo nivel altamente desarrollado y civilizado se había negado por no pertenecer a la tradición occidental.[24] De nuestra lectura de *Atahuallpa* –puesta en diálogo con *Indología*– se desprenden una ambigüedad y una ambivalencia inherentes a una visión del contorno latinoamericano y ecuatoriano que se había cultivado en un mundo liberal burgués y que soñaba con crear una democracia nacional, pero que todavía carecía de los instrumentos y de los esquemas de análisis suficientemente descolonizados frente a la omnipresente colonialidad del poder, del saber y del ser.[25] Aunque las utopías puedan despertar ánimos y fomentar optimismos, no serán suficientes para realizar verdaderas transformaciones sociales o introducir resoluciones definitivas. La retórica predomina y la mitificación del pasado amenaza con convertirse en un fin vacío que traicionará los buenos propósitos. Carrión ha sido enfático al caracterizarse a sí mismo como "enemigo cordial de los destructores de leyendas y mitos" (*Santa Gabriela Mistral* 304). La historiografía que él había practicado fue la búsqueda de aquella

> Leyenda vitalizadora que pone alas al futuro de los destinos nacionales; que los desata de las amarras empequeñecedoras y

---

[24] De nuevo, se percibe la presencia de Vasconcelos dentro del pensamiento de Carrión: "[...] no pasa de ser un mito esa supuesta destrucción violenta de una cultura. Un conquistador que no trae más que violencia, al quedarse en el pueblo sometido sufre su influjo y es absorbido; pero para eso se necesita que el pueblo sometido posea una cultura. En nuestras tierras, por desgracia, no había elementos para competir, mucho menos para sobreponerse a una civilización cristiana" (*Indología* 144).

[25] Así fue el caso de Vasconcelos, el mismo que se había encerrado en su propio discurso sesgadamente colonial, cuando no racista: "Tiene [América Latina] pasado, un pasado ilustre, y se ha quedado relativamente dormida, aletargada durante el fatal siglo XIX, y ahora intenta despertar. Pero ha de levantarse y moverse conforme a su ley ancestral, conforme a la ley de la cultura del trópico. Tal cosa no quiere decir, desde luego se advierte, que nosotros pretendamos tomar de modelos a los Moctazumas [sic] y a los Capas; la retroacción no es la vida y precisamente el trópico tiene por esencia la eterna y vigorosa lozanía [...] Recordemos que el hombre es el elemento de transformación de todas las uniformidades, de todos los procesos, y estudiemos al hombre, al hombre iberoamericano del pasado y del presente para poder imaginar en seguida, al hombre del mañana" (*Indología* 68).

sujetadoras de la realidad difícil y prosaica; que les pone una luz lejana en la línea final del horizonte, hacia la cual es preciso llegar para el encuentro feliz de la verdad, de la prosperidad del bien. (*Santa Gabriela Mistral* 304-305)[26]

A pesar de las repentinas caídas por el lado europeo/hispánico, el utopismo de Carrión también tenía un componente indígena positivo, aunque idealizado. Mientras que afirmaba: "España, que nos hizo la visita de las carabelas, hazaña máxima de la estirpe humana, nos dejó la herencia de la cruz y la lengua, de la lealtad, el honor y la aventura" (*San Miguel de Unamuno* 75), Carrión había recordado con no poco entusiasmo: "Cultura sin rueda, sin arado: el incario fue edificador de una prosperidad material incontestable: agricultura sólida, sin recargo ornamental, pero imponente, grande, artesanía maravillosa" (*Atahuallpa* 33). Pero, al fin de cuentas, dentro del mestizaje armónico con que Carrión soñaba al buscar lo nacional, por lo general la presencia española se caracterizaba –como en *Indología* de Vasconcelos– por lo heroico y lo épico (los españoles eran los verdaderos actores) mientras que los indígenas, destinados a desempeñar el papel pasivo de receptores, componían un mundo silencioso (¿silenciado?), enigmático y enajenado. Debido a esta disparidad inherente al colonialismo cultural que ha envuelto a toda América Latina desde 1492, los dos pilares fundamentales del concepto nacional propuesto por Carrión parecen tambalear. Atahuallpa y Pizarro nunca han sido iguales, y por más que se haya idealizado el encuentro de los dos mundos, el futuro del Ecuador y de América Latina –como los movimientos indígenas y los diferentes procesos sociales de la región andina y de México han señalado desde los años ochenta del siglo XX– requiere otro modelo crítico y creativo que no se pierda en utopías,

---

[26] Esta propuesta de una historiografía "vitalizadora" de Carrión no dista mucho del concepto que Vasconcelos tenía de una deseada síntesis que llamó raza cósmica: "Incorporar cada una de las sorpresas de la novedad, cada una de las cosas particulares al concierto temblante de la existencia total y contemplarlo todo transfigurado en el espíritu y deviniendo hacia lo eterno; he ahí la misión de la síntesis" (*Indología* 6).

en simplificaciones o en leyendas que, pese a las buenas intenciones, terminan siendo paliativos nacionales o pantallas de humo que ofuscan las heterogeneidades constitutivas y permanentemente conflictivas de América Latina.

A MANERA DE CONCLUSIÓN

En el contexto histórico actual, donde más y más personas pretenden pensar desde las diferencias y en términos de la interculturalidad y la plurinacionalidad, las propuestas de Vasconcelos y de Carrión deben haber perdido vigencia. De hecho, las nuevas constituciones del Ecuador y de Bolivia, por ejemplo, documentos que se perfilan como manifiestos oficiales de una refundación del Estado plurinacional, toda referencia a una soñada síntesis o celebración de una sola raza iberoamericana parece una aberración.[27] Sin embargo, estas propuestas interculturales siguen provocando una oposición tenaz, ya que, además de intereses políticos y económicos contrapuestos, la superación de paradigmas tradicionales de pensar y actuar requiere una radical transformación sociocultural y epistémica cimentada en un complicado proceso de (des)aprendizaje. Es así que Manuel Chiriboga, sociólogo y columnista del diario *El Universo* de Guayaquil, ha captado el ambiente turbulento y conflictivo que ha emergido en el Ecuador luego del levantamiento indígena de 1990:

> Me da la impresión de que los mestizos hemos sido terriblemente torpes en reaccionar a las demandas indígenas. Nos plantearon temas y cambios sobre los cuales no supimos qué hacer. Nos agarraron desprevenidos, como dice un actor de cuando se produjo

---

[27] Según reza el preámbulo a la Constitución boliviana aprobada en 2007 por la Asamblea Constituyente: "Dejamos en el pasado el Estado colonial, republicano y neoliberal. Asumimos el reto histórico de construir colectivamente el Estado Unitario Social del Derecho Plurinacional Comunitario, que integra y articula los propósitos de avanzar hacia una Bolivia democrática, productiva, portadora e inspiradora de la paz [...]". Respecto al primer artículo de la Constitución ecuatoriana aprobada en 2009: "El Ecuador es un Estado constitucional de derechos y justicia social, democrático, soberano, independiente, unitario, intercultural, plurinacional y laico".

ese levantamiento. Predominaron en la reacción o una visión acomodaticia frente a las demandas, que esconde o un sentido de culpa o un paternalismo encubierto, o una respuesta basada en transferencias de todo tipo: picos y palas, microcréditos, bonos y una infinidad de proyectitos, sin mayor significación, de los que se espera un agradecimiento indígena expresado en apoyo político-electoral. Me parece que no hemos pensado realmente cómo queremos vivir juntos, hasta dónde queremos llegar en la construcción del Estado multicultural, plurinacional y multiétnico; cómo podemos ser simultáneamente ecuatorianos e indígenas o ecuatorianos y mestizos. ("20 años después...")

Es de notar que Chiriboga describe la resistencia como una manifestación del mestizaje, el mismo mestizaje que Vasconcelos había conceptualizado como la esencia por excelencia de América Latina y el que hemos interpretado como producto de la hispanofilia. De ahí se desprende la estrecha relación que existe entre el pensamiento de Vasconcelos y la colonialidad que, según Aníbal Quijano, constituía en América Latina una represión cultural y una colonización del imaginario, ambas acompañadas por un exterminio masivo de los indígenas a partir de la conquista".[28]

Aunque Carrión pertenecía a esa misma escuela y tradición intelectual, hay que reiterar que él nunca cayó en los extremos de Vasconcelos.[29] De hecho, mientras toda la construcción vasconceliana de la raza cósmica y su Indología se remontaba a la utópica Atlántida, privándoles a los indígenas de un lugar en la historia, Carrión, en cambio, sí valoró el Incanato

---

[28] Este comentario se encuentra en el ensayo seminal de Quijano de 1992 titulado "Colonialidad y modernidad/racionalidad". El texto que hemos citado fue reproducido en inglés por Mignolo y Escobar en su *Globalization and the Decolonial Option* (23).

[29] Mientras la trayectoria de Vasconcelos iba desde "un mesianismo mestizo que predicó durante la década del veinte y del que luego abjuró a favor del antisemitismo y del hispanismo de orientación falangista" (Domínguez Michael xi), Carrión nunca renunció a su lucha por las causas democráticas latinoamericanas, ni tampoco vaciló con su solidaridad para con la Revolución cubana. No estará de más señalar aquí que José Carlos Mariátegui era otra gran influencia sobre el pensamiento social de Carrión y, sin duda, esto explica parcialmente por qué Carrión no cayó en los mismos excesos reaccionarios de Vasconcelos.

como uno de los dos referentes originarios de la futura nación ecuatoriana.[30] Este reconocimiento, sin embargo, no pudo liberarse de la idealización. Es decir, a pesar de su compromiso con el socialismo y su lucha por un Ecuador incluyente y democrático, Carrión terminó sacrificando a los indígenas a una abstracción llamada mestizaje. Catherine Walsh ha constatado al respecto:

> Fue el uso del mestizaje como discurso de poder en Bolivia y también en Ecuador el que [...] promovió una noción abstracta de inclusión y una práctica concreta de exclusión, un "mestizaje reductor que uniforma [e] impide que lo diverso, lo alternativo, lo múltiple puedan verdaderamente aflorar". Así fue y así es la ambigüedad fundacional del Estado nación y de "lo nacional". (97)

De modo que, la hispanofilia que se encuentra en lo más interior del mestizaje, tanto en la retórica como en la práctica, se revela como una de las muchas caras de la colonialidad que se resiste a cualquier proyecto alternativo u "otro" del pensar que apunte a una verdadera descolonización. Por consiguiente, nos encontramos ante una suerte de *impasse*. Por un lado, están los que siguen aferrándose a un mestizaje ilusorio que, según Manuel Espinosa Apolo: "la idea de ser mestizo [...] implica en definitiva no poseer identidad, en tanto la mezcla diluye y disuelve cualquier posibilidad de contraste. El mestizo se convierte así en una ficción maestra" (219). Por otro lado, se encuentran aquellos que siguen en pos de una interculturalidad elusiva que

---

[30] Una posible explicación de esta diferencia entre el maestro mexicano y su colega andino puede extrapolarse de un comentario pronunciado por José María Arguedas al comparar a México con Perú: "[...] el mestizo en el Perú no tiene el número, ni el poder, ni la influencia que ejerce en México, donde el territorio no está torturado y dividido por abismos profundos e indomeñables cordilleras como las que quiebran el suelo peruano. El español tuvo en México una movilidad incomparablemente mayor que en el Perú [...]. Los pueblos peruanos estuvieron siempre aislados por la topografía invencible. & se atomizaron por eso [...]. El aislamiento geográfico de los pueblos es la causa determinante del mayor poder e influencia que en el Perú tuvo y tiene la cultura nativa [...]. El mayor dominio del español sobre el medio geográfico, su comunicación más fácil con Europa, precipitaron en México el proceso del mestizaje" (5-6).

> [...] intenta romper con la historia hegemónica de una cultura dominante y otras subordinadas y, de esa manera, reforzar las identidades tradicionalmente excluidas para construir, tanto en la vida cotidiana como en las instituciones sociales, un con-vivir de respeto y legitimidad entre todos los grupos de la sociedad. (Walsh 41)[31]

¿Mestizaje o interculturalidad? Después de volver a leer a Vasconcelos y a Carrión, luego de ochenta y cinco años desde la publicación de *Indología* y setenta y cinco años de *Atahuallpa*, las posibles respuestas a esta pregunta han de confrontar dos maneras fundamentales de pensar que viven en constante tensión. En lo que respecta al mestizaje, se percibe ineluctablemente la retórica de una modernidad que se nutre de la matriz colonial junto a la lógica de la colonialidad del poder, la misma que engendra la dominación. Es decir, en nombre de la unión e inclusión (i.e., signos del progreso y lo moderno), se pretende llevar a cabo este noble proyecto "civilizatorio" mediante la eliminación de toda diferencia social y cultural que ponga en peligro el orden deseado por los mismos detentadores del poder de siempre. Por otro lado, el proyecto de la interculturalidad se alimenta de la convivencia de las diferencias (siempre en plural), lo cual significa poner en constante diálogo la imaginación de la *ciudad letrada* con los saberes otros de la *ciudad real*. Como ha advertido el ecuatoriano Alberto Acosta al referirse a la refundación del Estado (pluri)nacional, "una de las tareas fundamentales recae en el diálogo permanente y constructivo de saberes y conocimientos ancestrales con lo más avanzado del pensamiento universal, en un proceso de continuada descolonización del pensamiento" (3). Sin duda alguna, para que dicha descolonización se realice en la práctica, hace falta abandonar las promesas monoculturales y de matriz colonial de los maestros José Vasconcelos y Benjamín Carrión y asumir

---

[31] La misma Walsh advierte: "La interculturalidad es considerada y tratada como asunto sólo de los indígenas, dejando intacta la monoculturalidad de la educación 'hispana' [...] que quiere decir educación 'universal', 'normal', 'mestiza'" (49).

el desafío de repensar el Estado desde y con las diversas y contradictorias comunidades del siglo XXI.

Bibliografía

Acosta, Alberto. "El buen vivir, una utopía por (re)construir". *CIP-Ecosocial-Boletín ECOS* 11 (abril-junio 2010): 1-19.

Arguedas, José María. *Formación de una cultura nacional indoamericana*. México: Siglo XXI, 1977.

Carrión Mora, Benjamín. *Atahuallpa*. Guayaquil: Publicaciones Educativas "Ariel", sin fecha.

_____ "El mestizaje y lo mestizo". *América Latina en sus ideas*. Leopoldo Zea, coord. México: Siglo XXI, 1986. 375-400.

_____ *Los creadores de la Nueva América. Obras*. Quito: Casa de la Cultura Ecuatoriana, 1981. 17-58.

_____ *San Miguel de Unamuno*. Quito: Casa de la Cultura Ecuatoriana,1954.

_____ *Santa Gabriela Mistral*. Quito: Casa de la Cultura Ecuatoriana, 1956.

Chiriboga Vega, Manuel. "20 años después del primer levantamiento indígena". *El Universo*. 30 mayo 2010. <http://www.eluniverso.com/2010/05/30/1/1363/>. 12 marzo 2013.

Cornejo Polar, Antonio. "Mestizaje e hibridez: los riesgos de las metáforas. Apuntes". *Revista de Crítica Literaria Latinoamericana* XXIV/47 (1998): 7-11.

De Castro, Juan E. *Mestizo Nations. Culture, Race, and Conformity in Latin American Literature*. Tucson: The U of Arizona P, 2002.

Domínguez Michael, Christopher. Prólogo. *Obra selecta. José Vasconcelos*. Caracas: Biblioteca Ayacucho, 1992.

Espinosa Apolo, Manuel. *Los mestizos ecuatorianos y las señas de identidad cultural*. 2da. edición. Quito: Tramasocial Editorial, 1995.

EZLN. "Mensaje central del Ejército Zapatista de Liberación Nacional, pronunciado por la comandanta Esther el 28 de marzo de 2001, en el Palacio Legislativo Mexicano de San Lázaro" (fotocopia inédita).

González, José Luis. *El país de cuatro pisos*. Río Piedras: Ediciones Huracán, 1985.

Greet, Michele. *Beyond National Identity. Pictorial Indigenism as a Modernist Strategy in Andean Art, 1920-1960*. University Park: The Pennsylvania State UP, 2009.

Grijalva, Juan Carlos. "Vasconcelos o la búsqueda de la Atlántida. Exotismo, arqueología y utopía del mestizaje en *La raza cósmica*". *Revista de Crítica Literaria Latinoamericana* XXX/60 (2004): 329-345.

Hall, Stuart. "Cultural Identity and Diaspora". *Identity, Community, Culture, Difference*. Jonathan Rutherford, ed. London: Lawrence and Wishart, 1990. 222-237.

Handelsman, Michael. *Ideario de Benjamín Carrión*. Quito: Editorial Planeta, 1991.

Hedrick, Tace. *Mestizo Modernism. Race, Nation, and Identity in Latin American Culture, 1900-1940*. New Brunswick: Rutgers UP, 2003.

Lund, Joshua. "The Mestizo State: Colonization and Indianization in Liberal Mexico". *PMLA* 125/5 (October 2008): 1418-1433.

Macas, Luis. "Diversidad y plurinacionalidad". *Boletín ICCI Ary-Rimay*, publicación mensual del Instituto Científico de Culturas Indígenas 6/64 (julio 2004): sin paginación.

Mignolo, Walter D. y Arturo Escobar. *Globalization and the Decolonial Option*. Londres: Routledge, 2010.

Moreano, Alejandro. "Benjamín Carrión: el desarrollo y la crisis del pensamiento democrático-nacional". *Argumento* 1 (1980): 23-34.

Paz, Octavio. *Puertas al campo*. Barcelona: Seix Barral, 1972.

Rivera-Rodas, Oscar. "Historicidad y cosmopolitismo en la literatura hispanoamericana". *Cuadernos Americanos* I/131 (enero-marzo 2010): 11-46.

Roa Bastos, Augusto. "Una utopía concreta: La unidad iberoamericana". *América La Patria Grande* 2 (1989): 12.

Sanjinés C., Javier. *El espejismo del mestizaje*. La Paz: Fundación PIEB, IFEA y Embajada de Francia, 2005.

Vasconcelos, José. *Indología: una interpretación de la cultura iberoamericana*. Barcelona: Agencia Mundial de Librería, 1926.

Walsh, Catherine. *Interculturalidad, estado, sociedad. Luchas (de)coloniales de nuestra época*. Quito: Universidad Andina Simón Bolívar/Abya-Yala, 2009.

Zapata Olivella, Manuel. *La rebelión de los genes (El mestizaje americano en la sociedad futura)*. Bogotá: Altamir Ediciones, 1997.

Cuauhtémoc y Atahuallpa: símbolos del mestizaje iberoamericano en Vasconcelos y Carrión

Luis A. Marentes
University of Massachusetts Amherst

En 1928 Benjamín Carrión publica *Los creadores de la nueva América*, y dedica el primero de los cuatro ensayos a José Vasconcelos. Dividido en dos secciones, "El civilizador y el constructor" y "Los libros", el ensayo se enfoca en dos aspectos distintos, pero muy relacionados, en la obra vasconceliana. Vasconcelos es, por una parte, el "gobernante" que logra sacar adelante un proyecto educativo y cultural americanista como primer secretario de Educación del régimen revolucionario mexicano. Un hombre que creó y dirigió una nueva burocracia. Hábil administrador de un equipo de trabajo y de las masas que se unían a su cruzada educativa. Promotor de bibliotecas públicas y misiones culturales; patrocinador de una casa editorial de la Secretaría de Educación Pública, SEP, que publicaría libros de texto y clásicos de la literatura universal (mayoritariamente occidental); mecenas de los primeros muralistas; voluntad detrás del nuevo Estadio Nacional, y los festivales multitudinarios que ahí se presentaron. Por otra parte, es el autor de una filosofía latinoamericanista expresada en dos de sus libros: *La raza cósmica* (1925) e *Indología* (1926).

Desde la perspectiva de Carrión, ambos proyectos, el de gobernante y el de filósofo, son inseparables. Utilizando un lenguaje casi religioso, Carrión define a Vasconcelos como el "anunciador, el profeta, el poeta de las tierras cálidas" (64). La fe y optimismo del proyecto iberoamericanista vasconceliano y la capacidad de acción de la voluntad del exsecretario son fundamentales en la apreciación de Carrión, y sirven de inspiración para su Ecuador.

A continuación haré un breve bosquejo de la teoría de la raza cósmica y su temprana recepción por parte de Benjamín Carrión. Después de identificar ciertas continuidades y divergencias, exploraré mediante sus respectivas representaciones de Cuauhtémoc y Atahuallpa[1] la manera en que ambos articulan su visión del mestizaje iberoamericano alrededor de estos dos líderes amerindios y sus respectivos rivales, Cortés y Pizarro. En ambos casos los conquistadores son los héroes triunfantes de la contienda. Heroicos soñadores a quienes la voluntad y la fe los llevaron a la conquista de grandes imperios, son ellos los que abren América a la evangelización e incorporación a la civilización occidental. Si en este temprano ensayo Carrión celebra la fe iberoamericanista de Vasconcelos, en futuros textos el ecuatoriano matiza la visión universalista e hispánica vasconceliana enfatizando también un mestizaje local precolombino en el Tahuantin-Suyu y sus provincias. Si Vasconcelos presenta en La raza cósmica y su "Discurso a Cuauhtémoc" una visión épica y globalizante de la historia, –el conflicto final entre latinos y sajones– en su visión de Atahuallpa Carrión evocará la épica sordina de López Velarde y se enfocará cuidadosamente en la particularidad territorial de la provincia, de su suave patria,[2] el Ecuador. Con esto, Carrión llena de sentido el espacio americano que en el Vasconcelos

Portada de La raza cósmica. París: Agencia Mundial de Librería, 1925.

---

[1] Con Atahuallpa, como con Tahuantin-Suyu, utilizaré la ortografía empleada por Carrión en Atahuallpa, a menos que una cita directa lo registre de otra manera.
[2] Carrión publica un ensayo homónimo del poema de López Velarde en 1971.

de la teoría de la raza cósmica carece de especificidad. Dentro de la teoría y praxis vasconcelianas, América es un espacio importante, pero como espacio en sí, lugar de convergencia del mundo entero, pleno de recursos para ser informados de uso y sentido. El darle este sentido es la misión de la raza iberoamericana.

La raza cósmica. Misión de la raza iberoamericana (1925) consta de dos partes que muestran las dos facetas de Vasconcelos enfatizadas por Carrión. En la primera parte presenta su teoría sobre la "misión de la raza iberoamericana". La América tropical está destinada a ser el centro de una nueva raza –síntesis de las razas preexistentes. Es fundamental en este modelo el papel de la América Latina, unificada por la colonización ibérica y católica del siglo xvi, durante la ascendencia del Imperio español. Su segunda parte, menos discutida que el ensayo introductorio, es una memoria de su viaje a Brasil y Argentina en 1922 como enviado del Gobierno mexicano a las festividades del centenario de la independencia de Brasil. Su publicación fue seguida por la de *Indología. Una interpretación de la cultura iberoamericana* (1926), que incluye siete pláticas dadas en la Universidad de Puerto Rico en las que elabora su teoría sobre la *raza cósmica* y su gestión en la Secretaría. La filosofía de la historia de estos libros pronostica un futuro sublime para Iberoamérica y el mundo.

A grandes rasgos, su teoría de la raza cósmica postula que la civilización humana surge en los trópicos, y tras un período de preponderancia nórdica, volverá a ellos. Si el abundante trópico es fértil para el surgimiento de la civilización, el frío norte crea la necesidad de combustibles, que pronto son usados en todo tipo de maquinaria que será la base de una industrialización y el predominio económico y militar de la zona norte. La lógica secuela, en el modelo vasconceliano, es un regreso de la civilización a los trópicos, donde, aplicando las tecnologías desarrolladas en el norte, el ser humano "aprovechará nieves condensadas, o corrientes de electroquimia, o gases de magia sutil, para destruir moscas y alimañas, para disipar el bochorno y la fiebre. Entonces la humanidad entera se derramará sobre el trópico, y en la inmensidad solemne de sus paisajes las almas conquistarán la plenitud" (*La raza cósmica* 924-925).

Este movimiento geográfico de la civilización universal corresponde en el modelo vasconceliano a tres estados de la humanidad: el material, o guerrero; el racional, o legal; y el espiritual, o estético. El trópico proporciona la riqueza material para el primer estado. La ciencia mecánica del norte lleva al período racional. Conquistado el trópico con la nueva tecnología, este proveerá al espíritu el estímulo estético de la tercera etapa. Según *La raza cósmica*, el territorio americano contiene los restos geológicos más antiguos del planeta, y será, gracias a la conquista española de América –católica en ambas acepciones, como religión y como universalidad–, el escenario del surgimiento de una quinta raza, definitiva y cósmica. La filosofía histórica de Vasconcelos ve la culminación de la historia en este espacio por su riqueza material y estética, y también por el mestizaje llevado a cabo aquí: la incorporación espiritual del "otro" mediante el evangelio y los sacramentos, la incorporación cultural mediante la educación, y la incorporación física mediante la reproducción humana.

La raza cósmica de Vasconcelos responde a las preocupaciones de su momento. En el contexto latinoamericano es producto de una primera generación *arielista*. Formado en la escuela positivista, y admirado por la capacidad tecnológica generada en el siglo XIX, Vasconcelos es un creedor ferviente en la modernidad. Como el *Ariel* de Rodó, admira la tecnología moderna, pero desdeña su sistematización y homogeneidad. Como sus compañeros generacionales del Ateneo de la Juventud, buscó una alternativa humanista, basada en lo espiritual y estético, antitética al empirismo y materialismo positivista. Vasconcelos identifica este materialismo, como su contemporáneo uruguayo, con los Estados Unidos. Como Rodó, Martí y Carrión, entre muchos otros, el mexicano se preocupaba por el expansionismo económico, militar y cultural norteamericano. Hay en sus ensayos un llamado a la unidad iberoamericana, entendiendo a España y Portugal como puntos centrales en el eje iberoamericano. En este sentido, la obra de Vasconcelos es un llamado a una civilización trasatlántica. Contra la fuerte hispanofobia que Vasconcelos siente en el México posrevolucionario, presenta la cooperación entre norteamericanos e ingleses como fundamental para la hegemonía anglosajona actual. Como contrapeso a este eje político y cultural, propone una unión estratégica de Iberoamérica con la península.

Su proyecto, como filosofía y ministerio en acción, puede aparecer como nacionalista en su articulación en la Secretaría de Educación Pública. Pero este nacionalismo es parte de un contexto global más amplio. Por su asociación con la Revolución y el discurso nacionalista, con un gran énfasis en el pasado prehispánico que el régimen ha utilizado, sería fácil asociarlo con un nacionalismo de sesgo indigenista y antiespañol. Su proyecto es, sin embargo, continental y trasatlántico. En el nivel icónico más claro, podemos referirnos al escudo de la Universidad Nacional adoptado por Vasconcelos. Su mapa de América del Río Bravo al sur, flanqueado por un águila y un cóndor, símbolos de Mesoamérica y el área andina, es un planteamiento continental. Vasconcelos responde también a una división norte-sur que se manifiesta a nivel global, y dentro de Europa a nivel regional, con un nacionalismo germano y anglosajón creciente.

El modelo vasconceliano, con una civilización universal que se mueve de sur a norte y luego regresa de norte a sur, es fiel a la división mundial de su momento. A nivel global, a mediados de los veinte el norte europeo dominaba al mundo entero, dividiendo el planeta entre un norte-europeo colonizador y un sur, africano y asiático, colonizado (más una América del Sur no formalmente colonizada, pero integrada a un mundo de explotación y manipulación poscolonial). Europa misma había experimentado una transición en el poder económico, militar y cultural del sur, mediterráneo y greco-latino, al norte anglosajón. Vasconcelos insiste en el prólogo de 1948 que *La raza cósmica* fue escrita en la entreguerra europea, momento del apogeo del racismo científico aplicado dentro de la Europa misma. Momento de rápida modernización y, gracias a los medios de transporte celebrados en *La raza cósmica*, momento de creciente cosmopolitismo, globalización e intensificación y expansión del conflicto imperialista.

Ante la división y violencia de la entreguerra, Vasconcelos presenta una visión cristiana de la historia humana. A pesar de haber sido secretario de Educación de una de las facciones más anticlericales del régimen posrevolucionario, Vasconcelos utilizó el discurso cristiano constantemente durante su gestión. Como Carrión resalta en su ensayo, publicó los *Evangelios* en los talleres de la Secretaría. Y ya separado del régimen, en su *Raza cósmica* e *Indología* la Iglesia y fe católicas son centrales en su teoría de la historia. No será aún el ortodoxo católico de la siguiente década, pero el mensaje cristiano sí será parte de su acción y obra. Inspirado en los tempranos franciscanos, tomará el nombre de misioneros para sus maestros y la suya será una misión.

No sorprende entonces que Benjamín Carrión cierre su entusiasta ensayo sobre Vasconcelos citándolo: *"es aquí, en nuestra América donde las condiciones sociales y espirituales se han ido combinando de tal modo que por primera vez va a ser posible un ensayo de la Ley de Cristo, en su interpretación fuerte y sincera"* (énfasis de Carrión, *Los creadores* 76). Hay un regocijo cristiano en la cita, muy reminiscente de otra de Gerónimo de Mendieta, quien en su *Historia eclesiástica indiana* también celebraba al anunciar que, en su peculiar exégesis de Lucas 14 y Revelaciones 7, la colonización y evangelización católica en América cumplirá por fin con el "número de escogidos... todas las naciones, lenguas y pueblos" convidados ahora por el rey de España para "la cena del Señor" (24-25). Pero aunque fue admirador de los franciscanos, el heterodoxo Vasconcelos del momento tiene una narrativa menos estrictamente apocalíptica que la de los religiosos. El proyecto misionero de las primeras órdenes en América es central en su entendimiento de la historia, pero hay muchas otras fuerzas materiales que separan la escatología de Mendieta de la de Vasconcelos. Ante la modernidad que con combustibles y máquinas ha creado un posible mundo globalizado, Vasconcelos imagina una alternativa a la dicotomía norte-sur, colonizador-colonizado. Ve en la riqueza del trópico y en la mezcla racial facilitada por la conquista y colonización del Imperio ibérico en América, Asia y África la clave a su utopía. Hay una espiritualidad en la visión de Vasconcelos, pero es más estética y humanista que estrictamente católica. Mas a pesar de una diferenciación teológica, la abnegación, dedicación y valor de los tempranos misioneros, como Mendieta, fueron una inspiración para el modelo vasconceliano. El espíritu universalista de su catolicismo es fundamental para el autor de La raza cósmica, quien verá más que "todas las naciones, lenguas y pueblos" de Mendieta, una totalidad-síntesis, mezcla física y cultural de la humanidad entera; centrada, por supuesto, en el trópico americano.

Es precisamente el impulso utópico aquello que Carrión resalta más de la obra vasconceliana. Unos treinta años después del primer ensayo sobre el "Maestro de la Juventud", Carrión se volvería a referir a sus dos textos:

> Puede que la Indología vasconceliana sea, en verdad, una especulación debilitada de optimismo. Pero despertadora de ánimos, levantadora del espíritu. Puede ser también que La raza cósmica vasconceliana sea un cantar de utopías, no siempre comprobables —¿serían utopías si no fuesen así?—, pero con una gran capacidad despertadora, entusiasmadora. (Carrión, José Carlos Mariátegui 57)

Ya más matizado el entusiasmo, reconoce todavía la capacidad de inspiración de la obra del mexicano. A mediados de su ensayo de 1928, Carrión define al pensador mexicano como "un Animador, un filósofo que quiere la vida de su filosofía, la marcha del ideal..." (Los creadores 29). Animador como presentador, amenizador y también como aquel que con su soplo da alma. El animador intentaría al menos dar vida a un proyecto optimista para la América Latina. Como gran animador en la Secretaría, "gobernó, civilizó y construyó en su gran país ... lo dirigía, lo coordinaba todo" (30). Lo utópico de su pensamiento no lo hizo titubear. Vasconcelos se lanzó adelante y gobernó, construyó. Bajo su administración presenciamos el "ennoblecimiento del trabajo manual... y la ciencia aplicada" (32). Es, en este sentido, un proyecto práctico de creación material. En este frente, la misión vasconceliana promovió la educación técnica moderna, así como la producción y apreciación de artesanías tradicionales. En combinación con el desarrollo técnico, Carrión destaca el énfasis artístico del vasconcelismo. Resalta las artes plásticas desatadas por los muralistas, con apoyo gubernamental. Celebra también el uso de la música, como introducción a la tradición occidental y como instrumento de cohesión nacional mediante orfeos, ballets y espectáculos multitudinarios. Estos actos en su combinación armónica de miles de actores y espectadores sentarían las bases para, según palabras del ministro citadas por Carrión, "la creación *de un arte nacional colectivista, arte continental más bien dicho, porque el espíritu todo de la América Latina palpitaba en la obra*" (énfasis de Carrión 32-37).

El "Civilizador mejicano", escribe Carrión, "inspirándose en Pedro de Gante y Vasco de Quiroga, resucitó la concepción educadora integralista inmensa y fecunda, de los misioneros españoles: la escuela fue la casa, el huerto y el taller" (30). Y no es solamente la metodología misional la que toma Vasconcelos para su proyecto, como Carrión resalta, refiriéndose a la editorial de la Secretaría de Educación Pública, que entre la lista de libros clásicos publicados de la literatura universal (piénsese occidental), "veinticinco mil volúmenes de palabras de Cristo" fueron puestos a la disposición del público mexicano (31).

Vasconcelos, para Carrión, veía la posibilidad de optimismo en Latinoamérica, ante una intelectualidad europea perdida en una marisma de "decadencia". Carrión identifica el crepúsculo de la civilización occidental en una Europa dividida tras la Primera Guerra Mundial, en la que "la civilización germana, anglosajona y un poco también, gala" se encuentran ante una "necesidad de la 'defensa'". El proyecto optimista de unión iberoamericana asume una unidad cultural y lingüística, muy opuesta a aquella de "los pensadores europeos, que no saben limpiarse la roña de sus nacionalismos estrechos, que hablan cada cual su idioma y miran al universo desde su feroz atrincheramiento 'patriótico', aun en sus alardes de universalismo..." (44-46). Un atrincheramiento similar identifica Carrión en los Estados Unidos, donde "Madison Grant, clama por una barrera efectiva que impida la maculación de la sangre anglosajona de la América del Norte, limpia de mestizajes impuros y rebajadores, por la viciosa e inferior de los pobladores hispano-indígenas de la América del Sur" (47). Los españoles y otros latinos, para Carrión, están separados de esta actitud de defensa. Carrión inserta la obra de Vasconcelos en este contexto y encuentra en su optimista visión del trópico americano como centro de la futura civilización cósmica, una bienvenida alternativa a la violencia y decadencia occidentales. El rico trópico proveerá recursos naturales y estímulos estéticos. A diferencia del poliglotismo europeo, la colonización española de América creó casi un continente entero con una lengua franca (asumen Carrión y Vasconcelos). El mestizaje promovido por esta misma colonización, según nuestros autores, es la base para una raza síntesis, universal o cósmica.

Benjamín Carrión comienza la conclusión a su ensayo dedicado a José Vasconcelos enfatizando su fe:

> Fé [sic] en el suelo, en la naturaleza, en los recursos físicos para sostener la vida magnificada de la especie. Fé en la raza conquistadora, en la tradición y el destino hispánicos, en su genio universalista y abnegado, que al darse eucarísticamente, por el espíritu y la carne a la raza dominada, tanto en los conquistadores como en la obra civilizadora de los misioneros, tuvo la previsión del mestizaje, puente grande hacia la totalización. Fé en la raza dominada, en cuyas pupilas, abatidas hoy, parece destellar hacia el tiempo el fulgor de los Atlantes, y que en su hora, realizó cultura noble y bella, dejando como testigos Quetzalcoatl [sic], Palenque, Tahuantinsuyo [sic]. Fé final en el hombre, "afán perpetuo de ascender" que sigue la marcha de su perfectibilidad, no por los senderos de la exclusión y el egoísmo, señalados por las razas imperialistas y "elegidas", sino por el camino grande, al que convergen todos los caminos del espíritu de las razas! (Carrión, *Los creadores* 75-76)

Hay aquí, como en otros momentos, un énfasis en la fe, que convertida en la voluntad del animador ha tenido resultados positivos en la afirmación de Latinoamérica. Carrión encuentra esta fe vasconceliana en el territorio y la raza hispanoamericanos. Vasconcelos reintroduce la fe en la América española, decaída tras el apogeo anglosajón. Seguidor de Rodó, Carrión ve una superioridad espiritual y humana en el proyecto de expansión cultural ibérica al territorio americano. El Vasconcelos admirado por Carrión es aquel que como intelectual y gobernante imagina y fomenta una nueva expresión americana, nutrida por la riqueza tropical, dominada por la tecnología moderna y una cultura universalista. El Vasconcelos que evoca Carrión es uno que refuta la ideología de la pureza de razas superiores, fomentada por Gobineau o Madison Grant. Ante un discurso que denigra al americano por una supuesta inferioridad racial y geográfica, Vasconcelos exalta el mestizaje americano como progenitor de una futura raza final, la raza cósmica.

Carrión afirma la teoría de Vasconcelos, derrota los dos perjuicios "creado[s] por el imperialismo sajón imperialista, por medio de sus filósofos, de sus naturalistas… el de la inferioridad de la raza… [y] el de la inferioridad del suelo, para la viabilidad, para la producción de la cultura, emanando principalmente de la actual indomabilidad del trópico, que no puede ser negada" (*Los creadores* 63). "Mi Ecuador –continúa Carrión– sentirá poderosamente el valor tónico de las palabras de José Vasconcelos, el anunciador, el profeta, el poeta de las tierras cálidas … Y Guayaquil, la calumniada por su pecado de ser el corazón del trópico de América, atendiendo la llamada de su gran destino, asumirá su rol de puerta mayor de América al Pacífico" (64). El espacio reivindicado por ambos es americano y tropical. Cabe resaltar, sin embargo, una quizá sutil pero importante diferencia de enfoque. Carrión enfatiza su Ecuador, un espacio o una nación específica dentro del trópico americano, mientras que el proyecto vasconceliano está fijado a un marco hispano mucho más amplio.

La raza cósmica lleva también en su título la *misión de la raza iberoamericana*. Eco del discurso católico de la fe, el libro de Vasconcelos nos refiere a una misión, primero representada por los misioneros católicos en América. Al escribir sobre la "misión de la raza iberoamericana", su pensamiento es americanista en cuanto a que el espacio americano es la cuna y el destino de la raza humana, pero es ibérico en cuanto a su concepción de la fuerza motriz de esta historia. El discurso vasconceliano no es meramente una defensa de cualquier tipo de mestizaje; al escribir sobre la misión de la raza iberoamericana, el espacio y gente americanos actuales son centrales en una narrativa histórica que comienza y termina en el trópico americano, pero que es en la actualidad protagonizada por un conflicto de origen europeo: la lucha entre el latino y el anglosajón.

Carrión se identifica con el proyecto iberoamericanista de Vasconcelos; Ecuador, siendo una provincia particular de un sistema político y cultural iberoamericano, también. Esto es evidente en la segunda iteración de la fe en su apreciación de la obra de Vasconcelos: "Fé en la raza conquistadora, en la tradición y el destino hispánicos, en su genio universalista y abnegado" (75). Como los misioneros franciscanos emulados por el animador, hay una visión totalizante en lo universalista, matizada por la abnegación que diferencia al fraile del conquistador. El universalismo a nivel global que Vasconcelos celebra en su ensayo, Carrión lo identifica ya con la España de los siglos XVI y XVII, siglos "del entrecruzamiento y la colonización". El énfasis en el entrecruzamiento marca una continuidad en el pensamiento de Carrión y Vasconcelos en cuanto al mestizaje. En su celebración del universalismo hispano, Carrión se refiere a la península ibérica como un espacio fértil de mestizajes anteriores a la conquista entre "iberos, celtas, cartagineses [sic], fenicios, romanos; vándalos, suevos, alanos, y especialmente visigodos. Finalmente, los árabes". En el auge de su poderío, la España mestiza del momento "se hallaba en plena robustez para el engendramiento de pueblos" (55). Carrión presenta esta visión de un vibrante mundo hispánico para contrarrestar el antihispanismo de "yanquizantes imbéciles", quienes degradan la tradición ibérica en nombre de una modernidad anglosajona (55). A diferencia de Vasconcelos, cuyo énfasis es el eje hispánico y para quien el espacio americano es más simbólico que histórico, en su trabajo Carrión enfatizará también en el particular mestizaje que constituía al Tahuantin-Suyu en general, y Ecuador en particular. Este interés de Carrión por el mundo precolombino y preincaico es matizado de alguna manera por la tercera iteración de la fe en la apreciación de la obra vasconceliana: "en la raza dominada, en cuyas pupilas, abatidas hoy, parece destellar hacia el tiempo el fulgor de los Atlantes" (*Los creadores* 75). Ante una pujante raza conquistadora, se encuentra una raza dominada y abatida. Hay una grandeza local antigua que describe en *Atahuallpa*, pero que es ahora dominada. Es significativo también que, como el Vasconcelos de *La raza cósmica*, Carrión aquí postule a los atlantes como antepasados de las civilizaciones americanas, insertando así sus orígenes en una narrativa mítica de origen mediterráneo. Teoría que Vasconcelos intentó probar durante su gestión, patrocinando una exploración científica en el Golfo de México (Domínguez Michael).

En diferentes momentos de su vida intelectual, Vasconcelos y Carrión se acercaron al "entrecruzamiento y colonización" de América con España mediante figuras icónicas de sus respectivas historias nacionales: Cuauhtémoc y Atahuallpa. El ecuatoriano consagró un libro entero a *Atahuallpa* (1968), mientras que Vasconcelos dedicó unas breves palabras al tlahtoani mexica en un discurso en Río de Janeiro. El exsecretario de Educación mexicano recuerda este discurso en la segunda parte de *La raza cósmica*, y también se refiere a él en sus memorias. Estos últimos líderes prehispánicos son tomados por ambos intelectuales para representar una nación. Se apropian de estas figuras de manera similar a la de los historiadores mestizos y criollos con la figura de Quetzalcóatl, a quien hicieron representar cierto proyecto humanista o protocristiano anterior a la llegada española y precursor, en el imaginario mexica, de la llegada de Cortés. El

Quetzalcóatl de fray Diego Durán o Bernardino de Sahagún, figura que con diferentes matices y contextos pasa por manos

Detalle de monumento a Cuauhtémoc, Ciudad de México.

de Fernando de Alva Ixtlixóchitl, Carlos Sigüenza y Góngora, Francisco Javier Clavijero y fray Servando Teresa de Mier, se torna de principal miembro del panteón mesoamericano a un posible Apóstol Tomé, portador del cristianismo al este asiático y americano (ver Lafaye). Quetzalcóatl, figura a quien Vasconcelos toma como bandera de un civilismo antitético al militarismo sangriento de sus enemigos.

El Cuauhtémoc de Vasconcelos parece ser accidental, un símbolo impuesto (ver Tenorio-Trillo 200-219). En 1922, como representante del gobierno revolucionario de Álvaro Obregón, José Vasconcelos encabezó la delegación mexicana a las fiestas del Centenario de la independencia brasileña y llevaba consigo una réplica del monumento a Cuauhtémoc situado en el Paseo de la Reforma de la Ciudad de México como regalo del pueblo mexicano al brasileño. La entrega del monumento se hizo entre discursos, desfiles, música y un espectáculo aéreo. Como lo recuerda en *La raza cósmica*, el ministro mexicano dio un discurso que explicaba lo que el héroe Cuauhtémoc representa en nuestra historia y la intención que nos guiaba de ofrendarle como símbolo de la independencia verdadera, ya no sólo política, sino también moral. Insistí, a este respecto, en la necesidad de buscar el desarrollo de los rasgos autóctonos de nuestro temperamento para realizar una civilización que ya no fuera copia no más de lo europeo: una emancipación espiritual como corolario de la emancipación política. (1010)

El discurso en sí aparece en varias antologías, y vale la pena observar algunos elementos. Vasconcelos afirmó que esta era la

> estatua de nuestro mayor héroe indígena, del héroe que está más cerca del corazón mexicano. Un héroe fracasado, si se le ve desde el punto de vista de los que sólo reconocen el ideal cuando se presenta en el carro de la victoria, domeñando altiveces y aplastando rebeldías; mas, para nosotros, un héroe sublime, porque prefirió sucumbir a doblegarse y porque su memoria molestará eternamente a los que tienen hábito de halagar al fuerte y son esclavos incondicionales del éxito, en cualquiera de sus míseras formas. Un héroe del dolor vencido alza en este bronce su penacho enhiesto, su flecha voladora y su boca muda, sin jactancias en la acción y supremamente desdeñosa en la derrota. ("Discurso" 848)

Vasconcelos narra brevemente en su discurso el encuentro entre Cuauhtémoc y "el Conquistador, el más grande de todos los conquistadores, el incomparable Hernán Cortés, que vencía con la espada y convencía con la palabra" (849). Se refiere a las victorias y alianzas de Cortés y su recibimiento por el mismo Moctezuma, "orgulloso monarca" que "lo recibía en la capital azteca y le entregaba su palacio y le prestaba su vasallaje". Hay en la narrativa de Vasconcelos los "egoístas" y "pusilánimes", quienes ante el avasallador avance de "la civilización nueva que avanzaba; la raza de los fuertes, la raza de los semidioses proclamaban que la resistencia era inútil, y mejor plegarse a lo inevitable y entregar las tradiciones y los ideales propios a la voluntad del más fuerte para que los forjase a su antojo, *tal y como todavía tantos* exclaman ante el avance de todos los fuertes" (849, énfasis mío). Cuauhtémoc se opuso a la claudicación, "logró sugestionar a algunos de los suyos, reunió a los jóvenes, formó falange y empezó la lucha desigual, la lucha eterna y sagrada del débil que posee la justicia contra el fuerte que la reemplaza" (849-850). La imagen es de dignidad en la derrota. El Cuauhtémoc que evoca Vasconcelos es "símbolo de la rebeldía del corazón". Llega a convertirse en "el rebelde absurdo" que en su encuentro con Cortés, un encuentro entre dos héroes, anticipa el "nacimiento del alma latinoamericana" (852).

Detalle de monumento a Atahuallpa. En Caranqui, lugar de su nacimiento, Ecuador.

El embajador aclara en su discurso que

> la nación mexicana, en su culto por Cuauhtémoc, no quiere significar un propósito de hacerse estrecha y de cerrar sus puertas al progreso; no pretendemos volver a la edad de piedra de los aztecas, como no aceptaríamos volver a ser colonia de ninguna nación. Tampoco renegamos de Europa ni le somos de manera alguna hostiles; agradecemos sus enseñanzas, reconocemos su excelencia y tendremos siempre abiertos los brazos para todos sus hijos; pero queremos dejar de ser colonias espirituales. (852)

En una interesante voltereta hacia el final del discurso, Cuauhtémoc y su resistencia al fuerte se convierten en un modelo de *fe* y conducta para el conflicto actual, en que el sur latinoamericano se enfrenta a un amenazante y fuerte norte anglosajón, que en América, como en Europa, intenta afirmar su soberanía material e ideológica sobre el mundo. Si España fue el fuerte ahora lo son los Estados Unidos, y el Cuauhtémoc que se resistió a Cortés ahora nos debe servir de modelo de resistencia a los norteamericanos. Exhortaba entonces Vasconcelos a los brasileños a que: "llenos de fe, levantamos a Cuauhtémoc como bandera y decimos a la raza ibérica de uno y otro confín: 'Sé como el indio; llegó tu hora; sé tú misma'" (853).

Aunque muy respetuoso del líder azteca, hay una visión clara de vencedores y vencidos. La marcha de la civilización es inevitable, y, en este sentido, el Imperio azteca estaba destinado a caer. Con Cuauhtémoc "desapareció para siempre el poderío indígena". Ahora es la mestiza raza ibérica la que debe inspirarse en la figura de Cuauhtémoc. La raza iberoamericana cuya misión se escribe en *La raza cósmica*.

El acercamiento de Carrión a Atahuallpa es mucho más profundo que el de Vasconcelos a Cuauhtémoc. No es sólo un discurso, sino un libro entero lo que le dedica a Atahuallpa. Como en Vasconcelos, el libro de Carrión será una afirmación de la unidad iberoamericana, pero, a diferencia del discurso vasconceliano que disminuye su énfasis en lo nacional en nombre de un iberoamericanismo más universalista, la primera parte de *Atahuallpa* es una celebración de lo local en el Tahuantin-Suyu y Quito. Atahuallpa se torna entonces no sólo en representativo de la visión iberoamericana, es también un símbolo de un pasado incaico y preincaico tan mestizo como la España de la era de la expansión.

Su prefacio, de unas cuarenta páginas, introduce al lector al "Tahuantin-Suyu. Las cuatro partes del mundo". Como el título indica al referirse a sus partes, el Tahuantin-Suyu presentado por Carrión no es unidimensional o unívoco, tiene una densa historia de pluriculturalismo y mestizaje. "Antes de los incas existían culturas humanas en las distintas zonas posteriormente dominadas por ellos, desde el Collao hasta

Quitu" y la expansión de los incas "no significó una sustitución, ni siquiera una superposición dominadora de razas. Ni de conceptos esenciales de vida, de economía o de política. Ni siquiera de idiomas" (13). De una manera menos totalizante y más consciente de la variedad sincrónica que la de Vasconcelos, Carrión identifica la expansión de los incas como "el flujo de unas tribus en clímax o en camino de alcanzarlo, sobre otras en estado de decadencia o iniciación ascensional" (13).

Hay una visión mucho más matizada de una variedad de mestizajes que se están llevando a cabo en el Tahuantin-Suyu mucho antes de la llegada de los conquistadores españoles. Entre otros contactos culturales, la institución de los *mitimaes* fue una política consciente del incanato para crear cierta unidad del imperio: "el trasplante de grupos de familias... a otra zona distinta, casi siempre muy lejana de la región originaria. Un trasplante y un injerto también" (20). Si bien "[e]l contacto humano directo, la interpenetración vital de los grupos residentes y de los trasplantados, fue... muy difícil y lenta", Carrión, dando un listado amplio de la diversidad de artesanías regionales, afirma que "toda la variedad maravillosa de las artes populares, había formado una red de unificación a lo largo y a lo ancho del Tahuantin-Suyu" (21-22).

Muy distinto de Vasconcelos, Carrión identifica una pluralidad cultural existente en la América precolombina. No hay esa visión resignada a la decadencia de la raza americana. Carrión nos presenta un mundo vivo y variado, donde la variedad regional, portadora de una larga historia y tradición, da vida a un tejido total. Grupos en apogeo, en decadencia y en toda una gama de otros niveles de desarrollo se encuentran reunidos en el Tahuantin-Suyu. No hay aquí una "unidad nacional, en el sentido centralista y vertebrado de occidente" (23). Hay, sin embargo, "el sentido de camino, de la ruta" (36). Para el nacimiento de Atahuallpa, el incanato, las cuatro regiones del Tahuantin-Suyu, un gran número de pueblos y provincias, se hallaban articulados por una serie de caminos y medidas administrativas, con el quechua como lengua franca, mas con una gran variedad regional y local.

Interesantemente para la futura argumentación de su libro, Carrión termina su prefacio marcando una clara diferencia entre el mundo de las montañas, centro de la administración incaica, y el trópico, al que pertenecerá la provincia de Atahuallpa, Quito. El Tahuantin-Suyu aglutinaba cuatro regiones, tres de las cuales, Colla-Suyu, Cunti-Suyu y Anti-Suyu, corresponden a la sierra, mientras que una cuarta región, el Chincha-Suyu, es una faja cálida, tropical, entre el mar y la montaña. "El Incario, propiamente tal, fue una civilización de altura. En las regiones Colla, Cunti y Anti, prendió mejor la semilla de Manco Cápac y de Mamma Ocllo". El sol aquí es fundamental, por lo cual, la "heliolatría, sustancia vital del incario, es religión de altura" (33). En el tropical Chincha-Suyu, sin embargo, "el sol no es, como en altura fría y traslúcida, el amigo mejor de la vida... El sol en el trópico, hiere las carnes, las flagela sin misericordia" (35). Nota Carrión aquí una ruptura clara entre el trópico y la montaña en su actitud hacia el sol, centro rector de la religión incaica. Apunta también la fundamental relación con el mar del mundo tropical. Y, como presagio de lo que advendrá a Atahuallpa, concluye Carrión anunciando que "por su fe en el mar, los hombres blancos y barbudos que arrojara el mar en Túmbez –y antes en Atacámez y en Puná– fueron bien recibidos por los hombres de la tierra baja" (36). Un par de páginas después de abundar sobre esta división y el presagio, el prefacio concluye evocando "la bicefalia política –Atahuallpa y Huáscar" que llevará a la frase final del texto, separada en su propio párrafo:

> Y entonces fue el final (40).

El Atahuallpa de Carrión es de Quito, como lo anuncia en su dedicatoria al libro: "A Quito, tierra de Atahuallpa". El Quito del protagonista mostrará claramente las tensiones existentes entre Cuzco y las provincias del imperio. Acabado el prefacio, el lector llega directamente a la vida familiar de un joven Atahuallpa, hijo del Inca Huayna Cápac y su nueva esposa Paccha, "la hija del último señor de los quitus" (42).

En su origen, el matrimonio fue uno de conveniencia. Sin este, la sangrienta guerra entre Cuzco y los quitus seguiría cobrando vidas. El matrimonio establecía una alianza. Hay en este matrimonio también un cambio de actitud en el Inca.

> Huayna Cápac ya no sueña en más conquistas. No es que Paccha, la nueva esposa, haya detenido su carrera triunfal; sino que, a base de razón y de amor, quiere guardarlo para las obras de la paz, para la organización de las provincias, para la mejor y más conveniente distribución de los *mitimaes*, en toda la extensión del imperio. (41)

Su diálogo, como es presentado por Carrión, es más que el diálogo entre cónyuges, es diálogo entre culturas. Así como Huayna Cápac se refiere al surgimiento de los hijos del Sol del lago Titicaca, ella cuenta sus creencias de la región quiteña. "La significación confluente de las dos leyendas, la del sur y la del norte, la de Manco Cápac y Mamma Ocllo, como la de Quitumbe y Guayanay, apoyan y afirman los anhelos de la india: ella quiere que su marido y rey abandone ya los caminos de la guerra" (41-42). Mas a pesar de esta compenetración, "Teme Paccha porque allá, en la ciudad imperial, está la otra, la Coya legítima, la verdadera *Mamma-Cuna*. Y está también el rival de su hijo, el primogénito del *Ayllu Cápac*, Huáscar inca, heredero legítimo del *llauto* imperial" (43).

Esta era una preocupación legal muy legítima, pero Huayna Cápac considera que Atahuallpa es el hijo que "reproduce, colmando su anhelo, las ambiciones, la audacia, el talento y la astucia de los grandes incas" (41). El padre "gustaba de tenerlo siempre a su lado" y este fue "el hijo que le hizo sentir más en verdad la paternidad de la carne, un poco fuera de las líneas rigurosamente tradicionales del incario endogámico" (44). El hijo de Paccha era "un ejemplar rudo y fuerte de la mezcla entre dos estirpes" (116). Huáscar, por su parte, sí era producto de la endogamia legal incaica, pero "era un fin de raza, realmente" (44). Mimado y recluido, separado de las guerras del padre, el Cuzco de Huáscar, "la Roma del nuevo hemisferio, habiendo llegado al clímax de su desarrollo, presentaba los estigmas inequívocos de una capital imperial en decadencia. Y en ese ambiente envenenado por la chicha de jora y por las hojas milagrosas de la coca; en ese ambiente habíase desarrollado la infancia y la primera juventud de Huáscar" (45). Gran parte de la narrativa del *Atahuallpa* se enfocará en este conflicto dinástico hasta su conclusión, con la conquista de Pizarro. Los primeros capítulos del libro nos exponen de manera detallada el espacio habitado por Atahuallpa, sus variedades regionales, sus artesanías, tradiciones, leyes y conflictos. Hay una visión muy local del mundo de Atahuallpa, la región de Quito, presentada como una alternativa viva a la decadencia incaica. Es muy relevante notar, sin embargo, que la atención a Atahuallpa y su conflicto dinástico ocupa poco menos de la primera mitad del libro. En un cambio repentino, a partir del capítulo ocho, Carrión pasa totalmente su atención a Pizarro y sus hombres. Si la primera parte de su libro nos presentaba, en su atención al detalle geográfico y cultural local del mundo precolombino, una alternativa a la visión vasconceliana, para quien este pasado es un marcador simbólico de una grandeza pretérita, la segunda parte deja esta perspectiva para enfocarse de lleno en los conquistadores europeos del Tahuantin-Suyu. Hay aquí una visión heroica de Pizarro, el porquerizo analfabeto que resultó ser gran capitán de hombres.

Pizarro aparece aquí con la capacidad de acción transformadora de la realidad, admirada tanto por Carrión en la obra vasconceliana. Así, ante la disyuntiva de enfrentarse a lo desconocido, hacia la conquista del Cuzco, "Francisco Pizarro, en un nuevo movimiento dominador de la realidad –que acaso puede sólo explicarse por una especie de locura mística de conquista ... en un loco desafío de cordura ... Este porquerizo extremeño supo a quienes se dirigía, supo que su auditorio era español" (204-205), convenciendo a casi todos sus compañeros a seguir adelante en una empresa que a muchos parecería fútil. Esta figura de Pizarro nos remite nuevamente a la admiración de Carrión por Vasconcelos. En este valor, en este heroísmo, en esta disposición de retar la realidad, Pizarro nos recuerda un pasaje de la *Indología* de Vasconcelos, tan admirada por Carrión:

> Los descubridores y fundadores [españoles] de los países que hoy constituyen el mundo brasileroespañol de la América poseían temperamentos de esos que reforman la realidad misma, de tanto exagerarla y superarla en la fantasía y en la acción. Hombres movidos por el miraje de la realidad, hombres que no ven lo que tienen delante, porque un ensueño los lleva a buscar los eternos El dorados que el planeta no puede dar. (1214)

De manera similar a Vasconcelos, también la conclusión de Carrión es conciliadora. Habiéndonos narrado el apogeo y caída de Atahuallpa, ejecutado por los conquistadores españoles, Carrión termina de la siguiente manera:

> Hoy es la hora de construcción en Indohispania. Todas las voces –que se expresan indeclinablemente en español– afirman su anhelo de vivir en justicia y en igualdad sociales... Atahuallpa no dice en estas páginas su odio hacia Pizarro. Cuatro siglos ya. Atahuallpa y Pizarro esperan –y harán llegar– la hora de la tierra y de la justicia. (257-258)

En última instancia, el proyecto de Carrión, como el de Vasconcelos, necesita del conquistador y misionero ibérico como animador de la misión de la raza iberoamericana. Con un enfoque más provinciano, celebratorio de la particularidad de la pequeña patria, Carrión enfatiza en la especificidad y variedad amerindia anterior a la conquista. De esta manera la difusión de una universalidad humana está reflejada en el Tahuantin-Suyu, con sus continuidades y tensiones. Pero para Carrión esta pequeña patria es también parte de una unidad más amplia, producto del "entrecruzamiento y colonización" de América con España. El mundo actual es el de Pizarro y Atahuallpa, la Indohispania. La visión de una unidad americana es imposible sin ambos factores fundamentales. El Ecuador de Carrión es parte del grandioso espíritu universalista de Vasconcelos, pero es también lo particular y distinto de España y del Cuzco mismo. El Tahuantin-Suyu no es unitario y monolítico, es plurifacético, con múltiples regiones, cada una con su propia historia y tradiciones. La de Carrión es una evocación de las cualidades diacrónicas y sincrónicas de lo regional, una visión afín a la de la Suave Patria de López Velarde, cuya "épica sordina" Carrión evoca en su ensayo homónimo al poema. Lo provinciano y lo cotidiano dan una visión muy diferente de la épica visión vasconceliana de pretensiones cósmicas. Es, en el caso del ecuatoriano, una más sutil evocación de la *pequeña patria grande* con una historia, un presente y un futuro en un trópico americano muy específico.

Vasconcelos tuvo una percepción muy delicada del detalle en la provincia mexicana, de la cual nos ha dejado algunas de sus más bellas y perceptivas estampas en sus memorias, pero no tuvo esta apreciación del detalle en su visión de la Mesoamérica precolonial. Su obra pone menos énfasis en lo local prehispánico en su visión del mestizaje y la raza cósmica. Para él, las civilizaciones precolombinas tuvieron mérito en un pasado muy distante, pero en el presente sus descendientes deben ser dirigidos. Si Carrión nos da una visión detallada de la variedad cultural preincaica, para Vasconcelos el pasado amerindio se nubla. Son el conquistador y el misionero los protagonistas de esta historia, historia que al entrelazarse con la de Atahuallpa lo incorpora a la narrativa ibérica del binomio iberoamericano.

Bibliografía

Carrión, Benjamín. *Atahuallpa*. Panamá/Barcelona: Albon/RM, 1968.

____ *José Carlos Mariátegui. El precursor, el anticipador, el suscitador*. México: SEP Setentas, 1976.

____ *La suave patria y otros textos*. Quito: Banco Central de Ecuador, 1998.

____ *Los creadores de la nueva América. José Vasconcelos, Manuel Ugarte, F. García Calderón, Alcides Arguedas*. Madrid: Sociedad General Española de Librería, 1928.

Domínguez Michael, Christopher. "Vasconcelos o el hundimiento de la Atlántida". *Vuelta* (julio 1995): 34.

Lafaye, Jacques. *Quetzalcóatl y Guadalupe. La formación de la conciencia nacional en México*. 2da. edición. México: Fondo de Cultura Económica, 1985.

Marentes, Luis A. *José Vasconcelos and the Writing of the Mexican Revolution*. Nueva York: Twayne, 2000.

Mendieta, fray Gerónimo de. *Historia eclesiástica indiana*. Facsimilar de la edición de Joaquín García Icazbalceta, 1870. México: Porrúa, 1993.

Tenorio-Trillo, Mauricio. *Mexico at the World's Fairs: Crafting a Modern Nation*. Berkeley: Universidad de California, 1996.

Vasconcelos, José. *El desastre. Obras completas*. Vol. 1. México: Libreros Mexicanos Unidos, 1958.

_____ "Discurso de Cuauhtémoc". *Obras completas*. Vol. 2. México: Libreros Mexicanos Unidos, 1958.

_____ *Indología. Una interpretación de la cultura iberoamericana. Obras completas*. Vol. 2. México: Libreros Mexicanos Unidos, 1958.

_____ *La raza cósmica. Misión de la raza iberoamericana. Obras completas*. Vol. 2. México: Libreros Mexicanos Unidos, 1958.

_____ "El nuevo escudo de la Universidad Nacional". *Obras completas*. Vol. 2. México: Libreros Mexicanos Unidos, 1958.

Oswaldo Guayasamín, Benjamín Carrión y los monstruos de la razón mestiza (A propósito de los 60 años de *Huacayñán*, 1952-1953)[1]

CARLOS A. JÁUREGUI
University of Notre Dame

> Somos unos en América, y estamos sin embargo, tan lejanos todos.
> Benjamín Carrión, *Los creadores de la nueva América*.

Benjamín Carrión (1897-1979) expresó una temprana admiración por José Vasconcelos (1882-1959), cuya "filosofía –declaraba en 1928– es nuestra filosofía, la filosofía de los pueblos nuevos y mestizos" (*Creadores de la nueva América* 29). Lector apologético de *La raza cósmica* (1925) e *Indología* (1926), Carrión suscribió la *ideología del mestizaje*: "[E]n las tierras tropicales del continente Colombino en cuya fragua de sol se fundirán el blanco, el indio, el amarillo y el negro, [...] surgirá [...] definitiva, integral, humana, la plenitud de la especie, la raza síntesis, universal, 'cósmica'" (Carrión, *Creadores...* 49).[2] Este sincretismo no sólo marcó –con variaciones– su

---

[1] Esta investigación fue posible gracias al apoyo del *Institute for Scholarship in the Liberal Arts* de la University of Notre Dame. Agradezco a las diferentes instituciones que me abrieron sus archivos y me colaboraron en la consecución de documentos e información: la Fundación Guayasamín, el Centro Cultural Benjamín Carrión del Municipio del Distrito Metropolitano de Quito y la Casa de la Cultura Ecuatoriana Benjamín Carrión. Quiero asimismo reconocer mi deuda por la generosidad de Pablo Guayasamín Monteverde, Pablo Guayasamín Madriñán, Alfredo Vera, Alejandro Querejeta Barceló, Luce Deperon Tcherniak (*q.e.p.d*), Raúl Pacheco, María Rosa Carrión Eguiguren (Pepé Carrión), Alejandro Carrión, Michael Handelsman, Juan Carlos Grijalva y Joseph Mella.

[2] Como ha indicado Joshua Lund, "si Vasconcelos nos interesa hoy, no es porque [...] haya pensado bien o mal el mestizaje o porque lo haya hecho de una manera productiva o improductiva. Es porque su manera de formularlo –incluso su fracaso *haciéndolo*– ha entrado en el campo de la ideología" (*The Impure Imagination* 107-108; traducción mía).

pensamiento y proyectos culturales sino que además definió gran parte del discurso nacionalista ecuatoriano durante el siglo xx.[3]

Puede decirse además, que Carrión encontró en Vasconcelos un modelo de intelectual público incluso después de distanciarse de él políticamente,[4] y que re-articuló para el Ecuador el proyecto pedagógico nacional y de patrocinio de las artes plásticas que el mexicano impulsó como primer Secretario de Educación del Estado posrevolucionario mexicano (1921-1924).[5] Me refiero a formas de interpelación culturalista que desde el Estado pretendían convertir a las masas en pueblo y al pueblo en nación (Martín-Barbero 267), mediante políticas de *democratización de la cultura* que incluían campañas de alfabetización, conciertos, publicaciones populares, bibliotecas, escuelas, fomento de las artesanías y promoción del arte público.[6] La imagen que Carrión usa para este magisterio nacionalizador de las masas es elocuente: llama a Vasconcelos "Orfeo, cautivando a las fieras con su flauta" (32). El "Orfeo" mexicano adelantó –dice Carrión– "una de las obras civilizadoras más formidables de los tiempos modernos" (*Los creadores* 37).[7] Carrión intentó llevar a cabo en el Ecuador una

---

[3] Véase por ejemplo el ensayo "El mestizaje y lo mestizo" (en *Ensayos de arte* 325-326).

[4] A partir de 1930 Vasconcelos, desilusionado por el fracaso de sus dos candidaturas presidenciales y por la indiferencia popular frente al fraude electoral que le arrebata la presidencia asume posiciones reaccionarias y antipopulares e incluso expresa simpatías con el fascismo (Marentes 13-15). Carrión se distancia entonces de su maestro pero continúa citándolo, haciendo la salvedad de que se refiere al "primer Vasconcelos" (el de *La raza cósmica*). Por supuesto, *La raza cósmica* ya anticipa al Vasconcelos reaccionario en su paternalismo arielista e hispanofilia.

[5] Luis A. Marentes hace un estudio detenido de las políticas del secretario de educación y "misionero cultural" Vasconcelos en su notable estudio *José Vasconcelos and the Writing of the Mexican Revolution* (108-144).

[6] Anotemos que todo proyecto de *democratizar la cultura* (como el de *culturizar a las masas*), no puede ser sino profundamente antidemocrático pues *a priori* define la cultura como ajena al *demos* y en lugar de borrar la distinción clasista o desafiar una determinada distribución del capital cultural, este tipo de proyecto reproduce dichas distinciones y jerarquías.

[7] Recuérdese la famosa afirmación de Vasconcelos: "El indio no tiene otra puerta hacia el porvenir que la puerta de la cultura moderna, ni otro camino que el camino ya desbrozado de la civilización latina" (*La raza cósmica* 13). Sobre la

labor similar desde la Casa de la Cultura Ecuatoriana (CCE), entidad estatal cuya creación él mismo promovió en 1944. La rearticulación del culturalismo arielista y la ideología del mestizaje que Carrión ensaya no trataba de contener los antagonismos de una revolución triunfante como en el caso de Vasconcelos, sino de responder a la crisis del Estado-nación después de la derrota militar y la pérdida territorial sufrida por Ecuador en el conflicto armado con el Perú (1941). El Ecuador de los años cuarenta representaba para la generación de Carrión un *problema*, manifiesto en la disgregación política, étnica y social que exacerbaba la derrota de 1941 (Handelsman, "Estudio" 21-22). En sus ensayos, Carrión propone la superación cultural del desastre histórico y la integración armónica del "hombre ecuatoriano" para la formación de la *pequeña gran nación* deseada; más allá de la derrota, de los conflictos étnicos y, especialmente, de la lucha de clases.[8]

A partir de 1944, además, Carrión promueve desde la Casa de la Cultura Ecuatoriana una serie de políticas culturales populistas de corte vasconceliano que incluyen publicaciones, premios y exposiciones artísticas.[9] Una de las labores que más

---

relación entre "arte nacional" y biopolítica en el caso Ecuatoriano véase mi ensayo "*Huacayñán* (1952-1953) y la in(ex)clusión biopolítica."

[8] Carrión abogará de manera mas o menos consistente por la justicia social, llegándose a declarar socialista. Sin embargo, este clamor sigue por lo general el modelo arielista de descenso al pueblo (y al indio) para su elevación civilizadora en la cultura. Así, la idea de una revolución es casi siempre la un abrazo o una conciliación amorosa: "El remedio está pues en cambiar el régimen de la tierra, para provocar, para dar cabida al esfuerzo amoroso de sus cultivadores. Pero [...] la vuelta a la tierra del hombre ecuatoriano, no ha de ser una lucha de odios, en la que se pretenda representar el drama simplista de echar abajo los que están arriba, para poner arriba los que están abajo. No. La vuelta a la tierra que yo ambicionaría [...] sería la que, a la vez que tenga una excitación de amor [...] tenga una incitación económica cierta" (Carrión, "Después de la derrota" 52).

[9] La CCE tenía entre sus propósitos la "dirección de la cultura ecuatoriana con espíritu esencialmente nacional, [... y la] exaltación del sentimiento nacional", el "aprovechamiento de la cultura universal", el apoyo a la educación y la investigación, la publicación de "clásicos nacionales y [...] escritores ecuatorianos contemporáneos", la concesión de "premios nacionales" en las artes y las ciencias, la "organización de exposiciones", y el "apoyo efectivo [...] y material a la obra de la cultura en el país". Véase el decreto de fundación y el reporte de Carrión a los 23 años de fundada la CCE (Carrión, "Trece años de cultura nacional" 264-265).

admiró Carrión en Vasconcelos fue precisamente la promoción de las artes plásticas y en particular del muralismo.[10] Según Carrión, el Estado tenía el deber de promover un arte público en el que el Ecuador pudiera alcanzar "grandeza cultural" y reconocerse étnicamente. Pensando en su propia labor desde la CCE, Carrión arguye en 1957:

> [...] fueron los ecuatorianos los que se lanzaron luego [de los mexicanos] a pintar indios y pueblo [...]. No seguidores pero sí suscitados, incitados, estimulados, por la pintura mexicana, la de Diego Rivera en especial; nuestros pintores contemporáneos: Paredes, Kingman, Guerrero, Rodríguez, y el más conocido y poderoso: Guayasamín ("Diego Rivera, pintor del pueblo" 345).

Al singularizar al "conocido y poderoso" Oswaldo Guayasamín (1919-1999), Carrión exaltaba las políticas de patrocinio de las artes impulsadas por él y la Casa de la Cultura Ecuatoriana. Simplificando un poco, podríamos decir que Benjamín Carrión fue el Vasconcelos de Guayasamín o que éste fue el Diego Rivera de Carrión. La obra de Guayasamín entre 1945 y 1956 –que incluye un importante mural para el salón principal de la CCE (1948) y un conjunto pictórico de más de cien obras llamado *Huacayñán* (1952)– es patrocinada por el Estado y responde a la invitación utópico-nacionalista, populista y sincretista de Carrión. Y sin embargo, allí también se hace evidente uno de los más elocuentes descalabros de la ideología del mestizaje. En efecto, la obra temprana de Guayasamín fractura y desafía el propio proyecto vasconceliano en el que se inscribe. En ella, la *materialización paradójica* de la *ideología del mestizaje* revela su violencia y sus antagonismos inherentes.

---

[10] "Los pintores [muralistas] vivían por cuenta del Estado, para que olvidados de la lucha diaria, entorpecedora y penosa, se dediquen [sic] sin inquietudes al cultivo del arte" (Carrión, *Los creadores* 34). A mediados de los años treinta Carrión está interesado en encontrar un equivalente ecuatoriano del muralismo mexicano. En 1934, a su regreso de México, encuentra esta figura en Eduardo Kingman (1913-1998), a quien le encarga cuatro enormes murales para su hacienda en el Valle de los Chillos (Querejeta, en *Ensayos* 26); quince años más tarde este pintor nacional será Guayasamín.

Este ensayo examina el auspicio ofrecido por Carrión y la Casa de la Cultura Ecuatoriana a Guayasamín para la realización y exposición de *Huacayñán*, asunto descuidado por la crítica y del que existen varias versiones no coincidentes (1). A continuación, indaga cómo la obra materializa plásticamente –contra los propios designios nacionalistas y sincretistas de su comisión gubernamental– los antagonismos de la ideología del mestizaje (2).

1. El auspicio de *Huacayñán*

A fines de 1950 o principios de 1951, Carrión agenció desde la Casa de la Cultura Ecuatoriana la financiación de *Huacayñán / El camino del llanto / The Way of Tears*,[11] la primera gran obra de Guayasamín. Además de conseguir la financiación de *Huacayñán*, Carrión organizó su exhibición en el Museo de Arte Colonial en 1952, defendió la obra de los ataques locales en la prensa y publicó –con una introducción suya– el catálogo bilingüe de la misma (CCE, 1953).[12]

Huacayñán conjura la violenta historia ecuatoriana y latinoamericana en un *tour de force* político y estético que a veces ha sido comparado con su contemporáneo poético el *Canto general* (1950) de Pablo Neruda. Sin embargo, como señala Jorge Enrique Adoum, *Huacayñán* no cita eventos históricos en "trechos de siglos," como hace el *Canto general*, sino que prefiere el "estatismo" de la evocación telúrica y étnica (*Guayasamín* 141). Forman el conjunto pictórico de *Huacayñán* cien cuadros divididos en tres temas –dedicados a los indios, los mestizos y los negros–;[13] un mural de paneles móviles titulado *Ecuador* que combina los tres temas [il. 7]; y tres retratos: el del pintor, el de su padre José Miguel Guayasamín y el de Benjamín Carrión, mecenas de la obra [il. 1].

---

[11] Del quechua: *waqay*: s. lágrima / *ñán*: camino.
[12] El catálogo fue publicado en español e inglés. *Huacayñán* también se exhibió en la Escuela de Bellas Artes de Guayaquil en 1952.
[13] Cada tema comienza con un paisaje y está además organizado en grupos o series, casi todas de tres cuadros.

Aunque a Guayasamín se le conoce más por su obra posterior –*La edad de la ira* (ca. 1960-1989) y *La edad de la ternura* (ca. 1988-1999)– *Huacayñán* representa un momento fundamental en su carrera: no sólo es la primera colección pictórica del ecuatoriano (la primera que se concibe como un conjunto), sino aquella que lo erigió en el pintor nacional y le abrió las puertas de la fama y el reconocimiento internacional.[14] Guayasamín viajó con *Huacayñán* a Venezuela donde —bajo el mecenazgo de Miguel Otero Silva— vendió más de cincuenta pinturas antes de que se abriera la exposición en el Museo Nacional de Caobos en Caracas (1953). Al éxito de Venezuela siguieron las exhibiciones en el Art Museum of the Americas de la Unión Panamericana en Washington en 1955[15] (hoy Organización de Estados Americanos, OEA) y en la Duveen-Graham Gallery en New York en 1956.[16] Luego, ganó el Gran Premio de Pintura en la Tercera Bienal Hispano-Americana de Arte en Barcelona en 1956 y al año siguiente la Bienal de Arte Moderno de São Paulo. Después de la exhibición y venta de Caracas, el conjunto pictórico de *Huacayñán* se dispersó en colecciones privadas y no ha sido visto por el público en sesenta años.[17] Este hecho nos presenta con la paradoja de que un conjunto de piezas concebidas como unidad "sinfónica" representativa de la identidad nacional (la metáfora musical es de Carrión) se dividió *ab initio* y a diferencia de lo que sucedió con el muralismo mexicano, perdió casi inmediatamente su carácter de arte público.

Carrión, como dijimos, escribió la "Presentación" del catálogo de *Huacayñán*. Luego, con motivo de la exposición en Caracas, le añadió un largo preámbulo que subtituló "Los

---

[14] Guayasamín trató en los años setenta y ochenta de restarle importancia a *Huacayñán* a favor de su serie *La edad de la Ira*: *Huacayñán* "Es –dijo– solamente una experiencia de mi juventud" (Adoum, *Guayasamín* 151).
[15] *Oswaldo Guayasamín of Ecuador*, exhibición realizada entre junio 6 y julio 5 de 1955 en la Unión Panamericana (Washington, D.C.: Pan American Union, 1955).
[16] *Guayasamín*, exhibición realizada entre noviembre 27 y diciembre 15 de 1956 en la Duveen-Graham Gallery (New York: The Gallery, 1956).
[17] La Fundación Guayasamín conserva una docena de los cuadros de *Huacayñán* y la Casa de la Cultura Ecuatoriana otros cuatro.

antecedentes, después".[18] En la "Presentación" del catálogo, Carrión trató de definir *Huacayñán* –hasta donde se lo permitía la heterogeneidad radical de esta obra– como paradigma plástico de su visión integradora de la cultura de la *pequeña gran nación ecuatoriana*. En "Los antecedentes" resaltó su propia "colaboración" en la realización de *Huacayñán*, y sin modestia se pensó a sí mismo no simplemente como el Vasconcelos sino como el Lorenzo de Medici de Guayasamín (144). El pintor, por su parte, inicialmente valoró públicamente este mecenazgo, acogió la interpretación nacionalista sincrética de su obra y señaló la presencia tutelar de Carrión en el proyecto con la inclusión de su retrato, con la elaboración del mural sincrético *Ecuador* y con la dedicatoria que le hizo en el catálogo: "Esta obra dedico a BENJAMÍN CARRIÓN, gran realizador de la cultura, hombre de visión y fe en la capacidad creadora de mi país" (*Huacayñán / El camino del llanto*... s.n, mayúsculas en el texto). En una carta de abril 29 de 1957, Guayasamín lo llamó "padre espiritual". Carrión, por su parte, continuó con su apoyo a Guayasamín durante los años cincuenta, por ejemplo, consiguiéndole los boletos para ir a la Bienal de Barcelona,[19] sirviéndole de fiador y apoyando su participación en la Bienal de São Paulo.[20]

---

[18] Se distingue entre la "Presentación" (introducción al catálogo) y el preámbulo "Los antecedentes, después," pero se citan ambos textos de la versión integrada publicada bajo el título "Oswaldo Guayasamín y 'El camino del llanto'" en *San Miguel de Unamuno* (1954, 129-175).

[19] Después del éxito artístico y económico de *Huacayñán* en Venezuela, Guayasamín viaja a los Estados Unidos donde expone en la OEA; luego regresa al Ecuador. Carrión sigue comprometido con la obra y el éxito de Guayasamín y lo apoya mediante la gestión de su invitación a la Bienal de Barcelona. Escribe Guayasamín a Luce Deperon: "La Casa de la Cultura pagará por lo pronto el transporte del cajón con los seis cuadros para la Bienal y el día lunes escribirá al Dr. Carrión una carta [...] diciendo que si ellos pagan el trasporte de los cuadros y mi pasaje de ida y vuelta, yo estaría encantado de hacer una exposición en Madrid. Cree Benjamín que ellos no se negarán al pedido" (carta de septiembre 10, 1955, en Deperon 156-157).

[20] Guayasamín participa con 20 cuadros, mientras Kingman sólo exhibe uno, lo mismo que Manuel Rendón (*IV Bienal do Museu de Arte Moderna de São Paulo*, Parte 1, 179-181).

Sorprende, entonces, a quien no está metido en el berenjenal de las malquerencias ecuatorianas, que Carrión se ocupara tan poco de Guayasamín después de *Huacayñán*,[21] que éste hubiera estado involucrado en el parricidio público de Carrión a principio de los años setenta, y que el nombre de Carrión se desvaneciera de los catálogos y estudios sobre la obra pictórica de Guayasamín. Estas circunstancias se explican en parte por los enfrentamientos entre la "vieja guardia" intelectual a la que pertenece Carrión y las nuevas generaciones de artistas y escritores en los sesentas, así como por las distancias personales que surgen entre los dos ecuatorianos a mediados de esa década y que llevan a su rompimiento definitivo en 1971. No puedo extenderme sobre esta gresca de varios frentes; baste decir que Guayasamín resintió que después de que él se separara de su segunda esposa Luce Deperon en 1965, Carrión continuara su amistad y apoyo a su ex-mujer,[22] y que a Carrión, por su parte, no le cayó bien la noticia de 1971 según la cual Guayasamín, entonces presidente de la CCE, había ordenado fundir 975 páginas, levantadas en plomo, de la edición de las obras completas de su "padre espiritual" que iba a publicar la Casa de la Cultura (*El tiempo*, febrero 15, 1971). Guayasamín desmintió este rumor diciendo que "si las obras del Dr. Carrión" no habían sido impresas era "por falta de papel" (*El tiempo*, febrero 16, 1971). En una carta a Fedro Guillén, Carrión se dolió de este evento refiriéndose a las "bajezas que están realizando contra mí los actuales amos de la Casa de la Cultura" incluyendo "¡el propio Guayasamín

---

[21] En 1968 Carrión llama la *Edad de la Ira* la "nueva *Divina comedia* de la plástica" y dice que Guayasamín es "el hombre que representa más altamente mi pequeña comarca" (*Ensayos* 214-215).

[22] "Benjamín siguió siendo mi amigo, así como Angelita, que admiraba más que al mismo Benjamín. Nos veíamos ocasionalmente, almuerzos en mi casa con largas sesiones de chismografía cultural y social. No me acuerdo de detalles pero Benjamín estaba muy herido con Guayasamín y daba pena a su edad ser rechazado" (Luce Deperon, email, marzo 4, 2012). María Rosa Carrión Eguiguren (Pepé) me dijo que después del rompimiento matrimonial de Guayasamín en 1965 Carrión continuó visitando a Luce y que fue a una inauguración o evento cultural en su recientemente abierto Centro Cultural Artes. Según Pepé ello molestó a Guayasamín (entrevista telefónica febrero 16, 2012).

por el que tanto he hecho a lo largo de treinta años!" (abril 29, 1971) (*Correspondencia II: Cartas mexicanas* 373). Me interesa menos este conflicto personal y generacional que la contradicción entre el discurso nacionalista, sincretista y vasconceliano de Carrión sobre *Huacayñán* y la obra misma. Como veremos, lejos de ser una "épica plástica" que superaba culturalmente las derrotas históricas –como suponía Carrión– *Huacayñán* materializaba las contradicciones del que Lund ha llamado, en el caso Mexicano, el "Estado-mestizo".

Guayasamín acude a la Casa de la Cultura Ecuatoriana y Carrión le extiende la mano (y los sucres) para "terminar" el proyecto de *Huacayñán* en 1949 según Jorge Enrique Adoum, en 1950 según Carrión, o en 1951 según la documentación encontrada. Adoum recuerda: "Debió ser en 1949: vi entrar a Oswaldo Guayasamín en el despacho de Benjamín Carrión. Le habló del ambicioso proyecto de pintar *Huacayñán, El camino del llanto*. Oswaldo no tenía dinero para comprar pinceles, menos aún colores y telas: debía escoger materialmente entre la comida y la pintura" (*Obras (in)completas* 4:185). Por su parte, Carrión se refiere a este encuentro como si hasta ese momento Guayasamín hubiera sido para él un desconocido y dice que ocurrió dos años antes de la exposición, es decir en 1950:

> Un día se me presentó un joven artista que decía confrontar graves dificultades económicas. Es más, no tenía dinero ni siquiera para comprar pinturas y pinceles. Escuché la exposición de sus proyectos, silenciosamente. Le respondí que él podía en dos años, no decir todo lo que podía pintar, sino pintar lo que decía. Su respuesta fue afirmativa. Con el dinero que le facilitó la Casa de la Cultura, entregado por entero a su arte y faltando todavía algunos meses para la expiración del plazo señalado, Oswaldo Guayasamín inauguraba su famosa exposición de cien cuadros: "El camino del llanto". (Huneeus 82)

Según Carrión, lo impresionó el contraste entre la desmesura y ambición del proyecto y las penurias materiales de un artista en el que él vio antes que nadie, según dice, al pintor nacional: "Seguirá siendo para mí un motivo de orgullo –escribió– haber tomado sobre los hombros la causa del gran Guayasamín, cuando, muchos de los que lo adulan hoy se horrorizaban frente a su pintura" (Adoum, *Obras (in) completas* 4: 185).

Guayasamín no pudo haber acudido a Carrión como presidente de la CCE en 1949 como recuerda Adoum, porque el presidente de esa institución entre 1948-1950 era don Pío Jaramillo Alvarado (1884-1968). Carrión estaba como embajador en Chile. Pudo sí ser a finales de 1950 como sugiere Carrión; lo cierto es que la información encontrada entre los papeles de Guayasamín indican que el proyecto recibe el apoyo de la CCE el 6 de abril de 1951 –durante la segunda presidencia de Carrión (1950-1957)– y que el 27 de abril se firma el contrato de auspicio de *Huacayñán*[23] por el que Guayasamín se comprometió a completar 101 cuadros en 16 meses contados a partir de la firma del contrato a cambio de un préstamo de 20.000 sucres pagadero en especie.[24] En garantía de este préstamo, Guayasamín dejaba 10 cuadros en calidad de prenda y firmaba como fiador Jaramillo Alvarado, quien era secretario de la CCE.

En "Los antecedentes" Carrión resalta su papel y dice que *Huacayñán* fue primero ante sus ojos "una lista, un memorándum" y luego, "un fervor oral" del pintor, y que su encuentro con Guayasamín "fue el encuentro de dos entusiasmos"; alega que él fue capaz de ver "la obra, la soñada obra" que el artista le pintó "con palabras, con gestos, con miradas" (137-138). *Huacayñán* fue primero –según Carrión– como se dice, *puro cuento*. Sin reparar en el colonialismo del símil, Carrión compara *Huacayñán* con la propuesta de Colón a la Corona, siendo él, claro "como Isabel la católica que

---

[23] Véase también una referencia a este auspicio en *Revista* de la CCE 11-12 (1951): 360.
[24] La exposición debía realizarse 16 meses contados a partir de abril 27 de 1951, fecha de la firma del contrato; es decir, a fines de agosto de 1952; cosa que no ocurrió. En agosto, Guayasamín expuso una muestra o "anticipo" de la exposición de marras en el V Salón Nacional de Pintura, con lo que más o menos se le daba cumplimiento al contrato (o al menos se evitaba su incumplimiento). Finalmente, el 21 de noviembre se inauguró la exposición en el Museo de Arte Colonial de la CCE.

supo ver 'más allá', plus ultra, [...] las tierras de oro, [y] de las esmeraldas [...] Isabel la Católica que supo ver [...] todas las ricas tierras que le pintaba con su palabra de iluminado y fervoroso, el genovés medio chiflado, el loco fantaseador del que se habían reído los hombres más sabios" (139).[25] Carrión concluye: "Haber respaldado el propósito inicial –¿quieren Uds. que llamemos sueño?– de Oswaldo Guayasamín, es una bella y noble cosa, que honra a la Casa de la Cultura Ecuatoriana. ¿Contratista de sueños? ¿Qué mejor título para un hombre o una institución?" (144).

A finales de los años cuarenta, Guayasamín no era un artista delirante y desconocido. Para este momento, Guayasamín era un pintor relativamente célebre en el Ecuador y ciertamente cercano a Carrión y a la CCE. Carrión pudo conocer a Guayasamín en 1942, cuando éste hizo sus primeras dos exposiciones importantes en Quito[26] y ganó el primer premio en el concurso "Mariano Aguilera",[27] o –como creo– en 1945, después de la gira del pintor por los Estados Unidos y Latinoamérica. Entre 1942 y 1943 Guayasamín viajó y exhibió su obra temprana en el MOMA[28] y en varias galerías de Nueva York, St. Louis y San Francisco[29] gracias al apoyo de Nelson Rockefeller quien obtuvo para el pintor una

---

[25] Carrión revela en estos tropos la violencia y las exclusiones fundacionales del nacionalismo populista ecuatoriano, el "origen de su origen" y la colonialidad de la gramática arielista.

[26] En la Galería Caspicara, Quito en 1941 y 1942.

[27] Guayasamín ganó el premio Aguilera con *Retrato de mi hermano*; el año anterior había ya obtenido el Segundo Premio con el cuadro titulado "Páramo". El triunfo de Guayasamín no pasó desapercibido para Carrión si bien *Retrato de mi hermano* (la obra con la que ganó Guayasamín) debió impresionarlo poco dadas sus pequeñas dimensiones, academicismo y genero pictórico (el retrato). En todo caso, *Retrato de mi hermano* no es representativo de la pintura de Guayasamín en esta época.

[28] *Retrato de mi hermano* fue colgado en la exhibición "Latin American Contemporary Art" del Museum of Modern Art (1942-1943), conjuntamente con trabajos de Orozco, Rivera y Siqueiros.

[29] Durante 1943 Guayasamín recorrió varias ciudades del país y mostró su trabajo en diferentes galerías y museos como la Mortimer Brandt Gallery, el City Art Museum de St. Louis y el San Francisco Museum of Art.

invitación del Departamento de Estado.[30] Luego, Guayasamín hizo una prolongada visita a México en 1943, en donde tuvo la oportunidad de trabajar con José Clemente Orozco (1883-1949), y entre 1944 y 1945 realizó un viaje pictórico-etnográfico por varios países de América Latina.

Por esa misma época, Carrión concibe su proyecto cultural vasconceliano, escribe sus *Cartas al Ecuador* (1941-1943), sienta las bases de su teoría de la *pequeña gran nación*[31] y crea la Casa de la Cultura Ecuatoriana (1944). Ciertamente cuando Guayasamín regresa de su viaje por Latinoamérica, Carrión lo conoce y lo invita a exhibir en el Primer Salón Nacional de Bellas Artes de la CCE (1945). A partir de entonces, Guayasamín gravita cerca de la Casa de la Cultura: participa en varias exposiciones, su obra es reseñada en *Letras del Ecuador*[32] –otra de las creaciones de Carrión– y éste le comisiona en 1948 la realización de un mural para el salón principal de la CCE, titulado "El incario y la conquista" [il. 2]. *Huacayñán* es resultado de una relación institucional y personal de por lo menos 6 años y no de un encuentro fortuito entre un burócrata cultural lector de Vasconcelos y un artista desconocido y delirante.

Después de la exhibición de *Huacayñán*, Guayasamín reconoce y agradece en privado el apoyo de Carrión y, por ejemplo, no le cobra el retrato de Gabriela Mistral que Carrión le comisionó en 1955, alegando la gran deuda que tenía con

---

[30] Rockefeller, que se encontraba de viaje oficial en el Ecuador en su calidad de director de la Oficina de Asuntos Interamericanos del Departamento de Estado de los Estados Unidos, ve la exposición de Guayasamín en la Cámara de Comercio de Guayaquil (1942). Rockefeller compró cinco cuadros e invitó a Guayasamín a visitar los EE.UU.

[31] Ver el ensayo "Sobre nuestra obligación suprema: volver a tener patria" en *Cartas al Ecuador*. En 1952, el mismo año de la exposición de *Huacayñán*, Carrión propone su "Teoría y plan de la pequeña nación".

[32] Leopoldo Benítez le dedica a Guayasamín una elogiosa crítica en *Letras del Ecuador* (1945). En 1946 Guayasamín expuso en Buenos Aires y el pintor, ensayista y crítico de arte argentino Julio E. Payró lo reseñó favorablemente en la revista *Sur*. En 1947 Guayasamín diseña la escenografía de "Casa de Muñecas" de Henrik Ibsen dirigida por el director alemán Carlos Lowenberg; y cuando participa en 1948 del Segundo salón nacional de acuarelistas, dibujantes y grabadores de la CCE lo hace fuera de concurso junto con Kingman.

él.³³ La versión pública de este agradecimiento –en contraste– despliega respecto de la contribución de Carrión y de la CCE una suerte de meiosis. En una carta pública de octubre 26 de 1956 en defensa de Carrión y de la institución, por entonces objeto de algunos ataques y acusaciones de favoritismo y despilfarro,³⁴ Guayasamín reconoce la contribución de Carrión a *Huacayñán* así:

> Nunca olvidaré que cuando estaba a punto de suspender mi trabajo de *Huacayñán*, por carencia de recursos económicos, cuando *ya había realizado más de 80 cuadros y me faltaba una veintena* más, acudí donde Ud., le presenté el plan de mi Exposición, le conté mis dificultades, e inmediatamente usted obtuvo que la Casa de la Cultura me hiciera un anticipo de treinta mil sucres, dinero que fue decisivo en la terminación de mi trabajo, y que devolví posteriormente con la entrega de nueve cuadros. (276, énfasis mío)

Según Guayasamín, cuando él acude a la CCE y a Carrión, el proyecto de *Huacayñán* no es propiamente un proyecto sino una obra avanzada. Si el prólogo de Carrión peca por falta de modestia, la versión de Guayasamín es parca y equívoca.

Es dudoso que Guayasamín llegara a donde Carrión con un proyecto ya concebido en su totalidad y avanzado en su realización. Tenemos indicios de que ni siquiera el nombre de la colección estaba definido antes de enero de 1951: el proyecto fue –acaso bajo influencia de Carrión– inicialmente llamado *Ecuador* y más tarde renombrado *Huacayñán*.³⁵ El mural móvil emblemático de la exposición conservó sin embargo el título *Ecuador* [il. 7]. Asimismo, al momento de recibir el auspicio de la CCE, Guayasamín no tenía 80 cuadros como dice él.

---

³³ Guayasamín escribe a Carrión desde Nueva York en enero 25, 1955: "[…] el retrato no tiene ningún precio, mucho menos para Ud. a quien tanto debo". En 1957 le informa que acaba de firmar un contrato de US$10,000 anuales con la "World House Gallery" de New York que "ha sido –después de terminar *Huacayñán* con su ayuda– el más grande estímulo para mi obra" (carta de abril 29, 1957).
³⁴ Ataques ejemplificados por un pasquín titulado "Intelectuales Independientes". Así como en las acusaciones del propio presidente de la República, Camilo Ponce (Morel 79-81).
³⁵ Según Pablo Guayasamín Monteverde el nombre fue tomado del seudónimo de José Félix Silva, amigo de Guayasamín y conocido como el "poeta Huacayñán".

Si hubiera sido así, la ayuda de Carrión y de la CCE se vería reducida a la financiación de 20 de 103 cuadros de los cuales la Casa de la Cultura se habría quedado con nueve.[36] Las cuentas de Guayasamín contrastan con la versión de Carrión quien –como vimos– dice que *Huacayñán* se le presentó como un proyecto hecho de palabras y sueños y no de telas terminadas. La realidad parece estar en ese lugar impreciso que describe la expresión popular "ni tanto ni tan poco". Varios testimonios y un reporte interno de la CCE indican que a comienzos de 1951, Guayasamín tenía aproximadamente 25 cuadros terminados. Así lo constata Humberto Vaca Gómez –comisionado por el presidente y la junta de la CCE para visitar el estudio del pintor:

> Para dar cumplimiento a la honrosa comisión que Ud. se sirvió confiarme concurrí a la casa del artista Guayasamín y en relación con el proyecto de una exposición pictórica que se denominará "Ecuador" [...] debo informar a Ud. lo siguiente: [...H]e visto en la casa del artista Guayasamín más de 25 cuadros terminados y cerca de 70 bocetos. (*El sol de Quito*, 20 de mayo de 1951)[37]

Si aceptamos la cuenta de Vaca Gómez, el papel de Carrión sería mucho mayor de lo que Guayasamín reconocía, pues la CCE habría financiado no 20 sino cerca de 80 cuadros. Además, la influencia ideológica de Carrión marcaría no sólo el título inicial de la obra, sino su concepción sincretista vasconceliana; en palabras de Vaca-Gómez "101 cuadros con un estricto sentido de unidad" que van a "expresar la esencia de nuestro drama en sus múltiples aspectos real y humano" con "prodigiosa síntesis". El reporte de Vaca Gómez concuerda con la información de Luce Deperon (segunda esposa de Guayasamín) quien visitó por primera vez el estudio del

---

[36] Hoy en el Museo de Arte Moderno de la CCE, Quito. Allí se encuentran expuestos 7 cuadros de Guayasamín; sólo 4 pertenecen a *Huacayñán*: *Hambre*, *Cansancio* (Tema indio 5), *Desesperación* (Tema mestizo 2) y *La tunda* (Tema negro 6). El cuadro *Mujeres llorando* que se encuentra en la CCE es similar al de *Huacayñán* (Tema indio 4). *Hermanos* y *Fusilamiento* o *El paredón* no hacen parte del catálogo de *Huacayñán*.

[37] Dicho informe probablemente fue anterior al contrato del 27 de abril del mismo año.

pintor a fines de febrero de 1952, aproximadamente diez meses después de Vaca Gómez. Ella señala que vio cerca de sesenta cuadros terminados.[38] Por último, en la carta pública a Carrión de 1956, Guayasamín dice haber recibido de la CCE 30,000 sucres (aproximadamente US$2,150 de entonces, o 20,000 dólares de hoy). Pero esta cifra está misteriosamente inflada frente a la que aparece en el contrato de *Huacayñán* que es 20,000 sucres. Dado que Carrión probablemente destruyó la mayoría de la correspondencia con Guayasamín,[39] se hace necesario seguir revisando los papeles del pintor para intentar develar este asunto.

2. La "pequeña gran nación" y la distopía del mestizaje

La ideología del mestizaje ha sido en América Latina la forma predominante de interpelación populista y de producción de "consenso" e identidad nacional. Ésta, que hoy vemos como una algarabía discursiva que llenó con su nadería homogeneizadora e hispánica casi un siglo de la historia cultural latinoamericana, permitió a varios sectores de la inteligencia liberal –en la que he llamado la *constelación de Ariel*– reinventarse en el populismo y responder a los desafíos de las insurgencias campesinas e indígenas, a la emergencia del proletariado urbano, y a los conflictos políticos de los procesos de modernización en América Latina.

Si nos atenemos a lo que Carrión y Guayasamín mismos dicen sobre *Huacayñán* reconocemos un intento de transmutar a las masas en pueblo y al pueblo en nación desde una alta cultura "democratizada" que quiere producir consenso y

---

[38] Dice doña Luce Deperon: "Llegué al Ecuador a mediados de enero, vi los primeros cuadros de Guayasamín [...] en la casa de Juan Singer un sábado de febrero y frente a mi entusiasmo, nos invitó a conocerlo el próximo sábado. Guayasamín nos invitó a su casa a mi madre, a mí y a mi padre [...] la siguiente semana. Nos fuimos mi madre y yo, vimos unos sesenta cuadros. El pintaba por lo menos uno a la semana" (comunicación electrónica, lunes, febrero 27, 2012).
[39] Eso supone Raúl Pacheco, entrevista, Centro Cultural Benjamín Carrión, Quito, febrero 17, 2012.

pretende solucionar los antagonismos sociales mediante el mestizaje. La "salida a la crisis que había ocasionado la guerra con Perú era crear, aunque fuera ficticio, un consenso nacional. Así, mediante la Casa de la Cultura Ecuatoriana '[...] los intelectuales de la burguesía [...] y los que actuaban como portavoces del campesinado y proletariado en embrión [...] encontraban la posibilidad de entenderse bajo el lema de lo nacional' " (Fernando Tinajero, en Porras 54).

En su introducción al catálogo, Carrión considera que *Huacayñán* es una representación pictórica geo-etnográfica y sincrética de la ecuatorianidad:

> [...] análisis plástico de una tierra múltiple y de los diversos tipos de hombre que la habitan. Síntesis emocional, intelectual, pero sobre todo síntesis pictórica [...] del pueblo que vive en este trópico. Aquí esta Guayasamín y sus cien cuadros. En ellos están sus hombres y las mujeres, las flores y las montañas y los niños de esta tierra. Sus selvas misteriosas, su geografía de catástrofe. La naturaleza y la vida conjugadas. ("Presentación" 163)

Carrión sostiene que *Huacayñán* integra la tierra o geografía (andina, urbana y selvática) y lo étnico (indígena, mestizo y negro). La organización de *Huacayñán* pareciera ciertamente seguir el "mandato de realidad geográfica" tropicalista que Carrión proponía ("Sobre el clima nacional," *Pensamiento fundamental* 38). En *Huacayñán* cada grupo o tema étnico está precedido de un paisaje: "La montaña" para el Tema indígena, "Quito" para el Tema mestizo y "La selva" para el Tema negro. Guayasamín prácticamente cita a Carrión al explicar su obra: "En la sierra predomina el indio y el blanco, y en la costa el indio o el negro, o el negro y el blanco, sin embargo, están ya mezclados. Esto es estupendo. Creo con fervor en el mestizaje. Es el poder de América" (*Folha da Manha*, enero de 1951).

Como se dijo, Carrión veía en *Huacayñán* la materialización plástica de la "pequeña gran nación" ecuatoriana en tránsito del horror a la esperanza, y del desastre a la utópica superación del mismo: "Tiene Oswaldo Guayasamín los ojos bien abiertos para ver el mundo de horror y al mismo tiempo de esperanza en que vivimos" ("Los antecedentes" 151). "Guayasamín – apunta Carrión– sigue el 'camino de llanto' (*Huacayñán*) de su pueblo. Pero no con espíritu pesimista o de derrota" sino con "gran esperanza" (172). La verdad, la esperanza era producto de la cosecha de Carrión no de Guayasamín, cuya visión en *Huacayñán* era más bien distópica. En una entrevista de 1952 a propósito de la exposición, el propio Guayasamín se ve en apuros tratando de explicar el título lacrimógeno-indigenista de la exposición ("*Huacayñán / El camino del llanto*"):

> [...] la historia del Ecuador es eso: un camino de llanto. Pues si recorremos la historia de nuestro país encontraremos que en los momentos en que el Ecuador tenía la oportunidad de surgir de una forma poderosa y grande, se han interpuesto siempre acontecimientos fatales [...] Nuestro pasado está lleno de esperanzas fracasadas [...]. Naturalmente esto no quiere decir que mi obra tenga un carácter derrotista, ya que lo que hago es nada más que mostrar la tragedia para surgir sobre ella. ("La historia del Ecuador" 6)

Nótese la corrección final de Guayasamín en que la invocación de la historia como acumulación de fracasos, derrotas y llanto cede a lo que Carrión llamaba "La voluntad de renacer" (*Pensamiento fundamental* 56). En otra entrevista, Guayasamín habla del origen geográfico, mítico y posapocalíptico de *Huacayñán*, que supuestamente sería el nombre de una montaña en la que se refugiaron del desastre del diluvio universal un guacamayo y su hermana; de esta pareja incestuosa habría surgido la raza cañari y el hombre ecuatoriano ("Aspiro a un clasicismo contemporáneo" 12-13). La idea de una nación que surge de un incesto entre dos pájaros tropicales, coloridos y vocingleros que sobreviven a un desastre es por lo menos problemática si bien involuntariamente humorística y hasta acertada para referirse a los discursos letrados de identidad de mitad de siglo en Ecuador.[40] Guayasamín insiste

---

[40] Guayasamín cita con licencias la leyenda: los guacamayos no son guacamayos sino guacamayas y los que se refugian no son aves sino dos hermanos que tendrán descendencia con una de las guacamayas.

en una noción ahistórica de la historia nacional definida por el fracaso, y –acaso citando a Carrión– trata de interpretar su propia obra como una superación simbólica y cultural de dicho desastre mediante un renacimiento similar al de los papagayos posapocalípticos. Pero como veremos, *Huacayñán* contradice la utopía de "volver a tener patria" y "superar" la historia-tragedia nacional.

Algo similar ocurre con el discurso de la síntesis tropical de la utopía mestiza. Carrión quiere ver en la obra una sinfonía pictórica a la integración telúrica y racial:

> Las tres grandes estirpes humanas del Ecuador –Cam, Sef y Jaset de la leyenda Bíblica– el mestizo, el indio, el negro, han sido interpretados en este gran poema plástico de Guayasamín. Es tanta la fuerza, el caudal, la grandeza del logrado intento, que nos vienen a la mente más bien pensamientos y palabras musicales. Sinfonía, orquestación, contrapunto, ritmo. ("Presentación" 167)

Slavoj Žižek alega que la "verdad" de la fantasía ideológica es revelada y reconocible en su exterioridad material: por ejemplo, la arquitectura estalinista declara la monstruosidad del Estado, la sacralización del poder y la instrumentalización de la vida humana en un sistema en el que paradójicamente esta evidencia no puede hacerse explícita discursivamente aunque materialmente ya lo sea: el Estado que promueve la estética y arquitectura fascista se ocupa de reprimir la verdad que materialmente expone (*The Plague of Fantasies* 1-4). Aunque Guayasamín sostiene, como el propio Carrión, la supuesta unidad de la obra diciendo que la "exposición asume una armonía total [...] como una sinfonía" ("Aspiro..." 12), la obra lo contradice desacorde, estridente, quebrantada. Insistimos en el hecho de que Guayasamín –más allá de sus eventuales propósitos y del designio y codificación nacionalista de la obra– llamó a este conjunto pictórico *El camino del llanto*, lo nombró en quechua y separó –en lugar de integrar– los tres grupos étnicos en series, señalando el dolor y el conflicto antes que la armonía. Carrión mismo nota que la obra está (des)compuesta por grupos étnicos aislados y encuentra en ella una serie de fragmentos y de "realidades étnicas" antagónicas y disgregadas: "las formas y colores" de lo indio están "transidas de angustia," lo negro marcado por "colorido violento" en "figuras que se contorsionan, marchan, lloran," y el propio mestizaje está "interpretado por líneas y colores de transición e indecisión, como que el mestizaje es un estado indefinido aún" (167-168).

Huacayñán no corrobora la utopía integradora; el "poema plástico" de la nación está hecho de obstinadas imágenes de muerte, enfermedad, violencia, conflicto y fragmentación; de figuras encarceladas, adoloridas, oprimidas, fracturadas, monstruosas, fusiladas, explotadas, rendidas por el hambre y la injusticia y desgarradas por una tristeza fundamental. Los cuadros llevan títulos como *Flagelamiento*, *Mujeres llorando*, *Hambre*, *Cansancio* (Tema indio 4, 5 10), *Desesperación*, *Evacuación*, *Niño llorando*, *Prisionero*, *Mendigo*, *Espera*, *Angustia* (Tema mestizo 2, 3, 4, 7, 16), *Tunda*, *Entierro*, *El grito* (Tema negro 6 y 9).[41] Antes que contrapunto, encontramos discordancia; en lugar de esperanza, desaliento. Pensemos por ejemplo en el mestizo de espaldas que vemos en *Prisionero*; con su costillar de carnicería, la mirada apartada de la ventana y sus grandes manos, sosteniéndose de pie en una celda que se cierra sobre él [il. 3]. Este cuadro refuta –no comprueba– la idea de la "Pequeña gran nación", grande en "cultura y libertad," paz y justicia. Pero Carrión no se desanima; su utopismo encuentra una y otra vez la forma de leer *Huacayñán* de manera sincretista y hallar en la obra una "inmensurable potencia de ternura" (137). Hasta Guayasamín termina creyéndose esta visión. En una entrevista publicada el 17 de noviembre de 1952 para el diario *El Sol de Quito*, Guayasamín decía refiriéndose a *Huacayñán*: "El mestizo es el hombre mezcla de las grandes pasiones del

---

[41] No hay alegría en la niñez ni en el amor de *Huacayñán* como evidencian las series "La inocencia" (Tema mestizo 11), "Los niños" (Tema negro 2), y "El amor" (Tema negro 3). El erotismo es mercenario o desolado (serie "Prostitución" Tema mestizo 10; "La carne" Tema indio 4). Incluso los cuadros alusivos a la música y la danza nos ofrecen un cubismo sombrío y oscuro en el que no hay risa ni regocijo (series "La música" Tema indio 6 y "El ritmo" y "El rito" Tema negro 5).

espíritu español con la serenidad del temperamento indio" (6, 9). El cuadro *Cabeza de hombre* ofrece una muestra plástica de esta "mezcla" entre pasión hispánica y serenidad indígena; en el rostro una violenta grieta materializa y le pone los puntos sobre las *íes* a la ideología del mestizaje (Tema mestizo, serie 13 "Cabezas") [il. 4]. Sabemos que la metáfora de la nación mestiza era una noción edulcorada de una historia nada dulce, fundada en la sangre, la violencia y la explotación antes que en el amor. La materialidad plástica de *Huacayñán* hace explícito este horror.

En *Cabeza de hombre*, así como en otros cuadros del Tema mestizo, los rostros se quiebran y descomponen en otros rostros y fracasa la anagnórisis nacionalista de la ideología del mestizaje. Estamos frente a un mestizo-fisura en el que "emerge la verdad de las relaciones sociales" y la nadería de la fantasía ideológica sincretista (Žižek, *Sublime Object* 18, 22, 141-144).

En 1928, leyendo a Vasconcelos, Carrión había definido a un sujeto nacional que llamó el "nuevo mestizo" o "Totinem (del latín *totus*= todo; *imen*= hombre), el hombre todo, el hombre síntesis" (52). El mestizo de *Huacayñán* no sólo no coincide con el *Totinem* de Carrión sino que lo impugna con sus contradicciones internas y excesos. En otras palabras, estos cuadros nos presentan disrupciones de la ideología del mestizaje, actos fallidos respecto de la formulación de la identidad que pretende la obra. Al mestizo de *Huacayñán* lo aqueja su propia negatividad; una negatividad que emerge antagónica respecto de la pretendida totalización nacionalista (*Sublime* 243, 244). Una y otra vez, el mestizo, centro ideológico y estético de *Huacayñán*, está dividido y en conflicto consigo mismo, como vemos en el tercero de tres cuadros que llevan por título *Hombres* (Tema mestizo, serie 8 "La existencia") [il. 5]. El *sujeto mestizo* se constituye mediante su propia segmentación y desintegración. La nación no es la mezcla ni la agregación armónica de diferencias sino el amontonamiento incómodo y conflictivo de *heterogeneidades no dialécticas* (para usar una categoría crítica de Antonio Cornejo Polar). No hay sujeto de *Huacayñán* sino sujetos múltiplemente (des)centrados sobre

1. Arriba. *Benjamín Carrión* de Oswaldo Guayasamín (*Huacayñán*, retratos). Cortesía de la Fundación Guayasamín.

2. Arriba. Detalle de *El incario y la conquista* (1949), de Oswaldo Guayasamín. Casa de la Cultura Ecuatoriana Benjamín Carrión.

3. Abajo. *Prisionero* de Oswaldo Guayasamín (*Huacayñán*, Tema mestizo, serie 5 "La libertad"). Cortesía de la Fundación Guayasamín.

4. Abajo. *Cabeza de hombre* de Oswaldo Guayasamín (*Huacayñán*, Tema mestizo, serie 13 "Cabezas"). Cortesía de la Fundación Guayasamín.

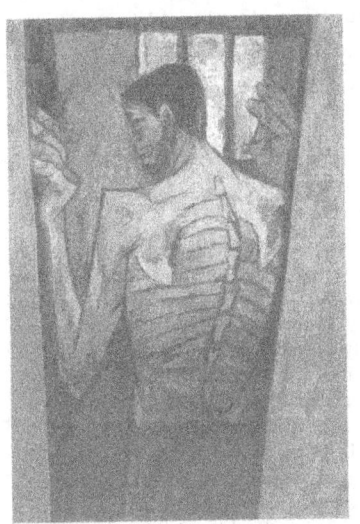 

ejes de identidad contradictorios respecto de los cuales no hay síntesis sino tensión y conflicto. Podría decirse que en *Huacayñán* el sueño del mestizaje produce monstruos, como en la multiplicación teratológica de rostros que encontramos en el segundo cuadro *Hombres* [il. 6]; subjetividades no sólo divididas sino divididas contra sí.

Aclaremos que en la obra de Guayasamín de los ochentas y noventas encontramos numerosos momentos apologéticos del mestizaje; más exactamente, del mito nacional de la familia mestiza.[42] Guayasamín, que hacia finales de los años ochenta se declaró indígena,[43] mantuvo durante su vida posiciones diversas respecto del mestizo que consideraba un producto ya de la traición, ya de la violencia colonial, y que veía como agente reproductor de la opresión.[44] *Huacayñán* expresa antes que el propio pintor esta epifanía "poscolonial."

Cuando Jorge Enrique Adoum interpreta *Huacayñán* en 1998, repara en esta incongruencia y recicla las nociones de riqueza cultural y mestizaje de Carrión: "la obsesión de Guayasamín por lo indio [...] le hace olvidar su condición de mestizo aindiado [...]. Mientras todos (casi) nos enorgullecemos del mestizaje, que es la definición de América, de su universo imaginario y de su riqueza cultural real y potencial, Guayasamín lo mira de una manera diferente" (*Guayasamín* 142). La defensa del mestizaje de Adoum y su reparo al *mirar diferente* de Guayasamín apunta precisamente a la "resistencia radical" de *Huacayñán* al sincretismo nacionalista. *Huacayñán* expresa

---

[42] Piénsese por ejemplo en *El mestizaje* (1996), una de las piezas más importantes expuestas en la Capilla del Hombre.

[43] Guayasamín desplegó de manera ambivalente una obstinada insistencia en la identidad indígena del Ecuador (y en la suya propia frente a quienes lo llamaban mestizo). "¡Carajo, soy un indio. Me llamo Guayasamín!" llegó a decir.

[44] Re-interpretando su obra años después Guayasamín anota: "Fruto de la traición o la fuerza, el mestizo tiene una psicología muy extraña. Hombres acomplejados de su sangre no india, no española, no negra. Hombres no estructurados mentalmente todavía. Herederos y dueños de una tierra usurpada, dueños de los bancos, de las industrias ensambladoras de chatarra, con una crueldad tremendamente marcada contra el indio. Son esos los hombres que subyacen escondidos en el fondo de las terribles dictaduras, tanto civiles como militares, que han existido y existen en nuestra América Latina" (*El tiempo que me ha tocado vivir* 40).

5. Abajo. *Hombres* (3º) de Oswaldo Guayasamín (*Huacayñán*, Tema mestizo, serie 8 "La existencia"). Cortesía de la Fundación Guayasamín.

6. A la derecha. *Hombres* (2º) de Oswaldo Guayasamín (*Huacayñán*, Tema mestizo, serie 8 "La existencia"). Cortesía de la Fundación Guayasamín.

pero no coincide con el enmarcamiento estético-ideológico de su mecenas, apologista y editor Benjamín Carrión. Carrión, intuye (o por lo menos responde) a la disgregación del mestizaje que *Huacayñán* expone plásticamente, y en la propia "Presentación" del catálogo trata (en una sección que luego subtitula "Verdad de la patria") de re-codificar estas tensiones y significar la conflictividad radical de la obra, reafirmando la ideología del mestizaje como teleología de la fragmentariedad:

> Los tres afluentes corren cada uno a su ritmo, hacia la integración de la nacionalidad, hacia la formación del hombre ecuatoriano: mestizo, indio, negro. Cada uno trae su forma y su color. Cada uno su verdad, su angustia, y sus certidumbres amargas. [...] Con el poder plástico de la síntesis, Guayasamín hace que estos afluentes lleguen al gran océano de la patria: el mural *Ecuador*, que tiene todas las posibilidades con sus grandes paneles intercambiables. (189)

El mural "Ecuador" [il. 7] se presenta como la solución combinatoria de los antagonismos de la obra. Con las metáforas geográficas (fluvial para las diferencias) y oceánica (para el mestizaje), Carrión intenta una lectura instrumental de *Huacayñán*; pero ese gran océano que el mural *Ecuador* supuestamente representaría, parece ser más el escenario de un naufragio que el de una feliz integración o síntesis.

La "verdad estética" o artística de la obra, no es empírica (una correspondencia con el mundo) ni proposicional o argumentativa (la propuesta de una tesis) sino material y dialéctica. En otras palabras, la *verdad plástica* de la obra no corresponde a la *"verdad de la patria"* de Carrión. La *verdad de la patria* quiere ser conjura-exorcismo: superación sincretista, cultural y racial de las derrotas históricas; la *verdad plástica* en cambio es conjura disgregadora de la historia, conjura-invocación del horror que regresa o que, más exactamente, no se ha ido. Esta contradicción acaso explica que Carrión abra su "Presentación" del catálogo caracterizando a *Huacayñán* como el "caso más *desconcertante* de aventura plástica de nuestra historia artística" (155).

7. Mural *Ecuador* de Oswaldo Guayasamín (*Huacayñán*). Cortesía de la Fundación Guayasamín.

8. "En la exposición de Guayasamín", *El nacional* de Guayaquil, enero 25, 1953.

El mural "*Ecuador*" no corresponde a la utopía sino a la distopía del mestizaje. La obra, más enigmática que explicativa, produce perplejidad. En una caricatura titulada "En la exposición de Guayasamín" publicada en el diario *El nacional* de Guayaquil (enero 25, 1953) un espectador aparece colgado cabeza abajo de una lámpara en frente del mural mientras dos espectadores dialogan: uno pregunta "¿Y qué le pasa a ese hombre? ¿Se ha vuelto loco?;" el otro responde: "Nada de eso. Está buscando la mejor posición para comprender el mural ECUADOR de Guayasamín" [il. 8]. No hay, claro, un lugar que permita una visión de conjunto de *Ecuador*.

Formado por cinco paneles verticales móviles de aproximadamente 135 x 45 centímetros cada uno, el mural ofrecía según los "cálculos estético-matemáticos" de Guayasamín 150 combinaciones posibles ("Voz ecuatoriana..." 30). Adoum revisa la matemática del pintor en 1998 y encuentra que pueden dar lugar a 3,840 variantes" (*Guayasamín* 147); aunque no explica como llega a ese número suponemos que toma en consideración que cada panel tiene dos posibles posiciones verticales y calcula las permutaciones de cinco objetos, cada uno con doble valencia, en una serie de cinco [$P=(1.2.3.4.5) \times (2.2.2.2.2) = 3.840$]. Ambas cuentas se quedan cortas dada la multiplicidad de las configuraciones o arreglos posibles respecto de los cuales pueden calcularse esas permutaciones. Por ejemplo, en lugar de un rectángulo con los paneles ensamblados todos de manera vertical u horizontal, podríamos pensar en configuraciones que combinen simultáneamente posiciones horizontales y verticales, o incluso en configuraciones no rectangulares en las que los paneles estén en línea, escalonados, o formando otra figura, etc.

Como analizo en otro trabajo, aunque el mural tiene inicialmente un encuadramiento nacionalista, supera las sobre-codificaciones y cálculos que pretenden enmarcarlo. La obra no logra estabilidad ni síntesis pues, por una parte, los paneles (incluso cuando se colocan contiguamente) se mantienen separados por la exposición visual de sus junturas, y por otra, el mural invita a la combinación y permutación constante de sus posibilidades, a la multiplicación de sus incongruencias, de sus conflictos y de sus desequilibrios. *Ecuador* desafía la imaginación de un número determinado de arreglos y combinaciones. Las permutaciones posibles (3.840, 7.680, 38.400, 69.120...) contrastan con el número de las imaginadas por el artista (150), y ciertamente con las exhibidas históricamente. El mural se expuso con apenas doce arreglos distintos durante los años cincuenta antes de pasar a la colección privada de Maruja Monteverde (primera esposa del pintor) quien en 2008 lo donó a la Fundación Guayasamín donde hoy está expuesto (Capilla del Hombre, Quito). Si la mayoría de los cuadros de *Huacayñán* evidencian la violencia, fragmentación y antagonismo de la ideología del mestizaje, el mural materializa además la no fijeza del Ecuador. En este sentido, el mural es en su fluidez o potencia de devenir más radical que sus propósitos y lecturas. Ciertamente este devenir hoy está limitado por dos circunstancias: en primer lugar el mural se exhibe enmarcado. Dicho marco por lo pronto suspende física –no imaginariamente– el juego de las posibilidades y permutaciones de la obra. En segundo lugar, el mural está colgado en frente de la escultura *Familia* 1978 en la que una familia mestiza emerge del agua (debiéramos decir *océano*) de la patria.

    La obra –encuadrada en un proyecto nacionalista sincrético– no es un epifenómeno de la ideología sino la ideología misma en su materialidad antagónica; sinrazón de la razón mestiza del nacionalismo cultural. *Huacayñán* es relevante hoy como obra "nacional" precisamente porque contradice no sólo a Carrión, a Vasconcelos y al propio Guayasamín, sino décadas de políticas culturales. *Huacayñán* –con su violencia, fragmentariedad y heterogeneidad– representa una impugnación de la teleología nacional integradora y un desafío material y estético de la ideología del mestizaje que aún define las políticas del Estado y que irrumpe extemporánea y obstinadamente en los debates actuales sobre las posibilidades de un Estado plurinacional.

Bibliografía

III Bienal Hispanoamericana de Arte: Barcelona, 24 septiembre 1955- enero 1956: catálogo oficial. Palacio Municipal de Exposiciones Barcelona. Barcelona: [s.n.], 1955.

IV Bienal do Museu de Arte Moderna de São Paulo. Parte 1. São Paulo: Prefeitura de São Paulo, 1957.

"Boceto proyectado por el artista Oswaldo Guayasamín para la decoración de la obra teatral de Ibsen 'Casa de Muñecas'..." *El Comercio* (Quito, 10 febrero 1947): s.n.

"El V salón nacional de pintura señala un alto nivel de la pintura ecuatoriana". *El Sol de Quito* (agosto 1952): s.n.

"En la exposición de Guayasamín" (caricatura). *El Nacional* (Guayaquil, 25 enero 1953): 12.

"La CCE sí editara las obras de Carrión: Guayasamín". *El Tiempo* (Quito, 16 febrero 1971): s.n.

"Quemarían las obras de B. Carrión en la CCE". *El Tiempo* (Quito, 15 febrero 1971): s.n.

"Voz ecuatoriana. Oswaldo Guayasamín exhibe". *Arte* (diciembre 1952): 30.

Adoum, Jorge Enrique. *Guayasamín: el hombre, la obra, la crítica*. Nürnberg: Verlag Das Andere, 1998.

_____ *Obras (in)completas /4, Testimonio*. Quito: Casa de la Cultura Ecuatoriana Benjamín Carrión, 2005.

Benítez, Leopoldo. "Dos pintores ecuatorianos. Oswaldo Guayasamín, pintor de almas sombrías". *Letras del Ecuador* 1/4 (julio 1945): 7 y 9.

Carrión Eguiguren, María Rosa (Pepé). Entrevista telefónica. 16 febrero 2012.

Carrión, Benjamín. "Abril". *Revista*. Casa de la Cultura Ecuatoriana 11/12 (1951): 360.

_____ "Oswaldo Guayasamín y 'El camino del llanto'" [incluye "Los antecedentes, después" y la "Presentación" al catálogo de *Huacayñán*]. *San Miguel de Unamuno. Ensayos*. Casa de la Cultura Ecuatoriana, 1954. 129-175.

_____ "Trece años de cultura nacional: 1944-1957". Re/ incidencias: Anuario del Centro Cultural Benjamín Carrión. 3: 3. Quito: Centro Cultural Benjamín Carrión, 2005. 249-278.

_____ Benjamín Carrión. Pensamiento fundamental. Michael Handelsman (Estudio introductorio y edición). Quito: Campaña Nacional Eugenio Espejo por el Libro y la Lectura, 2007.

_____ Cartas al Ecuador. Michael H Handelsman (ed.). Quito: Banco Central del Ecuador: Corporación Editora Nación, 1988.

_____ Correspondencia II: Cartas mexicanas. Quito: Centro Cultural Benjamín Carrión, 2003.

_____ Ensayos de arte y cultura. Quito: Centro Cultural Benjamín Carrión, 2007.

_____ Los creadores de la Nueva América. París: Omnès et Cie, 1928.

_____ San Miguel de Unamuno. Ensayos. Casa de la Cultura Ecuatoriana, 1954.

_____ II Segundo salón nacional de acuarelistas, dibujantes y grabadores. Del 15 al 22 de diciembre. Quito: CCE, 1948.

_____ Primer salón nacional de Bellas Artes. Quito: Casa de la Cultura Ecuatoriana. Del 24 de mayo al 10 de junio de 1945.

Cornejo-Polar, Antonio. "Una heterogeneidad no dialéctica: sujeto y discurso migrantes en el Perú moderno". Revista Iberoamericana LXII/176-177 (1996): 837-844.

Deperon, Luce. "Re: Carrión". Comunicación personal al autor. 4 marzo 2012. Mensaje electrónico.

_____ "Re: Recorte de 1946". Comunicación personal al autor. 27 febrero 2012. Mensaje electrónico.

_____ Entrevista personal. 18 febrero 2012.

_____ Una luz sin sombras Barcelona: Circe, 2001.

Guayasamín-Monterverde, Pablo. "Re: catálogo". Comunicación personal al autor. 6 marzo 2012. Mensaje electrónico.

_____ Entrevista personal. 18 febrero 2012.

Guayasamín, Oswaldo y Casa de la Cultura Ecuatoriana. "Contrato de Auspicio de *Huacayñán*". 27 abril 1951. 1 fol. mecanografiado s.n.. Archivo Fundación Guayasamín.

Guayasamín, Oswaldo. "Aspiro a un clasicismo contemporáneo" (entrevista). *Revista Época* (1952): 12-13.

_____ "La historia del Ecuador es un camino del llanto" (entrevista). *El Sol de Quito* (17 noviembre 1952): 6, 9.

_____ Carta a Benjamín Carrión de abril 29, 1957. 2 páginas mecanografiadas. Archivo, Centro Cultural Benjamín Carrión, Quito.

_____ Carta a Benjamín Carrión de diciembre 10 de 1954. New York. 2 páginas manuscritas, s.n.. Archivo, Centro Cultural Benjamín Carrión del Municipio del Distrito Metropolitano de Quito.

_____ Carta a Benjamín Carrión de enero 25 de 1955. New York. 4 páginas manuscritas, numeradas. Archivo, Centro Cultural Benjamín Carrión, Quito.

_____ Carta a Benjamín Carrión de noviembre 8 de 1954. New York. 7 páginas manuscritas, numeradas. Archivo, Centro Cultural Benjamín Carrión, Quito.

_____ Carta pública a Benjamín Carrión de octubre 26 de 1956. Casa de la Cultura Ecuatoriana. *Informe del Presidente de la Institución, agosto 1944-agosto 1957*. Quito: Casa de la Cultura Ecuatoriana, 1957. 275-277.

_____ *Guayasamín: el tiempo que me ha tocado vivir*. Madrid: Instituto de Cooperación Iberoamericana, 1988.

_____ *Guayasamín: la edad de la ira*. Museo Nacional de Bellas Artes (Chile). Santiago: Museo Nacional de Bellas Artes, 1969.

_____ *Huacayñán / El camino del llanto / The Way of Tears*. Quito: Casa de la Cultura Ecuatoriana, 1953.

Handelsman, Michael H. "Estudio introductorio". *Benjamín Carrión. Pensamiento fundamental*. Quito: Campaña Nacional Eugenio Espejo por el Libro y la Lectura, 2007. 11-29.

_____ "Visiones del mestizaje en *Indología* de José Vasconcelos y *Atahualpa* de Benjamín Carrión" (conferencia). *Formations Culturelles de la Nation en Équateur et au Mexique: Regards* interdisciplinaires sur Benjamín Carrión et José Vasconcelos. Instituto Cultural de México, Paris, Francia, marzo 9, 2012.

———. En torno al verdadero Benjamín Carrión. Quito: Editorial El Conejo, 1989.

Huneeus, Sergio. Hombres y lugares. Quito: Casa de la Cultura Ecuatoriana, 1963.

Jáuregui, Carlos A. "*Huacayñán* (1952-1953) y la in(ex)clusión biopolítica". *Heridas abiertas. Biopolítica y representación en América Latina*. Mabel Moraña e Ignacio Sánchez Prado, eds. Madrid: Iberoamericana Vervuert, 2014. 107-139.

———. y Edward F. Fischer. "Of Rage and Redemption. Oswaldo Guayasamín (1919-1999) / Furia y redención. Oswaldo Guayasamín (1919-1999)". *Of Rage and Redemption: The Art of Oswaldo Guayasamín / Furia y redención. El arte de Oswaldo Guayasamín*. Carlos A. Jáuregui, Joseph S. Mella y Edward F. Fischer, Eds. Nashville: The Vanderbilt University Fine Arts Gallery, 2008. 17-38.

Lund, Joshua. *The Mestizo State: Reading Race in Modern Mexico*. Minneapolis: U of Minnesota P, 2012.

———. *The Impure Imagination. Toward a Critical Hybridity in Latin American Writing*. Minneapolis: U of Minnesota P, 2006.

Marentes, Luis A. *José Vasconcelos and the Writing of the Mexican Revolution*. New York: Twayne Publishers, 2000.

Morel, Anne-Claudine. "Las 'políticas culturales' en la Casa de la Cultura Ecuatoriana entre 1944 y 1957: desavenencia o armonía entre Benjamín Carrión y Pío Jaramillo Alvarado". *Debate* 81 (Quito, diciembre 2010): 75-92.

Mortimer Brandt Gallery. *Exhibition Paintings and Drawings, Guayasamín* [catálogo de la exposición realizada en la Mortimer Brandt Gallery entre junio 14 y Julio 3, 1943]. New York: Mortimer Brandt, 1943.

Pacheco, Raúl. Entrevista. Centro Cultural Benjamín Carrión, Quito, febrero 17, 2012.

Porras, María del Carmen. *Aproximación a la Intelectualidad Latinoamericana de los años sesenta: el caso de Ecuador y Venezuela*. Tesis de maestría. Quito, 1995.

Tinajero, Fernando. "El parricidio intelectual". *Indoamérica* 6 (Quito, 1966).
Traba, Martha. "Martha Traba vs. Guayasamín". *El Universo* (22 febrero 1969): s.n.
Vaca Gómez, Humberto "Sr. Humberto Vaca Gómez informó sobre la obra de Guayasamín". *El Sol de Quito* (20 mayo 1951): s.n.
Vasconcelos, José. *Indología, una interpretación de la cultura Ibero Americana*. París: Agencia Mundial de Librería, 1926.
_____ *La Raza cósmica: misión de la raza iberoamericana*. París: Agencia Mundial de Librería, 1925.
Žižek, Slavoj. *The Plague of Fantasies*. London; New York: Verso, 2008.
_____ *The Sublime Object of Ideology*. London; New York: Verso, 2008.

José Vasconcelos y las políticas del mestizaje en la educación

Rocío Fuentes
Central Connecticut State University

Introducción

La huella de José Vasconcelos en México ha sido duradera. Su labor en la federalización de la educación, la creación de la imagen apostólica del maestro y la idea de la integración cultural y racial como fundamento de la unidad nacional, ayudaron a establecer los cimientos de lo que hoy es el sistema educativo mexicano. Pero un área donde aún se siente la influencia de Vasconcelos, no sólo en México sino en Latinoamérica, es en las bases ideológicas de las políticas educativas, particularmente aquellas que se refieren al lenguaje. En la obra del filósofo mexicano, el idioma español no sólo es símbolo de la herencia hispano-cristiana, sino también factor de integración nacional. Al pensar la uniformidad lingüística como requisito para la unidad, la población indígena ocupa otra vez el centro de un debate que hasta la fecha no ha sido resuelto en todo el continente.

Vasconcelos apareció en México en un momento de crisis que se transformó en un impulso creativo gracias a su visión y al entusiasmo que supo despertar en un pueblo oprimido y desgastado después de los más de treinta años del Porfiriato (1876-1911), y del violento período de la Revolución mexicana (1910-1917). Aunque Vasconcelos ocupó la Secretaría de Educación Pública por sólo cuatro años (1921-1924), estableció los cimientos ideológicos que ayudaron a la refundación de la nación después del período revolucionario, es decir, del mestizaje.

La mezcla biológica y cultural entre lo "indio" y lo "blanco" ayudó a la conciliación de las diferencias, la unificación de la patria y el fortalecimiento del Estado. El discurso del mestizaje, tanto en México como en Latinoamérica, ha funcionado como una forma de dispersar las tensiones de clase, raza, género, etc., ya que provee un punto de identificación y de encuentro bajo el cual todos los individuos son iguales (i.e., mestizos). Esta "igualdad" está garantizada por un Estado paternalista y corporativista que funciona como intermediario entre las clases sociales.

Sin embargo, la esencia misma del discurso del mestizaje –la mezcla racial y cultural–, como lo han señalado varios autores (Fell, Grijalva, Marentes, Handelsman), tiene profundas fracturas. Este quiebre se pone de manifiesto más claramente en las políticas educativas y culturales dirigidas a la población indígena. En efecto, las acciones encaminadas hacia los grupos nativos develan los conceptos que se tienen sobre la identidad de la nación, del tratamiento de sus minorías y su relación con el Estado. En la historia, los pueblos indios de México y Latinoamérica, su asimilación a través de las políticas culturales del Estado ha sido una constante, y sólo hasta las dos últimas décadas del siglo XX, el discurso oficial ha cambiado hacia la aceptación de la interculturalidad.

Aunque el proyecto educativo de Vasconcelos no tiene como punto central la educación indígena, es importante analizarlo a la luz de las acciones educativas realizadas en la última década para determinar si los cambios en la educación indígena rompen con los propósitos de homogeneización lingüística y cultural que fueron la base de las políticas de Estado durante la mayor parte del siglo XX, o si continúan presentes, camuflados entre el discurso intercultural. Ese es el propósito de este trabajo.

La educación de los indios

La educación dirigida a los indígenas (no la creada por ellos mismos) comienza con la conquista y posterior colonización del continente. Aunque el concepto de educación formal en este período es limitado y se enfoca principalmente en la labor evangelizadora (Gonzalbo 28-32), existieron algunos intentos dirigidos por órdenes religiosas de enseñar a los indios el español e impartirles instrucción religiosa.

La enseñanza del castellano a los indígenas a menudo fue una preocupación de la Corona española (Brice-Heath 78-93) para lograr la unidad del imperio; sin embargo, la falta de recursos (i.e., maestros capacitados, materiales, escuelas), así como el aislamiento geográfico de las comunidades indígenas, y el desprecio a los indios por parte de españoles, criollos y mestizos, ocasionó que durante los trescientos años de la Colonia la castellanización nunca se hiciera realidad. Es hasta el siglo xix, con la formación de las nuevas repúblicas, que el "problema indio" surge con más fuerza debido a que su "falta de civilización" constituía un obstáculo para la modernización y la conformación de la identidad nacional. En México, la idea de la educación para los indios comienza a tomar más fuerza, particularmente durante la época de la Reforma. Con la subida del Partido Liberal al poder, se buscó la transformación del país a través del desarrollo de las empresas privadas y del capitalismo. Las políticas liberales eliminaron los fueros que habían protegido a los indios durante la Colonia, a la vez que les otorgaron ciudadanía. Ciertamente, el estatus de ciudadanos puso a los indígenas al mismo nivel "al menos en teoría" de los criollos y mestizos, pero su pobreza y falta de conocimiento del español les impidió ejercer sus derechos; al mismo tiempo, la *Ley Lerdo* (1856) acabó con la propiedad comunal de las tierras, lo que había permitido no sólo la sobrevivencia física de los pueblos indígenas, sino también la reproducción de sus lenguas y culturas en espacios protegidos y aislados de las comunidades hispanohablantes.

Al igual que el resto de los países latinoamericanos, México adoptó un modelo de Estado nación basado en los Estados europeos que suponía la homogeneidad lingüística y cultural de su población. Esta manera de imaginar la nueva nación no estaba libre de problemas. Como indica Enrique Florescano

(359), después de la guerra de Independencia los problemas interétnicos se agudizaron debido en parte a la decisión de las élites de excluir la diversidad cultural en favor de un grupo en el poder. Para lograr la unidad nacional era necesario eliminar la diversidad lingüística a través de la castellanización de la población, y la escuela fue vista como el medio para lograrlo.

Aunque durante el período de la Reforma los logros reales en el área educativa son más bien limitados debido a las constantes pugnas entre conservadores y liberales, guerras civiles e invasiones internacionales, aparecieron dos temas que serían retomados posteriormente en el proyecto de Vasconcelos. El primero tiene que ver con la necesidad de secularización de la sociedad mexicana. La instrucción impartida por la Iglesia católica fue vista como una de las causas del fanatismo y la ignorancia de los pueblos indígenas en particular, y de la sociedad mexicana en general. La gradual secularización de la sociedad aseguraría que el control político y poder económico de la Iglesia disminuyera mientras el del Estado se acrecentara. Si bien la Constitución de 1857, en su artículo tercero, establecía la libertad de enseñaza y la declaraba científica, ilustrada, laica, obligatoria y un deber del Estado, esto no sucedió debido a la falta de recursos económicos del Gobierno.

El segundo tema se relaciona con la "nacionalización" de los indios.[1] Debido a la subyugación de los indígenas, así como al aislamiento geográfico y lingüístico al que estuvieron sometidos durante el período colonial, no existía ninguna identificación con la "patria" ni el Estado. Se puede argumentar que este problema no sólo podría ser atribuido a los indígenas, ya que la discusión sobre la identidad de la nación, y el tipo de ciudadano que debía ser el producto de la educación, también se extendía a los criollos y mestizos. Las pugnas entre

---

[1] Curiosamente, como lo demuestra Emmanuelle Sinardet (2-6), la "nacionalización" de los grupos indígenas a través de la incorporación fue también un objetivo para otros sistemas educativos latinoamericanos, como el caso del Ecuador. El asilamiento de los indios los había convertido en una carga que impedía el progreso del país, por lo que al igual que en México, había que redimirlos a través de una educación que los civilizara y los hiciera ciudadanos y trabajadores productivos dentro del esquema de desarrollo capitalista.

los conservadores –quienes afirmaban la herencia hispánica y colonial– y los liberales –quienes proponían una educación liberal y laica– revelan la tensión entre las partes para definir al nuevo mexicano (Robles 50). Las constantes guerras civiles en el siglo xx habían reducido el sistema educativo a tal punto que al final del período sólo cincuenta por ciento de los niños asistían a la escuela. Las instituciones privadas y las escuelas parroquiales proveían la educación que el Estado no podía proporcionar. En cuanto a los indígenas, su instrucción había estado en manos de la Iglesia desde la época colonial. Los conocimientos que impartían se centraban en la enseñanza de algunas frases en español, el catequismo y principios morales. Para los propósitos liberales del siglo xix que se relacionaban con la economía, la propiedad privada y la libertad individual, tal formación era insuficiente. El indio formaba una clase que se ajustaba incómodamente en la nueva República, ya que su falta de civilización no sólo representaba un "lastre" para el avance del país, sino también una amenaza constante de violencia e inestabilidad para las comunidades criollas y mestizas, quienes todavía tenían presente la memoria de los constantes levantamientos indígenas.[2]

Es interesante ver que las discusiones sobre el papel de las lenguas indígenas en el proceso educativo y las mejores metodologías para enseñar el español han estado presentes desde el siglo xix. Voces como la de Ignacio Ramírez, Secretario de Instrucción Pública en 1861, abogaba por el uso de los idiomas nativos como el primer escalón hacia la castellanización. Ramírez, quien era de ascendencia indígena, tenía un plan más ambicioso que la enseñanza del español. En primer lugar, insistía en que era posible que los grupos indígenas accedieran hacia la vida democrática si se les permitía administrar sus territorios y participar en la política en su propio idioma, la cual debería ser enseñada en la escuela. También se manifestaba en contra de la enseñanza "especial"

---

[2] Coatsworth (en Florescano 374) reporta 102 levantamientos indígenas entre los años 1820 y 1899.

para los indios e insistía en que todos los ciudadanos debían recibir los mismos conocimientos, aunque se debía hacer énfasis en aspectos prácticos que se relacionaran con su medio ambiente (Ramírez 71). Las ideas de Ramírez resuenan en las discusiones contemporáneas acerca de los derechos indígenas, pero los mismos argumentos que se esgrimieron entonces en contra de este proyecto se escuchan ahora: el peligro de dividir a la nación y la necesidad de incorporar a los indios. La meta principal de la integración del indígena era la formación del ciudadano para lograr la unidad nacional. En este aspecto, los indios no eran tan diferentes de los campesinos pobres que habían sido explotados y mantenidos en la ignorancia durante la época colonial; por lo tanto, la misma instrucción podría ser aplicada a ambos grupos. La diferencia cultural y lingüística fue a menudo supeditada a la de clase, a pesar de la arrolladora evidencia de más del cuarenta por ciento de la población que no hablaba español y continuaba aislada y explotada.

El Porfiriato (1876-1911) tiene pocos logros en la educación en general, no sólo aquella dirigida a los indígenas. A pesar de que la educación primaria había sido declarada obligatoria, el bajo nivel de escolaridad era apabullante: hacia 1910, el censo nacional demostró que sólo el diecinueve por ciento de los mexicanos sabía leer y escribir. La situación de la población indígena era la más desesperante debido a su crónica pobreza y el despojo de sus tierras a favor de los grandes hacendados. Para lograr su incorporación, se recurrió al discurso redentor de la educación una vez más. Mílada Bazant (6) reporta la discusión entre los pedagogos del Porfiriato surgida después de los congresos educativos entre 1889, 1890 y 1891 acerca de la conveniencia de dar un tipo de educación especial a la población indígena, idea que fue rechazada bajo el argumento de la necesidad de darles trato igualitario (es decir, enseñarles los mismos contenidos que a los niños mestizos o blancos) para no crear "castas"; sin embargo, se puso énfasis en la enseñanza del castellano como una manera de homogeneizar el país. Fuera de estas recomendaciones, sólo se hicieron algunas modificaciones en cuanto a la metodología de enseñanza y la duración de las clases para acomodar las jornadas de trabajo de los niños del campo, lo que resultó en un currículo empobrecido para la población rural.

Al igual que en otros períodos de la historia de México, el Porfiriato usó el discurso del poder de la educación para crear la nación e impulsar el desarrollo económico. Al frente de la Secretaría de Instrucción Pública se puso a Gabino Barreda, máximo representante del positivismo en México. El positivismo rompió con la tradición hispana escolástica e introdujo un modelo cientificista europeo basado en la razón, la experimentación y la observación. El "orden y progreso" se vuelve el lema de los positivistas. Respecto a ellos, Carlos Monsiváis dice:

> Tienen en común el orden impuesto a como dé lugar: la estricta jerarquización del sistema político y la existencia cotidiana; la devoción ante el modelo europeo (del que se adoptan los rasgos externos, el cuidado de la apariencia, el fetichismo de la responsabilidad); la fe en un progreso constituido de modo tangible con ferrocarriles y fábricas y empréstitos y reconocimiento de los demás estados; las vagas líneas divisorias entre decoro y decoración. (968)

Para construir el ansiado progreso, el grueso del presupuesto se invirtió en el ejército y la infraestructura que serviría de base para el desarrollo, no en las escuelas. Los centros educativos no sólo eran insuficientes, sino también obsoletos, lo que obligaba a las familias pudientes a enviar a sus hijos a estudiar en el extranjero. Ni qué decir sobre los indios, que se encontraban en condiciones cercanas a la esclavitud. María Bertely (70) afirma que la educación indígena fue inexistente durante este período, y en general, antes de la Revolución mexicana. Ciertamente, en términos de acciones y de logros reales, se puede argumentar que la educación indígena en el siglo XIX fue una idea más que una política real; sin embargo, en este tiempo se inició la discusión sobre la función de la educación en la formación de la identidad nacional en el indígena y el carácter que esta debía tener.

Vasconcelos, la Secretaría de Educación Pública y los indios

Cuando Vasconcelos llegó a la Rectoría de la Universidad Nacional en 1920, encontró un sistema escolar en ruinas, producto de los años de la revolución, el descuido del Gobierno y la pobreza del país. Alrededor de la mitad de la población era analfabeta; había una escasez enorme de escuelas y profesores debido a la falta de recursos de los Estados; la Universidad Nacional impartía conocimientos arcaicos y no contaba con los planteles necesarios para el desarrollo científico y tecnológico. Era necesario hacer algo drástico e inmediato para sacar al país del estancamiento educativo, no sólo por los efectos que la ignorancia producía en la vida social y económica de las personas, sino porque era un movimiento político necesario para que el país se pacificara y los gobiernos emanados de la revolución se legitimaran. Como lo señala Mary Kay Vaughan (237), a falta de la distribución de tierras, la educación fue impulsada porque resultaba clave para asegurar la lealtad al nuevo Estado y era un punto sobre el cual las distintas facciones estaban de acuerdo. En este ambiente político y social, la política educativa de Vasconcelos encajaba con el proyecto político del gobierno de Álvaro Obregón, ya que ayudaba a promover el crecimiento económico y tecnológico, pero sobre todo, ayudaba a formar la idea de nación (Vázquez 26).

Posesión de Vasconcelos como secretario de Educación Pública. México, 11 de octubre de 1921. Fuente: *José Vasconcelos. Iconografía*, México: SEP/ FCE, 2010.

Vasconcelos comenzó sus funciones como rector lanzando una campaña de alfabetización en la que apelaba a los sentimientos de solidaridad de los ciudadanos para con aquellos que no sabían leer ni escribir. Aunque la eficacia de la campaña puede ser puesta en duda (no hay reportes confiables sobre el número de personas alfabetizadas, ni de la calidad de la instrucción recibida), el rector de la universidad apuntó a un éxito más grande: movilizó a la población y despertó la conciencia de la necesidad de crear un sistema educativo nacional por medio de la federalización de la educación. Tradicionalmente, los Estados "a través de sus municipios" habían financiado sus escuelas, lo que creaba diferencias de cobertura (algunos tenían más dinero que otros para contratar maestros y mantener sus escuelas) y amplias variaciones en los currículos. La propuesta de Vasconcelos, apoyada por Obregón, ponía al Gobierno federal en control del financiamiento de la educación, mientras les daba a los Estados cierta libertad de administración de sus sistemas escolares. Tras las enmiendas constitucionales de los artículos 14 transitorio y el 73, en febrero de 1921 se aprobó la ley que fundó la Secretaría de Educación Pública (SEP).

La creación de la Secretaría significó la centralización de la educación en México, lo que no sólo incluyó la transferencia de la responsabilidad de financiamiento al Estado, sino que creó las condiciones para la imposición de un discurso educativo oficial sustentado en los proyectos políticos de las clases dominantes. Como afirma Graciela Lechuga, el discurso educativo

> [es una] línea de penetración del poder de la clase gobernante, guardián de sus valores y morales [que] ha conseguido imponer una lectura particular del pasado mexicano, de sus instituciones, sus creaciones intelectuales y artísticas, sus formas de vida material y espiritual; de presentar la historia como una relación de causa y efecto, y de producir una memoria oficial; cadena de olvidos y recuerdos, que elabora el México del mañana, y delimita con precisión el pasado en que se sustenta. (10)

Durante los más de ochenta años de la Secretaría de Educación Pública, el discurso educativo que ha dominado es el de la homogeneización lingüística y cultural de la población bajo el fundamento ideológico del mestizaje. La nación imaginada desde los proyectos posrevolucionarios necesitaba una identidad que era dada por una sola lengua –el español– y asegurada por un sistema educativo que castellanizaba, alfabetizaba y terminaba asimilando en la mexicanidad a los indios.

El diseño original de Vasconcelos contemplaba la división de la Secretaría en tres departamentos: Escuelas (a cargo de la enseñanza y la preparación de maestros); Bibliotecas y Bellas Artes. El Departamento de Educación Indígena fue añadido directamente a sugerencia de la Cámara de Diputados, que señaló las condiciones urgentes de la población indígena y la necesidad de establecer una dependencia encargada de atenderlos. Vasconcelos aceptó la imposición a regañadientes y de manera "provisional", ya que los indios terminarían integrándose a la sociedad a través de la educación. Al igual que sus antecesores en el siglo XIX, Vasconcelos se niega a aceptar las diferencias culturales y lingüísticas que distinguen un indígena de un campesino pobre, y por lo mismo, rechaza cualquier acción educativa especial para los indios.

La postura de Vasconcelos con respecto a los indios es paradójica en muchos aspectos. Influido por Rodó, Henríquez Ureña y Martí, rechaza las teorías que ven en el mestizaje una forma de degradación racial e insiste en que los indios no pueden considerarse primitivos:

> [...] Nuestra raza, las razas indias de los trópicos al menos, no son propiamente razas primitivas. Llámenlas, si quieren, razas en decadencia, pero no son razas primitivas [...] Los indios de Nuevo México pueden ser primitivos, aunque mejor diría provincianos, en lugar de primitivos [...] Nuestros indios, entonces, no son primitivos como lo fue el indio piel roja, sino almas viejas probadas por los siglos que conocen la victoria y la derrota, la vida y la muerte y todas las formas de la historia [...] Me gustaría llamar la atención sobre el hecho de que los indios de México, así como los de Perú,

representaban cierto tipo de civilización y, consecuentemente, no eran, como los indios de Norteamérica, simples tribus de nativos, tribus nómadas de cazadores, porque este hecho en sí mismo podría explicar por qué los españoles tuvieron que mezclarse con los indios, mientras que los ingleses no se mezclaron, sino que simplemente forzaron a los indios a retirarse. ("The Latin-American" 84-85)

Vasconcelos defiende a los indios icónicos, aquellos que lograron una civilización, pero rechaza a los "indios rojos" del norte, que no pasaron de la etapa de cazadores-recolectores, y que no pudieron lograr el mestizaje que sí se dio entre los indios mesoamericanos y los españoles. Al igual que sus antecesores, Vasconcelos no conectó al indio de carne y hueso con sus antepasados que lograron una civilización (aunque sea de "cierto tipo"). Desde los siglos XVIII y XIX, se ha defendido las grandes civilizaciones indígenas como las fundadoras de la nación. Este argumento, sostenido por intelectuales de la Colonia y la Independencia como Francisco Javier Clavijero, Fray Servando Teresa de Mier y Carlos María de Bustamante, no sólo le daba al país una tradición clásica, sino que legitimaba sus intentos de separación de España. Con ello se inicia una tradición en la historia mexicana en la que los indios arqueológicos son vistos con respeto, pero los contemporáneos son ignorados, vilipendiados o francamente eliminados. Así, los indios que no entraban dentro de la categorización de "avanzados" en la clasificación de Vasconcelos, eran iguales a los "indios rojos", y por lo mismo, irredimibles. La defensa de las civilizaciones indias está matizada por los conceptos estéticos y religiosos del secretario de Educación. Para Vasconcelos, la civilización está basada en la elevación espiritual, la belleza y en general, en la cultura occidental-cristiana. Civilización es cultura, y barbarie la pobreza de espíritu y de cultura. Los pueblos indígenas, sin importar su nivel de avance, son esencialmente bárbaros. En una crónica de su visita a las ciudades mayas de Uxmal y Chichén Itzá, Vasconcelos describe las ruinas:

> [...] todo es uniformemente bárbaro y grotesco. Ningún sentido de belleza; en el decorado simple labor paleográfica. Como no tuvieron alfabeto eficaz usaron el dibujo y el relieve como lenguaje, lo fuerza y aleja la línea de su desarrollo musical desinteresado que es la esencia del arte. Decoración utilitaria, que, por lo mismo, no nos causa emoción estética alguna; solo el asombro de los tanteos y aberraciones del alma humana. ("Uxmal y Chichén-Itzá" 131)

Los mayas, grandes arquitectos y matemáticos, aparecen como criaturas primitivas, aberrantes, que muestran atisbos de pensamiento, cuya "alma... sintió la necesidad de subir para librarse de la tierra confusa y brutal" ("Uxmal" 131), pero que no fue suficiente para alcanzar la verdadera civilización, la cual, como veremos más adelante, es producto de España. En los escritos de Vasconcelos, aun los que tienen opiniones positivas sobre los indígenas, se deja ver una actitud a veces condescendiente, pero mayoritariamente desdeñosa hacia los indios. Incluso los personajes que está tratando de defender con la intención de crear "arquetipos" o modelos indígenas que puedan ser integrables en su proyecto de mestizaje son aceptados con límites. Por ejemplo, en un discurso leído en la inauguración de una estatua de Cuauhtémoc en Brasil, el héroe azteca es descrito así: "[...] es breve como un episodio y resplandeciente como una ráfaga divina", pero que finalmente cae ante Cortés "el Conquistador, el más grande de todos los conquistadores, el incomparable...", que estaba a la cabeza de la "...civilización nueva que avanzaba; la raza de los fuertes; la raza de los semidioses, que invadían sin remedio y aniquilaban para siempre la antigua, la orgullosa raza conquistadora mexicana". Aunque el propósito del discurso es hablar de las virtudes del emperador azteca, Vasconcelos aprovecha la oportunidad para resaltar el poder de los españoles, encarnados en la figura de Cortés. Al mismo tiempo, enfatiza la irredención de Cuauhtémoc, ya que se niega a aceptar ir al mismo paraíso cristiano al que van los conquistadores, y con él "desapareció, para siempre, el poderío indígena" ("La inauguración" 576-577).

El "indigenismo" de Vasconcelos se centra en la absorción del indio por parte del mestizo, no en la preservación de sus lenguas y culturas. En *La raza cósmica*, Vasconcelos hace una defensa mítica (aunque intentando a ratos usar y refutar argumentos científicos) del mestizaje racial. Su visión utópica del futuro se centra en la creación de una quinta raza que será una fusión de las cuatro básicas: la blanca, amarilla, negra y roja; y que será superior debido a que las mejores características de las cuatro se combinarán. Para Vasconcelos, el futuro de la humanidad se originará en Latinoamérica, el lugar de la antigua Atlántida. En este proyecto, resuena el *proyecto bolivariano de la unidad latinoamericana*. A través del mestizaje, intenta consolidar a los países latinoamericanos bajo una misma identidad étnica y cultural, la cual se desvió a raíz de los movimientos de Independencia. El rechazo a la identidad hispana y católica, y el regreso al pasado prehispánico es lo que puso en desventaja a Latinoamérica ante los embates del colonialismo de los Estados Unidos. Entonces, según Vasconcelos, México y los pueblos latinoamericanos tienen "la obligación de forjar una nueva y más amplia expresión del espíritu latino" ("Conferencia" 303). La nueva raza, que representará las mejores virtudes de la inteligencia, la fuerza física y la espiritualidad, terminará por provocar la decadencia de los Estados Unidos y de la raza y los valores anglosajones.

El intento unificador de *La raza cósmica* ha sido celebrado como una forma de conciliar las diferencias raciales. Sin embargo, como lo ha notado Marentes, el proyecto de Vasconcelos tiene profundas fracturas en su base ideológica, ya que la mezcla que propone no da igual participación a todas las razas y culturas, como un verdadero mestizaje lo supondría. En la visión de Vasconcelos, el gradual desarrollo del sentido estético y espiritual de los individuos llevaría a aquellos que no son lo suficientemente bellos, es decir, que no son blancos, a voluntariamente dejar de reproducirse. El resultado de esta eugenesia voluntaria llevaría a la desaparición de los indios, los negros, los asiáticos, y todos aquellos que no encajan dentro del ideal de belleza occidental.

José Vasconcelos estuvo en la Secretaría sólo cuatro años, pero sus ideas sobre el mestizaje y el nacionalismo cultural determinaron las políticas educativas de los gobiernos posrevolucionarios. La música mexicana, la danza y las artes visuales comenzaron a llenar las escuelas y los espacios públicos, como puede ser aún apreciado en los murales de la Secretaría. La presencia de la cultura popular en los festivales escolares creó rituales en los que se establecía un lazo mítico entre la nación mestiza y el Estado paternal que mediaba y proveía para todos. Posteriormente, los libros de texto gratuitos introducidos en la década de los sesenta impusieron un currículo nacional y reafirmaron los valores del mestizaje (Álvarez 7-24). En este escenario social y político, la diversidad cultural y lingüística de los pueblos indios era un reto para la hegemonía del Estado, el cual sería resuelto, una vez más, a través de la castellanización.

En su despacho como secretario. Fuente: *José Vasconcelos. Iconografía*, México: SEP/ FCE, 2010.

La ideología lingüística

Según Vasconcelos, el objetivo de la educación en los pueblos "civilizados" era "formar buenos ciudadanos, es decir, hombres y mujeres libres, capaces de juzgar la vida desde un punto de vista propio, de producir su sustento y de forjar la sociedad de tal manera que todo hombre de trabajo esté en condiciones de conquistar una cómoda manera de vivir" ("Conferencia" 282). Este propósito educativo aparece como un rompimiento con el pasado porfirista, y refleja claramente los ideales revolucionarios de la libertad y la independencia. Sin embargo, está cruzado por los objetivos del Estado mexicano con respecto a la formación de los trabajadores y ciudadanos. Lo mexicano, es decir, lo mestizo, hablaba español.

La cuestión de qué idioma debería ser hablado en México se discutió seriamente a raíz de la Independencia. A pesar de que la mayoría de los habitantes era monolingüe en alguna lengua indígena, no se contempló la posibilidad de instaurar alguna de ellas como idioma oficial. En su lugar, en 1835 se propuso la fundación de la Academia Mexicana de la Lengua con el propósito de vigilar la pureza del lenguaje para evitar que "degenerara" como consecuencia de la separación de España. La Academia fue refundada en 1875, pero la actitud había cambiado hacia aceptar la influencia de las lenguas indias en el español hablado de México. El estándar nacional sería firmemente establecido en 1889, durante el Primer Congreso de Instrucción Pública, donde se declara que el idioma que debía ser usado para la enseñanza no debía ser el modelo español "puro", sino aquel usado por los habitantes del país (Brice-Heath 116-118). El estándar nacional es en sí mismo un mestizo, que por lo mismo, es un ideal. Rosina Lippi-Green (64) considera que la ideología detrás de una lengua estándar es un "sesgo hacia un lenguaje abstracto, idealizado [y] homogéneo que es impuesto y mantenido por las instituciones dominantes y que tiene por modelo el lenguaje escrito, pero que está primariamente basado en el lenguaje hablado por la clase media-alta" (traducción mía). El español mexicano está basado en el habla culta de los letrados, quienes ponían, ante todo, la herencia hispana como la base de "lo mexicano", mientras que el sustrato indígena proveía el material necesario para construir un elemento nacionalista y diferenciarse de España.

Las ideologías sobre el lenguaje pueden entenderse como "el sistema cultural de ideas acerca de las relaciones sociales y lingüísticas, junto con su carga de intereses morales y políticos" (Irvine 255). Esto es, ciertas maneras de hablar y comunicarse que están directamente relacionadas con la forma de entender la vida social, percibir y representar a determinados grupos de hablantes. Las ideologías del lenguaje están profundamente relacionadas con las políticas educativas del Estado porque, parafraseando a Gramsci, el lenguaje es una de las bisagras de la hegemonía política del Estado. A través del lenguaje, se impone y justifica una visión del mundo (esto es, aquella de las clases dominantes y sus intereses) en la escuela. En el caso de las comunidades indígenas, el aprendizaje del español asegura que el poder y el control del Estado penetren incluso en las zonas más apartadas.

En el proyecto educativo de Vasconcelos, así como en el de sus antecesores, las lenguas originarias no tienen cabida debido a su estatus primitivo. En la crónica de su viaje a Uxmal y Chichén Itzá mencionada anteriormente en este trabajo, Vasconcelos relata cómo Felipe Carrillo Puerto hace una arenga en maya siguiendo la moda "pseudorrevolucionaria", pero lo alaba por su interés en "propagar el uso y el amor al castellano", y concluye que el "desventurado dialecto maya no se puede escribir" ("Uxmal" 130). A pesar de su profundo interés por la labor de los misioneros durante la época colonial, Vasconcelos decide ignorar sus trabajos escritos (i.e., gramáticas, diccionarios, traducciones, tratados) en los idiomas indios y se enfoca en la castellanización como la única forma válida de comunicación y civilización, ya que, como lo hace notar, incluso Zapata, quien se dirigía a sus tropas en náhuatl, tuvo que escribir en español sus planes revolucionarios.

En su libro *De Robinsón a Odiseo* (138), Vasconcelos explica que su política educativa con la población indígena se centraba en la "incorporación" no en la "asimilación" a través de las reservaciones, como sucedía en los Estados Unidos. Para lograr tal integración, era necesario que los niños indios estuvieran en la misma aula que los blancos o mestizos. La integración también implicaba la enseñanza del español, con los métodos que usaron los misioneros. Cualquier alternativa a la completa integración de los indios en las escuelas es vista como una intromisión extranjera que pone en peligro la soberanía nacional, y no concuerda con el "temperamento artístico" de los aborígenes.

Vasconcelos propone un tratamiento igualitario para los grupos indígenas, pero esta igualdad en el fondo implica discriminación, ya que al no atender sus necesidades educativas (i.e., educación en la lengua materna), se perpetúan los problemas de baja escolaridad y deserción escolar, y con ello, el *statu quo* inferior de los grupos indios. A pesar de la evidencia estadística que indicaba que alrededor del catorce por ciento de la población no hablaba español, el secretario de Educación Pública se opone a la creación del Departamento de Cultura Indígena, y a la enseñanza bilingüe, declarando que "en aquellos raros casos en que el indio no conoce el idioma español, comenzamos enseñándoselo" (*De Robinsón a Odiseo* 138).

En sus escritos y en las incipientes políticas educativas, Vasconcelos elimina de un plumazo la diversidad lingüística del país, pero no es el único intelectual de la época que opta por ignorarla a favor de la herencia hispana. Las ideas educativas de Vasconcelos con respecto a los indios tendrán un lugar fértil de cultivo entre varios intelectuales latinoamericanos y, en particular, ecuatorianos, en la década de los años veinte: Pío Jaramillo Alvarado en su ensayo *El indio ecuatoriano*, lo menciona y felicita entusiastamente; Fernando Chaves lo convierte en ideólogo principal de sus ideas sobre la educación indígena; y Benjamín Carrión, el discípulo más cercano de Vasconcelos, lo perpetúa al escribir sobre las lenguas (o más bien, acerca de su uniformidad) en el continente americano:

> Nuestra América, entre tanto, nació al mundo limpia del pecado original de las diversidades lingüísticas. Sus hombres no estuvieron presentes en la construcción de la Torre de Babel. Desde la Sonora al Cabo de Hornos "con excepción del Brasil, que habla un idioma latino-ibero afín del español", un solo idioma, recio y rico, numeroso y sonoro, lo hablan setenta millones de personas, sobre una extensión territorial inmensa, capaz de albergar a media humanidad actual. (67)

El rechazo de la existencia de las lenguas indígenas niega el derecho de los pueblos originarios a su especificidad cultural y deslegitima su uso en la educación. Detrás de las actitudes de Vasconcelos y Carrión se esconde una ideología del lenguaje que subsiste hasta nuestros días. Esto es, la de considerar al español como la lengua de prestigio, civilización y de movilidad social que llevará al progreso, mientras que los idiomas indígenas son considerados simples "dialectos" primitivos que impiden el desarrollo económico del país y de la ansiada unidad nacional. La necesidad de un estudio comparado sobre la recepción de las ideas educativas de Vasconcelos en el Ecuador de los años veinte es todavía una tarea por hacerse.

A pesar del marcado hispanismo de Vasconcelos, Claude Fell en su extenso estudio concluye que la falta de interés en la educación de los indios que tradicionalmente se le ha atribuido a Vasconcelos no es cierta, ya que gradualmente se dio cuenta de la urgente situación de las comunidades indígenas y de la necesidad de atender problemas que iban más allá de lo meramente educativo. En 1923, Vasconcelos publicó un programa de "redención" indígena con los siguientes objetivos (218):

1. Proporcionar a los indios tierras para su cultivo y morada.
2. Higienizar el medio en donde viven.
3. Construir caminos para ponerlos en contacto con centros urbanos.
4. Crear leyes para proteger el trabajo de los indígenas.
5. Introducir nuevas tecnologías para mejorar los productos agrícolas y artesanales.
6. Proporcionar a las comunidades instrumentos de trabajo, semillas, plantas y ganado.
7. Civilizar por medio de la educación.
8. Integrarlos a la vida cívica y las leyes a través de registros civiles.
9. Crear centros comunitarios culturales, artísticos y de salud.
10. Darles "tierra, escuela, acción cívica y cultura".

A pesar de que el programa abarca elementos sociales, legales, educativos y económicos, el propósito sigue siendo la transformación cultural de las comunidades indias a través de la educación; el cambio en las formas de producción y en el medio ambiente, y finalmente, en la relación con el Estado y las leyes. Sin embargo, un elemento que está conspicuamente ausente del programa es la opinión de los grupos interesados. En los objetivos del programa de Vasconcelos, los indios aparecen como los objetos de las acciones del Gobierno, privándolos de toda agencia en las decisiones concernientes a su forma de vida y subsistencia. En la literatura de la época, se describe la situación de los indios como atraso, vicio, primitivismo, ignorancia, falta de civilización, barbarie, etc., mientras que la educación les traería redención, rehabilitación, civilización, regeneración, salvación e integración. Esta retórica redentora paradójicamente condena a las culturas indígenas a su destrucción, ya que las ve como víctimas incapaces de saber lo que es mejor para ellas. El indigenismo, como lo entendía Vasconcelos y aun científicos sociales como Manuel Gamio,[3] consideraba que el fin último de la intervención educativa era la incorporación de los indígenas en la nacionalidad mexicana (Brading, Vaughan).

Los maestros son el pilar que sostiene la obra redentora de Vasconcelos, particularmente en la educación rural. Vistos como herederos de los evangelizadores coloniales, los maestros misioneros desempeñaban su profesión más como resultado de su vocación que de su preparación pedagógica. Los profesores misioneros tenían la delicada tarea de construir puentes con las comunidades indígenas y darles instrucción elemental, ayudarles a mejorar sus condiciones de vida, pero de manera más importante, crearles una conciencia moral, de pertenencia al país y lealtad al Estado; es decir, mexicanizarlos.

La falta de adiestramiento lingüístico de los profesores no era un factor que preocupara a Vasconcelos. A pesar de que sus propios profesores misioneros indicaban la necesidad de

---

[3] Manuel Gamio funda en 1917 la dirección de Antropología. Alumno de Franz Boas, Gamio aplicó métodos antropológicos en el trabajo con las poblaciones indígenas. Su estudio en Teotihuacán demostró que la población indígena podía ser integrada al proyecto de desarrollo nacional del Estado mexicano.

saber el idioma de los alumnos, el secretario de Educación continuaba insistiendo en que la metodología no era relevante. La ideología lingüística de Vasconcelos probó ser mayor incluso que los aspectos prácticos. Como resalta Brice-Heath:

> El adiestramiento en el lenguaje era un aspecto de las deficiencias de los maestros rurales que no estaba dispuesto a admitir Vasconcelos. Aun cuando sus representantes enviados al campo le comunicaban la necesidad de maestros que conocieran los idiomas indios, el Secretario de Educación era demasiado hispanófilo para admitir que las lenguas vernáculas fueran un instrumento educativo. Aun cuando Vasconcelos hablaba de la fusión de lo indio con lo europeo para crear el mestizo mexicano del porvenir, se empeñaba especialmente en denunciar el aspecto lingüístico de la cultura india; las lenguas vernáculas debían ser exterminadas y sustituidas por el idioma español. Vasconcelos sostenía que el indio no tenía un estándar civilizado común a todos los miembros de su raza; por lo tanto, el indio debería ser obligado a reconocer la victoria del espíritu español en el lenguaje. (137-138)

La obra de Vasconcelos abrió un período "incorporativista" en el que las lenguas indígenas y la educación bilingüe no tenían cabida en lo absoluto en el sistema educativo nacional a pesar de la evidencia de los pobres resultados en la alfabetización de alumnos que la castellanización directa causaba. En este aspecto, el caso de México no es único, dado que las políticas educativas en Latinoamérica han estado orientadas hacia la asimilación lingüística y cultural de sus grupos indios. De hecho, el modelo mexicano funcionó como ejemplo para algunas experiencias educativas en el continente, como es el caso del Ecuador, sobre todo a partir del establecimiento del indigenismo estatal.

La fundación del Instituto Nacional Indigenista (INI), en 1944, abrió una nueva etapa de intervención planeada desde el Estado para el desarrollo de los pueblos indios. Particularmente, se adoptó una actitud más estratégica ante las lenguas nativas, debido a que su uso facilitaba la adquisición del español, pero también ayudaba a la aculturación de los individuos. Algunos elementos presentes dentro de los proyectos educativos de las épocas posteriores a Vasconcelos son el uso de los idiomas indígenas de manera transicional, la investigación antropológica como base de las políticas del Estado, y la formación de los maestros bilingües como agentes de aculturación en sus comunidades. Las opiniones de los grupos indígenas con respecto a su propia educación son ignoradas, dado que el Estado sabía lo que era más conveniente para ellos.

El reconocimiento oficial de la educación bilingüe como política educativa no aparece de manera oficial sino hasta 1963, con el establecimiento del Servicio Nacional de Promotores Culturales y Maestros Bilingües. Este programa de entrenamiento para maestros rurales estipulaba la necesidad de contar con personal capaz de dar a los niños una educación inicial en su lengua materna para poder implementar un tipo de educación uniforme (i.e., rural y urbana) en todo el país. Paradójicamente, como lo hace notar Patricia Mena Ledesma (40), al mismo tiempo que se acepta la educación bilingüe para las poblaciones indígenas, los libros de texto gratuitos aparecen en escena. Estos textos, producidos por la Secretaría de Educación Pública, establecen un currículo único a nivel nacional, y representan el conocimiento y la visión del mundo de las clases dominantes, particularmente aquella del partido político en el poder que dominó al país por más de setenta años. Hasta la década de los noventa, los libros de texto estaban dirigidos a una audiencia urbana y de habla española, sin tener en cuenta diferencias regionales, culturales o lingüísticas. Los libros de texto oficiales han tenido un papel muy importante en la diseminación y el afianzamiento de la ideología del mestizaje. Al mismo tiempo, han ayudado a reproducir la idea del glorioso pasado indígena –la cuna del nacionalismo– mientras que los indios contemporáneos son ignorados o mostrados como reliquias a los cuales hay que integrar al progreso, entendiéndose este en términos capitalistas y occidentales.

Los movimientos indígenas de los años setenta abrieron un nuevo capítulo en la educación indígena en México y

Latinoamérica. Con la "Declaración de Barbados" (1971), los pueblos indios del continente manifestaron sus derechos a la participación y a recibir educación en sus propias lenguas. El objetivo de la educación debía ser fundamentalmente descolonizador. En 1978, La Secretaría de Educación Pública crea la Dirección General de Educación Indígena (DGEI) con el fin de dar educación bicultural-bilingüe a las comunidades indígenas del país y de implementar el programa nacional de educación; sin embargo, el proyecto de la educación bilingüe-bicultural nunca fue completamente implementado debido principalmente a cuatro factores: a) la ausencia de apoyo legislativo para establecer el programa en el sistema educativo; b) la falta de modificación de los planes de estudio y currículos, que permanecieron sin incorporar la perspectiva indígena; c) la carencia de entrenamiento a los profesores; y, d) las protestas de los padres, quienes vieron en el español la lengua de prestigio y movilidad económica. Esta ideología lingüística es producto de las presiones económicas y sociales que enfrentan las comunidades indígenas, pero también de la escuela oficial, que ha trabajado para convencer a las comunidades del valor de la castellanización.

Debido a que el objetivo final siempre ha sido la castellanización y la incorporación de los indígenas, las lenguas nativas, en el mejor de los casos, sólo han servido como "puente" o transición hacia el español, lo que ha llevado a investigadores como Margarita Hidalgo a afirmar que la educación bilingüe en México nunca ha existido. Modelos "fuertes" (Colin Baker 19) de educación bilingüe, que utilizan los idiomas indígenas como medios de instrucción, y que además los desarrollan y conservan, aparecen dentro del discurso oficial como un cambio de paradigma educativo y el surgimiento de una nueva gran narrativa que cuestiona la validez del modelo homogéneo de nación.

La educación bilingüe intercultural

Como señala Handelsman (en este volumen), actualmente la idea del mestizaje como forma de unión e inclusión se confronta con la diversidad de experiencias y realidades que retan a los detentadores del poder desde la interculturalidad. Y cabe añadir que otra vez se ha tratado de remediar los problemas sociales de las naciones latinoamericanas con soluciones culturalistas que tienen como cimiento la educación.

A diferencia del Ecuador y otros países latinoamericanos donde la educación intercultural surge como un reclamo de los pueblos indios, en México esta es implementada "desde arriba" como parte de un proceso que intenta pedagogizar el multiculturalismo (Muñoz 26-27), y de una serie de políticas sociales y económicas neoliberales. La meta de la educación se volvió el entrenamiento de trabajadores productivos que fueran capaces de funcionar en el libre mercado y la economía globalizada, y que además fueran tolerantes con la influencia de capitales e influencia extranjera (Ginsburg *et al.*). La educación nacionalista y homogeneizadora de las décadas anteriores tenía que cambiar ante un estado que se debilitaba a consecuencia del proceso de globalización, y necesitaba responder a las demandas de los pueblos indígenas como resultado de la rebelión zapatista de 1994.

El levantamiento zapatista forzó al gobierno mexicano a repensar sus políticas con respecto a las poblaciones indígenas y revitalizó la discusión sobre la educación dirigida a estas, la cual se había estancado después del fallido proyecto del modelo bilingüe-bicultural. En 1996, la Dirección adoptó oficialmente la educación intercultural y la definió como:

> [...] aquella que reconozca y atienda a la diversidad cultural y lingüística; promueva el respeto a las diferencias; procure la formación de la unidad nacional, a partir de favorecer el fortalecimiento de la identidad local, regional y nacional, así como el desarrollo de actitudes y prácticas que tiendan a la búsqueda de la libertad y justicia para todos. (SEP 11)

De acuerdo con Gigante, la Dirección General de Educación Indígena comenzó a usar el término "educación bilingüe-intercultural" sin explicar las razones ni hacer los cambios necesarios para implementar la nueva política educativa; es decir que la educación indígena, en términos reales, solo recibió un nuevo nombre. En el 2001, el presidente Fox decretó la creación de la Coordinación General de Educación Intercultural y Bilingüe (CGEIB), lo cual indicaba una reforma de la política educativa nacional, ya que se dio a la Coordinación la facultad de proponer y asesorar la implementación del modelo intercultural en todos los niveles del sistema educativo nacional. A diferencia de la Dirección, cuya definición de la educación intercultural se centra en fomentar la unidad nacional y alcanzar las promesas de la revolución (i.e., libertad y justicia para todos), la Coordinación se enfoca en entrenar a los alumnos para entender y manejar la diversidad cultural

> La EIB se entiende como el conjunto de procesos pedagógicos intencionados que se orientan a la formación de personas capaces de comprender la realidad desde diversas ópticas culturales, de intervenir en los procesos de transformación social que respeten y se beneficien de la diversidad cultural. (CGEIB 25)

La existencia de dos definiciones de la educación intercultural, así como de dos instituciones a cargo de implementarla, demuestra las tensiones en el sistema educativo en cuanto a la conceptualización del modelo de individuo y de ciudadano que la educación intercultural debe formar. Como lo han señalado varios autores (Nery, Ledesma, Fuentes), la propuesta intercultural del Estado mexicano está sustentada en bases culturalistas y en la enseñanza de valores que promueven el diálogo para la resolución de conflictos, la tolerancia y la igualdad. Al igual que sucedió con los primeros regímenes posrevolucionarios, el gobierno mexicano propone soluciones culturales y educativas ante las diferencias estructurales y económicas que son las causantes de la pobreza y la desigualdad. Pero quizá el mayor problema del modelo intercultural adoptado por el Estado mexicano es que no necesariamente representa una alternativa a proyectos homogeneizadores, aunque el discurso oficial acepte la diversidad (entendida en sentido amplio) como una realidad, y la represente como una fortaleza, no una debilidad.

> Ahora bien, en cuanto México se define constitucionalmente como un país pluricultural, admite la diversidad étnica que lo conforma. La conciencia de que somos diversos exige políticas públicas que permitan su expresión y cultivo en materia de educación, salud, cultura, etcétera. Esto configura un nuevo proyecto de sociedad incluyente en que se vea reflejada la diversidad que nos conforma. (CGEIB 20)

A pesar de que se ha reconocido el carácter multicultural del país en las modificaciones de los artículos constitucionales segundo y cuarto,[4] y el sistema educativo ha tomado pasos para la interculturalización del currículo, existe todavía una tendencia hacia la homogeneización. En un estudio dirigido a explorar las opiniones de profesores P'urhépechas con respecto a la educación intercultural, encontré que los maestros rechazaban el concepto de diversidad propuesto por la Coordinación, ya que aglutinaba en una sola categoría varios tipos de diferencia (i.e., género, preferencia sexual, discapacidad, etc.,), lo que resultaba en una especie de "homogeneización" de la diversidad, y, por lo tanto, de la especificidad étnica e histórica de los pueblos indígenas. Mientras que los grupos indios se mueven en dirección de la autonomía y derechos políticos y culturales diferenciados

---

[4] En 1992, el presidente Salinas de Gortari modificó el cuarto artículo constitucional para reconocer la composición multicultural del país. En 2001, el presidente Fox aprueba nuevas reformas al artículo segundo, que especifican: "La nación tiene una composición pluricultural sustentada originalmente en sus pueblos indígenas que son aquellos que descienden de poblaciones que habitaban en el territorio actual del país al iniciarse la colonización y que conservan sus propias instituciones sociales, económicas, culturales y políticas, o parte de ellas". El artículo cuarto también reconoce en el inciso cuatro el derecho de los pueblos indios a "Perservar y enriquecer sus lenguas, conocimientos y todos los elementos que constituyan su cultura e identidad".

dentro de un Estado multinacional, como los modelos propuestos por Will Kymlicka, el gobierno mexicano sigue orientándose hacia la administración de las diferencias de los distintos grupos y a la mediación de sus intereses, de la misma manera que lo hizo el indigenismo. En este esquema, las estructuras sociales y económicas que producen la desigualdad difícilmente podrán alterarse. Como señala Patricia Mena, "La interculturalidad desde el Estado mexicano tiene como sustentos ideológicos y políticos el indigenismo oficial y el multiculturalismo institucional. Sustentos que se oponen en lo esencial a los movimientos sociales identitarios que se han expresado en los últimos años" (48).

A nivel pedagógico, el modelo intercultural también encuentra varios puntos de quiebre. En primer lugar, la interculturalidad implica bidireccionalidad, es decir, que tanto los grupos mayoritarios como los minoritarios deben ser incluidos en la instrucción. De acuerdo con la Coordinación,[5] los objetivos principales de la educación intercultural son los siguientes:

1. Mejorar la calidad de la educación destinada a poblaciones indígenas.
2. Promover la educación intercultural bilingüe destinada a poblaciones indígenas a todos los niveles educativos.
3. Desarrollar una educación intercultural para todos los mexicanos.

A pesar de que el objetivo número tres menciona específicamente que la educación intercultural debe ser para todos los mexicanos, los incisos uno y dos están dirigidos a las poblaciones indígenas, especialmente en el área de mejoramiento de la calidad educativa. En este sentido, la educación intercultural adquiere un carácter compensatorio; es decir, que la educación dirigida a la mayoría mestiza se conserva como el estándar al que hay que aspirar.

Quizá uno de los mayores problemas de la educación intercultural en México tiene que ver con el papel de las

---

[5] Ver página web de la Coordinación General de Educación Intercultural y Bilingüe de México <http://eib.sep.gob.mx>.

lenguas indígenas en la educación. Aunque se han conocido desde hace mucho tiempo los beneficios de las lenguas nativas en el proceso educativo, su uso como medio de instrucción sigue siendo casi nulo. Además de la falta de una política de educación bilingüe consistente (no existe una clase de español como lengua extranjera en las escuelas indígenas), la carencia de materiales, metodologías específicas y entrenamiento para los profesores sigue siendo uno de los obstáculos más grandes para la implementación de un modelo auténticamente bilingüe. En los programas de educación intercultural se prevé el establecimiento de la enseñanza de lenguas indígenas y español, dependiendo de la situación sociolingüística de las comunidades. Hipotéticamente, en las regiones de "contacto" donde haya población estudiantil mixta, los alumnos mestizos podrían recibir clases de lengua indígena, lo cual cumpliría el requisito de la bidireccionalidad en la educación intercultural. Sin embargo, no es claro cómo se proveerían los profesores indígenas que estén entrenados en la enseñanza de su idioma como lengua extranjera, ni tampoco se especifica que los alumnos mestizos deberían alcanzar una competencia lingüística alta en la lengua indígena. Por otro lado, se espera que los niños indígenas sean alfabetizados y aprendan a hablar español. Aunque la ley reconoce los derechos de los niños a recibir educación en su lengua nativa en el artículo segundo de la Constitución, en la mayoría de los casos sólo se trata de un postulado.

Conclusiones

La huella de José Vasconcelos continúa presente a casi noventa años de la fundación de la Secretaría de Educación Pública. Además de la federalización de la educación en México, sus ideas sobre el mestizaje, apropiadas y transformadas por el sistema educativo mexicano, han definido las políticas educativas del Estado.

Vasconcelos no es un referente en la educación indígena, en la medida en que no fue su reformador o proponente.

Su "indigenismo", al igual que los de su época, se enfocaba en la incorporación del indígena a la sociedad. La ideología lingüística del secretario de Educación le impidió ver a las lenguas indígenas como adecuadas para alcanzar la civilización (entendida en términos occidentales y específicamente españoles). Sin embargo, su afán evangelizador le permite considerar un futuro en que los indios puedan ser "redimidos" e integrados a la nación que durante más de trescientos años de colonización y cien de vida independiente los había ignorado. En este aspecto, Vasconcelos no está solo. La búsqueda de la identidad en los modelos educativos de los países latinoamericanos es una constante en los siglos XIX y XX, y en ellos, la etnicidad se encuentra en el centro. Para Vasconcelos, lo mexicano proviene de lo mestizo y lo español, mientras que lo indígena es, por momentos, un elemento vergonzoso y ciertamente primitivo que no encaja en su proyecto de nación. La parte india del mestizaje es minimizada a favor de la herencia hispana, que a su vez constituirá el centro de la nueva raza cósmica.

El tratamiento de los indígenas en la educación siempre ha sido un tema de discusiones profundas y airadas, pero de acciones guiadas por motivos prácticos e ideológicos más que por la realidad. Como acertadamente señala Luis Enrique López, en Latinoamérica existía un acervo de evidencia obtenida en experiencias locales acerca de los beneficios del uso de las lenguas nativas en el proceso educativo desde los años treinta; sin embargo, se ha preferido basar las políticas en modelos europeos o de Estados Unidos (51). En este sentido, la insistencia de Vasconcelos de generar alternativas nacionales para la atención de las comunidades indígenas representa un aspecto positivo.

La educación intercultural constituye un intento más de búsqueda de la identidad nacional. El discurso educativo se ha movido de considerar el mestizaje como la base de la nación, hacia uno que acepta la multiculturalidad, pero la manera como se entiende la educación intercultural en México, homogeneiza la diferencia. El mestizaje, entonces, continúa siendo el trasfondo de un discurso que paradójicamente intenta incluir para continuar excluyendo.

Bibliografía

Álvarez de Testa, Lilian. *Mexicanidad y libro de texto gratuito*. México D. F.: Universidad Nacional Autónoma de México, 1992.

Baker, Colin. *Foundations of Bilingual Education and Bilingualism*. Bristol: Multilingual Matters, 1997.

Bartra, Roger. "Culture and Political Power in Mexico". *Latin American Perspectives* 16/2 (1989): 61-69.

Bazant, Mílada. *El debate en torno a una educación especial para indígenas 1867-1891*. Documento de Trabajo 111. Estado de México, México: El Colegio Mexiquense, 2005.

Bertely, María. "Educación indígena del siglo XX en México". *Un siglo de educación en México*. Pablo Latapí Sarre, ed. México: Fondo de Cultura Económica, 1998.

Brading, David A. "Manuel Gamio and Official Indigenismo in México." *Bulletin of Latin American Research* 17/1 (1988): 75-89.

Brice Heath, Shirley. *La política del lenguaje en México. De la Colonia a la nación*. México D. F.: CONACULTA/INI, 1992.

Carrión, Benjamín. *Los creadores de la nueva América*. Madrid: Sociedad General Española de Librería, 1928.

Coordinación General de Educación Intercultural y Bilingüe (CGEIB). *El enfoque intercultural en educación. Orientaciones para maestros de Primaria*. México D. F.: Secretaría de Educación Pública, 2006.

Fell, Claude. *José Vasconcelos: los años del águila 1920-1925. Educación, cultura e iberoamericanismo en el México posrevolucionario*. México: Universidad Nacional Autónoma de México/Instituto de Investigaciones Históricas, 1989.

Florescano, Enrique. *Etnia, Estado y nación. Ensayo sobre las identidades colectivas en México*. México D. F.: Aguilar, 1999.

Fuentes, Rocío M. "The Discursive Construction of Intercultural Education in the Mexican Indigenous Context". Tesis de doctorado. University of Pittsburgh, 2008.

Gigante, Elba. "Políticas mexicanas para la formación de maestros en educación intercultural en el medio indígena". Proyecto: Basic Education for Participation and Democracy: Key Issues in Human Resources and Development (Teachers and Multicultural/Intercultural Education)". *UNESCO. Oficina Internacional de Educación.* Junio 1994. <http://unesdoc.unesco.org/images/0014/001484/148468sb.pdf>. 1 abril 2013.

Ginsburg, M., Belalcazar, C., Fuentes, R., Rapoport, L., Vega, R., y Zegarra, H. "The Control and Goals for Teacher Education in Mexico, 1821-1984: Constructing Worker-Citizens as (Non)Change Agents within National/Global Political Economic Context." *Journal of Curriculum Theorizing* 20/1 (2004): 115-158.

Gonzalbo, Pilar. "Mitos y realidades de la educación colonial". *Educación rural e indígena en Iberoamérica.* Pilar Gonzalbo Aizpuro, coord. México: El Colegio de México/Universidad Nacional de Educación a Distancia, 1999.

Hidalgo, Margarita. "Bilingual Education, Nationalism and Ethnicity in Mexico: From Theory to Practice." *Language Problems and Language Planning* 18/3 (1994): 184-207.

Irvine, Judith T. "When Talk Isn't Cheap: Language and Political Economy". *American Ethnologist* 16/2 (1989): 248-267.

Kymlicka, Will. *Multicultural Citizenship: A Liberal Theory of Minority Rights.* Oxford: Oxford UP, 1999.

Lechuga, Graciela. Introducción. *La ideología educativa de la Revolución mexicana.* Graciela Lechuga, editora. México, D.F.: Universidad Autónoma Metropolitana, 1984.

Lippi-Green, Rosina. *English with an Accent: Language, Ideology, and Discrimination in the United States.* London and New York: Routledge, 1997.

López, Luis E. "La eficacia y validez de lo obvio: lecciones aprendidas desde la evaluación de los procesos educativos

bilingües". *Revista Iberoamericana de Educación* 17 (1998): 51-90.
Marentes, Luis A. *José Vasconcelos and the Writing of the Mexican Revolution*. New York: Twayne Publishers, 2000.
Mena, Patricia L. "Educación intercultural: una historia que se repite". *Intrecci Di Culture. Marginalita Ed Egemonia in America Latina e Mediterraneo*. Gianna C. Marras y Riccardo Badini, eds. Roma: Meltemi Editore, 2008.
Monsiváis, Carlos. "Notas sobre la cultura mexicana del siglo XX". *Historia General de México*. México D.F.: El Colegio de México, 2000.
Muñoz Cruz, Héctor. "Interculturalidad en educación, multiculturalismo en la sociedad: ¿paralelos o convergentes? *Rumbo a la interculturalidad en educación*. Héctor Muñoz, ed. Iztapalapa: Universidad Autónoma Metropolitana, 2002.
Nery, Jesús. "Hacia una memoria argumental sobre la educación intercultural en México. Una narrativa desde la frontera Norte". *Revista Mexicana de Investigación Educativa* 9/2 (2004): 35-59.
Ramírez, Elisa C. *La educación indígena en México*. México D.F.: UNAM, 2006.
Robles, Martha. *Educación y sociedad en la historia de México*. México D.F.: Siglo XXI, 1996.
Secretaría de Educación Pública (SEP). *Lineamientos generales para la educación intercultural bilingüe para las niñas y niños indígenas*. México D.F.: Secretaría de Educación Pública/ Dirección General de Educación Indígena, 2001.
Sinardet, Emmanuelle. "Eduación indígena y políticas de incorporación nacional (1925-1946): de la integración a la exclusión". *Histoire(s) de l'Amerique latine* 2 (2007): 2-18.
Vasconcelos, José. "La inauguración del monumento Cuauhtémoc". *Boletín de la Secretaría de Educación Pública*. México: SEP, 1922.
____ "Conferencia leída en el 'Continental Memorial Hall' de Washington". *Antología de Textos sobre Educación*. Alicia Molina, ed. México, D.F.: Fondo de Cultura Económica/ SEP, 1981.

_____ "Uxmal y Chichén Itzá". *El Desastre*. México, D.F.: Trillas, 1998.

_____ *De Robinsón a Odiseo. Pedagogía estructurativa*. 1935. Monterrey, México: Honorable Senado de la República, 2002.

_____ "The Latin-American Basis of Mexican Civilization". *Istor Revista de Historia Internacional* 6/25 (2006): 80-98.

Vaughan, Mary K. *The State, Education and Social Class in Mexico, 1800-1928*. Dekalb: Northern Illinois UP, 1982.

Vázquez, Verónica. "El intento redentor de José Vasconcelos". *La ideología educativa de la Revolución mexicana*. México, D.F.: Universidad Autónoma Metropolitana, 1984.

Imaginar la ecuatorianidad en tiempos de crisis: *Cartas al Ecuador* y la representación cultural de la migración contemporánea

ESTEBAN LOUSTAUNAU
Assumption College

> *El Ecuador –dijo el dulce monito– no termina hacia el Norte en Tulcán, sino en las calles de Queens.*
>
> Galo Galarza, *La dama es una trampa*

En 1943 Benjamín Carrión publica *Cartas al Ecuador*, texto conformado de diecisiete ensayos, de los cuales la mayoría aparece por primera vez entre 1941 y 1942 en las páginas del diario quiteño *El Día*. En estos ensayos Carrión aborda la condición de la identidad nacional ecuatoriana a raíz de la crisis nacional causada por la guerra peruano-ecuatoriana que inicia en 1941 y por la cual el Ecuador pierde la mitad de su territorio. Dicho conflicto inicia cuando el ejército peruano invade las provincias ecuatorianas de El Oro y Loja para después ocupar la zona amazónica que ambos países mantenían en disputa desde 1936.[1]

CARTAS AL ECUADOR

Cartas al Ecuador. Michael Handelsman, compilador. Quito: BCE/CEN, 1988.

---

[1] Pese a que el objeto de la Guerra del 41 aparenta ser únicamente la defensa de la respectiva integridad territorial entre Ecuador y Perú, en *El festín del petróleo* (1972), Jaime Galarza Zavala sostiene que el verdadero motivo del conflicto armado es la disputa por el Oriente ecuatoriano entre las compañías petroleras Royal Dutch Shell y Standard Oil de Nueva Jersey. Ambas compañías se disputan los yacimientos de petróleo en el Oriente y el acceso al río Amazonas, ruta natural para la exportación. La Guerra del 41 culmina en 1942 con la firma del Protocolo de

Para Carrión, este conflicto bélico pone en evidencia la falta de dirección y orden del régimen de Carlos Arroyo del Río (1940-1944).[2] Frustrado ante la incapacidad de acción y el "secretismo" del gobierno de Arroyo, y humillado tras el despojo territorial ejecutado por las fuerzas armadas del Perú, Carrión escribe *Cartas al Ecuador* para priorizar la reconstrucción de la identidad nacional a través de la Cultura.[3]

Aun sin ocupar un cargo público durante el gobierno de Arroyo, para los años cuarenta Carrión ya es toda una figura protagónica en el accionar de la vida pública ecuatoriana.[4] Su larga trayectoria en el servicio diplomático ecuatoriano y en el oficio de escritor lo colocan como una de las voces intelectuales más destacadas del país. Otro factor fundamental que impulsa a Carrión a intentar salvar el honor de la patria tras el despojo territorial es la manera en que él entiende la vocación

---

Río de Janeiro. Bajo presión de Estados Unidos y los otros tres países mediadores –Brasil, Argentina y Chile–, Ecuador es obligado a ceder 200000 km[2] y aceptar la derrota de territorio nacional al Perú. Con la nueva línea demarcatoria se reduce significativamente el territorio ecuatoriano y también se detiene la expansión de la compañía inglesa Royal Dutch Shell para beneficio de la empresa petrolera norteamericana (Galarza 91).

[2] Ante dicha ocupación, Carrión se lamenta de que el gobierno de Arroyo no cuente ni con el mismo número de soldados ni con el armamento suficiente para enfrentar al más poderoso ejército peruano.

[3] En su estudio introductorio a la edición de *Cartas al Ecuador* en 1988, Michael Handelsman nos recuerda que la visión del mundo de Carrión está plenamente arraigada en el elitismo. "La Cultura, siempre con mayúscula –dice Handelsman–, impartida por un maestro –llámese Rodó, Próspero o Carrión– no dejó de asomar a lo largo de toda la vida de Benjamín Carrión" (16).

[4] Antes de la década de los cuarenta, Carrión se establece en los círculos intelectuales y políticos más importantes del Ecuador y Latinoamérica. Entre 1925 y 1931 es cónsul del Ecuador en El Havre, Francia. Durante estos seis años, mantiene contacto y amistad con varios intelectuales latinoamericanos, entre ellos Alcides Arguedas, Gabriela Mistral y José Vasconcelos. En París, Carrión publica algunas de sus obras más representativas de su juventud, tales como *Los creadores de la Nueva América* (1928), la novela *El desencanto de Miguel García* (1929) y *Mapa de América* (1930). Años más tarde, como ministro plenipotenciario en la embajada del Ecuador en México, escribe *Atahuallpa* (1934); y en Chile publica su *Índice de la poesía ecuatoriana contemporánea* (1937). Dentro del Ecuador, Carrión desempeña una labor sobresaliente en la creación de la Escuela de Cultura Socialista, durante la primera presidencia de José María Velasco Ibarra (1934-1935). Precisamente esta afinidad con la política cultural del velasquismo marca su distanciamiento con el régimen de Arroyo.

intelectual. Concretamente, Carrión piensa que el intelectual debe ejercer su responsabilidad cívica defendiendo la libertad del pueblo frente a la tiranía. En su ensayo "El escritor, autor del drama humano" de 1970, Carrión sintetiza lo que siempre fue su vocación intelectual:

> En la época de las grandes tiranías [...] las voces de los escritores se escuchaban un poco. Por lo menos, hasta que –por culpa de su voz– desembocaban en la rada inevitable: el destierro. Y entonces, desde allí, desde la buena tierra que los acogía y les permitía vivir, casi siempre muy modestamente, los escritores podían hablar: acusación, denuncia, por lo menos testimonio. Y sus palabras, que se difundían fuera del país aprisionado, llegaban clandestinamente, y alguna mella hacían en la piel de cocodrilo cebado de los dictadores. Y, en veces, hasta provocaban su caída [...] (39)

La posición del intelectual en el destierro adquiere aquí un doble significado. Por un lado, es –junto a la censura– un recurso de la tiranía para silenciar las voces opositoras. Por otro, crea una imagen, común en la época decimonónica, del lugar de exilio como un espacio dedicado a la reflexión y la libertad creadora. Carrión confía en que las palabras expresadas desde estos espacios de libertad puedan llegar a oídos de aquellos que se encuentran sometidos por el tirano. La relación entre escritor y pueblo aprisionado no sólo es la base de un plan cultural común entre grupos diferentes, sino que también conlleva a establecer la democracia provocando la caída de la tiranía, enalteciendo así los valores de libertad y justicia social. A pesar de ofrecer una visión esperanzadora del escritor como defensor de la patria libre, el discurso nacionalista de Carrión no está exento de contradicciones. La contradicción más notable en toda la obra carrionista es su insistencia en combinar distintas posturas ideológicas: por ejemplo, el intelectual comprometido con las luchas sociales, por un lado, y el pensador que busca solucionar los problemas de la patria en las tradiciones grecolatinas y cristianas, por el otro (Handelsman 19-20).

En este ensayo haré una lectura de *Cartas al Ecuador* para analizar la función del intelectual en tiempos de crisis. A pesar de su deseo de redefinir la ecuatorianidad como una alternativa de libertad y creación después de la crisis del 41, considero que la forma en que Carrión imagina a los actores sociales, en especial a los distintos grupos que él engloba en la categoría de "pueblo", no hace más que limitar sus opciones de inclusión y participación en la vida nacional. Esto se torna evidente en el énfasis clasista e hispanista que domina varios de sus ensayos en *Cartas al Ecuador*.[5] A su vez, intento hacer una comparación entre Carrión y una selección de autores que tratan la presente crisis de ecuatorianidad marcada por la emigración masiva hacia Estados Unidos y Europa a partir de los años noventa. Dicha selección incluye a los escritores Galo Galarza y Rita Vargas Ríos y a los documentalistas Lisandra Rivera y Manolo Sarmiento. Mediante sus respectivas representaciones del pueblo en momentos de crisis nacional, analizaré la manera en que Carrión y los escritores que tratan el fenómeno de la migración contemporánea articulan la ecuatorianidad en relación a los espacios de libertad que construyen dentro y fuera del territorio nacional.[6] Tomando en cuenta la cita anterior de Carrión, deseo comparar cómo los escritores expresan su denuncia y representan al pueblo tras el despojo territorial del 41 y la crisis económica nacional que lleva a la capitulación del sucre y a la dolarización en 1999-2000. También me interesa comparar las distintas maneras en que los ejemplos ilustrados por los autores incluidos en este ensayo representan la ecuatorianidad fuera del país. En ambos momentos históricos, los debates culturales en torno a la identidad ecuatoriana dependen en gran medida de las formas en que los intelectuales y los grupos que conforman "el pueblo" pueden expresar libremente sus experiencias de lo que para ellos significa la ecuatorianidad.

---

[5] Dentro de esta perspectiva criollista, quienes verdaderamente guían la transformación cultural del Ecuador son el grupo selecto de hombres cultos o, por lo menos, con visión patriótica, como los héroes nacionales de la talla de Vicente Rocafuerte, Gabriel García Moreno o Eloy Alfaro.

[6] Empleo el término "migración" en vez de "emigración" e "inmigración" para enfatizar la situación transitoria de la mayoría de los ecuatorianos en el exterior.

En *Cartas al Ecuador* Carrión declara que una patria bien ordenada depende del liderazgo político de gobernantes comprometidos a defender la soberanía nacional y administrar los recursos materiales y simbólicos de la nación. Como complemento a un Gobierno transparente y honrado, la patria requiere de intelectuales dedicados a dirigir cultural y espiritualmente el accionar del pueblo. Este ordenamiento de los actores sociales que presenta Carrión forma parte de una larga tradición dentro del discurso criollo dominante.[7]

Michael Handelsman observa que en *Cartas al Ecuador* Carrión se centra en un modelo civilizatorio basado en tres corrientes: el concepto del intelectual comprometido de José de la Cuadra, el arielismo de José Enrique Rodó y el tropicalismo de José Vasconcelos (16-17). En primer lugar, De la Cuadra inspira a Carrión a pensar que la función del artista no es interpretar la realidad sino crearla.[8] Esta idea es fundamental para Carrión en el contexto de la guerra del 41 y su posición antagónica al gobierno de Arroyo.[9] En segundo lugar, *Cartas al Ecuador* comparte elementos en común con el *Ariel* (1900) de José Enrique Rodó. Al igual que Rodó, Carrión imagina a

---

[7] Según Néstor García Canclini, los orígenes de esta corriente esencialista datan desde la época del romanticismo folclórico y el nacionalismo político en Latinoamérica, cuando se estableció que los habitantes de una nación debían formar parte de una sola cultura homogénea y, por lo tanto, contar con una sola identidad que los distinguiera de otras naciones. Los referentes que darían forma a esa cultura serían un territorio común, una historia y un patrimonio que incluyera colecciones de artefactos, mitos, textos y rituales con los cuales gobernantes y gobernados afirmarían su identidad nacional (92).

[8] Handelsman cita el ensayo "El arte ecuatoriano del futuro inmediato" (1933) de José de la Cuadra como una obra que cobra un fuerte impacto en la concepción del intelectual ideal en el Ecuador de la primera parte del siglo xx. Según Handelsman, para de la Cuadra "el intelectual verdaderamente valioso era el que comprendía que no interpretaba la realidad, sino que la realidad se interpretaba por él" ("Estudio introductorio" 17).

[9] Es importante tener en cuenta que Arroyo llega al poder en el año 1940 al vencer por escaso margen a José María Velasco Ibarra. Una vez en el poder y tras el fallido golpe de Estado orquestado por Velasco, Arroyo expulsa del país a Velasco exiliándolo en Colombia. Para Carrión, la derrota de Velasco pospone el proyecto de la Casa de la Cultura Ecuatoriana, el cual se formaliza una vez que Velasco, el "Gran Ausente", retoma la Presidencia del país tras derrocar al régimen de Arroyo en la rebelión "Gloriosa" del 28 de mayo de 1944.

sus lectores como jóvenes intelectuales dispuestos a escuchar las instrucciones del maestro que les exhorta a rescatar los valores espirituales en nombre de la patria y a llevar a cabo su plan civilizador. Esta influencia arielista en Carrión no pretende ser escapista. Si Carrión guarda una posición clasista y exclusivista, esta no se desentiende de su vocación social, la cual posiblemente esté vinculada al populismo velasquista que inicia en los años treinta. Pero quizá la influencia más relevante de Rodó en este texto de Carrión es el espíritu de optimismo que comparte con sus lectores a pesar de la crisis en la que está hundido el Ecuador. Por último, en *Cartas al Ecuador* Carrión sigue el ejemplo que José Vasconcelos presenta en *La raza cósmica* (1925) de llenar el vacío creado por la ausencia de un origen histórico con las virtudes del clima tropical. Siguiendo el pensamiento vasconceliano, especialmente la fe en el retorno de la civilización al trópico, Carrión hace del clima tropical el origen por donde deberá resurgir un nuevo concepto de identidad nacional: "el tropicalismo es ecuatorianidad" (68).

En los diecisiete ensayos incluidos en *Cartas al Ecuador*, Carrión presenta tres objetivos claros: proponer una salida a la crisis nacional a través de un proyecto cultural basado en la reconfiguración de la ecuatorianidad; potencializar a los jóvenes intelectuales a ser los arquitectos de la reconstrucción espiritual de la nación; y, representar al pueblo como un conjunto esencialmente dispuesto a sacrificarse por el ideal civilizatorio de la *pequeña gran patria*. Como primer objetivo en la tarea de reconstruir la patria, Carrión revisa la historia nacional a fin de encontrar las causas de la tragedia que lo inquieta. Este pensador se lamenta de que en 1830 la joven nación ecuatoriana haya sido privada de un origen digno y ennoblecedor como lo hubiera sido la historia del Reino de Quito. Carrión sostiene que de haber sido nombrado Quito, el país contaría con una narrativa o leyenda original, "real y mítica", que serviría de referente y orgullo nacional así como de "alegato contra las pretensiones usurpadoras de vecinos" (66). Sin embargo, fundada sin bases en la historia, en la leyenda, en la raza, la nación ecuatoriana no cuenta con una historia común que relacione la sociedad con un territorio "claro" e "inconfundible". Para Carrión esto explica la inestabilidad e inseguridad nacional a través de los años. El autor insiste en que el origen del Ecuador, así como el de las otras naciones que una vez formaron parte de la Gran Colombia, es el resultado de la traición de ciertos "tenientes" que se negaron a acatar la historia y el idealismo de Simón Bolívar por su "ambicioso empeño de tener feudo propio" (65). Este y otros motivos son parte de la razón por la cual el Ecuador sigue siendo gobernado por personajes autoritarios que no han estado a la altura de las exigencias del pueblo. En base al binarismo de civilización y barbarie –al que recurre constantemente en *Cartas al Ecuador* bajo las categorías democracia-tiranía, honestidad-traición, libertad-secretismo– Carrión condena la ignorancia y la ambición de los muchos gobernantes que traicionan al Ecuador: "No, no somos un pueblo ingobernable. Somos, hemos sido, un pueblo pésimamente gobernado, con raras y bien conocidas excepciones" (128).[10] Y en otro ejemplo donde impone fuertemente su voluntad civilizatoria, Carrión declara: "Nuestro Ecuador, cuando se pone en el campo contrario al de la libertad, no es Ecuador" (130).

Ante la falta de un origen auténtico, Carrión toma provecho de la crisis del 41 y emplea libremente su imaginación para llenar el vacío de significado en el que vive el país. Carrión propone entonces imaginar un modelo cultural mediante el cual el país vuelva a sobresalir entre las naciones. Si para Carrión ha llegado el momento de edificar un nuevo modelo de ecuatorianidad, de revisión de la historia y de la identidad nacional que enorgullezca y legitime a todos los ecuatorianos, el clima y la geografía serán su fuente de inspiración.[11] Carrión

---

[10] Para Carrión, dos han sido los períodos políticos excepcionales en la historia del Ecuador: el garcianismo y el alfarismo.

[11] Como ya he señalado, Carrión lamenta que los fundadores de la nación nombraran Ecuador a la patria, "nombre geométrico, que nos da sensación de algo vasto e inasible", y no Quito, "cuyo solo enunciado es hasta hoy el mejor alegato contra las pretensiones usurpadoras de vecinos..., [porque siempre] tuvo linderos claros, distintos, inconfundibles" (66). A pesar de apropiar el clima tropical como referente nacional, Carrión mantiene su preferencia por esa otra historia quiteña

enaltece el tropicalismo como fuerza amalgamadora que une a todos los ecuatorianos y los motiva a fomentar valores positivos como la honradez, la libertad y la transparencia. Carrión escribe:

> El tropicalismo, en un sentido de caracterización que se funda en algo más real que la leyenda; más eficiente, más operante que la raza; más permanente que la historia: el clima. El clima, que es la tierra y el aire. El clima, categoría inmutable producida por la latitud. El clima que es el agua y la luz. Que al producir los frutos para nutrir al hombre, está haciendo y diferenciando biológicamente al hombre mismo. (67)

En esta cita, Carrión se apropia del clima como referente primordial de la identidad nacional ecuatoriana. Sin embargo, dicha relación no está exenta de contrariedades. Primero, Carrión crea una relación esencialista y estática entre el sujeto y el lugar que habita sin considerar el papel que desempeña la historia intercultural ni cómo las acciones del ser humano puedan alterar o afectar dicho lugar. Ni siquiera las diferencias ideológicas ni raciales pueden contra la voluntad expresada por el clima. Al anteponer el clima tropical por encima de las diferencias raciales, culturales e ideológicas –componente del mestizaje vasconceliano, tema no planteado en *Cartas al Ecuador*– Carrión construye un modelo cultural idealizado que no se ajusta a la realidad del momento, especialmente en una nación tan culturalmente diversa y políticamente inestable como la ecuatoriana. La falta de evidencias científicas no parece ser un obstáculo para esta retórica triunfalista y centralizada. Carrión insiste: "*Tropicalismo*, que no es lugar común retorizante o simple categoría teórica, sino expresión y fijación de realidades vitales" (68). Sin lograr justificar la totalidad del clima en la construcción de la identidad nacional, Carrión inventa la autenticidad del trópico a través de un discurso

---

"real y mítica" y otros referentes identitarios con orígenes incaicos que hubieran guiado a la patria hacia un destino más digno. Carrión trata esta otra historia y símbolos de identidad en *Atahuallpa* (1934).

Imaginar la ecuatorianidad en tiempos de crisis ... • 155

americanista que enaltece dicha categoría muchas veces menospreciada por el discurso eurocéntrico: "Ese tropicalismo, tan desdeñosamente tratado por europeizantes mediocres, por 'hombres civilizados', bobalicones y pedantes, es nuestro signo nacional irrecusable, auténtico" (68). Una segunda contradicción surge en este enfrentamiento entre el intelectual nacionalista, responsable de hacer renacer la ecuatorianidad, y el pensador elitista, influenciado por la tradición civilizatoria europea. Sin embargo, en vez de asumirlas como tradiciones opuestas, Carrión las considera complementarias.

Mientras que Carrión adopta para el Ecuador el ideal del tropicalismo que Vasconcelos propone para el resto del continente, también adapta la figura arielista para autorrepresentarse como maestro y mentor de la juventud ecuatoriana. En el imaginario carrionista, tropicalismo, arielismo y juventud se complementan, puesto que los tres representan la búsqueda de la verdad transparente y la espiritualidad de la cultura. En *Cartas al Ecuador* Carrión se enorgullece de que el propio Vasconcelos considere al Ecuador, entre otros países sudamericanos, como "tierra de promisión", y al trópico como origen y destino de la civilización (67). Identificado el clima tropical como origen de la ecuatorianidad futura, el segundo objetivo de Carrión es el de instruir a los jóvenes intelectuales para que lleven a cabo la misión reivindicadora de la patria. Asumiendo un papel similar a la figura arielista de Próspero, Carrión emerge como el sabio maestro consciente del problema nacional y apto para encauzar al país por el rumbo correcto.[12] El maestro "potencializa" a

---

[12] Teniendo como antecedentes *La Tempestad* (1612) de Shakespeare y la reinterpretación de dicha obra en el ensayo *Calibán* (1878) de Renan, Rodó plantea la defensa de los valores de la latinidad ante la excesiva influencia de Estados Unidos. Si para Rodó el personaje de Próspero intenta salvaguardar los valores hispánicos invocando el espíritu de Ariel como su "numen", Carrión hace lo propio inspirándose en el ánimo de trópico. Mientras que para Rodó Calibán es el hombre de baja condición y torpeza, para Carrión la figura de Calibán está representada por todos aquellos gobernantes, burócratas y ciudadanos que contribuyen a mantener subyugado al pueblo en base a "la falacia criminal y monstruosa" (57) derivada de los mitos del "secretismo", el "caramelo literario" o la falsedad de la información pública, y el "que-me-importismo".

la juventud intelectual ecuatoriana encargada de instruir el orden y conducir el rumbo verdadero de la patria. En *Cartas al Ecuador* existen por lo menos dos influencias rodonianas. Por un lado, Carrión admira al Próspero que pretende estimular el espíritu creativo de los jóvenes intelectuales a través del ejemplo de pureza y perfección. Por el otro, reconoce la fe en la infalibilidad del progreso que Rodó expresa en una carta a Alcides Arguedas sugiriéndole un título más optimista como el de "Pueblo niño" en lugar de *Pueblo enfermo* (1909) (*Cartas* 95). Ese mismo compromiso intelectual que Rodó mantiene tras la crisis de 1898 Carrión lo aplica en sus reacciones frente al despojo territorial y la guerra del 41. Por eso, en lugar de mostrarse contrariado sobre el futuro nacional, Carrión escribe: "Pero si, sólo con sentido anecdótico y humorista, seguimos el criterio de Rodó, y aceptamos eso de 'pueblo niño', podemos encontrar algunas posibilidades esperanzadoras" (95). Apoyado por los planteamientos de Vasconcelos y Rodó, Carrión fomenta la autenticidad a través del tropicalismo, y el orgullo arielista por el progreso de la patria.

En *Cartas al Ecuador*, Carrión establece su legitimidad discursiva en base a la defensa de la honradez, transparencia y libertad. Apoyándose en estos valores, se imagina en un lugar externo y apartado de la realidad desventurada que vive la mayoría de la sociedad en ese momento. El título de *Cartas al Ecuador* marca una distancia entre Carrión y su destinatario imaginado. Siendo víctima de la censura del régimen de Arroyo y sintiéndose indignado por la crisis del 41, las cartas guardan un doble significado de la exterioridad. Por un lado, son una forma de comunicación a través de la cual se dirige a los intelectuales letrados. Ellos deberán encargarse de la reparación espiritual de la nación apoyándose en la labor del pueblo. Por el otro, el autor jamás revela el lugar desde donde escribe sus ensayos. Esto crea un grado de misticismo que engrandece la imagen de Carrión, quien escribe desde otro lugar, que sufre por la situación del país pero no vive los infortunios de la guerra. Como Próspero en su isla anónima, Carrión en su exilio indeterminado preserva los valores e ideales armoniosos de civilización con los cuales propone reconstruir el sentido positivo de la ecuatorianidad.

Para Carrión la reconstrucción espiritual de la patria está estrechamente ligada a la recuperación simbólica del espacio nacional perdido. El engaño atribuido al régimen de Arroyo y el despojo territorial sufrido en el 41 reducen doblemente el espacio nacional. Primero, por la ausencia de la libertad y la verdad; segundo, por la pérdida de recursos materiales y simbólicos tales como el territorio y la soberanía. Por eso, Carrión intenta recuperar simbólicamente el espacio perdido mediante la acción y creatividad cultural de los ecuatorianos.

En el título del texto, Carrión espacializa a sus lectores ideales designándolos metonímicamente como *Ecuador*, el destinatario de las cartas. De esta manera, el autor incluye únicamente dentro de la nación a un grupo letrado y masculino. Esto refleja una mirada totalizante y, por lo tanto, limitada, puesto que el distanciamiento y la sustitución ocultan la existencia de otros actores, con sus acciones y opiniones propias y conflictivas, en el espacio nacional. Al establecer una distancia entre sí mismo y los jóvenes intelectuales, y entre estos y el pueblo que vive la crisis nacional, Carrión asume una posición superior desde donde pretende alzar su voz clara y legítima para proyectar ante los jóvenes la vocación espiritual del intelectual que es reconstruir la patria: "Invitación a poner 'la nación en marcha' desde arriba: esa invitación será necesariamente escuchada por este pueblo si se la respalda con sinceridad y, singularmente, con realizaciones efectivas" (131).

Sin duda, el mayor anhelo de Carrión a lo largo de su vida es el ideal de enaltecer culturalmente al Ecuador e imaginarlo como una gran nación: "Sí se puede tener, hombres del Ecuador, derrotados sin pelea, 'una pequeña gran patria', Hagámosla" (168). Este deber intelectual de "volver a tener patria" significa "reaccionar" contra la "disminución" de la moral, del ánimo, del orgullo y del prestigio (166). El maestro exhorta a sus discípulos a que sientan la necesidad de crear la *pequeña gran patria* como su vocación intelectual. Esta recuperación de los valores morales y culturales es necesaria para volver a acrecentar el orgullo por la patria y cultivar la autoestima del pueblo. Dicha tarea, sin embargo, no es posible sin el apoyo y la confianza del pueblo.[13] Por ello, la pasión de Carrión de hacer del Ecuador una gran nación lo lleva a pensar la ecuatorianidad no sólo como el deber de la alta cultura sino también de las culturas popular y artesanal. Sin embargo, a pesar de reconocer la importancia de una sociedad participativa y unida, Carrión no logra identificarse con el pueblo, ese sector social heterogéneo y mayoritario que más ha padecido la tiranía política, el despojo territorial y la marginación social.[14] Carrión depende de una legión de jóvenes intelectuales que servirían de mensajeros, educadores y promotores de su proyecto de reconstrucción nacional a través de la cultura; exhorta a sus lectores a guiar al pueblo por el camino de la esperanza:

> Si desde arriba se señalan caminos que convienen al pueblo. Si se le muestra interés por su resurrección, anhelo por su bienestar, el pueblo, este buen pueblo nuestro –el más resignado, el más manso de todos los pueblos del mundo– otorgará la plenitud de su confianza, como ha sabido entregarla, plena, jubilosa, infantil, a quienes le han inspirado fe y amor. (149-150)

En esta cita se aprecia el sueño carrionista por hacer del Ecuador una nación única y orgullosa. Sin embargo, también se aprecia una disociación entre el intelectual y las clases

---

[13] Sin ofrecer una definición clara de quiénes conforman el pueblo, en *Cartas al Ecuador* Carrión menciona tres grupos: los indiferentes y traidores –Gobierno, intelectuales y otros ecuatorianos que no se preocupan por los problemas nacionales–; los jóvenes intelectuales a quienes escribe Carrión –"[pueblo] del que se ha salido y al que se pertenece uno mismo" (149)–; y el pueblo inocente al que busca emplear en la reconstrucción nacional.

[14] En *El festín del petróleo*, Galarza Zavala narra el peso social de la guerra en las provincias de El Oro y Loja: "el éxodo de la población es multitudinario. Mujeres en cinta o con niños de pecho; infantes hambrientos y enfermos; ancianos vencidos por el trabajo, la pobreza y la vida; hombres abrumados por la incertidumbre [...] Así llegan a Cuenca. Vienen en camiones quemados por el sol de agosto, sepultados en el polvo de la tierra reseca [...] El pueblo de cuenca sale a recibir a sus hermanos. Les brinda un mendrugo, un vaso de agua. Les invita a sus tugurios, donde siempre el primer invitado es la miseria. Para comunicarse hay un lenguaje distinto al habitual: el lenguaje de la guerra" (78).

Imaginar la ecuatorianidad en tiempos de crisis ... • 159

populares que lo lleva a apropiar, esencializar y domesticar a los integrantes de dichos grupos sociales menos privilegiados. Por último, el discurso civilizatorio de Carrión mantiene vivo el mito colonialista del buen salvaje al imaginar como inocente y sumiso a ese sector del pueblo ecuatoriano al que pretende guiar en la reconstrucción de la patria.

A pesar del clasismo que mantiene separado a Carrión de la gente común, el tercer objetivo en *Cartas al Ecuador* es instruir al pueblo a sentir el orgullo nacional y exhortarlo a asimilar su lugar en el proyecto cultural carrionista para así servir en la reconstrucción de la patria. Aquí Carrión enfrenta otro problema, puesto que, como indiqué antes, él encarna un paradigma criollista que sólo le permite tener una visión generalizada de lo que es el pueblo. Carrión revela su posición dominante en cuanto a que intenta controlar las acciones del pueblo sin considerar la diversidad de opiniones y experiencias de vida con las que la gente construye sus propios imaginarios de lugar e identidad nacionales. Ante el abismo sociocultural que existe entre Carrión y la mayoría de los ecuatorianos, la manera en que él pretende incorporar al pueblo en su proyecto de ecuatorianidad tropical es a través de la imaginación. Carrión calcula que aún existen suficientes ecuatorianos dispuestos a ser guiados si se les trata con sinceridad. En su imaginario, Carrión describe de tres maneras la incorporación de ese pueblo idealizado: eligiendo a gobernantes confiables; aportando su creatividad manual por medio del trabajo artístico y artesanal; y sacrificando su vida en nombre de la patria.

En el imaginario de la ecuatorianidad tropical hay una fecha "caliente", el 9 de julio de 1941. Este es el día en que según Carrión el pueblo ecuatoriano en todo el país se lanza a las calles para luchar contra los invasores. Este acto de rebeldía y pasión por la patria es el punto de partida que necesita Carrión para imaginar el papel del pueblo en la reconstrucción nacional. Puesto que su visión clasista no busca enmarañarse en la heterogeneidad cultural, geográfica, racial y social de los grupos que forman el pueblo, también selecciona una lista de valores y cualidades que presenta en nombre del "pueblo". En primer lugar, señala que "a este pueblo le gusta ver que los que están en el poder en su nombre, *para hacer, hagan*... No tolera [...] la inutilidad [...] no perdona [...] la impreparación" (80). En su revisión de la historia nacional, Carrión destaca aquellas "épocas" de verdadera ecuatorianidad, cuando los gobernantes han sabido corresponder a los deseos de este pueblo.

Un atributo que Carrión incorpora en su imagen del pueblo es la habilidad de muchos ecuatorianos para la creación artística y el trabajo manual. En *Cartas al Ecuador* menciona la labor de alfareros, tejedores, marmoleros y labradores, oficios con los cuales el pueblo puede aportar al desarrollo económico y turístico del Ecuador (123). Sin embargo, los obreros no deben actuar por sí mismos sino en "unión espiritual" con los buenos gobernantes y administradores letrados. Empleando un discurso paternalista, alienta a los jóvenes intelectuales a contener al pueblo a través de la comprensión:

> Convenzámonos: no se ha de conseguir ningún resultado duradero, por la imposición, por la restricción, por la violencia. Este es un pueblo inteligente, bueno, "llevado por el bien". No hay que exacerbarlo: hay que comprenderlo. Su fuerza de gratitud y amor a los que le han hecho bienes, a los que le han inspirado confianza, es tangible, si se recorre nuestra historia. (114)

Sin embargo, comprender al pueblo es sinónimo de contenerlo para así dominarlo con mano blanda. Este buen trato impide que los individuos y grupos sociales que forman parte del pueblo aparezcan como sujetos, actores de su propio destino.

Una última representación del pueblo ecuatoriano en *Cartas al Ecuador* se enfoca en el sacrificio por la defensa de la patria. Carrión postula que el pueblo está dispuesto a sacrificar su vida por la libertad y la justicia. Por lo tanto, ve necesario corresponder al pueblo actuando con honradez y transparencia desde las esferas del poder administrativo. Este atributo tiene dos componentes contrapuestos. Primero, existe la necesidad de que las clases en el poder tengan el respeto del pueblo: "Y la confianza popular –acaso viciada en sus orígenes– puede reconquistarse acaso, demostrando honradez, nitidez, transparencia" (93). Segundo, la relación entre administradores y pueblo está drásticamente marcada por una división clasista asumida. En esta división de labores en defensa de la patria, el único sacrificado es el pueblo. Carrión marca esta diferencia cuando se dirige a sus lectores:

> Hoy que ya nadie, por más alto que esté, puede decir que ignora la existencia del pueblo, es preciso que se cuente con él [...] Pues cuando el pueblo ofrece *toda su fortuna*, o sea su vida, no es una oferta condicional de rico que quiere hacer sonar su nombre [...] Es la única, la solitaria verdad en la tragedia. (91)

> Señores, el pueblo ecuatoriano existe. Esta verdad, esta inmensa verdad, será la base suprema para organizar, con hechos, con eficacia, la defensa victoriosa de la patria. El pueblo está de pie, listo para el sacrificio, listo para la salvación de la patria. Entréguensele verdades, dénsele confianza. Y en la hora, de la hora, dénsele armas. (93)

El pueblo que Carrión describe en *Cartas al Ecuador* es una categoría social uniforme que dista de ser una comunidad. La existencia del pueblo sirve para legitimar un orden civilizatorio que está basado en los valores de libertad y justicia –los mismos que rechazan el autoritarismo y el despotismo–, pero que sigue arraigado al clasismo tradicional latinoamericano. Carrión defiende el sistema liberal a través de un modelo cultural basado en el espíritu de la creación intelectual y el deseo de la acción social. Dicho modelo precisa que el sistema ideado por las clases intelectuales tenga el apoyo político y social de la masa, de la fuerza laboral de artesanos, y de la defensa de soldados. En la época sociohistórica en la que vive Carrión, la prioridad de los intelectuales es la defensa de la soberanía nacional y la demanda de espacios de libertad intelectual. Desafortunadamente, lejos queda aún la reivindicación de los derechos individuales y colectivos de la gente común.

La lucha por los derechos de diversos grupos sociales en el Ecuador ha sido larga, esporádica y conflictiva. A partir de la Guerra del Cenepa en 1995, que pone fin al conflicto limítrofe entre Ecuador y Perú, la identidad ecuatoriana deja de pensarse únicamente en base a la rivalidad con el país vecino y se abre a otros debates interculturales tanto dentro como fuera del país. Como señalan Carlos de la Torre y Steve Striffler, a partir de la última década del siglo xx la reivindicación de los derechos de distintos grupos sociales marginados no sólo comienza a tornarse en realidad sino que también trae cambios en el significado de la ecuatorianidad (337). Por ejemplo, los movimientos indígenas y afroecuatorianos cobran fuerza política a nivel nacional y logran cuestionar el mito del mestizaje como el único referente racial para generalizar y clasificar a la sociedad ecuatoriana.[15] Los esfuerzos de dichos movimientos sociales también logran que el Estado reconozca la pluriculturalidad nacional al decretar en la Constitución de 1998 que el Ecuador es una nación multirracial y multiétnica (337).

Estos cambios sociopolíticos muestran un avance en relación al contexto sociohistórico de los años cuarenta, pero aún no logran remediar la incapacidad de gobernar del Estado que Carrión acusa en *Cartas al Ecuador*. Si en el 41 el Estado no dialoga con la sociedad sobre el serio conflicto frente al Perú, en el Ecuador de la década de los noventa cinco presidentes distintos en cinco años (1996-2000) no ofrecen soluciones a una recesión económica y una crisis política desestabilizadoras. Junto a la imposibilidad de gobernar, el desastre climatológico de El Niño, la caída del precio del petróleo, la hiperinflación y la quiebra de la banca producen la peor crisis socioeconómica en la historia del Ecuador. Un elemento fundamental de la

---

[15] Uno de los ejemplos más relevantes en la historia reciente del Ecuador es, sin duda, el movimiento indígena de la CONAIE (Confederación de Nacionalidades Indígenas del Ecuador). En la década de los noventa, los miembros de esta organización se autoconstituyeron como "actores revitalizados" con la intención de cuestionar fuertemente el Estado blanco-mestizo así como la democracia representativa y el modelo económico neoliberal, y exigir que se reconociera la pluriculturalidad de la sociedad y el respeto al medioambiente.

crisis del fin de siglo XX es la incapacidad del Estado para controlar la inflación. Ante el desplome del sucre en el año 2000, el gobierno de Jamil Mahuad adopta el dólar estadounidense como nueva moneda nacional. Sesenta años después de *Cartas al Ecuador*, la crisis de la identidad ecuatoriana pasa de ser un problema de soberanía territorial a uno de soberanía monetaria. La crisis causada por la dolarización va aún más allá del cambio monetario, puesto que un elevado número de ecuatorianos responde a la dolarización y a las medidas oficiales de austeridad marchándose del país.

La migración masiva es un mensaje de insatisfacción y desconfianza de las clases populares y medias hacia las élites económicas y políticas del Ecuador. Ya no se trata del exilio de escritores e intelectuales de renombre que son bien recibidos en sus países de llegada. A fines del siglo XX, la migración masiva es la rebelión de un pueblo dispuesto a actuar por sí mismo, a pesar de las consecuencias, y así dejar de ser manipulado por los proyectos políticos y culturales de las clases dominantes.

Pocos momentos en la historia reciente del Ecuador han tenido tan graves repercusiones sociales y culturales como la crisis política y económica de finales de los años noventa. Brad Jokisch y David Kyle indican que una ola migratoria masiva, la tercera en la historia moderna del Ecuador, inicia en el momento del cambio hacia la dolarización. Mientras que las primeras dos olas migratorias se deben, primero, al colapso en la producción de los sombreros de paja toquilla en los años sesenta y, segundo, a la crisis de la deuda externa en los años ochenta, la tercera "fue rápida y por tanto dramática; fue nacional y no regional, y desde su inicio involucró particularmente a la gente de la clase media de la sociedad" (Jokisch y Kyle 59). Las tres olas migratorias han hecho que un doce por ciento de la población ecuatoriana viva en el exterior y que los trabajadores migrantes envíen alrededor de $ 1 740 millones de dólares en remesas a sus familias y comunidades de origen (59).[16] La crisis económica y política de los noventa genera una reorientación radical en los flujos migratorios del Ecuador. Miles de ecuatorianos responden a la crisis económica y a las medidas de austeridad retomando el camino de la migración hacia Estados Unidos, pero además iniciando nuevos flujos masivos hacia varios países en Europa, especialmente España e Italia.[17]

Cada uno de los tres episodios migratorios genera diversos contextos culturales y sociales que afectan el significado de la ecuatorianidad desde Estados Unidos y Europa. Así como cada nuevo lugar de arraigo en el extranjero altera de varias maneras las identidades y subjetividades de los migrantes ecuatorianos, muchos de ellos reproducen espacios de ecuatorianidad al ejercitar su agencia cultural de acuerdo con sus distintas necesidades de sobrevivencia.[18] La producción literaria y documental actual cuenta con escritores y documentalistas que se dedican a representar las historias de vida de distintos migrantes ecuatorianos. Algunas de sus obras interpretan la

---

[16] El colapso en la producción de sombreros de paja toquilla produce la migración ecuatoriana a Nueva York y Chicago en los años sesenta. Tan solo en la zona metropolitana de Nueva York existe una densa población ecuatoriana en los barrios de Corona, Flushing y Jackson Heights en Queens. También, un buen número de ecuatorianos radica en Long Island y en otras poblaciones de Nueva Jersey y Connecticut. Los pioneros de la migración ecuatoriana eligieron estas ciudades puesto que son los antiguos vínculos que conectaban a las provincias de Cañar y Azuay con el mercado internacional de los famosos "Panama hats". Veinte años más tarde, la crisis económica de los ochenta masifica la migración ecuatoriana hacia nuevos destinos en Estados Unidos como Los Ángeles, Minneapolis, Columbus (Ohio), Filadelfia y Boston (Jokisch y Kyle 58-59).

[17] En España, los primeros migrantes ecuatorianos comienzan a llegar en 1998 a la provincia de Murcia. Hoy en día, también hay ecuatorianos viviendo en Madrid y Barcelona. En Italia, la mayoría de ecuatorianos vive en Milán, Génova, y en menor medida, Roma (Pedone 105).

[18] Un ejemplo de las maneras en que los ecuatorianos en Nueva York reconfiguran sus identidades así como generan nuevas categorías de representación espacial es el fenómeno de *la Yoni*. Este término, basado en "I ♥ NY", logo oficial de la Oficina de Turismo de la ciudad de Nueva York, implica todo un imaginario de vida que representa cómo ven los ecuatorianos la ciudad de Nueva York, generan expectativas y modos de adaptabilidad en este contexto urbano y transforman sus identidades híbridas con efectos de inclusión y exclusión en Nueva York y Ecuador. Ver el capítulo "Undocumented Migrants in Yoni" en el libro de Jason Pribilsky, *La chulla vida* (2007).

ecuatorianidad de maneras que van más allá del imaginario carrionista. Mientras que para Carrión la ecuatorianidad se logra en la búsqueda de valores abstractos como son la libertad y la verdad, y en la conducción del pueblo abnegado al servicio de la patria, autores como Galo Galarza y Rita Vargas Ríos, y documentalistas como Lisandra Rivera y Manolo Sarmiento buscan nuevos significados de la ecuatorianidad en las experiencias de vida de individuos afectados por el fenómeno migratorio. Si por un lado, el distanciamiento que guarda Carrión con las clases populares únicamente le permite imaginarlas "desde arriba", como a él le gustaría que estas se comportasen, los autores comprometidos con la migración actual intentan mostrar las condiciones identitarias ambivalentes de los migrantes y de sus familias en el Ecuador (Labatut 186).

El escritor y diplomático Galo Galarza ha dedicado parte de sus estadías en el extranjero a la convivencia con la comunidad migrante ecuatoriana.[19] Su colección de cuentos testimoniales y "radiografías humanas", *La dama es una trampa* (1996), recoge las experiencias de vida de migrantes ecuatorianos en la zona metropolitana de Nueva York y algunas ciudades en Canadá. Este libro incluye "transcripciones textuales de palabras escuchadas en las calles, restaurantes, museos, iglesias, bares, trenes, oficinas, cárceles, hospitales, manicomios, casas y apartamentos de las diferentes ciudades norteamericanas" donde el autor se ha encontrado con sus paisanos (s.p.). A diferencia de *Cartas al Ecuador*, las transcripciones de Galarza forman un texto fragmentado y polifónico sin una voz narrativa que domine la escritura.

En *La dama es una trampa*, las historias incluidas en forma de microcuentos, testimonios y viñetas no son necesariamente

---

[19] La migración masiva ha cambiado el papel que juegan algunos intelectuales miembros del cuerpo diplomático. Si en los años veinte y treinta Carrión divide sus labores como cónsul del Ecuador en El Havre con reuniones frecuentes con intelectuales europeos y latinoamericanos en los salones de té de París, en los años noventa Galo Galarza divide sus labores promocionando la cultura ecuatoriana en Nueva York y asistiendo a la comunidad ecuatoriana migrante.

comparables con las experiencias de migrantes en España o en otras ciudades norteamericanas. Cada personaje representa la experiencia de una persona o grupo reducido en un contexto sociocultural específico. Por ejemplo, en *La dama es una trampa* varias voces narran situaciones en el barrio neoyorquino de Jackson Heights, en Queens. Siendo que este barrio es uno de los primeros lugares conquistados por ecuatorianos de la primera ola migratoria en los años sesenta, la reproducción de la ecuatorianidad en ese lugar durante los años noventa refleja un mayor nivel de estabilidad en relación a otros lugares en el mundo en los que la migración es más reciente. Pensar la ecuatorianidad desde las perspectivas de migración implica que los migrantes necesitan adaptarse a las nuevas condiciones de vida en los lugares de llegada. Pero también es cierto que sus acciones pueden alterar el contexto del nuevo lugar que habitan así como, en ocasiones, su producción, representación y reproducción cultural muchas veces tienen efectos transformativos en Ecuador.[20]

En la viñeta "Cinco diputados", la voz migrante demanda mayor participación política en Ecuador:

> Nosotros aspiramos, como ciudadanos ecuatorianos que somos, a tener algún día cinco diputados en el Congreso. Porque por algo somos más de quinientos mil los que vivimos en esta metrópoli. Busque ese número de la revista "Vistazo" de hace unos meses y vea como ese periodista inteligente que hizo el reportaje nos llama, con plena justicia: "la última provincia del Ecuador". Y un Ministro de Ricardo Corazón de León o León Corazón de Ricardo, quien vino por acá allá por el año 87 y que tenía apellido de azúcar, exclamó un discurso memorable para nosotros, encaramado en una tarima de Roosevelt Avenue, en pleno Jackson Heights, "el Ecuador –dijo el dulce monito– no termina hacia el Norte en Tulcán, sino en las calles de Queens". (Galarza 92)[21]

---

[20] Para un análisis de la relación entre sujetos locales y la construcción de contextos sociales, consultar el texto *Modernity at Large* (1997) de Arjun Appadurai.
[21] La comunidad de ecuatorianos en Milán, Italia, ha hecho una demanda similar a favor de elegir diputados en la diáspora. Ver el documental de Silvia Mejía Estévez, *Just a Click Away from Home* (2007).

Esta declaración de un personaje anónimo que representa la voz colectiva "de más de quinientos mil" ecuatorianos dista mucho de la representación del pueblo hecha por Carrión. Si para Carrión el pueblo debe asumir un papel de obediencia y sacrificio ante la autoridad intelectual, la expresión de la voz migrante encarna una colectividad de actores sociales que exigen ser considerados como ciudadanos de derecho. Mientras que Carrión se lamenta por el empequeñecimiento de la patria, el discurso de ciudadanía migrante afirma su legitimidad en la magnitud de la población migrante y en el ilimitado espacio cultural ecuatoriano. La demanda de cinco diputados abre un espacio para la incorporación de otras voces en la administración de la política nacional. Si para Carrión la identidad nacional se basa en parte en la defensa de la soberanía territorial, idea vinculada al mestizaje cultural ya antes analizada detalladamente en otros estudios que conforman este volumen, la exigencia de representatividad política para los ecuatorianos que viven en el extranjero pone en duda el modelo identitario del mestizaje y reactiva la ecuatorianidad como un concepto abierto, dialéctico e indefinido (Labatut 190). La voz anónima en esta viñeta traza un nuevo límite fronterizo de Tulcán a Queens, creando así un espacio de identidad nacional para los ausentes. Este deseo de crear un espacio inclusivo hace eco en los movimientos indígenas y afroecuatorianos que en 1998 luchan por el reconocimiento oficial de la ecuatorianidad pluricultural.

En la viñeta "Cinco diputados", a pesar del discurso populista presentado por el supuesto ministro del presidente León Febres Cordero (1984-1988), la voz migrante descentraliza el poder del Estado empleando el lenguaje lúdico.[22] La voz activa de este migrante ficticio pero que incorpora elementos

---

[22] Llama la atención la manera en que el hablante deconstruye el poder presidencial al sustituir el nombre de León Febres Cordero por el de Ricardo Corazón de León, Ricardo I, rey de Inglaterra (1189-1199). En sus diez años de reinado, Ricardo I únicamente visitó Inglaterra en dos ocasiones. Febres Cordero pasó gran parte de su juventud estudiando en Estados Unidos. Como presidente entre 1984 y 1988, Febres Cordero impulsó una serie de reformas neoliberales que dividieron aún más a la población ecuatoriana.

reales, rechaza tanto la representación carrionista del pueblo "más manso de todos los pueblos del mundo" como la autoridad del Estado al desdeñar los nombres de los dos gobernantes y posicionar al ministro bajo su origen regional guayaquileño: "dulce monito". Con este ejemplo, Galarza reconfigura la ecuatorianidad al deslindarse del territorio nacional y de la visión centralista y monológica de Carrión. Galarza muestra cómo la ecuatorianidad ya no se puede articular únicamente tomando en cuenta los valores climáticos o clasistas sobre la patria. Hoy en día, la identidad nacional se forma "en relación con los repertorios textuales e iconográficos provistos por los medios electrónicos de comunicación y la globalización de la vida urbana", incluido, por supuesto, el fenómeno migratorio (García Canclini 95).

Sin embargo, aun cuando la globalización introduce nuevos repertorios visuales que ayudan a los migrantes a acortar distancias y a sobrellevar la nostalgia, la interpretación de dichos repertorios depende de las situaciones sociales en contextos locales. A pesar de ser el grupo migrante mayoritario en España, no todos los ecuatorianos en ese país articulan su identidad de la misma manera. En su libro de cuentos y relatos testimoniales, *Historias del desarraigo* (2005), Rita Vargas Ríos narra los infortunios que sufren algunos ecuatorianos en España. Los migrantes que representa Vargas Ríos pertenecen a la tercera ola migratoria que inicia en 1998. Ellos se caracterizan por sufrir el abandono familiar, el abuso laboral y la incertidumbre de vivir en un país extraño. Sus personajes experimentan una doble ausencia. Algunos de ellos han roto el hilo comunicativo con el Ecuador y a la vez no logran ser reconocidos por la sociedad española en la que viven. Debido a esta profunda inestabilidad, varios personajes adaptan referentes regionales y locales como códigos de identidad individual y colectiva. En el cuento "Los domingos", dos amigas comparan sus vidas en Ecuador y en España mientras pasean en su día libre:

Imaginar la ecuatorianidad en tiempos de crisis ... • 169

> Oiga Juanita, que bonita es Madrid, llena de flores, de parques, de jardines. Lo que más me gusta es esta placita, Plaza España, no sólo porque aquí siempre nos encontramos con las amigas, sino porque me da como nostalgia. Se me parece a la Plaza del pueblo, sólo que en vez de estatua del Quijote estaba la pileta pero también era bonita. Todos los domingos salíamos de paseo con mi marido y mis hijos, todo me parece un sueño ahora. Mire qué cielo tan bonito, parece el cielo de allá y pensar que estamos tan lejos; como en el fin del mundo ¿verdad? Cómo quisiera que mis hijitos vean todo esto y puedan estudiar acá y luego trabajar, pero no de sirvientes como nosotros, sino más bien en algún almacén. Ahora es cada vez más difícil por los papeles y por el dinero también. Ya casi no alcanzo para mandar la plata cada mes. Se complicó tanto la vida por acá también. (Vargas Ríos 83)

Cuando este personaje femenino vincula "la placita" española con la "Plaza del pueblo" imagina el hilo migratorio que conecta su pasado con su presente; la rutina familiar con la nostalgia. La voz de este personaje muestra al pueblo desde la expresión fragmentada de la memoria migrante. Es así como este personaje pierde el hilo que le conectaba con el Ecuador debido a que su pasado ahora se vuelve sólo un sueño. La migrante procura soportar la soledad por medio del recuerdo y del ritual esporádico del encuentro con las amigas en la Plaza España. A diferencia de la voz dominante en *Cartas al Ecuador*, en este diálogo entre dos mujeres no encontramos ninguna referencia a la patria ni una dependencia en las clases intelectuales y dominantes que marquen el camino en la vida. Este es otro factor que indica la ruptura del tejido social que afecta la comunicación y la relación entre ecuatorianos dentro y fuera del país. Pero lo que sí aparece en el texto es una serie de códigos íntimos y locales con los cuales la voz femenina se identifica. La sencillez de la vida en el pueblo contrasta con la falta de tiempo libre en Madrid; el deseo de que los hijos tengan un mejor futuro en España difiere con la realidad presente de servidumbre, soledad y la falta de papeles. Aquí falla la recreación de la ecuatorianidad. Medio mundo separa a esta voz femenina de su familia. La identidad no se plantea en relación a un plan cultural idealizante como el de

Benjamín Carrión, sino como la nostalgia generada por una vida interrumpida y la ansiedad producida por la inestabilidad de la manutención económica familiar.

La incertidumbre que caracteriza las experiencias de vida de distintos migrantes ecuatorianos muchas veces los enfrenta a otros actores e instituciones que dominan los nuevos contextos de arraigo en el extranjero. En estas circunstancias, la ecuatorianidad es imposible de articularse como una totalidad. En ocasiones, la identidad ecuatoriana pasa desapercibida por estar sumergida y alejada de la vida pública, o en otros momentos puede aparecer a través de rituales en los cuales los migrantes reproducen sus espacios culturales. El documental *Problemas personales* (2002), dirigido y producido por Lisandra I. Rivera y Manolo Sarmiento, representa las experiencias de vida de tres migrantes ecuatorianos en Madrid. Mediante el uso de la secuencia intercalada, el documental se enfoca en las vidas fragmentadas y paralelas de los tres migrantes. El espectador no siempre sabe con exactitud el lugar o el momento desde donde hablan los migrantes ante la cámara. Esta incertidumbre se traslada a los encuentros entre alguno de los tres personajes centrales con otros migrantes anónimos.

El personaje de Antonio, quien es originario de Guayaquil y tiene la doble ciudadanía española y ecuatoriana, es un caso particular en el desarrollo de los espacios de identidad cultural ecuatoriana en Madrid. Junto con un grupo pequeño de compatriotas, Antonio organiza reuniones informales los fines de semana en el Parque Pintor Rosales de la ciudad. Su labor organizativa dista de ser un acto altruista. Antonio se beneficia de la venta de cervezas y refrescos en el parque. En el documental, la experiencia de vida de Antonio ofrece ejemplos del trato entre ecuatorianos en Madrid. A pesar de tener la doble nacionalidad y de vivir por varios años junto a toda su familia en España, Antonio sigue considerándose a sí mismo ecuatoriano. Como organizador de las reuniones, siempre está al pendiente de lo que dice la gente. Uno de los temas que se discuten en el parque trata de los mitos que circulan en Ecuador sobre la migración a España:

ANTONIO: Pero lo primero que dijiste, no hables eso, OK. Que no hables de eso porque tú eres ecuatoriano y yo soy ecuatoriano, pero lo que tú dijiste primero me resiente mucho. ¿Sabes por qué te digo?
MIGRANTE 1: Dime, dime, ¿qué?
ANTONIO: Que tu dices que no se vengan ecuatorianos aquí, que se queden allá. Porque se gana no lo que te dicen allá.
MIGRANTE 1: Es así, es así.
MIGRANTE 2: Pero, mira [dirigiéndose a Antonio], oye, estás equivocado porque nosotros los inmigrantes si no tenemos a dónde llegar, ¿qué hacemos?
ANTONIO: Entonces no te vengas.
MIGRANTE 2: Pero por eso. Es lo que nosotros estamos diciendo.
MIGRANTE 1: Yo digo lo que se vive en carne propia aquí.
ANTONIO: Por eso te digo, que el tiempo lo dirá. Escúchame. No digas no.
MIGRANTE 1: Tú sabes que para sacar 350 dólares yo tengo que trabajar dos jornadas. Construcción en la mañana, relaciones públicas en la noche. Es matarte. Es que cualquiera no lo tiene.
ANTONIO: Es que estás ilegal. Cuando estés tú con tus papeles, tú vas a decir, me voy a quedar y me voy a traer a mi familia. Pero regresarte doy mi cabeza a que no te regresas. Porque lo que tú piensas hacer ahora comprarte tu casa, comprarte tu carro, no te lo vas a ganar en un año.
MIGRANTE 1: Es que son tres años los que yo me voy a quedar aquí.
ANTONIO: Ya en tres años no te vas. Que no te vas a regresar. ¿Por qué? Porque tú te ambientas aquí, tienes una clase de vida, y te vas a mentalizar. Porque hoy día estás ciego. Ahorita estás ciego porque no conoces. Pero después vas a decir tú: "No si Madrid, España... vivo bien, vivo mejor, gano más dinero que en Ecuador. Y en Ecuador me saco la madre y tengo que estar con la mentalidad de que si no saco dinero mañana voy a robar...

El diálogo entre estos tres migrantes muestra sus diferentes experiencias tanto en Ecuador como en España. Los dos migrantes anónimos son portavoces de los mitos que circulan en sus lugares de origen sobre el costo de vida en España. La inestabilidad que produce su estado migratorio genera en ambos migrantes su insatisfacción con la vida laboral en Madrid. Por el contrario, Antonio asume una voz de autoridad, la voz de la experiencia de aquel que ya ha pasado por los problemas de inseguridad de sus interlocutores. Es él quien les recuerda de su condición común como ecuatorianos, pero también es quien mide la distancia entre él y los demás. Si por un lado, los migrantes sin papeles vacilan entre quedarse en España o volver al Ecuador, Antonio sólo piensa en permanecer en España para seguir siendo ecuatoriano. Aquí encontramos una clara contradicción entre la identidad y el territorio. Si comparamos la actitud de Antonio con la posición exclusiva del intelectual carrionista cuya voz adquiere más fuerza desde el exilio, vemos que migrantes como Antonio pueden idear sus propios imaginarios de ecuatorianidad sin depender del maestro ni del Estado. El debate que generan los tres migrantes transciende los límites de control del pueblo en el imaginario carrionista. En este diálogo los tres hombres debaten su propio destino, algo imposible dentro del modelo civilizatorio del maestro Carrión. Al cambiar de perspectiva para asumir la posición de Antonio, vemos que él rechaza ser parte de un pueblo sumiso y sacrificable. Para Antonio volver a Ecuador equivaldría a tornarse en criminal: "si no saco dinero mañana voy a robar".

Antonio no desarrolla voluntariamente las razones por las que prefiere no regresar a vivir al Ecuador. Tan sólo indica que se niega a volver porque no quiere tornarse criminal. Por ello, intenta convencer a los dos migrantes a tener paciencia y a buscar un cambio de mentalidad. Él se ve en la necesidad de intentar abrirles los ojos a estos dos ecuatorianos recién llegados. A pesar de ello, los tres hombres comparten un origen nacional que los hace diferentes a los españoles. Antonio es consciente de que su legalidad no lo protege contra la marginalización racial dentro de un contexto sociocultural al cual él no pertenece del todo. El ambiente antiinmigrante en España hace que Antonio mantenga su orgullo nacional. Ese orgullo, empero, no está vinculado a una noción dominante de patria. El imaginario nacional de Antonio se basa en el recuerdo roto de una vida conflictiva en Guayaquil y en el ritual colectivo popular donde se discute, se bebe, se baila, se grita y se come junto a otros paisanos.

En el contexto de las reuniones en el parque, el estado de legalidad de Antonio le da voz frente a las autoridades que intentan replegar a los migrantes al silencio y la subordinación.

El documental muestra un altercado en el parque entre el grupo de ecuatorianos y la policía. El conflicto se presenta como un acto discriminatorio por parte de las autoridades públicas. La policía trata de impedir las reuniones en el parque, ya que las fiestas de los ecuatorianos alteran el orden civil, obstruyen la vialidad y proyectan una mala imagen a los españoles que conducen sus carros por ahí. Antonio y el grupo de vendedores consideran sus alternativas:

> ANTONIO: La policía es incomprensible. Váyase a Moncloa o a Príncipe de Vergara y vea cómo está. Fuman droga y todo. Nosotros somos sanos los ecuatorianos. Estamos festeando el Día de la Madre, de nuestra época en Ecuador, y la policía viene a joder. Soy residente y tengo doble nacionalidad. ¿Por qué sólo a nosotros? Eso es lo que yo no entiendo. ¿Por qué sólo a nosotros? No podemos quedarnos así.
> MUJER 1: Yo no sé si ustedes han visto las noticias en los telediarios. Las organizaciones de colombianos hacen lo mismo. Se juntan a vender sus comidas típicas y a ellos no los han echado.
> ANTONIO: Señora, señora. No nos embarremos cuando ya estamos jodidos, como se dice vulgarmente. Disculpe que yo le hable así. No seamos tontos. No estamos en el Ecuador. Estamos aquí en España y tenemos que luchar por todo.
> ESPOSA DE ANTONIO: No, aquí todos van a pelear por lo suyo.
> ANTONIO: Hay que pelear todos juntos. Lo que tenemos que hacer es organizarnos en lo que, como repito, la limpieza. Es lo único que pide la policía.

Aquí se podría hablar de un paralelismo entre la autoridad de Antonio y del propio Carrión. Por un lado, Antonio cuenta con la doble nacionalidad y eso le permite funcionar con libertad en España y representar a sus compatriotas ecuatorianos indocumentados. Por el otro, Carrión también se identifica de dos maneras como ecuatoriano y latinoamericano. Sus viajes y estadías en el extranjero, y su posición intelectual en Ecuador le ofrecen una mayor legitimidad intelectual.[23]

A pesar de las tensiones, Antonio y los otros migrantes intercambian ideas en base a sus propias experiencias de

---

[23] Agradezco a Michael Handelsman esta importante observación.

vida. El diálogo entre los migrantes muestra también que no son ajenos a las rivalidades entre distintos grupos migrantes. Incluso en España se reproducen los estereotipos y estigmas que marcan diferencias entre grupos, en este caso, entre ecuatorianos y colombianos. El encuentro en el parque les hace visibles en una sociedad que no los incluye. En su visibilidad este grupo de migrantes adquiere conciencia de sus múltiples diferencias y contradicciones, pero también los migrantes comprenden que pueden defender sus derechos si actúan colectivamente. La defensa de su derecho a reunirse públicamente y reproducir un espacio cultural ecuatoriano es también la afirmación de su ecuatorianidad. Ese derecho a ser sujetos culturales y luchar por su propio destino es el mismo que Carrión les niega en su proyecto civilizatorio. La ecuatorianidad construida desde el diálogo en el parque Pintor Rosales ya no se reproduce como una totalidad estática sino como un acto de rebeldía, reproducción cultural y de autodefensa de una pequeña comunidad ecuatoriana migrante y transnacional.

A pesar de no estar exentas de contrariedades y limitaciones, las representaciones literarias y culturales de las experiencias de vida de migrantes ecuatorianos ofrecen una salida a los límites impuestos por el imaginario carrionista de la ecuatorianidad. Impulsado por el vértigo vasconcelista de la totalidad del trópico, Benjamín Carrión pierde la oportunidad de reconstruir al Ecuador a través del diálogo con los diferentes grupos que forman la nación. Su ansiedad de dominar el discurso cultural en tiempos de crisis nacional lo lleva a imaginar la ecuatorianidad desde una posición autócrata respaldada por una tradición clasista y racista que lo aparta de la heterogeneidad cultural, regional y social que conforma la nación. Carrión se equivoca al pretender domesticar a los grupos sociales que no forman parte de su entorno cultural. Como consecuencia, no ha sido fácil para la sociedad ecuatoriana el abrirse nuevos caminos hacia la reivindicación de sus derechos culturales en los que se incluye el derecho a imaginar la ecuatorianidad más allá del territorio nacional. Si para Carrión la ecuatorianidad se mide en el engrandecimiento cultural de la patria, las historias de vida de los migrantes muestran que ella se puede recrear en la multiplicidad de espacios culturales fragmentados que emergen efímeramente más allá de la mitad del mundo.

Bibliografía

Appadurai, Arjun. *Modernity at Large. Cultural Dimensions of Globalization*. Minneapolis: U of Minnesota P, 1997.
Carrión, Benjamín. *Benjamín Carrión: Pensamiento fundamental*. Michael Handelsman, ed. Colección Pensamiento Fundamental Ecuatoriano. Quito: Campaña Nacional Eugenio Espejo por el Libro y la Lectura, 2007.
____ *Cartas al Ecuador*. Introducción de Michael Handelsman. Quito: Banco Central del Ecuador/Corporación Editora Nacional, 1988.
____ "El escritor, autor del drama humano". *Boletín de la Comunidad Latinoamericana de Escritores* 9 (1970): 39-44.
De la Torre, Carlos y Steve Striffler, "Cultures and Identities Redefined". *The Ecuador Reader: History, Culture, Politics*. Carlos de la Torre y Steve Striffler, eds. Durham: Duke UP, 2008. 337-339.
Galarza, Galo. *La dama es una trampa*. Quito: Eskeletra, 1996.
Galarza Zavala, Jaime. *El festín del petróleo*. Cuenca: Sol, 1972.
García Canclini, Néstor. *Ciudadanos y consumidores. Conflictos multiculturales de la globalización*. México: Grijalbo, 1995.
Handelsman, Michael. "Estudio introductorio". *Benjamín Carrión: Pensamiento fundamental*. Michael Handelsman, ed. Colección Pensamiento Fundamental Ecuatoriano. Quito: Campaña Nacional Eugenio Espejo por el Libro y la Lectura, 2007.
Jokisch, Brad y David Kyle. "Las transformaciones de la migración transnacional del Ecuador, 1993-2003". *La migración ecuatoriana: transnacionalismo, redes e identidades*. Gioconda Herrera, María Cristina Carrillo Espinosa

y Alicia Torres, eds. Quito: FLACSO Ecuador; Plan Migración, Comunicación y Desarrollo, 2005.

Just a Click Away from Home. Silvia Mejía Estévez, directora y productora. 2007.

Labatut, Caroline. "'Ecuatañoles' y otros migrantes ecuatorianos: una visión de la ecuatorianidad en el 2010". *Panorámica actual de la cultura ecuatoriana.* Claude Couffon, Michael Handelsman, Olga Núñez Piñeiro, Roger Guggisberg y Rocío Durán-Barba, eds. Quito: Allpamanda, 2011.

Pedone, Claudia. "'Tú siempre jalas a los tuyos'. Cadenas y redes migratorias de las familias ecuatorianas hacia España". *La migración ecuatoriana: Transnacionalismo, redes e identidades.* Gioconda Herrera, María Cristina Carrillo Espinosa y Alicia Torres, eds. Quito: FLACSO Ecuador; Plan Migración, Comunicación y Desarrollo, 2005.

Pribilsky, Jason. *La Chulla Vida: Gender, Migration, and the Family in Andean Ecuador and New York City.* Syracuse, NY: Syracuse UP, 2007.

Problemas personales. Lisandra I. Rivera y Manolo Sarmiento, directores y productores. Pequeña nube, 2002.

Vargas Ríos, Rita. *Historias del desarraigo.* Quito: Producción Gráfica, 2005.

II. Literatura, arte, vanguardia

Vasconcelos y los libros 'clásicos'

JAVIER GARCIADIEGO
El Colegio de México

La colección 'verde'

Difícilmente podrá encontrarse en toda nuestra historia cultural un proyecto editorial más trascendente –y a la más vez polémico– que el de los 'clásicos' universales de Vasconcelos, iniciado como Rector de la Universidad Nacional y continuado siendo ya Secretario de Educación Pública.[1] Cuestionada en sus objetivos, al ofrecer autores no fácilmente legibles a una población hambrienta y analfabeta, la colección 'verde' fue elogiada por su perspectiva ecuménica y criticada por su notoria desigualdad; alabada por su audacia editorial y rechazada por su falta de apego a la normatividad comercial y a los derechos laborales de los traductores. En efecto, la mítica colección de 'clásicos' fue un proyecto editorial de luces y sombras, pletórico de opacidades pero riquísimo en su naturaleza y objetivos. Obviamente, su mayor problema, del que no terminaremos de lamentarnos, es que fue una colección inconclusa: hoy todavía nos preguntamos ¿cuáles hubieran sido los escritores 'clásicos' incluidos de haberse completado la serie, y qué obras los hubieran representado? Después de esta gran incógnita, las demás dudas palidecen: ¿Quiénes hicieron la selección? ¿Cuáles fueron sus tirajes? ¿Dónde fueron distribuidos? ¿Cuántos se vendieron y cuántos fueron destinados a las bibliotecas públicas? Además de estas dudas, sigue vigente el gran cuestionamiento que desde un

---

[1] Una prueba irrefutable de esta doble adscripción de la colección son los indistintos sellos editoriales y colofones.

principio se le hizo: ¿para qué publicar tirajes tan abultados de 'clásicos' en un país con casi 80% de analfabetos?

Las respuestas a estas preguntas no pueden ser satisfactorias, pues la información de que se dispone es parcial y fragmentaria; peor aún, contradictoria. Para comenzar, sólo se publicaron 17 volúmenes, de doce autores. Las primeras preguntas son obvias: ¿pensaba Vasconcelos en cien autores o en cien volúmenes, de un número menor de autores? ¿Qué autores y libros conformaban la lista completa? ¿Por qué no aparecieron los 83 restantes? Para comenzar, debemos advertir que las listas debían tener el número 90 como límite, pues Vasconcelos siempre prometió que diez autores y títulos serían definidos por una especie de encuesta que organizaría el periódico *Excelsior*. Apenas se sabe que "quedaron en prensa" un *Romancero*, una *Antología iberoamericana* y un tomo de Lope de Vega, y que había la promesa de que luego aparecerían libros de Calderón de la Barca, Shakespeare, Ibsen, Bernard Shaw y la *Geografía Universal* de Eliseo Reclús (Vasconcelos, *Indología* 176-178). Sí a estos se agrega el nombre de Benito Pérez Galdós, en ocasiones anunciado, y si se considera que a cada uno de éstos correspondería un tomo, a pesar de que fueron autores tan prolíficos, debe concluirse que faltaron por definirse 64 de los 90 volúmenes.

Respecto a los tirajes, Vasconcelos primero alardeó que repartiría "cien mil Homeros", aunque en otra ocasión firmó que los tirajes fueron de 50,000, para luego volver a contradecirse aceptando que fueron de 25,000 para "la mayoría" de los títulos. En verdad, se sabe que los 'clásicos verdes' fueron impresos con tirajes diferenciados: por ejemplo, casi 40,000 para *La Ilíada*, 15,000 para Esquilo, poco más de 6,000 para Goethe, y hay quien dice que sólo se imprimieron 800 ejemplares de Plotino.[2] El problema no es menor, pues del tamaño del tiraje dependía la naturaleza del proyecto: o fue una edición realmente masiva, dirigida a algunos sectores

---

[2] Consúltese Vasconcelos, *El desastre* 47; y también Garrido, "Ulises y Prometeo. Vasconcelos y las prensas universitarias" 179-199.

populares, o se trató más bien de una colección para los círculos prexistentes de lectores. Las contradicciones también caracterizaron lo asegurado sobre sus precios: dado que parte del tiraje se destinó a las diferentes bibliotecas creadas entonces, cuyo número máximo alcanzó los dos millares,[3] resulta obvio que la mayor parte de los ejemplares fueron vendidos. El problema es que al menos se conocen dos afirmaciones que les asignan precios distintos: un peso o 50 centavos. También se dijo que buena parte del tiraje fue repartido; esto es, que los libros 'verdes' fueron obsequiados, lo que obligaría a conocer el proceso por el que se definió a los beneficiarios.[4]

Pasemos a lo esencial. Si los autores y libros incluidos en la colección 'verde' revelan las preferencias de Vasconcelos, quien personalmente participó en las definiciones fundamentales de la colección, igualmente explícitas son sus ausencias. En términos cronológico-culturales la colección comienza con varios griegos –Homero, Esquilo, Eurípides, Platón y Plutarco–, por ser los "eternos maestros", aunque llama la atención la ausencia de Aristóteles y de los historiadores Heródoto o Tucídides. Aunque es conocida la abierta simpatía de Vasconcelos por Platón y sus reservas respecto a Aristóteles,[5] es probable que éste fuera uno de los pensadores que estaban en la lista de elegidos pero que no pudieron ser publicados. Respecto a los historiadores, seguramente los marginó de la selección la severa idea que Vasconcelos tenía de su oficio: para él la historia era "odiosa", un simple "amontonamiento de sucesos que no nos importan" (*El desastre* 405).

La exclusión de toda la literatura latina se aviene al desprecio que siempre le profesó Vasconcelos, por su supuesta

---

[3] "Entre los años 1921 y 1924 el Departamento de Bibliotecas llegó a establecer un total de 2426 bibliotecas"; véase Pali *et al*, *Las bibliotecas públicas en México: 1910-1940*, 169.

[4] Recuérdese la afirmación de Vasconcelos de que "se vendían al precio de 50 centavos, aparte de los que se regalaban a bibliotecas y escuelas" (*Indología* 177).

[5] En su libro *Historia del pensamiento filosófico*, Vasconcelos muestra sus preferencias por Platón sobre Aristóteles: si el primero era "la montaña desde donde se contemplan todos los rumbos de la tierra y el cielo", el segundo era "el llano poblado de realidades" (160-161).

falta de originalidad. No cabe duda que Vasconcelos era un hombre de filias y fobias: una de sus preferencias, imbuida desde su infancia por su madre, fue la literatura cristiana.[6] Seguramente esto explica la incorporación de *Los Evangelios*, a pesar de que el presidente Álvaro Obregón pertenecía a una de las facciones revolucionarias más abiertamente jacobinas, pues según Vasconcelos *Los Evangelios* enseñaban "la Suprema Ley" de la conducta humana. Las ausencias luego se prolongan por más de diez siglos, pues no se publicó ningún libro ubicable en la Edad Media, ni *La canción de Rolando*, el *Cid* o *Los Nibelungos*. Más aún, sólo un autor representa al período del surgimiento de las literaturas nacionales europeas: Dante, portador de un auténtico "mensaje celeste".

Es igualmente revelador que ningún autor del período 'clásico' europeo, de los siglos XVI y XVII, haya aparecido en la colección. La posición de Vasconcelos al respecto no fue clara: Cervantes, autor de un "libro sublime", y Lope de Vega y Calderón de la Barca, fueron anunciados como futuros integrantes de la colección aunque nunca aparecieron en ella, si bien el *Quijote* fue uno de los libros adquiridos en voluminosas compras en el mercado editorial español.[7] De otra parte, los franceses Corneille, Moliere o Racine, nunca fueron considerados en la selección, pues Vasconcelos los consideraba meros imitadores de Esquilo, Eurípides y Sófocles, por lo que, según él, terminaban produciendo "disgusto" en los lectores (*El desastre* 428). Se ignora también la ausencia de Montaigne, acaso por ser un autor caracterizado por

---

[6] Así lo explicó Vasconcelos: "fue ella quien puso en mis manos el acontecimiento libresco de todo aquel período de mi vida: *El genio del cristianismo*, de Chateaubriand" (*Ulises criollo* 97).

[7] Se pensó que era preferible adquirir en España muchos ejemplares de 'El Quijote' que imprimirlos en México. Este caso también refleja las contradicciones informativas sobre la política editorial de Vasconcelos: si bien él aseguró que adquirió en España "cien mil" ejemplares en edición económica, parece que sólo se compró la mitad de esa cifra. Además, se tomó esa decisión luego de que la Universidad Nacional, siendo él el Rector, "tuvo que renunciar, por falta de dinero, a publicar la edición 'popular' del *Quijote* que había creído poder realizar y difundir por sí sola" (Fell, *José Vasconcelos, los años del águila* 495). Véase también Vasconcelos, *El desastre*.

la prudencia y la moderación, virtudes no apreciadas por Vasconcelos,[8] o la de Lafontaine, cuyas *Fábulas* son gratas y provechosas, aleccionadoras, características que debía apreciar el responsable de la educación nacional.

El caso más singular fue sin duda el de Shakespeare, considerado para ser publicado, aunque según Vasconcelos, sólo "por condescendencia con la opinión corriente" ("Nota preliminar" 8). Esta concesión acaso se refiere a las diferencias estéticas dentro del equipo seleccionador, pues Julio Torri sí era partidario de publicarlo.[9] Obviamente, no se trataba de un desconocimiento, pues es un hecho que Vasconcelos conocía de tiempo atrás a Shakespeare, pues lo había leído desde niño, cuando estudió en Eagle Pass (Carballo 34). Resulta poco creíble que la actitud de Vasconcelos respecto a Shakespeare fuera secuela de alguna yancofobia, aunque llama la atención que no hubo ningún escritor de lengua inglesa entre los 'verdes', ni siquiera el cristianísimo John Milton. Tratándose de Vasconcelos, el rechazo a Shakespeare puede tener otros motivos. Dado que Vasconcelos pretendía publicar libros "redentores" ("Nota preliminar" 9), que enaltecieran al espíritu humano, que enriquecieran moralmente al lector,[10] difícilmente tendría cabida en su propuesta ético-pedagógica un autor que se explaya en los peores defectos humanos, como los celos, en *Otelo*, la avaricia, en el *Mercader de Venecia*, la traición conyugal en *Hamlet*, la filial en el *Rey Lear*, o la ambición política en *Macbeth*. Sin embargo, en Shakespeare también se encuentran virtudes edificantes: en *Rey Lear* hay amor filial y lealtad política; en *Hamlet* hay diversas formas de lealtad, ya sea filial o entre amigos; en el *Mercader de Venecia* encontramos la amistad más sincera y en *Romeo y Julieta* el amor

---

[8] Enrique Krauze considera que para Vasconcelos Montaigne era intrascendente (*Redentores* 78).
[9] Véase carta de Torri a Alfonso Reyes, 9 junio 1922, en la que señala que el gusto literario de Vasconcelos era "limitado" (Torri, *Epistolarios* 157).
[10] Recuérdese que además de Secretario de Educación, Vasconcelos creía que era el "guía espiritual" del país.

vence ancestrales odios familiares y vecinales.¹¹ Además, en la literatura griega, la preferida de Vasconcelos, son igualmente constantes las peores conductas, pues los dioses se comportan como simples seres humanos.

En cuanto a la literatura moderna, fueron publicados Goethe, a pesar del rechazo que desde joven Vasconcelos le tenía por su servilismo ante los poderosos y por su creencia en que era posible la felicidad en la vida, lo que era considerado ingenuo por Vasconcelos.¹² También fueron publicados Tolstoi y Romain Rolland, dos de sus autores favoritos, así como "el excelso" Tagore. Se sabe que también estaban contemplados Benito Pérez Galdós, "el último de los grandes", los dramaturgos Henrik Ibsen y Bernard Shaw, así como algunos poetas y prosistas hispanoamericanos y mexicanos, pues Vasconcelos estaba convencido de que toda colección de 'clásicos' debía ser hecha desde una perspectiva histórico-geográfica, por lo que tenía que contener lo mejor de la cultura universal junto con un ingrediente de cultura nacional: no es lo mismo una colección de 'clásicos' universales hecha por y para mexicanos, que una colección hecha para cualquier otra nacionalidad.¹³

Las ausencias en cuanto a la literatura 'moderna' son, más que notorias, alarmantes: no se contempló a ningún 'enciclopedista' –Diderot o Voltaire–, pues Vasconcelos los consideraba pensadores de "ocurrencias". Sólo se contempló a Tolstoi entre los novelistas del siglo XIX, quedando relegados Dickens, Dostoyevski, Balzac, Stendhal y Flaubert, acaso porque Vasconcelos consideraba a las novelas difusas, y hasta

---

[11] Krauze percibe también "un rechazo" de Vasconcelos hacia Shakespeare (*Redentores* 79).

[12] Véase la carta de Vasconcelos a Reyes, 7 marzo 1916 (en Fell, *La amistad en el dolor* 26).

[13] Veinte años después de haber sido Secretario de Educación Pública Vasconcelos propuso una lista de "los cien libros [más a propósito] para darnos la esencia del saber de todos los tiempos". En esa ocasión señaló que deberían estar "los libros que nadie discute" y "los antepasados del idioma, de suerte que una lista para nosotros [es] necesariamente diferente de una lista norteamericana o una lista para franceses" ("Los cien libros" 9 y 58).

"repulsivas".¹⁴ Al igual que por sus notables ausencias, la colección 'verde' fue criticada por tres cuestionables presencias: además de Tagore, sobraba el simplemente apreciable Agustín Rivera y Sanromán, un sacerdote liberal pueblerino, de Lagos de Moreno, Jalisco, incluido con su obra *Principios críticos sobre el virreinato de la Nueva España y sobre la Revolución de Independencia*. ¿Cómo explicar que don Agustín Rivera estuviera junto a Homero, Dante o Goethe?¹⁵ Seguramente no era el escritor mexicano que merecía estar en esa compañía, teniendo a Ruiz de Alarcón, Sor Juana o Ramón López Velarde. La explicación es sencilla pero inaceptable: el suyo es el único volumen que contiene una nota editorial, la que escuetamente advierte que el libro se publicaba "por su reconocido mérito académico y por acuerdo expreso del C. Presidente de la República, Álvaro Obregón".¹⁶

Toda proporción guardada, otra presencia cuestionada fue la de Plotino, el neoplatonista alejandrino del siglo III, con sus *Enéadas*. Las críticas fueron numerosas e inmediatas; por mucho, los ataques a la colección 'verde' se concentraron en Plotino. En un artículo periodístico se dijo que Plotino era un filósofo "de segundo orden"; en otro se afirmó que "no había dejado huella ninguna en el desarrollo filosófico de la humanidad". Como respuesta, Vasconcelos dijo estar

---

[14] Para Vasconcelos, los novelistas eran "menos que intolerables". Su argumento para rechazarlos era contundente: "la necesidad en que se coloca el novelista de encarnar en personajes su tesis, con la correspondiente obligación de inventar escenarios y descubrir minucias con el estilo de los muebles de una habitación, me era repulsiva como una degradación del espíritu" (*Ulises criollo* 303).
[15] Parece ser que en un principio el plan era publicar a Rivera en la colección "Tratados y Manuales".
[16] El párroco y profesor Agustín Rivera y Sanromán (1824-1916) recibió su formación sacerdotal en los seminarios de Morelia y de Guadalajara. Realizó estudios de Derecho en la Universidad de la ciudad tapatía. Parte de su vida la dedicó a investigar y escribir profusamente sobre derecho civil, historia, literatura y filosofía, al grado de poder ser considerado un polígrafo. Es de notarse que fue el único intelectual mexicano que recibió el grado de Doctor *Honoris Causa* al fundarse la Universidad Nacional en 1910. Cfr. Mariano Azuela, *El padre Agustín Rivera*. Acaso su mayor reconocimiento sea que Azuela haya escrito una biografía suya, aunque seguramente la escribió por ser su paisano. Su actividad intelectual está documentada en el *Catálogo Archivo Agustín Rivera y Sanromán. Biblioteca Nacional, 1547-1916*.

convencido de que tales críticas eran producto "de una falta absoluta de comprensión". Obviamente la decisión de incluir a Plotino fue de Vasconcelos, pues le asignaba "una importancia capital" y sentía por él una simpatía especial; era, desde sus épocas juveniles, su "predilección más permanente".[17] En una ocasión se refirió a él como "nuestro Padre Plotino" (Krause, "Pasión y contemplación" 18).

La inclusión de Plotino implicaba una gran dificultad: su traducción. A pesar de que uno de los objetivos de la colección era traducir los 'clásicos' antiguos y modernos de sus lenguas originales al castellano, pues según Vasconcelos hasta entonces sólo podían ser leídos en inglés o francés, lo cierto es que prácticamente todas las obras elegidas estaban ya publicadas en nuestra lengua.[18] De hecho, de los 17 tomos publicados, excluyendo al del padre Rivera, sólo dos exigieron ser traducidos: Rabindranath Tagore, cuya traducción fue hecha "en el Departamento Editorial", y Plotino, traducido no del griego sino a partir de ediciones en francés e inglés por Daniel Cosío Villegas, Samuel Ramos y Eduardo Villaseñor, a quienes debe agregarse el propio Vasconcelos, quien alegó ser el traductor de algunos párrafos (Villegas, *Memorias* 80).[19] La traducción colectiva no fue una experiencia agradable, al grado de que uno de los colaboradores, Cosío Villegas, se quejó de Vasconcelos con Alfonso Reyes, pues les había prometido que se publicaría la obra completa, en tres volúmenes, y sólo apareció una "mala" antología.[20]

Así, la instancia fundamental pasó a ser la selección de las traducciones más adecuadas, responsabilidad que recayó en

---

[17] Véase Villegas 76; Vasconcelos, *Ulises criollo*, t. I, 268; y Fell, *José Vasconcelos* 491.

[18] Por esos años ya circulaban profusamente dos colecciones de 'clásicos' antiguos y modernos traducidos al castellano: la de la Librería Hernando y la Universal Calpe. Según Vasconcelos, distribuir a los 'clásicos' en español era un acto patriota que abonaría al esfuerzo que debía hacerse por la renovación de la raza, entendiendo por ello a toda la América hispánica ("Nota preliminar" 5-6).

[19] Vasconcelos asegura que durante su estancia en Washington, hacia 1910, en la Biblioteca del Congreso emprendió unas traducciones de los textos "inteligibles de Plotino". Ver *Ulises criollo* 366; también "La tormenta" 733.

[20] Véase carta de Daniel Cosío Villegas a Alfonso Reyes, 28 diciembre de 1923 (en Perea, *Testimonios de una amistad* 32-34).

Julio Torri, aunque luego colaboró en ello Pedro Henríquez Ureña desde su regreso al país (Villegas, *Memorias* 76).²¹ Llamó la atención de muchos lectores que no siempre se diera crédito a los traductores. De hecho, sólo en tres se consigna su nombre: además del ya mencionado caso de Tagore, se aceptó que Esquilo había sido traducido por don Fernando Segundo Brieva Salvatierra, y el *Fausto*, de Goethe, por J. Roviralta Borrell, ambos españoles y cuyo trabajo había sido hecho para sendas compañías editoras de su país.²² La explicación la dio el propio Torri: "no expresamos más visiblemente los nombres de los traductores, porque temimos [...] pleitos con las casas editoras, pues desgraciadamente con nuestras leyes romano-cartaginesas-yanquis, no está permitido el robo como el que perpetramos".²³

La idea de Vasconcelos y de sus colaboradores era hacer una colección de 'clásicos' accesible. Esto es, nunca pretendieron publicar ediciones eruditas, plagadas de notas 'de pie de página'.²⁴ Tampoco serían ediciones con largos y prolijos prólogos, aunque casi todos los volúmenes incluyeron unas páginas introductoras, por cierto, artificialmente

---

²¹ Además de Torri y Henríquez Ureña, al equipo del Departamento Editorial se agregó José Clemente Orozco, quien era "el ilustrador principal". Para Henríquez Ureña véase Alfredo A. Roggiano, *Pedro Henríquez Ureña en México*.
²² Véase carta de Torri a Reyes, 9 de junio de 1922 (Torri, *Epistolarios* 157).
²³ *Ibidem*. Al menos se habrían evitado una demanda, pues Vasconcelos asegura que el peruano Víctor Raúl Haya de la Torre, adscrito a su secretaría particular, había obtenido del propio Romain Rolland la autorización para publicar sus *Vidas ejemplares*, o sea las biografías de Miguel Ángel, Beethoven y Tolstoi, publicadas en España con el título de *Vidas de hombres ilustres*, traducidas por Juan Ramón Jiménez (Vasconcelos, *El desastre* 256). En efecto, en una carta de Romain Rolland al propio Vasconcelos el primero aceptó haberse enterado con beneplácito de la publicación de sus biografías. Más aún, le anunció el envío de una *Vida de Mahatma Gandhi* por si acaso quisieran editarla. Lo que Rolland destacaba era que Gandhi fue "entre los héroes uno de los más grandes y de los más puros" (*Boletín de la Secretaría* números 5 y 6, 722). Por su parte, Vasconcelos le ofreció, el 4 de febrero de 1924, una disculpa a Rolland: "perdone usted que no le haya consultado antes de acordar la traducción de sus tres vidas: Tolstoi, Beethoven y Miguel Ángel. Es porque hemos trabajado con un apresuramiento febril que no permitía esperas, y en cambio sabía intuitivamente, que contaba con usted y que usted se alegraría con nuestro triunfo" (*Boletín de la Secretaría*, números 5 y 6, 725).
²⁴ Engracia Loyo dice que el objetivo era hacer libros no "herméticos" ("La lectura en México" 262).

puestas como tales, pues originalmente habían sido escritas con otros propósitos. Destacaban el del primer volumen de Platón, consistente en un amplio estudio introductorio de Edward Zeller, profesor de la Universidad de Berlín, de influencia hegeliana y reconocido experto en la historia de la filosofía griega, y el del tomo de Dante, con el escrito del prestigiadísimo crítico e historiador de la literatura italiana, el napolitano Francesco de Sanctis, liberal, patriota y quien, como Vasconcelos, fue Secretario de Educación de su país.[25] Obviamente, igual que en el caso de las traducciones, no se pagó por los derechos de los diversos prólogos.

Reitero, los 'clásicos verdes' fueron duramente criticados en diversos sectores. Para unos, dicha empresa era una de las "tantas locuras" de Vasconcelos, hecha, para colmo, "a todo vapor" (Villegas, *Memorias* 75-76). Otros, sin embargo, percibieron inmediatamente su originalidad y su grandeza, y alegaron que antes de criticar a Vasconcelos por intentar popularizar lo que por definición no era popularizable, habría que apreciar su intento de poner "las más altas" obras literarias "al alcance" de los que quisieran conocerlas. Más aún, hubo quien asegurara que la violencia revolucionaria, y antes el Positivismo porfirista, habían apartado a México de la gran corriente del pensamiento mundial –como si Comte o Spencer no fueran parte sustantiva de él–, por lo que los 'clásicos verdes' reinsertaban a México en la tradición intelectual occidental, a la que pertenecía desde la conquista española.[26] Para Vasconcelos no había duda, era importante que los mexicanos se nutrieran "con la esencia más alta del espíritu humano y no con desechos" o con "libros vulgares", pues sólo así podrían crecer "libres del bastardaje mental", "no hay mejor cura para la

---

[25] Entre otros prólogos y apéndices, traducidos del inglés o del francés, se encuentran: el de Andreu Lang para *La Ilíada*, tomado de *Homero and the Study of Greek*; el de Maurice Croiset para *La Odisea*, obtenido de la colección "Páginas escogidas de los grandes escritores"; otro suyo para el tomo de Eurípides, procedente del *Manual de historia de la literatura griega*; uno más de Croiset para el tomo II de Plutarco, tomado del volumen V de la *Historia de la literatura griega* y uno de Gilbert Murray para Platón, extraído de *A History of Ancient Greek Literature*.
[26] Véanse Bodet, *Tiempo de arena* 96-99; y Villegas, *Memorias* 75-76.

mediocridad" que la lectura "de los grandes modelos de todos los tiempos". Por cierto, Vasconcelos varias veces insistió en que su oferta de lecturas "no era excluyente sino orientadora" ("De Robinsón a Odiseo" 32-146). Acaso este sea el punto más débil de la colección: en tanto hecha por el Rector y luego Secretario de Educación Pública, en las prensas oficiales y con recursos públicos, debió haber incluido a los autores y títulos que merecían especial atención en los programas oficiales de estudio. La colección no fue hecha por una editorial privada ni coordinada por un intelectual independiente.

Al margen de sus bondades señeras, es preciso reconocer que hubo una mala planeación de la colección, pues si su gestión como Rector y Secretario podía durar cuando mucho cuatro años, esto es 208 semanas, y si se habían prometido cien libros, tenía que publicarse, en promedio, uno cada quincena, meta prácticamente irrealizable dadas las condiciones económicas y bibliográficas del país y la carencia de virtudes administrativas en el equipo de Vasconcelos. Para colmo, éste no logró que el sucesor en el puesto diera continuidad al proyecto. Prueba de su ingenuidad política, Vasconcelos creyó que la colección iba a ser completada al término de su gestión (Fell, *José Vasconcelos* 492-493). Al contrario, al romper con el grupo gobernante condenó su proyecto a la desaparición e hizo a la colección vulnerable a la crítica de políticos, empresarios y periodistas. En efecto, varios diputados hicieron agrias críticas al proyecto, por considerarlo una imposición de criterios culturales no populares y por las erogaciones presupuestales que implicaba. Del mismo modo, Vito Alessio Robles, hermano de un influyente político obregonista,[27] pidió a Vasconcelos que suspendiera la edición de los 'clásicos verdes', inútiles en un país con 80% de analfabetos y le propuso, en cambio, que se imprimieran millones de abecedarios. Con otro tipo de reclamos, los editores y libreros privados también se lanzaron

---

[27] Miguel Alessio Robles se desempeñó en la Secretaría Particular de Adolfo de la Huerta y luego como Secretario de Industria, Comercio y Trabajo en la administración de Álvaro Obregón, del 27 de febrero de 1922 al 22 de octubre de 1923.

contra la política editorial de Vasconcelos, alegando que el gobierno incurría en competencias desleales al distribuir gratuitamente libros o al venderlos a un precio inferior a su costo. La respuesta de Vasconcelos fue inequívoca: el gobierno seguiría "imprimiendo libros para regalarlos al pueblo" (Fell, *José Vasconcelos* 490, 495-496).

Por lo general las críticas a los 'clásicos verdes' partían de una percepción equivocada: sobrestimaban el lugar de esa colección dentro del programa editorial de Vasconcelos; como si fuera el proyecto más importante, casi el único. Parece que se ignoraba que fueron muchos más los 'manuales escolares' y libros técnicos publicados entonces. Por ejemplo, se puede calcular que la cifra total de los 17 tomos publicados ascendió a poco más de 200,000 ejemplares, mientras que sólo del *Libro nacional de escritura-lectura* se publicó casi un millón de ejemplares, y que el tiraje de la *Historia patria* de Justo Sierra alcanzó los cien mil, todo y esto sin dar mayor crédito a las hiperbólicas cifras dadas por el propio Vasconcelos, quien aseguró que la Secretaría de Educación Pública había editado "un millón de libros elementales de lectura, medio millón de folletos educativos, más de dos millones de cartillas para la enseñanza de las primeras letras" (Vasconcelos, *Indología* 177).

Otro tipo de críticas reflejaba el nacionalismo revolucionario imperante: ¿por qué publicar libros de difícil lectura o carentes de aplicación inmediata, haciendo a un lado a los mejores escritores mexicanos?[28] Con todo, a pesar de las deficiencias reales y las invectivas interesadas, de las contradicciones respecto a precios y tirajes, y sobre todo, a pesar de haber sido una colección notoriamente inconclusa, los mexicanos profesamos un enorme cariño y respeto por los 'clásicos verdes', los que se cotizan en altos precios en las librerías 'de segunda mano'. Al considerar varios intentos similares

---

[28] Al respecto véase *Boletín de la Secretaría*, núm. 1, 177; núms. 5 y 6, 358, y Fell, *José Vasconcelos* 490-492. Es de señalarse que las colecciones de 'clásicos' publicadas, por Lunacharski al triunfo de la revolución soviética sí incluía a los grandes escritores rusos.

posteriores,[29] no se puede dejar de reconocer que Vasconcelos está en el origen de todos nuestros intentos por acercarnos a los libros 'clásicos'.

DE EDITOR A BIBLIOTECARIO

Luego de renunciar a la Secretaría de Educación Pública a mediados de 1924, José Vasconcelos se dedicó a la política. Primero contendió por la gubernatura de Oaxaca, ese mismo año, y luego, en 1929, compitió contra Pascual Ortiz Rubio por la presidencia del país. En ambos comicios fue derrotado (Garciadiego, "Vasconcelos y el mito del fraude en la campaña electoral de 1929" 9-31). Comenzó entonces un largo exilio, el tercero en su agitada vida.[30] En 1940, poco después de regresar al país, fue nombrado director de la Biblioteca Nacional, y seis años después fue nombrado director de la Biblioteca de México, puesto que ocupó hasta su muerte.[31] El paso de Secretario de Educación a director de biblioteca fue mayúsculo. Ahora ya no le correspondía diseñar y poner en práctica la política educativa y cultural del país. Ahora sólo fue responsable, sucesivamente, de las dos principales bibliotecas públicas del país,[32] lo que le permitió terminar su vida alrededor de los libros, como lector, escritor y difusor de la lectura.

---

[29] Pienso en las versiones resumidas de muchísimos autores 'clásicos' publicados en la biblioteca Enciclopédica Popular, benemérita a pesar de su pobreza tipográfica, y publicada, significativamente, durante los años en que el vasconcelista Torres Bodet estuvo al frente de la Secretaría de Educación Pública. Pienso en la reciente colección 'Cien del Mundo', publicada por el Consejo Nacional para la Cultura y las Artes.

[30] Primero se exilió, entre 1915 y 1920, por el triunfo de Carranza sobre la facción convencionista; su segundo exilio fue de principios de 1925 a finales de 1928, luego de su derrota electoral en Oaxaca; el tercero y último fue de finales de 1929, luego de su frustrada aspiración presidencial, a 1938, cuando regresó al país y se radicó en Sonora por poco tiempo, pasando luego al Distrito Federal.

[31] Véase el expediente de José Vasconcelos en el Archivo Histórico de la Universidad Nacional Autónoma de México, Dirección General de Personal, 20/131/1723.

[32] Concatenación más que casualidad, al asumir Vasconcelos la dirección de la Biblioteca de México el Secretario de Educación Pública era Jaime Torres Bodet, quien durante el ministerio de Vasconcelos había sido el Jefe del Departamento de Bibliotecas: aunque con las funciones invertidas, queda claro que compartían proyecto y lealtades.

Un par de ideas básicas definieron su actuación como bibliotecario.[33] Y veinte años antes ya había sido consciente de que las instalaciones de la Biblioteca Nacional no eran las adecuadas, pues se trataba de un antiguo convento novohispano,[34] y lo mismo sucedió después con la Biblioteca de México, instalada en una vieja fábrica de tabacos de finales del siglo XVIII –La Ciudadela–. Por lo mismo, desde un principio se avocó a adecuar en lo posible dichas instalaciones. Obviamente, sus mayores preocupaciones fueron acrecentar el acervo y atraer un mayor número de lectores. Para Vasconcelos una biblioteca no debía ser "una bodega lóbrega de libros amontonados sin orden ni plan", un sitio de mera conservación de libros, sino uno que fomentara la lectura, pues estaba convencido de que "la biblioteca complementa a la escuela, en muchos casos la sustituye y en todos los casos la supera" (Vasconcelos, *Proyecto de ley* 15). En efecto, Vasconcelos aseguraba que la labor de la escuela quedaba "anulada sin la biblioteca", pues es en ésta "donde verdaderamente se aprende, leyendo los grandes libros geniales y los pequeños libros útiles". Para él no había duda: "la biblioteca es más importante que la escuela, porque ninguna escuela puede tener la amplitud de datos, la libertad de orientaciones que se encuentra en cualquier colección bien hecha de libros" ("La enseñanza de la lectura", 7 septiembre 1925).

Como bibliotecario, Vasconcelos se mantuvo fiel a su ideal, consistente en privilegiar la lectura de los grandes autores, aunque es preciso preguntarse si seguía fiel a sus principios estéticos iniciales, o si se habían modificado sus radicales criterios originales. Significativamente, dispuso que en la Biblioteca de México se instalaran bustos de Homero, Esquilo, Sócrates, Platón, Aristóteles, Eurípides, Dante, Lope de Vega, Cervantes, Calderón de la Barca, Goethe y hasta Shakespeare,

---

[33] Al respecto consúltese Vasconcelos, "La Biblioteca de México: discurso inaugural" 17-19; Linda Sametz de Walerstein, *Vasconcelos. El hombre del Libro* y VV.AA., *Vasconcelos bibliotecario: promotor, constructor y director de bibliotecas*.
[34] Véase Rafael Carrasco Puente, *Historia de la Biblioteca Nacional de México*.

todos ellos publicados o propuestos para la colección 'verde',[35] aunque es notoria la ausencia de Plotino. En efecto, es indiscutible que para los decenios de 1940 y 50 Vasconcelos no sólo había envejecido sino que se había hecho más flexible, menos rígido. Así, aceptaba que para los lectores principiantes "no sería prudente recomendarles un diálogo platónico", sino que lo conveniente era "recomendarles determinados textos, que aunque corrientes abren el apetito", como la novela policiaca. Posteriormente, el "mejor cebo para hacer caer en la repetición de la lectura" era el género del cuento, entre los que recomendaba a Maupassant, Chejov, Tolstoi, Poe, Kipling, Jack London y Horacio Quiroga.[36]

Si como secretario se dispuso a publicarlos, ya como bibliotecario apenas se atrevió a definir "los cien libros que es preciso leer para darse cuenta de lo que es la sabiduría" y adquirir "la esencia del saber de todos los tiempos". Seguramente lo hizo como resultado de la aparición de la colección *The Great Books*, impulsada por la Universidad de Chicago, de la que él había sido docente durante uno de sus exilios, entre 1926 y 1928.[37] ¿Cuántas similitudes había entre su nueva lista y el viejo proyecto de los 'clásicos' 'verdes'? ¿Cuántos autores aparecieron en ambos planes? ¿Cuántos aparecieron sólo en el primero? ¿Por qué fueron eliminados, sobre todo tratándose de Plotino?[38] ¿Cuántos aparecieron sólo en la segunda lista? ¿Por qué razón fueron incorporados? La comparación de ambas listas es imposible, pues nunca

---

[35] Todos éstos son los "pilares de la casa espiritual que es esta biblioteca" (Vasconcelos, "La Biblioteca de México" 19); véase también Vasconcelos, "La Biblioteca de México" y VV.AA., *Vasconcelos bibliotecario*.

[36] Véase Vasconcelos, "Regale libros", 22 diciembre 1944. Es de notarse que en esta ocasión ya recomienda la lectura de tres autores angloamericanos y de uno latinoamericano.

[37] Recientemente acaban de publicarse por primera vez en castellano algunas de las conferencias impartidas por él en Chicago, con el título de *La otra raza cósmica*.

[38] La correlación con la célebre colección *The Great Books*, impulsada conjuntamente por la *Encyclopaedia Britannica* y la Universidad de Chicago, es hecha explícita por el propio Vasconcelos, pues al principio de su artículo alude al proyecto de lecturas impulsado en tiempo del rector Robert M. Hutchins, aunque Vasconcelos erróneamente lo llamaba Hutchinson ("Los cien libros" 9 y 58).

se contó con el proyecto completo de los libros 'verdes'. De otra parte, sería erróneo pensar que la segunda lista, la de 1944, pudiera ser considerada como la versión finalmente completa del proyecto anterior, pues la segunda fue hecha veinte años después de su periodo como Secretario y tiene notables características. Para comenzar, Vasconcelos acepta que cada pensador debía elaborar su propia lista, aunque aseguró que existían los libros "que nadie discute". Además, aunque previene contra los criterios nacionalistas –"los temas nacionales deberán quedar excluidos de estas listas"–, reconoce que deben considerarse "los antepasados" de cada idioma; en nuestro caso, "los clásicos castellanos son para nosotros materia obligatoria".[39]

Otra característica de su segunda lista es que no se limitó a libros de filosofía y literatura, como en la primera, sino que incluyó libros sobre ciencia, de Aristóteles –"El Organum"–[40] y Euclides, o de Copérnico y Newton. Asimismo, acorde con su proceso de creciente religiosidad, para la segunda lista aumentó el número de libros cristianos, pues además de "Los cuatro Evangelios" ahora recomendó la lectura de "siete libros de la Biblia", "Las Epístolas" de San Pablo, "Las Florecillas" de San Francisco de Asís, "La Imitación, de Kempis" y un "resumen" de Santo Tomás, "de preferencia el de Étienne Gilson". Vasconcelos volvió a incluir un texto no occidental: si antes había sido Tagore, ahora fue "Las Mil y Una Noches". Además, ya incluyó un texto medieval: "La Chanson de Roland". Congruente con su argumentación en cuanto a la obligatoriedad de los clásicos castellanos, en su nueva lista estaban "El Quijote", "cinco" dramas de Lope de Vega y de Calderón, "El Monte Carmelo", de San Juan de la Cruz, y "Las Moradas", de Santa Teresa. También propuso más escritores modernos que en la colección 'verde', comenzando

---

[39] Recuérdese que Vasconcelos estaba convencido de que "entre nosotros raro es quien haya seguido la estela de los clásicos castellanos" (Vasconcelos, *El proconsulado* 748).

[40] Todos los títulos y autores reproducen la grafía de Vasconcelos, quien los escribió, como es obvio, descansando en su memoria.

con Shakespeare y siguiendo con Luis de Camoens, además de Goethe, Balzac y Dostoyevski, lo que supone un tardío reconocimiento al género novelístico. Asimismo, a pesar del mal concepto que en un principio tenía de la historia, en su lista de 1944 consignaba a Tucídides, a Teodore "Momsen", por su "Historia Romana", y a Denis Richet, así como a varios historiadores de temática mexicana: desde Bernal Díaz del Castillo y las *Cartas de relación*, de Hernán Cortés, hasta el sacerdote michoacano José Bravo Ugarte y el historiador conservador Carlos Pereyra, aunque significativamente no a Justo Sierra, liberal-positivista, de quien había hecho copiosas ediciones veinte años antes. Otras características de la segunda serie eran: incluía grandes 'manuales', como la historia de la literatura griega de Gilbert Murray y la "Historia de la Filosofía Antigua" de Rodolfo Mondolfo. También incluía libros de ciencias sociales, como la "Economía política" de Werner Sombart, la "Historia del materialismo" de Albert Lange, así como un "resumen de Marx". Además, la lista contenía algunos ejemplos de filosofía moderna, como la de Alfred N. Whitehead, la "Psicología" de Paul Janet, "Los Grados del Saber", de Jacques Maritain, y "Los datos inmediatos de la conciencia", de Henri Bergson. Sobre todo, incluía algunos autores y libros de literatura hispanoamericana,[41] como Rubén Darío, "El Facundo", "Doña Bárbara"[42] y "El Periquillo Sarniento", única obra creativa de un mexicano, parquedad que ya le había generado varias críticas durante sus años como Secretario de Educación.[43] Por

---

[41] Siguiendo a Giovanni Papini, señaló que América Latina era un subcontinente "torpe" que –"hay que confesarlo con toda honradez"– no había producido ningún libro "que justifique nuestra inclusión en la literatura universal" (Carballo, *Diecinueve protagonistas* 24).

[42] También incluía la *Ifigenia*, de Teresa de la Parra, y *Las lanzas coloradas*, de Arturo Uslar Pietri.

[43] Es fácil advertir que en ninguno de los dos momentos incluyó las otras grandes novelas mexicanas del siglo xix o de principios del xx. Piénsese en Manuel Payno, Ignacio Altamirano, Luis G. Inclán, Guillermo Prieto y Federico Gamboa, entre otros. Tal vez se trate de otra de sus exageraciones contundentes, pero en una ocasión reconoció no haber leído de joven a ningún escritor nacional: "conservé una perfecta virginidad en cuestión de autores mexicanos. Salí de Jurisprudencia

último, en esta lista ya aparecieron autores angloparlantes, como Edgar Allan Poe, Walt Whitman, Jack London y Rudyard Kipling además de Shakespeare.[44]

Su segundo listado parte de una precisa definición de 'clásico', "que no es un libro griego o romano, sino una obra que por su mérito intrínseco es considerada como autoridad en algún ramo del saber humano por la opinión general ilustrada" (Vasconcelos, "El libro" 12).[45] Esto es, el bibliotecario maduro fue más pragmático que el exaltado secretario, quien había aspirado a que los mexicanos leyeran "las cúspides del espíritu" (Vasconcelos, "La enseñanza de la lectura" 3). Así, por su prolongada lucha en favor de la buena lectura, puede asegurarse que ningún educador mexicano tiene un mérito que se le iguale en cuanto a la construcción de bibliotecas y a la edición de libros. No es aventurado decir que de todos los esfuerzos en que se empeñó a lo largo de su fructífera vida, la publicación masiva, sistemática e imaginativa de libros fue la más importante, la de mayor legado. Por eso puede concluirse que si como político terminó siendo un Ulises, como educador encarnó a Prometeo, pues su mayor afán fue iluminar a su pueblo.[46]

---

sin haber leído uno solo de ellos" (Carballo, *Diecinueve protagonistas* 34). Lo cierto es que en ninguna de sus dos listas aparecieron Ruiz de Alarcón ni Sor Juana, mucho menos Ramón López Velarde a quien tanto exaltó al momento de su temprana muerte, en 1921.

[44] En otra ocasión mencionó a Herman Melville como autor de un libro auténticamente "sobresaliente" (Carballo, *Diecinueve protagonistas* 24).

[45] Otra definición suya de 'clásico' sostenía que es "aquello que ha merecido el honor de la supervivencia entre una multitud de obras difuntas porque ya nadie las lee, nadie las recuerda" ("El gusto literario" 13). Otra definición de Vasconcelos consistía en decir que el libro 'clásico' es el que "debe servir de modelo", "lo mejor de todas las épocas" (*Lecturas clásicas para niños* XII).

[46] Según Felipe Garrido, su política educativa fue "prometeica" ("Ulises y Prometeo" 186)

Bibliografía

Azuela, Mariano. *El padre Agustín Rivera*. México: Ediciones Botas, 1942.
Bodet, Jaime Torres. "Tiempo de arena". *Memorias*. Tomo I. México: Editorial Porrúa, 1981.
Boletín de la Secretaría de Educación Pública, núm. 1, 1922.
Boletín de la Secretaría de Educación Pública, núms. 5 y 6, 1923-1924.
Carballo, Emmanuel. *Diecinueve protagonistas de la literatura mexicana del siglo XX*. México: Empresas Editoriales, 1965.
Fell, Claude. *José Vasconcelos, los años del águila (1920-1925). Educación, cultura e iberoamericanismo en el México postrevolucionario*. México: Universidad Nacional Autónoma de México, 1989.
_____ Compilación y notas. *La amistad en el dolor. Correspondencia entre José Vasconcelos y Alfonso Reyes, 1916-1959*. México: El Colegio Nacional, 1976.
Catálogo Archivo Agustín Rivera y Sanromán. Biblioteca Nacional, 1547-1916, 3 vols. México: Universidad Nacional Autónoma de México, 2007-2009.
Garrido, Felipe. "Ulises y Prometeo. Vasconcelos y las prensas universitarias". *José Vasconcelos: de su vida y su obra. Textos selectos de las Jornadas Vasconcelianas de 1982*. Álvaro Matute y Martha Donís, comps. México: Universidad Nacional Autónoma de México, 1984.
Garciadiego, Javier. "Vasconcelos y el mito del fraude en la campaña electoral de 1929". *20/10 Memoria de las revoluciones de México* 10 (enero-marzo 2011): 9-31.
Krauze, Enrique. *Redentores. Ideas y poder en América Latina*. México: Debate, 2011.
_____ "Pasión y contemplación en Vasconcelos". *Vuelta* 78 y 79 (mayo-junio 1983).
Loyo, Engracia. "La lectura en México, 1920-1940". *Historia de la lectura en México*. México: El Colegio de México, Ediciones del Ermitaño, 1988.

Pali, Guadalupe Quintana et al. *Las bibliotecas públicas en México: 1910-1940*. México: Secretaría de Educación Pública, 1988.

Perea, Alberto Enríquez, compilación y notas. *Testimonios de una amistad. Correspondencia Alfonso Reyes/Daniel Cosío Villegas (1922-1958)*. México: El Colegio de México, 1999.

Puente, Rafael Carrasco. *Historia de la Biblioteca Nacional de México*. México: Secretaría de Relaciones Exteriores, 1948.

Rolland, Romain. "Vida de Mahatma Gandhi". *Boletín de la Secretaría de Educación Pública* 5 y 6 (1923-1924).

Roggiano, Alfredo A. *Pedro Henríquez Ureña en México*. México: Universidad Nacional Autónoma de México-Facultad de Filosofía y Letras, 1989.

Torri, Julio. *Epistolarios*. Serge I. Zaïtzeff, ed. México: Universidad Nacional Autónoma de México, 1995.

Vasconcelos, José. *Indología. Antología de textos sobre educación*. Silvia Molina (introducción y selección). México: Fondo de Cultura Económica, 1981.

_____ *Ulises criollo. Memorias.* I. México: Fondo de Cultura Económica, 1982.

_____ *El desastre. Memorias.* II. México: Fondo de Cultura Económica, 1982.

_____ *El proconsulado. Memorias.* II. México: Fondo de Cultura Económica, 1982.

_____ *Historia del pensamiento filosófico*. México: Ediciones de la Universidad Nacional de México, 1937.

_____ "Nota preliminar". *La Ilíada*. Vol. I. México, Universidad Nacional de México, 1921.

_____ "Los cien libros". *Todo* (26 octubre 1944).

_____ "De Robinsón a Odiseo. Pedagogía estructurativa". *Antología de textos sobre educación*. Silvia Molina (introducción y selección). México: Fondo de Cultura Económica, 1981.

_____ Archivo Histórico de la Universidad Nacional Autónoma de México, Dirección General de Personal, 20/131/1723 (expediente de José Vasconcelos).

_____ "La Biblioteca de México: discurso inaugural". *Biblioteca de México* 41 (septiembre-octubre 1997).

____ *Proyecto de ley para la creación de una Secretaría de Educación Pública Federal*. México: Universidad Nacional, 1920.
____ "La enseñanza de la lectura". *El Universal* (7 septiembre 1925).
____ "La Biblioteca de México. Discurso inaugural". *José Vasconcelos, Discursos, 1920-1950*. México: Ediciones Botas, 1950.
____ "Regale libros". *Novedades* (22 diciembre 1944).
____ *La otra raza cósmica*. Heriberto Yépez, trad. y notas; Leonardo da Jandra, prólogo. México: Editorial Almadía, 2010.
____ "El libro". *Todo* (11 julio 1946).
____ "El gusto literario". *Todo* (18 julio 1946).
____ *Lecturas clásicas para niños*. México: Departamento Editorial/Secretaría de Educación Pública, 1924.

Villegas, Daniel Cosío. *Memorias*. México: Joaquín Mortiz, 1976.

VV. AA. *Vasconcelos bibliotecario: promotor, constructor y director de bibliotecas. Homenaje en los cincuenta años de su fallecimiento*. México: Consejo Nacional para la Cultura y las Artes, 2009.

Walerstein, Linda Sametz de. *Vasconcelos, el hombre del libro: la época de oro de las bibliotecas*. México: Universidad Nacional Autónoma de México-Instituto de Investigaciones Bibliográficas, 1991.

Los tonos de la patria: Carrión en México y las fundaciones de la cultura nacional en América Latina

IGNACIO M. SÁNCHEZ PRADO
Washington University in Saint Louis

En su reciente e idiosincrático ensayo *El arte de perdurar*, Hugo Hiriart plantea un contraste lapidario y provocador entre las dos figuras fundacionales de la cultura nacional mexicana, Alfonso Reyes y José Vasconcelos:

> Veámoslo desde otro lado, un escritor notablemente menos dotado que Reyes, José Vasconcelos, su contemporáneo y amigo, logró en este capítulo un libro superior a los de Reyes, el *Ulises criollo*, arbitrario, contradictorio, artero a veces, ilógico como suele ser la gente, poco elegante, pero que sí recoge enteramente a su autor. Y este libro logró abrirle las puertas de la perduración literaria y fue por su bravura y gran voracidad, y claro, por no estar preso en ningún virtuosismo que le impidiera llegar a las emociones y los hechos de su tumultuosa existencia. (42)

La tesis de Hiriart es clara: Alfonso Reyes era un escritor estéticamente superior a Vasconcelos, pero alcanzó la fama literaria y cultural, la perduración, a raíz de sus imperfecciones, sus pasiones, su capacidad de escribir en lo que Reyes normalmente descalificaba como "las urgencias de la hora". El dictamen de Hiriart es injusto, puesto que la posición de Reyes en el panteón nacional es solo un poco menos prominente que la de Vasconcelos, y la prosa deliberadamente menor y proliferante de Reyes a fin de cuentas sentó las bases para la fundación de una miríada de instituciones culturales en México, entre las que se cuentan El Colegio de México y el

Fondo de Cultura Económica.[1] Si Vasconcelos, como fundador de la Secretaría de Educación Pública, fue el creador de un proyecto titánico de cultura nacional democrática, Reyes fue ante todo el creador de la cultura nacional de élite, de la República de las Letras a la cabeza del proyecto cultural revolucionario. La diferencia que Hiriart atribuye al estilo y a la prosa realmente radica en la división entre dos tonos de la nación: un tono épico, el vasconcelista, enfocado en la marcha teleológica de la historia, en una visión utópica forjada por la fuerza irrebatible de la raza y sus héroes: y un tono menor, el alfonsino, fundado en la exploración miscelánea de lo bello y lo cotidiano, de una *polis* que contrapone las ideas a la tormenta revolucionaria. El éxito de la dialéctica entre ambos tonos en la construcción de la que, presumiblemente, es la cultura nacional más exitosa y de mayor penetración social en el continente americano desmiente el juicio acendradamente letrado de Hiriart y, sobre todo, permite poner el dedo sobre la forma en que la cultura nacional fundada por Vasconcelos y Reyes se convirtió en lenguaje articulador de instituciones e ideas en otras latitudes de la América hispana.

En estos términos, resulta significativo que la antología de escritos del ecuatoriano Benjamín Carrión, compilada por Gustavo Salazar, lleve como título *La patria en tono menor*, y esté constituida sobre todo por textos cortos dedicados a cuestiones puntuales, siguiendo de manera clara el estilo de ensayar lo americano en la obra de Alfonso Reyes. Más aún, esta antología es publicada en la serie Tierra Firme del Fondo de Cultura Económica, ubicando a Carrión de manera decisiva en un proyecto editorial fundado a instancias de las ideologías americanistas de Reyes, Vasconcelos y otros intelectuales mexicanos de su generación.[2]

Carrión es una figura compleja en el canon de americanistas, no sólo por provenir de una nación, el Ecuador, cuyo diálogo

---

[1] Este asunto es tratado con profundidad en mi libro *Naciones intelectuales*.
[2] Para una historia más precisa de Tierra Firme y su rol en la ideología americanista del Fondo de Cultura Económica, véase Díaz Arciniega 89.

con el americanismo, sin duda esencial, ha sido opacado por la preeminencia de México, Argentina y Brasil en la circulación de ideas latinoamericanistas, sino también porque su rol en la cultura nacional del Ecuador lo muestra como una síntesis de Vasconcelos y Reyes. Se trata de un autor esencialmente inscrito en el "tono menor", fundador de instituciones como la Casa de la Cultura Ecuatoriana, de cariz e inspiración alfonsina, pero con momentos claramente articulados a un tono épico análogo al vasconcelismo, como su ensayo *Atahuallpa* (1934) o su relación con ese gran maestro de la épica latinoamericana, Oswaldo Guayasamín, cuya pintura mantiene claras afinidades con el proyecto de los muralistas mexicanos. Ciertamente, la centralidad y perduración de Carrión en el Ecuador y en América Latina desmiente el desprecio de Hiriart hacia la prosa exacta y virtuosa, algo que Carrión por momentos ejerció a la altura de Reyes. Sin embargo, resulta quizá más importante recalcar la forma en que Carrión dialoga con el americanismo vasconcelista para estudiar las distintas formas de "cultura nacional" que emergen en la América de la primera mitad del siglo XX.

En lo que sigue propongo analizar la estancia de Benjamín Carrión en México y la influencia del momento fundacional de la cultura nacional posrevolucionaria en su obra, a partir de un contrapunteo entre el "tono menor" dominante en la obra de Carrión con el "tono épico" del vasconcelismo de los años veinte y treinta, para reflexionar brevemente sobre las distintas construcciones discursivas de la cultura como proyecto e institución nacional y continental y, sobre todo, del rol epistemológico privilegiado de la práctica literaria como formación de proyectos imaginados de nación (lo que llamo "naciones intelectuales") como estructuras paralelas y a veces alternativas a las naciones construidas por el poder político o la cultura popular.

El punto concreto de conexión de Carrión con México proviene de su estancia como embajador plenipotenciario del Ecuador, entre febrero de 1933 y diciembre de 1934. Según ha argumentado Alejandro Querejeta, esta estancia permite a Carrión articularse de lleno en los círculos intelectuales creados por la Revolución mexicana, lo cual, a su vez, le otorgó un modelo formativo para su propia noción de la cultura ecuatoriana:

> Carrión ve en México y su cultura un modelo obligado a la hora de valorar el acontecer de su propio país y de trazar posibles derroteros de su desarrollo, en terrenos en los que siempre se creyó obligado a hacerlo: la política y la cultura. Respecto a este último aspecto, y en particular en lo que atañe a las artes y a la función de la crítica en una nación a la que era necesario reconstruir y dotarle de fe en sí misma, hay un acontecimiento ante el cual estos principios en Carrión se reafirman polémica y públicamente. (14)

La presencia de Carrión en México se da en un momento particularmente neurálgico de la cultura mexicana[3] y, sobre todo, de la literatura como estructura de articulación de dicha cultura. Justo antes de la llegada de Carrión, varias figuras centrales de las letras mexicanas se engarzaron en una polémica en torno a la idea de literatura nacional, iniciada a partir de una encuesta de *El Universal Ilustrado* en torno a la supuesta "crisis de nuestra literatura de vanguardia". Este debate es central, puesto que se trataba en el fondo de una polémica entre grupos intelectuales que, tras el declive político de Vasconcelos en 1929, abogaban por una cultura orgánica frente al Estado revolucionario y por una literatura nacionalista que reflejara los valores de la Revolución de forma literal –gente como Héctor Pérez Martínez y Ermilo Abreu Gómez– frente a intelectuales cosmopolitas como Alfonso Reyes y, de manera mucho más militante, figuras del grupo Contemporáneos como Jorge Cuesta, quienes defendían la autonomía de la literatura y el derecho del intelectual letrado a la independencia de los imperativos del poder.

Hacia 1933, cuando Carrión entra en contacto directo con la cultura posrevolucionaria, el intelectual ecuatoriano encuentra

---

[3] Este período ha sido discutido y documentado con amplitud por Guillermo Sheridan en *México en 1932*. Véase también Palou 131-163 y Sánchez Prado, *Naciones intelectuales* 83-136.

Los tonos de la patria ... • 205

un país en el que, por un lado, las cruzadas culturales iniciadas por el vasconcelismo y los muralistas siguen operando de manera decisiva, y por otro, se atestiguaba la emergencia de una práctica literaria que defendía las letras como espacio privilegiado y autónomo de la cultura.

Aunque Carrión representa de cierta manera ambos lados en la formación de la cultura nacional ecuatoriana, es importante recordar su cercanía con los Contemporáneos. Carrión tenía una relación directa con las ideas de este grupo en buena medida debido a sus contactos personales con el poeta mexicano Gilberto Owen en Lima, alrededor de 1931 (Salazar 14). Owen era la figura ideológica y poéticamente más cercana a Cuesta y a sus posturas respecto a los debates de la cultura mexicana. La amistad con Owen –quien por cierto fue el artífice de la relación entre Carrión y otro notorio americanista, Germán Arciniegas– le permite a Carrión vislumbrar la forma peculiar en que los miembros de Contemporáneos entendían a la literatura nacional como producción que, incluso en los casos en que se hace referencia directa al país o a la región, se funda en la estética y no en la ideología como artificio privilegiado. En una carta fechada en Guayaquil el 7 de junio de 1932, tras su expulsión del servicio civil mexicano, Owen escribe a Carrión una imagen poética del Ecuador que ejemplifica bien el estilo de literatura nacional defendida por ciertos Contemporáneos y que se dirimía durante la polémica mexicana de dicho año:

> No creo en el Ecuador como una línea abstracta, cuya presencia sólo se relee tangiblemente por un baño de cerveza cuando se llega por primera vez a ella. Creo en el Ecuador como un río por el que se navega de pronto (después de muchos días áridos de costa peruana), de un dulce verde adormecedor por orillas, navegando por lanchones desbordados de plátanos y de piñas brillantes al sol rudo, que no se anda por las ramas nomás, que quema al pez en el agua, que derriba a ras de agua las bandadas de pájaros pescadores, que tira a los hombres sudorosos sobre las cubiertas de los barcos, bajo los arbolillos, en las hamacas –vasos que toman la forma del líquido que contienen– en los largos portales que son calles de esta ciudad en que revivo. (Quirarte 92)

Esta carta muestra bien una forma de fabular la nación, de construir una nación intelectual desde la poesía, que resiste radicalmente las normatividades del discurso identitario y otorga al poeta la potestad de discusión de lo nacional. Es precisamente esta capacidad la que se encontraba en juego en el debate del 32 en México, puesto que la pregunta de fondo radicaba en si la literatura era una imaginación de utopías o simplemente un instrumento cultural que debía sujetarse a los intereses ideológicos del Estado y de la plaza pública. Desde la perspectiva de alguien como Carrión, el caso mexicano, ejemplificado por gente como Owen, proporcionaba una perspectiva fascinante, puesto que se fundaba en la paradójica coexistencia del imperativo épico de la Revolución con la vocación estética de aspecto más bien romántico y modernista que seguía primando como discurso de legitimación cultural en las prácticas escriturales del país. Lo interesante en la estela del debate del 32 es que, pese al peso del imperativo revolucionario, las estéticas de los Contemporáneos terminaron por prevalecer en el discurso cultural mexicano, lo que permitió la publicación de libros de gran proyección como *Eco*, de Elías Nandino, o *Espejo*, de Salvador Novo; o de revistas de fuerte cariz esteticista como *Número*, durante los años de estancia de Carrión en México.

La capacidad de la cultura mexicana posrevolucionaria para dar un lugar tan inusitadamente privilegiado a la literatura en la esfera pública (la polémica de 1932 se dirimió en *El Universal Ilustrado*, un semanario de importante circulación), y la presencia de intelectuales de fuerte cariz literario como Owen y Reyes en las labores del Estado vía la diplomacia, otorgan a Carrión un ejemplo que permite reconciliar la idea de una cultura nacional original con el derecho del escritor latinoamericano al occidentalismo.

La disposición de Carrión a este último punto se observa claramente en un ensayo de 1930 dedicado a otro miembro de Contemporáneos, Jaime Torres Bodet, y publicado originalmente en su libro *Mapa de América*, una colección de ensayos críticos enfocados a autores como Teresa de la Parra,

Pablo Palacio y José Carlos Mariátegui, autores caracterizados precisamente por su capacidad de engarzar de diferentes formas y con distintos balances proyectos literarios cercanos a la vanguardia con la problemática de la literatura nacional de sus respectivos países. En este contexto, Carrión plantea que, dentro de los Contemporáneos, "el sitio de Jaime Torres Bodet es el del intelectual más *occidentalizado*. Pero su raíz profunda hincada está en tierra mexicana" (*La patria* 88-89). La estancia mexicana de Carrión se da precisamente en ese momento en que la tensión dialéctica del occidentalismo de una clase letrada fuertemente imbuida de los ideales estéticos de la vanguardia francesa y los imperativos de una cultura mexicana con una Revolución por figurar se encuentran en la síntesis de una cultura mexicana que, en años posteriores, permitiría la emergencia de figuras como Octavio Paz.[4] La literatura nacional en versión de los Contemporáneos otorga a Carrión licencia para sustentar en años posteriores muchas de sus tesis sobre la cultura nacional e internacional en un ideario crítico que suele privilegiar a la literatura como espacio de discusión de la nación. O, como el propio maestro ecuatoriano lo pondría algunos años más tarde, "es en la obra literaria y en torno a ella, que se han librado las más rudas batallas en pro y en contra de la deshumanización" (*San Miguel de Unamuno* 276). Si bien la nación es la tarea urgente de todo intelectual latinoamericano, los debates de la cultura posrevolucionaria en México otorgaron a Carrión una idea de la literatura autónoma y occidentalista como espacio esencial del ejercicio cultural del intelectual americano.

El debate de 1932 en México no sólo fue una polémica en torno a la función de la literatura, sino también una lucha entre intelectuales que, a final de cuentas, buscaban acomodo en la nueva economía simbólica e institucional de la cultura mexicana. Como observador externo, esta dimensión

---

[4] Y no es casual que estos mismo años sean el período formativo de Paz, quien se encontraba involucrado en *Cuadernos del Valle de México*, que planteaba una tensión similar entre cultura nacional y estética literaria a la presentada por los proyectos de los Contemporáneos.

era irrelevante a Carrión, lo cual implicaba también que no compartía la vitriólica oposición entre nacionalistas y cosmopolitas que respondía más a los dolores de parto del campo literario que a la realidad material de las prácticas literarias de sus amigos y maestros mexicanos. Esto es particularmente cierto en la posición admirativa de Carrión frente al vasconcelismo, que, durante su estancia en México, ocupaba una peculiar posición. Por un lado, Vasconcelos había sido defenestrado tras el fracaso de su campaña electoral en 1929,[5] y su resarcimiento intelectual tras la publicación de *Ulises criollo* estaba aún por suceder. Por otro, los efectos culturales del vasconcelismo eran visibles a lo largo y ancho del paraje cultural mexicano, desde el carácter proactivo de la Secretaría de Educación Pública bajo la dirección de Narciso Bassols y su intenso trabajo en la educación rural planteada originalmente por Vasconcelos, hasta la construcción de una cultura masiva en el espacio público gracias al triunfo de los muralistas en los debates relativos a la pintura nacional. Carrión llega a México con una postura claramente admirativa en torno a la obra de Vasconcelos, que se manifiesta ya desde 1928 en los dos textos que dedica al mexicano en *Los creadores de la nueva América*: un perfil biográfico-crítico y un comentario a *La raza cósmica* e *Indología*. En su interpretación, Carrión enfatiza de manera particular el universalismo que subyace incluso a la obra estrictamente latinoamericanista de Vasconcelos: "Vasconcelos quiere primero hacer vivir el sentido de lo humano integral y, luego, ante el límite de las posibilidades, pues no es un utopista ni un iluso, ante ese límite que él concibe siempre muy lejano, hace vivir el sentido de lo continental, de lo hispanoamericano" (37-38). Esta aseveración es fascinante debido a dos puntos centrales. Primero, el interés de Carrión en enfatizar lo "humano integral" por encima del especificismo latinoamericano, al que considera una concesión al realismo más que un ideal en sí mismo, muestra la inclinación que posteriormente lo llevaría a empatizar con

---

[5] Véase Skirius.

los Contemporáneos. En cierto sentido, el interés constante de Carrión por una cultura humanista y humanizante, basada en la práctica de las letras, lo lleva a gravitar hacia la paradoja entre nación y universalismo que tanto Vasconcelos como los intelectuales mexicanos del 32 trataban de formular. Esta tensión es el código interpretativo que Carrión aplica a otros intelectuales del continente, como Fernando García Calderón, a quien lee como puente entre la cultura europea y americana (*Los creadores* 126-127).

Segundo, y quizá de manera más crucial, la crítica de Vasconcelos siempre ha concebido su trabajo, sobre todo aquel que Carrión lee a fines de los veinte, como utopista.[6] En cambio, Carrión se interesa en la obra de Vasconcelos más como plan de acción concreta, como parte de una fundación político-cultural de la nación, que entiende al discurso utópico como marco general de una ética intelectual, a la vez que reconoce la necesidad de una política práctica. Como ha argumentado Michael Handelsman, uno de los conflictos fundantes del pensamiento de Carrión es la tensión entre arielismo y socialismo en su obra, producto de su interés en las dos revoluciones de la década del diez, la mexicana y la rusa (26). De esta manera, continúa Handelsman, en Carrión existe simultáneamente una concepción eurocéntrica de la cultura (que sin duda contribuye a acercarlo a gente como Owen) con una conciencia clara de la especificad cultural de Hispanoamérica (29). En su lectura de Vasconcelos, esto lo lleva no sólo a jerarquizar lo humano sobre lo americano, sino, de manera más precisa, a no dejarse llevar por los excesos etnicistas del vasconcelismo al comprender el programa político práctico del mexicano como una realización imperfecta (y, sin duda, arielista más que socialista) del ideal de la *raza cósmica*. Curiosamente, Carrión coincide aquí con interpretaciones de Vasconcelos que argumentan que el fracaso de su visión universalista es constitutivo de su proyecto político, en el

---

[6] Para dos discusiones recientes de esto, véase Sánchez Prado, "El mestizaje en el corazón de la utopía" y Grijalva.

cual la imperfecta representación real del ideal mestizo está teorizada ya en sus aproximaciones críticas. Como explica John Ochoa: "The significant difference between the theorists of utopia and Vasconcelos the practitioner is that the creation of a specific utopia is by definition a necessity and an imperfect reflection of its ideal. The noumenal by definition can never be phenomenal and earthly utopia will always fail to meet its ideal model" (121). Pese al tono hiperbólico en la evaluación que hace de las ideas de *La raza cósmica*, Carrión es claro en su afirmación de los límites del "vivir continental" vasconcelista.

Esta forma de leer a Vasconcelos se ha reafirmado recientemente con un descubrimiento editorial del crítico y escritor mexicano Heriberto Yépez, quien publicó recientemente, bajo el título de *La otra raza cósmica*, una serie de tres conferencias que Vasconcelos impartió en 1926 en un ciclo titulado *Aspects of Mexican Civilization*.[7] Yépez presenta estas tres conferencias como una suerte de complemento a *La raza cósmica*, en las cuales el trabajo de Vasconcelos adquiere un aspecto político material que contrapuntea con el tono épico de su ensayo utópico. Aquí es importante tener en mente que estas conferencias se enuncian no desde la labor estrictamente filosófica de Vasconcelos, sino desde su posición como secretario de Educación y representante del Estado mexicano posrevolucionario. En estos términos, el texto más sintomático de *La otra raza cósmica* es el dedicado a la "democracia" en América Latina. En él, Vasconcelos defiende con fuerza la idea de que los caudillismos y las dictaduras son un obstáculo para la modernización de América Latina. Más

---

[7] En la edición original en inglés vemos que fueron conferencias oficiales dadas por Vasconcelos y Manuel Gamio en la Harris Foundation en su calidad de secretario de Educación Pública y subsecretario de Educación, respectivamente. Vasconcelos se encarga de la conexión entre México y Latinoamérica en la época, mientras que Gamio se enfoca en los aspectos indígenas de la cultura mexicana. De acuerdo con la nota editorial, un segundo volumen con las ponencias de Moisés Sáenz, otro subsecretario, y del historiador mexicanista Herbert Priestley de la University of California fue también publicado bajo el título *Some Mexican Problems*. El libro, sin duda, es un descubrimiento, y una lectura académica puntual emerge ya como una tarea pendiente.

allá de las tesis específicas del texto –que sin duda requerirían un análisis aparte–, lo que destaca aquí es la existencia de un Vasconcelos más comprometido con la *realpolitik* continental, con la discusión de regímenes políticos materialmente existentes, en contraposición al discurso futurista de *La raza cósmica*. Más aún, en otra conferencia dedicada al problema racial, Vasconcelos conecta directamente la idea de la raza cósmica, el "evangelio del mestizo" (134), con un proyecto educativo basado en el rechazo del darwinismo y "la teoría de que las diferencias entre los pueblos dependen más de la habilidad para realizar ciertas cosas en exclusión de otras en lugar de diferencias de grado en su desarrollo total" (136). De esta suerte, *La otra raza cósmica* nos deja ver de manera más clara el vasconcelismo realmente existente que Carrión y otros intelectuales experimentaron en el México de los años treinta, en el cual los ideales continentales y raciales se refiguraron en formas particulares de administración política y cultural. Lo notable de este vasconcelismo estatal –continuado como política por el callismo y el maximato aun después de la salida de Vasconcelos de la estructura gubernamental– radica en su capacidad de articular las teleologías históricas que van de la conquista al México posrevolucionario, típicas incluso del positivismo porfirista,[8] con políticas infraestructurales que rearticulan radicalmente el espacio cultural de un país. En otras palabras, para comprender el impacto que este vasconcelismo institucionalizado pudo haber tenido en el Carrión de los años treinta, es necesario salir del tono mayor del utopismo y entrar al tono menor de la política y la cultura concretas.

Esto último se deja ver paradójicamente en *Atahuallpa*, una biografía intelectual en tono mayor del último Inca, que, a su vez, responde de manera directa a muchos de los ensayos culturales del latinoamericanismo de los años veinte. La fijación del Carrión que escribe este texto, al menos en parte, durante

---

[8] Véase Hale. Los ejemplos fundacionales de estos discursos teleológicos son sobre todo la *Oración cívica*, de Gabino Barreda, y la *Evolución política del pueblo mexicano*, de Justo Sierra.

sus años mexicanos, con la articulación del americanismo a la construcción de un proyecto político material se deja ver de manera clara en su definición del Incario:

> El Incario, como lo hemos dicho, respetó –y aun fortaleció en ciertos casos– la economía celular del ayllu y la nuclear de la marca o congregación de ayllus; economía de esencia comunal agraria, consubstantiva de los grupos originarios del Tahuantin-Suyu. Pero con un sentido superior de estructuración en grande, realizó un proceso incorporativo político social de una tensidad y vastedad desconcertantes. (3-4)

En esta cita existen varios ecos, entre ellos Mariátegui, otra lectura formativa de Carrión cuya discusión corresponde más bien a otro trabajo, así como Waldo Frank y César Antonio Ugarte. Dentro del espectro de interés de este ensayo, llama la atención la cercanía de estas aseveraciones con las conferencias de Vasconcelos, sobre todo en términos de la idea de la lectura de la cultura precolombina como una estructura interrumpida de organización social. Más aún, la lectura que Carrión hace del Incario como un imperio que no creó las estructuras sociales fundamentales de los Andes, sino que las prolongó y consolidó, hace eco directo de las tesis vasconcelianas con respecto a los aztecas, a los que, a la luz de exploraciones arqueológicas en la Ciudadela de Teotihuacán, consideraba "recién llegados" y "herederos de la carne y el alma de aquellos ancestros superiores" (113). Al igual que Vasconcelos, Carrión entiende a la cultura imperial indígena de los Andes como paralela a la de Mesoamérica, en la cual los grandes imperios destruidos por los españoles son manifestaciones tardías de creaciones sociales construidas por una pluralidad de culturas que los anteceden hasta tiempos ancestrales. Carrión sin duda encuentra en Vasconcelos una forma de reconciliar los ideales indoamericanos del americanismo de los veinte, sobre todo aquellos que sin duda conoció durante su estancia en Lima y sus contactos con y lecturas de Mariátegui y Haya de la Torre, con el humanismo que le impedía identificarse del todo con el marxismo mariateguiano o con el cambio radical de énfasis hacia las culturas indígenas contemporáneas pugnado por los *Siete ensayos*. Así, *Atahuallpa* es, parafraseando al poeta Ramón López Velarde, una épica sordina, donde el canto al Inca se ve socavado por su análisis desde la contemporaneidad. Es importante recordar aquí que esta narrativa en torno a las culturas precolombinas en México no es producto exclusivo del pensamiento vasconcelista, sino que resulta de una serie de textos que emergen casi de manera simultánea a la Constitución de 1917. Los dos más notables son *Forjando Patria* (1916), de Manuel Gamio, y *Visión de Anáhuac*, de Alfonso Reyes. Gamio, quien compartiría el escenario de *Aspects of Mexican Civilization* una década después fue la figura instrumental en la construcción del indigenismo posrevolucionario mexicano. Kelley R. Swarthout ha sugerido que Gamio y Vasconcelos presentan las dos caras de la mestizofilia y el indigenismo en México: el cientificismo y el vitalismo, respectivamente (89-93). Sin embargo, en vista de un libro como *Atahuallpa*, estas dos caras deben entenderse, sobre todo en su irradiación hacia pensadores como Carrión, como estrictamente complementarias. En libros como el del intelectual ecuatoriano coinciden el entusiasmo vitalista de Vasconcelos, en cierto sentido la norma intelectual de intelectuales humanistas de la época, con un intento de dotar al nuevo paradigma latinoamericano con una base histórico-científica basada en la reinterpretación de la historia cultural de cada país. En este punto particular Gamio es ejemplar. *Forjando patria* es un reconocimiento temprano de la importancia de reinterpretar el legado histórico de las culturas indígenas como bloque constructor de una sociedad nacional. En la década siguiente, Gamio, desde su posición de subsecretario de Educación y de director de Antropología y Demografía de varias dependencias gubernamentales, se convirtió en el traductor privilegiado de los ideales mestizófilos de Vasconcelos y otros intelectuales revolucionarios en política de Estado. El interés de *Atahuallpa* en leer al Incario desde una postura económico-social proviene en parte, a mi parecer, de los resultados de la labor de Gamio como oficializador del vasconcelismo en las áreas que excedían la labor específicamente educativa de Vasconcelos. Esto se muestra ante todo en el interés de Carrión por desarrollar al indigenismo y a la mestizofilia como discursos de política concreta más allá de lo que los trabajos de Vasconcelos plantearon en su momento. Asimismo, el impulso histórico de *Atahuallpa* está sin duda conectado con el ímpetu histórico hacia las culturas precolombinas encabezado sobre todo por los vastos descubrimientos arqueológicos hechos en parte bajo la supervisión de Gamio en los años veinte. Lo que el trabajo arqueológico de Gamio otorga a la percepción que Carrión atestiguó en México en la primera mitad de los años treinta es un desarrollo del vitalismo mestizófilo vasconcelista con aplicaciones prácticas en cuestiones del Estado y con una reconsideración radical de la naturaleza histórica de las culturas precolombinas como fundación histórica de las naciones americanas. Lo notable de *Atahuallpa* es que logra algo que el contraste entre el tono mayor de la épica vasconcelista, el tono menor de la prosa alfonsina y el tono práctico de la antropología gamiana nunca consiguieron producir del todo en México: un libro que consolida las tres perspectivas en un corpus intelectual consistente y único.

Es importante recordar entonces que la tercera parte del rompecabezas mexicano detrás de *Atahuallpa* es, sin duda, *Visión de Anáhuac*, de Alfonso Reyes. Publicado en 1915, el texto tuvo una vastísima circulación tanto en México como en otros países de habla hispana, no sólo por el tiempo dedicado por Reyes al cultivo de relaciones intelectuales a lo largo y ancho del continente –Carrión incluido–, sino también por la forma en que este texto representó de manera muy temprana la transformación de la cultura prehispánica en estilo y en letra, en práctica estrictamente letrada. La segunda parte de *Visión de Anáhuac* es un ejemplo claro de la estructura escritural que irradiaría del texto de Reyes hacia el de Carrión. Aquí, Reyes adopta la perspectiva narrativa de Cortés y Bernal Díaz del Castillo frente a Teotihuacán, registrando el asombro de la mirada española frente a ese esplendor indígena que, una década más tarde, se manifestaría de manera decisiva a partir del trabajo arqueológico de Gamio. Esta misma perspectiva es retomada por Carrión a partir del rol protagónico que otorga a Pizarro. Así, podemos ver en este último ejemplo un Carrión que leyó en México una vasta gama de producciones intelectuales que le permitieron ser en el Ecuador una figura no sólo del vasconcelismo, sino el fundador alfonsino de las instituciones culturales, el letrado "contemporáneo" que defendió el privilegio intelectual de la literatura e incluso el estadista gamiano que desde el saber contribuyó a la democratización del Ecuador.

Bibliografía

Barreda, Gabino. *Oración Cívica*. Guanajuato: Universidad de Guanajuato, 1981.

Carrión, Benjamín. *Atahuallpa*. Panamá: Albón, 1968.

_____ *Ensayos de arte y cultura*. Alejandro Querejeta Barceló, ed. Quito: Centro Cultural Benjamín Carrión, 2007.

_____ *La patria en tono menor. Ensayos escogidos*. Gustavo Salazar, ed. México: Fondo de Cultura Económica/Casa de la Cultura Ecuatoriana, 2001.

_____ *Los creadores de la nueva América. José Vasconcelos, Manuel Ugarte, F. García Calderón, Alcides Arguedas*. Madrid: Sociedad General Española de Librería, 1928.

_____ *San Miguel de Unamuno (Ensayos)*. Quito: Casa de la Cultura Ecuatoriana, 1954.

Díaz Arciniega, Víctor. *Historia de la Casa. Fondo de Cultura Económica (1934-1996)*. México: Fondo de Cultura Económica, 1996.

Gamio, Manuel. *Forjando patria (pro-nacionalismo)*. México: Porrúa, 1916.

Grijalva, Juan Carlos. "Vasconcelos o la búsqueda de la Atlántida. Exotismo, arqueología y utopía del mestizaje en *La raza cósmica*". *Revista de Crítica Literaria Latinoamericana* 60 (2004): 333-349.

Hale, Charles A. *La transformación del liberalismo en México a finales del siglo XIX*. México: Fondo de Cultura Económica, 2002.

Handelsman, Michael. *En torno al verdadero Benjamín Carrión*. Quito: El Conejo, 1989.

Hiriart, Hugo. *El arte de perdurar*. Oaxaca: Almadía, 2010.

Ochoa, John A. *The Uses of Failure in Mexican Literature and Identity*. Austin: University of Texas Press, 2004.

Palou, Pedro Ángel. *La casa del silencio. Aproximación en tres tiempos a Contemporáneos*. Zamora: El Colegio de Michoacán, 1997.

Quirarte, Vicente. *Invitación a Gilberto Owen*. México: UNAM/ Ediciones El Equilibrista, 2007.

Reyes, Alfonso. *México*. México: Fondo de Cultura Económica, 2005.

Salazar, Gustavo. "Benjamín Carrión. Versiones de un mapa de América". *La patria en tono menor. Ensayos escogidos*. Gustavo Salazar, ed. México: Fondo de Cultura Económica/ Casa de la Cultura Ecuatoriana, 2001.

Sánchez Prado, Ignacio M. *Naciones intelectuales. Las fundaciones de la modernidad literaria mexicana (1917-1959)*. Purdue Studies in Romance Literatures 47. West Lafayette: Purdue UP, 2009.

_____ "El mestizaje en el corazón de la utopía. *La raza cósmica* entre Aztlán y América Latina". *Revista Canadiense de Estudios Hispánicos* 33/2. (2009): 381-404.

Sheridan, Guillermo. *México en 1932. La polémica nacionalista*. México: Fondo de Cultura Económica, 1999.

Sierra, Justo. *Evolución política del pueblo mexicano*. Caracas: Ayacucho, 1977.

Skirius, John. *José Vasconcelos y la cruzada de 1929*. México: Siglo XXI, 1978.

Swarthout, Kelley R. *"Assimilating the Primitive". Parallel Dialogues on Racial Miscegenation in Revolutionary Mexico"*. Nueva York: Peter Lang, 2004.

Vasconcelos, José. *La otra raza cósmica*. Heriberto Yépez, ed. y trad. Oaxaca: Almadía, 2010.

———— y Manuel Gamio. *Aspects of Mexican Civilization. Lectures on the Harris Foundation.* Chicago: U of Chicago P, 1926.

Benjamín Carrión y las políticas culturales de la primera mitad del siglo XX: de las colecciones privadas a la esfera pública

CARMEN FERNÁNDEZ-SALVADOR
Universidad San Francisco de Quito

En un artículo publicado en la revista norteamericana *Parnassus*, en 1929, el literato mexicano Juan José Tablada celebra el carácter democrático del nuevo arte de México. Tablada reflexiona, primeramente, sobre el lugar que tradicionalmente ha ocupado el arte en el mundo moderno, como objeto de consumo y acumulación de los grupos privilegiados. Durante el período colonial, si bien el arte religioso había alcanzado un carácter social y público, paralelamente se había desarrollado un arte excluyente que se preocupaba únicamente por expresar el sentimiento y el prestigio de la clase aristocrática. Durante la época republicana, el arte se había alejado aún más de la sociedad mexicana. La formación de artistas en Europa, a expensas del Gobierno, no sólo había asegurado la dependencia del arte local con respecto a modelos europeos, sino también el valor mercantil de la obra artística, que podía ser adquirida únicamente por una minoría adinerada. Tras la Revolución mexicana, el arte había logrado su objetivo primordial, que era el ser de utilidad para las masas. Así se lo celebraba en los estatutos del Sindicato de Trabajadores Técnicos, Pintores y Escultores, que cita el mismo Tablada. El autor resalta también el mérito de José Vasconcelos, primero como rector de la Universidad Nacional, y posteriormente como secretario de Instrucción Pública, así como su impulso al arte que se traslada, de la mano de Diego Rivera, José Clemente Orozco y Siqueiros, a espacios públicos como la Escuela Preparatoria y el edificio del Ministerio de Educación (8-9).

Pocos años más tarde, el muralismo mexicano fue objeto de fuertes cuestionamientos por no lograr su objetivo de alcanzar a las masas, por un lado, y por considerársele antirrevolucionario debido a su dependencia con respecto a la institucionalidad, por el otro. Esta crítica generada desde dentro, por sus propios actores, como el mismo David Alfaro Siqueiros, no impidió que el programa iniciado por Vasconcelos generara un debate a nivel continental sobre el uso público del arte. En 1936, por ejemplo, un grupo de artistas mexicanos en representación de la Liga de Escritores y Artistas Revolucionarios mantuvo una reunión con artistas norteamericanos que bajo las nuevas políticas del *New Deal* buscaban crear un arte público auspiciado por el Gobierno federal y dirigido a una audiencia masiva (Azuela 55-56). Preocupaciones similares sobre la necesidad de crear un arte para el pueblo, se extendieron a lo largo de América Latina durante las décadas de los veinte y treinta (Ades 151-177).

David Alfaro Siqueiros, Oswaldo Muñoz Mariño, Benjamín Carrión y Oswaldo Guayasamín en México, 1971. Archivo Centro Cultural Benjamín Carrión, Quito.

En este artículo, discuto la influencia de las ideas generadas en torno al muralismo mexicano sobre los programas culturales iniciados por Benjamín Carrión en el Ecuador, particularmente en su papel como presidente de la Casa de la Cultura Ecuatoriana en los años siguientes a su fundación, ocurrida en 1944. Debo aclarar que esta no es una consideración sobre el arte moderno ecuatoriano, o sobre la pintura indigenista o el realismo social, frecuentemente asociados al impulso cultural del muralismo mexicano. Es más bien una reflexión sobre el incómodo lugar que ocupan el arte y la cultura en general en el Ecuador, durante la primera mitad del siglo xx, entre el espacio privado de las colecciones todavía aristocráticas y el debate colectivo garantizado por la esfera pública, así como entre las categorías de lo culto y lo popular. En las primeras décadas del siglo xx, varios autores definen al arte ecuatoriano en términos excluyentes, como el legado de la civilización española y cristiana, o como el producto de la cultura elevada en oposición a la popular. El verdadero arte era considerado propiedad exclusiva de grupos minoritarios que poseían la sensibilidad necesaria para apreciarlo. Más importante aún es el hecho de que, en ausencia de museos institucionales, hasta bien entrado el siglo xx el arte en el Ecuador había permanecido secuestrado en las colecciones privadas, como objeto de contemplación individual o como símbolo de distinción y buen gusto de los grupos tradicionales. A partir de la década de los cuarenta, sin embargo, una fuerte tendencia hacia la democratización de la cultura cobró fuerza en el Ecuador. El establecimiento de la Casa de la Cultura, la creación de museos públicos y del Instituto Nacional de Patrimonio Cultural, entre otras instituciones, forman parte de este proyecto.

Ya en la década de los treinta, Benjamín Carrión y otros intelectuales y artistas de su círculo, entre los que se destaca Eduardo Kingman, comparten una idea del arte como compromiso social.[1] No obstante, es sólo ya iniciada la década de los cuarenta, cuando la visión del arte público al servicio de las masas adquiere en el Ecuador un carácter institucional. La democratización del arte y de la cultura formaba parte de un proyecto nacionalista iniciado desde el Estado, bajo el gobierno populista de José María Velasco Ibarra. Su propósito era reconstituir el orgullo y la conciencia cívica que el país había perdido tras la firma del Protocolo de Río de Janeiro con

---

[1] Al respecto, véase el trabajo de Michelle Greet, y muy particularmente su artículo "Pintar la nación indígena como una estrategia modernista en la obra de Eduardo Kingman".

Detalle del mural *Historia del Ecuador* de Galo Galecio, 1949.
Casa de la Cultura Ecuatoriana Benjamín Carrión, Quito.

de Seguridad Social (1948).[2] De esta forma, el arte adquiere un carácter público en el Ecuador, aunque relativo y limitado, principalmente por medio de su divulgación en medios impresos, particularmente revistas políticas y literarias como la *Revista del Sindicato de Escritores y Artistas,* en la década de los treinta, y desde 1944 en *Letras del Ecuador,* órgano de la recientemente fundada Casa de la Cultura.

El proyecto democratizador de la cultura que se lleva a cabo en el Ecuador durante la década de los cuarenta debe, sin embargo, ser analizado desde una perspectiva crítica. Primeramente, la Casa de la Cultura y su órgano de difusión, la revista *Letras del Ecuador,* como argumentaremos más adelante, fracasan en su intento de crear un arte para las masas al someterse a distinciones tradicionales entre lo culto y lo popular. Al igual que en décadas anteriores, de esta

---

[2] Galo Galecio ejecutó posteriormente *Protección para los trabajadores* (1959) para el edificio del Instituto de Seguridad Social y *Primer vuelo sobre los Andes* (1960) para el Aeropuerto Mariscal Sucre. Véase Pérez 619-620.

manera, la cultura continuó siendo un espacio de exclusión. Tal como sucedió en México anteriormente, por otro lado, la idea de compromiso social y cambio fue neutralizada por el oficialismo. El arte y la cultura volvieron a elevarse, no sólo como conocimientos y objetos de prestigio o acumulación de los grupos privilegiados, sino como símbolos de la identidad ecuatoriana, soportes de un discurso ficticio de la unidad y grandeza nacionales.[3]

Antes de continuar, considero necesario introducir una reflexión sobre la definición de arte público que manejo en este artículo. Una definición tradicional y limitada del mismo apunta a su ubicación en un espacio también público: monumentos conmemorativos como arcos del triunfo, columnas o estatuas de personajes heroicos entran dentro de esta definición. Al hablar de arte público se asume también que es financiado por medio de fondos públicos y administrados por una entidad gubernamental.[4] Debates recientes, sin embargo, han problematizado y cuestionado esta visión tradicional que, al resaltar el peso de la institucionalidad, parecería limitar la agencia y capacidad crítica tanto de artistas como del arte mismo. En este trabajo, reflexiono sobre el arte público (y sobre sus límites) a lo largo de tres ideas fundamentales. Primeramente, pienso en el arte público como aquel que idealmente privilegia la comunicación colectiva y a la comunidad por sobre la individualidad de su creador; segundo, es aquel que va más allá de ser un objeto de acumulación, posesión y colección, y por lo tanto su valor no radica ni en su materialidad ni en valores intangibles como

---

[3] En un trabajo anterior, he argumentado justamente sobre el significado simbólico que se otorga al arte, a la cultura y a la historia del Ecuador como estrategia en la reconstitución del orgullo ciudadano tras la firma del Protocolo de Río de Janeiro. Desde una preocupación historiográfica, discuto el sitial privilegiado en que se coloca al arte colonial quiteño y a los monumentos de la ciudad, como evidencia de un pasado glorioso sobre el cual se asienta, en el imaginario de la nación, el derecho del Ecuador sobre los territorios cedidos al Perú en 1992. véase Fernández-Salvador 95-112.

[4] Para discusiones recientes sobre el arte público, véase, por ejemplo, Hilde Hein, Michael North y W. J. T. Mitchell.

son su originalidad, singularidad o unicidad; y tercero, es el que circula en la esfera pública, y como tal puede apelar a la cotidianidad de las personas. Con respecto a este último punto, quiero resaltar que el arte que circula en la esfera pública no es necesariamente el que se exhibe en el espacio urbano público, ocupando un lugar definido y definitivo en el mismo, como son los monumentos que interpelan al caminante en su recorrido por la ciudad, y que marcan sus mapas e itinerarios. Utilizo más bien el modelo propuesto por Jürgen Habermas sobre la esfera pública liberal, como un ámbito ideal que construye la ficción de inclusión y solidaridad ciudadana, así como una cultura de deliberación.[5]

El arte ecuatoriano como símbolo de distinción: las primeras décadas del siglo XX

La Ley de Beneficencia, más conocida como "De manos muertas", promulgada por el gobierno de Eloy Alfaro en 1908, declaró propiedad estatal a los bienes raíces de las comunidades religiosas. La renta de estos bienes se adjudicó a la beneficencia pública; la mitad estaba destinada a hospitales y obras sociales, y la otra mitad a las mismas órdenes religiosas. No obstante, como anota fray José María Vargas, las comunidades religiosas, y particularmente los claustros femeninos, se vieron obligados a solicitar la autorización del obispo González Suárez para vender sus objetos de valor a particulares, con el fin de sustentar sus necesidades (Vargas 115). Este es el inicio del coleccionismo del arte en Quito. A diferencia de los mecenas y donantes privados de épocas pasadas, los nuevos coleccionistas dejaron de valorar las pinturas y esculturas coloniales como imágenes de devoción únicamente, para exhibirlas como objetos de contemplación y estudio en sus museos privados.

El arte colonial entró a las casas señoriales de miembros de

---

[5] Una síntesis sobre este modelo de la esfera pública liberal se encuentra en Jürgen Habermas. Véase también W. J. T. Mitchell.

la antigua aristocracia quiteña, como Jacinto Jijón y Caamaño, Alfredo Flores Caamaño y Pacífico Chiriboga. Jijón y Caamaño, educado en Europa bajo el tutelaje de Paul Rivet, dedicó gran parte de su vida al estudio de la arqueología andina, del Ecuador y del Perú. Al igual que con las obras coloniales adquiridas de los conventos, Jijón y Caamaño se concentró en coleccionar una serie de objetos precolombinos, algunos recogidos durante sus trabajos de excavación, otros adquiridos de terceras personas.[6] A pesar de que Jijón y Caamaño estableció una marcada diferenciación entre los objetos prehispánicos, por un lado, y los coloniales y modernos, por el otro –considerados los primeros tema de estudio arqueológico, y los segundos de análisis e interpretación artística–, unos y otros entraron a formar parte de su ejemplar museo privado.

A diferencia de la creciente importancia que adquirieron las colecciones privadas, a lo largo de la primera mitad del siglo XX, las instituciones de Gobierno mostraron poco interés en la construcción de museos públicos. Esto se evidencia en una serie de notas publicadas en el diario *El Comercio*, a principios del año 1940. Varios artículos hablan, por un lado, sobre el descuido en que había caído el Museo Militar, establecido en 1911 en la Escuela Militar, convertida más adelante en Ministerio de Defensa. El museo contaba con reliquias importantes como las banderas de Tarqui, las prendas de Simón Bolívar, las lanzas de José María Sáenz y de Juan José Flores, a más de autógrafos y retratos ("Quito es una ciudad sin museos III" 2). Para 1940, sin embargo, el museo había casi cerrado sus puertas, a pesar de que "los numerosos donantes de prendas históricas se las entregaron en la confianza de que serían objeto de veneración permanente del pueblo ecuatoriano".

Algo similar se decía sobre el Museo de Bellas Artes, que carecía de un espacio adecuado para exhibición. Como anota el diario, el museo funcionaba en un salón del Teatro Sucre, "reducido y sombrío, en el que todo aparece en una

---

[6] Sobre la práctica de la arqueología y el coleccionismo, véase el reciente artículo de Florencio Delgado.

confusión lamentable" ("Quito es una ciudad sin museos V" 5, 9). Se hablaba también de la necesidad de establecer un *museo de historia natural* en el que se exhibiera la riqueza del país, especialmente de las islas Galápagos ("Quito es una ciudad sin museos" 5). Era igualmente necesario crear un *gran museo de etnografía y arqueología*, en reemplazo del incipiente Museo de Arqueología, destruido durante el incendio de la Universidad Central ("Quito ciudad sin museos" 4). En un editorial firmado bajo el seudónimo de Gracián, por otro lado, se argumentaba sobre cuán paradójico era que "Quito, otrora emporio de bellezas pictóricas y escultóricas, de materia plástica, careciera de un museo" (4). Se añadía que si bien Quito era una ciudad museo, también se debía reconocer que lo era "en desparramada prueba, en exilio conventual o en posesión de coleccionistas morosos y amorosos". Y añadía que "siendo Quito una ciudad museo es, al propio tiempo, una ciudad sin museo".

La presión de la opinión pública parecería haber dado resultado, puesto que días más tarde se anota que la misma Academia Nacional de Historia había "movilizado a sus hombres, para que ante los ministerios de Estado, justificando anteriores intervenciones a favor de los museos nacionales, traten de obtener que el claustro de San Domingo sea entregado para el Museo de Bellas Artes y que, a la vez el Ministerio de Defensa, reorganice el Museo Militar [...]" ("Quito contará pronto con museos" 4).

El desinterés mostrado por las instituciones de Gobierno con respecto a la creación de museos nos lleva a reflexionar sobre dos puntos cruciales del manejo de las políticas públicas durante la primera mitad del siglo XX. Primeramente, la ausencia de museos (al igual que la ausencia de archivos o de bibliotecas) sugiere el lugar marginal acordado a la memoria en la construcción del cuerpo ciudadano, y el poco aprecio concedido a la esfera pública como espacio de deliberación de la colectividad. Este mismo desinterés, por otro lado, habla del incómodo predicamento de la cultura en el Ecuador durante las primeras décadas del siglo XX, al encontrarse no como un espacio de inclusión sino como un justificativo de exclusión. Basta con traer a colación las ideas y políticas puestas en práctica por Jacinto Jijón y Caamaño, no sólo uno de los intelectuales más connotados de la época, sino también un renombrado político, líder del partido conservador y alcalde de Quito, para comprender el lugar asignado a la cultura como herramienta de exclusión social. Como han argumentado los historiadores Guillermo Bustos y Ernesto Capello, como burgomaestre Jijón y Caamaño ordenó la delimitación del Centro Histórico de Quito con el fin de preservar su integridad frente a los impulsos modernizadores. Más allá del deseo de conservación, esta política resultó en la imposición de una jerarquía sobre el espacio urbano a partir de criterios artificiales, como es la relativa valoración artística o histórica de unos edificios o lugares sobre otros. Al mismo tiempo, esta articulaba una disputa por la apropiación de los espacios de la urbe por parte de diferentes y opuestos actores, en un momento en que la ciudad comenzaba a definirse espacialmente en términos de una clara segregación social.

Una visión igualmente excluyente se hace presente en discusiones que Jijón y Caamaño elabora sobre el arte ecuatoriano, al que define como eminentemente cristiano y como fruto del legado hispano, simplemente una extensión de las corrientes europeas en América. Jijón y Caamaño también elabora una distinción entre lo culto y lo popular, resaltando la presencia del arte "señorial" quiteño como símbolo de distinción de las clases privilegiadas. En una conferencia dictada en 1949 durante la inauguración de una exposición de arte religioso, Jijón y Caamaño habla sobre la división de castas del período colonial, una organización jerárquica que aseguraba un lugar privilegiado para los españoles y sus descendientes nacidos en América. A estos les seguían "la clase social media" compuesta por "descendientes de españoles pecheros" y "mestizos acomodados con un pequeño porcentaje de sangre india". Venían luego los artesanos, mestizos o indios de sangre pura, y luego los indios y negros esclavos que sólo habían recibido "toques" de la civilización española. Esta división social servía de sustento para su valoración jerárquica del arte. El arte criollo, "esto es de los blancos las gentes de estirpe castellana, residentes en Indias" (470), a pesar de su estrecha relación con el europeo, había adquirido características propias que justificaban la existencia de las grandes escuelas locales. A la par se había desarrollado "un arte popular folklórico para uso y consumo de las clases locales, el bajo pueblo de las naciones hispanas del Nuevo Mundo" (470). El arte popular era el producto de los intereses del "mestizo de la clase baja" que buscando adornar su hogar o el altar de su cofradía, y sin poder contratar los servicios de "pintores y escultores de renombre" acudía a "artífices mediocres que suplían su deficiencia con superabundancia de dorados, florecillas polícromas y otras trivialidades" (471).

Para Jacinto Jijón y Caamaño, el nuevo arte que irrumpió durante la década de los treinta haciendo manifiesto su compromiso hacia las causas sociales, no encajaba dentro de su visión tradicional y excluyente de la cultura ecuatoriana. En su conferencia de 1949, argumentaba, por ejemplo, que los "contemporáneos pueden ser grandes pintores pero en ellos la quiteñidad se busca inútilmente" (471). Las ideas de Jijón y Caamaño y de su círculo intelectual y político se plasmaron en reconocimientos otorgados a artistas afines al proyecto conservador, como Víctor Mideros. El Salón Mariano Aguilera, secuestrado por las élites tradicionales hasta entrada la década de los treinta, fue repetidamente premiado por un jurado alineado con el conservadurismo y las élites tradicionales. Por otra parte, Eduardo Kingman, que en 1935 había presentado en el salón una serie de obras con un claro contenido social, había sido rechazado por los miembros del jurado, entre los cuales se encontraba el mismo Jijón y Caamaño.[7] La obra de Kingman,

---

[7] Como anota Trinidad Pérez, el Salón Mariano Aguilera fue cuestionado por primera vez en 1932, cuando se cambia su reglamento con el fin de impedir que un artista sea premiado en dos años consecutivos. A las críticas de 1935, le siguió la formación del Salón de Mayo (1939), inicialmente un espacio para las propuestas artísticas de la izquierda (617-618). Entre 1924 y 1932 (no hay registros para 1925 y 1926), el nombre de Víctor Mideros figura entre los tres primeros premios, excepto en 1929. Entre los miembros del jurado destacan ya sea el mismo

sin embargo, encontró defensores en la prensa capitalina, así como en intelectuales como Benjamín Carrión (Greet 99). Durante la década de los cuarenta, nuevas ideas se contraponen a la visión tradicional del arte como objeto de acumulación del coleccionista, o como símbolo de distinción de la antigua aristocracia. También durante esta década los salones de arte se abren hacia las propuestas que antes habían sido rechazadas por los grupos conservadores. Desde el oficialismo se piensa en trasladar el arte hacia la esfera pública en respuesta a la necesidad de encontrar un símbolo unificador de identidad nacional en un momento de crisis histórica.

Hacia la democratización de la cultura en la década de los cuarenta

A lo largo de 1940, el Gobierno ecuatoriano iniciará una política dirigida a la democratización de la cultura. Este era un proyecto oficial de gran alcance, que buscaba reconstituir el orgullo ciudadano herido tras la firma del Protocolo de Río de Janeiro con el Perú. Como parte de esa política, bajo el gobierno de José María Velasco Ibarra se creó la Casa de la Cultura Ecuatoriana en 1944, y en 1945 la Dirección de Patrimonio Cultural, adscrita a la anterior. Como primer director de la Casa de la Cultura Ecuatoriana, Benjamín Carrión formó parte de los esfuerzos para trasladar al arte y a la cultura hacia la esfera pública.

La importancia de la Casa de la Cultura en el proyecto de reconstitución ciudadana se resalta en la "Memoria" de Benjamín Carrión presentada en 1946. Carrión anota que en la historia de la República ecuatoriana se podían rescatar "dos características invariables". Una de ellas era el amor por la libertad y la otra "la pasión por la cultura" (12). Añade que si bien el Ecuador "sabe que no tiene como vocación o

---

Jacinto Jijón y Caamaño o miembros de su círculo intelectual y social cercano, como Cristóbal de Gangotena y Jijón, Juan León Mera Iturralde y el presbítero Juan de Dios Navas. Véase *Salón Exposición Mariano Aguilera: 65 años de la plástica ecuatoriana 1917-1982*.

mensaje entre los pueblos, el ser una potencia militar, una potencia económica de primer orden, ni menos –ay, menos– un poder diplomático de consideración", también era cierto que sí era una potencia cultural.

A lo largo de 1994, como cabeza de la Casa de la Cultura, Benjamín Carrión se encarga de ejecutar una serie de proyectos dirigidos a fortalecer la vocación nacional por la cultura a través de su democratización. El informe sobre las actividades de la Casa, publicado en el periódico *Letras del Ecuador* en 1953, menciona, además de los esfuerzos editoriales y de las publicaciones periódicas, así como de la presentación de conferencias, el apoyo a las ciencias, al teatro, a la danza y a la música (82, 6-28). Se reserva un espacio, también, para detallar el trabajo realizado por los núcleos en diferentes provincias, lo que sugiere un interés por la descentralización de políticas culturales.

Es interesante señalar la importancia que se concede en este informe a la radiodifusora de la institución, a la que se denomina la única emisora cultural del país. Un lugar especial ocupa el resumen de labores llevadas a cabo por la Casa de la Cultura para la protección del patrimonio de la nación, trabajo hecho a través de la Dirección de Patrimonio, adscrita a la misma desde su creación, en 1944. El informe destaca los pocos trabajos de restauración de obras de arte y de monumentos arquitectónicos realizados, así como el inicio de un programa para el inventario de piezas patrimoniales de los conventos de Quito. También encuentra lugar el Archivo Nacional de Historia, como un inicial interés en recuperar la memoria histórica del país.

Una consideración especial se concede a la promoción artística. En 1945, la Casa de la Cultura inauguró el Salón Nacional de Pintura y Escultura, y poco más tarde, el Salón de Dibujantes, Acuarelistas y Grabadores. Estos salones contrarrestaban la importancia de un salón más conservador y local como era el premio Mariano Aguilera, y continuaban la línea política que caracterizó al Salón de Mayo, un espacio alternativo creado en 1939. A más de estos salones, que daban lugar a las propuestas de izquierda, la Casa de la Cultura organizó una serie de exposiciones de arte. Se concedió igual importancia al fortalecimiento y creación de museos. Así, por ejemplo, el Museo de Arte Colonial que, como habíamos anotado anteriormente, funcionaba en el vestíbulo del Teatro Sucre, adquirió bajo la Casa de la Cultura un carácter oficial cuando se le concedió, por primera vez, un local definitivo en la calle Cuenca (Parker 171-175). También en la Casa de la Cultura funcionaba una sala de arte antiguo. Se había propuesto, también, la creación de un Museo de Arte Contemporáneo, a partir de la adquisición de piezas a los artistas que participaban en las exposiciones de la institución. Para 1951, se abre el museo de instrumentos musicales, formado tras la adquisición de la colección de Pedro Traversari. Este contaba, de acuerdo con el informe de la Casa de la Cultura, con una serie de objetos para el estudio no sólo de las culturas aborígenes, sino de la historia de la música en general (*Letras del Ecuador* 82, 11).

La idea de democratización de la cultura que yace tras estos esfuerzos se resume en un artículo escrito por Helen Parker, directora de Educación del Museo de Arte de Chicago. A lo largo del artículo, la autora describe la señorial casa que alberga el museo así como su colección formada por objetos adquiridos por el Gobierno y a través de donaciones privadas, entre las que destacan piezas de Caspicara y de Miguel de Santiago (171-175). Parker también rescata la función del museo como un importante centro de difusión cultural. Si bien en años anteriores la institución no contaba con un local permanente y "exhibía sus colecciones en el vestíbulo del Teatro Sucre", anota, el Gobierno decidió prestarle su apoyo cuando "se comprendió la importancia del museo" (171). Su director, Nicolás Delgado, había escogido la casa apropiada que le permitiría reconstruir, con la ayuda de los objetos y piezas artísticas de la colección, "la forma en que vivía un noble con su familia hace doscientos años" (172). El museo, no obstante, no se limitaba únicamente a mostrar el pasado colonial, sino que se había preocupado por organizar diversas exposiciones de arte contemporáneo. De acuerdo con la autora, el museo recibía el apreciable número de mil visitantes por mes, atraídos por las conferencias gratuitas de arte que se ofrecían así como por las actividades dirigidas a estudiantes escolares y universitarios (174). No sin un dejo de asombro, Parker señala la evidente apertura del museo hacia un público amplio y diverso al resaltar su ubicación y funcionamiento como una inevitable extensión de la vida cotidiana de la ciudad. Así, anota que alrededor del museo, las fuentes de agua atraen a "gentes sencillas" que llegan "tranquilamente a llenar sus vasijas en ellas" (174).

El arte como vocación nacional

La cultura como vocación nacional es un concepto central en los escritos de Carrión; este le permite alejarla del sitial privilegiado e inaccesible, cercado por las élites sociales del Ecuador. Este concepto, que se encuentra presente en muchos de sus textos críticos sobre arte moderno ecuatoriano, guarda relación con el argumento sobre la función del arte al servicio de la vida pública en las sociedades democráticas, elaborado por el filósofo norteamericano John Dewey, su contemporáneo. Para Dewey, el arte era esencialmente una forma de comunicación. En este sentido, no podía expresar los ideales y experiencias de un solo individuo (sea el artista, el mecenas o el coleccionista), sino de una comunidad.[8] Estas son las ideas que están presentes, precisamente, en varios de los escritos de Carrión.

Como vocación nacional, de acuerdo con Carrión, el arte es expresión de una colectividad y por lo tanto instrumento esencial en la construcción de la comunidad cívica. En sus *Cartas al Ecuador*, escritas entre 1941 y 1943, argumenta que la inclinación hacia la creación artística es rasgo esencial del ecuatoriano. Afirma que si bien tradicionalmente

---

[8] Una interesante discusión sobre las ideas de Dewey se encuentra en Mark Mattern.

se ha definido al país como agrícola, es en realidad un "país de aptitudes manuales", manifiestas en la "plástica plana, el color, la pintura", y en la "plástica de volumen: la arquitectura y la escultura" (48). La vocación artística era no sólo un legado ancestral, sino una prueba de que todos los ecuatorianos compartían un mismo origen y esencia. Ese era el material humano de Atahualpa, Espejo y los próceres de agosto, de García Moreno, Rocafuerte, Montalvo, Eloy Alfaro y González Suárez, y el que fue "capaz de las tallas maravillosas en piedra y en madera, de los templos quiteños; de los imagineros populares que, desde el indio Caspicara, han inundado de maternidades y nacimientos a medio continente. De los pintores ascéticos y realistas de la Escuela Quiteña" (57-58).

Es interesante señalar que en las mismas *Cartas al Ecuador*, la distancia entre el trabajo del artista y del artesano, entre lo culto y lo popular, desaparece. De esta manera, para el autor, el material humano que había creado las grandes obras y monumentos del arte colonial quiteño era también el de los "alfombreros sin igual de Guano y de Los Chillos", y el mismo que realizaba "los tejidos de Otavalo", "las miniaturas de corozo de Riobamba", "los sombreros de toquilla de Manabí y de Cuenca" (57-58).

La unidad cultural que se aprecia en el trabajo manual como vocación nacional está presente, también, en su visión de la historia como una continuidad lógica e inevitable, entre el período colonial y el presente. En su presentación crítica de la obra de Diógenes Paredes, de hecho, presenta a "la nueva pintura ecuatoriana", que nace en la segunda década del siglo XX, como la heredera de un legado colonial. A las grandes figuras de la pintura colonial temprana, que él llama la época de oro, Pedro Bedón, Miguel de Santiago y Goríbar, les siguen Samaniego, Rodríguez, Pinto y los Salas. Argumenta que la tradición pictórica se había visto interrumpida a fines del siglo XIX y principios del XX, probablemente debido a la formación academicista y a la dependencia de los artistas ecuatorianos de la época con respecto a los modelos clasicistas europeos. Esta, sin embargo, había vuelto a renacer como la "nueva pintura quiteña" ("Exposición Pictórica de Diógenes Paredes" 215). Camilo Egas, al ser el primer artista en introducir la temática del indio en la pintura, era considerado por Carrión el fundador de esta nueva "escuela quiteña de pintura" (216). En la presentación de una muestra de pintura del artista, en 1956, Carrión resaltaba justamente su capacidad de vincular la tradición plástica colonial y la nueva pintura ecuatoriana. Así, tras describirlo como "el adelantado de la insurgencia pictórica ecuatoriana", argumenta que fue él quien primeramente vio la necesidad de "conservar y admirar" el arte quiteño colonial. Añade que "Egas vino a probarnos también que, con el mismo barro, el mismo sol y el mismo aire con que se hicieron las individualidades artísticas de Caspicara o Miguel de Santiago, era posible construir nuevas individualidades que los continúen en el tiempo" (221).

En Camilo Egas, escribe Carrión en la misma presentación, la vocación nacional del arte se manifestaba por sobre todo en su apego a lo local, en "la introducción del hombre y el paisaje americano en la pintura. ¡Los indios, los indios, los indios...!" (223). La presencia de lo local en la obra de Egas, un interés que continúa en otros artistas modernos ecuatorianos, y que contribuye a la "nueva pintura", es también el retorno a una tradición que estaba presente en el arte colonial y que había permanecido dormida durante más de un siglo. Así, argumenta que tras "Manuel de Samaniego, que va del tenebrismo y pone luz y sol nuestros en sus paisajes de un verde nuevecito, es Camilo Egas el pintor que hace asomar en su pintura nuestra tierra y su habitante" (223).

Más allá de la teoría elaborada por Carrión con respecto a la cultura como vocación nacional, nos quedan preguntas por resolver con respecto a su puesta en práctica. ¿Cómo hacer para garantizar la democratización del arte, reservándole un lugar en la esfera pública? ¿Cómo hacer para que el arte sea punto de partida para la deliberación del cuerpo ciudadano? Como habíamos dicho antes, la pintura mural no se puso en práctica de manera consistente y generalizada en el Ecuador durante la década de los cuarenta, probablemente porque los cuestionamientos a la experiencia muralista mexicana demandaban soluciones diferentes. Al igual que los mismos artistas mexicanos, Carrión y su círculo deben dirigir su mirada al grabado como una estrategia para alcanzar a las masas.

BUSCANDO LA DEMOCRATIZACIÓN DEL ARTE A TRAVÉS DE LA REPRODUCCIÓN MECÁNICA

David Alfaro Siqueiros, mirando con profundo desencanto la experiencia iniciada por Vasconcelos, celebraba un poco más tarde el papel democratizador de la gráfica por sobre los murales. De hecho, Siqueiros y sus contemporáneos encontraron en los dibujos y grabados que se publicaban en la revista *El Machete* el mecanismo ideal para transformar al arte en público (Azuela 56). El giro de los artistas mexicanos tuvo gran influencia sobre artistas e intelectuales ecuatorianos de izquierda.

A lo largo de la década de los treinta, junto con artistas e intelectuales de izquierda como Jorge Icaza y Eduardo Kingman, Benjamín Carrión formó el Sindicato de Escritores y Artistas del Ecuador (SEA). Modelado a partir de la Liga de Escritores y Artistas Revolucionarios (LEAR) de México, los miembros del Sindicato fundaron la editorial Atahualpa, que tenía como uno de sus objetivos acercar el arte a las masas, a través de grabados como los de la serie de *Los Hombres del Ecuador*, de Eduardo Kingman (Greet 104-109).

En 1938 se fundó la *Revista Mensual del Sindicato de Escritores y Artistas del Ecuador*, que contaba a Jorge Icaza como editor, Benjamín Carrión como editor literario y Eduardo Kingman como director artístico (107-109). En su primer número, por ejemplo, la revista muestra una serie de xilograbados en tintas de varios colores, todos ellos de contenido social. Los contornos definidos y los trazos duros propios del trabajo sobre la madera, conceden fuerza al mensaje de denuncia social de las imágenes. La portada despliega un grabado de Leonardo Tejada, mientras que en el interior, los grabados de

Kingman ilustran un cuento de Alfonso Cuesta y Cuesta. En este mismo número, sin embargo, otros grabados rompen con la dependencia con respecto al texto de la revista. Ocupando páginas individuales, *Desahucio*, de Leonardo Tejada, y *Voz del Campo*, de Eduardo Kingman, adquieren por sí solos valor narrativo y argumentativo.

La *Revista del Sindicato* sirvió como antecedente para *Letras del Ecuador*, periódico publicado a partir de 1945 por la sección de Literatura y Bellas Artes de la Casa de la Cultura Ecuatoriana, contando como director a Benjamín Carrión y como director artístico a Leonardo Tejada. Es importante señalar, sin embargo, que mientras que la *Revista del Sindicato* estuvo marcada por un espíritu contestatario y de protesta, *Letras del Ecuador* se mantuvo alineada con el oficialismo. Como veremos más adelante, también la preocupación por alcanzar a las masas se desvaneció en el esfuerzo por sacramentar la cultura.

Al igual que en la *Revista del Sindicato*, especialmente los números de los primeros años de *Letras del Ecuador* hacen un despliegue de ilustraciones que ayudan a marcar transiciones entre notas y artículos diferentes, e invitan al lector a pausar la mirada a medida que recorre con sus ojos la página impresa, transformando a la lectura en una operación visual.

A más de los grabados y fotografías que ilustran reseñas de exposiciones y otros artículos, en la revista aparecen viñetas al inicio de cada número, en la parte superior de la página, y otras que marcan la conclusión de un artículo o sección, muchas de ellas identificadas por medio del nombre o la firma del artista: Rivero Gil, Gonzalo Muñoz, Diógenes Paredes,

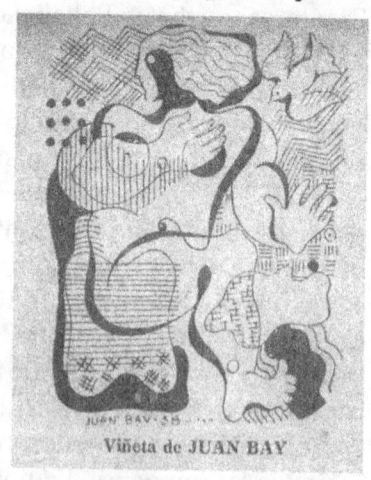

Viñeta de Juan Bay. *Letras del Ecuador*. Año 1, N° 7 (1945).

Humboldt Arroyo, Eduardo Kingman, entre otros. En lugar de la más eficiente fotografía, en ocasiones aparecen también retratos en dibujo o grabado de los autores de las notas o de personajes que ocupan un lugar protagónico en un artículo.

Muchos grabados y dibujos realizan un argumento sobre los textos a los que acompañan; no son meras ilustraciones, puesto que hacen un comentario adicional tanto sobre el contenido como sobre la estructura formal de lo escrito. Así, por ejemplo, el *Retrato de Raúl Andrade*, de Carlos Rodríguez, replica visualmente el título de la biografía de Andrade (también titulada retrato), escrita por Hugo Alemán *(Letras del Ecuador* 5, 5). En *Mujer de arena... o mujer de sal*, dos xilografías que acompañan al relato de Antonio Arraiz titulado "No, Néstor: la mujer es como el mar", Leonardo Tejada entrelaza, a través de trazos sinuosos y ondulantes, la voluptuosidad del cuerpo femenino con el ritmo arrullador y cadencioso de la espuma marina (5, 10).

"...y parecerá una mujer de arena...", xilografía de Leonardo Tejada, en *Letras del Ecuador*. Año 1. N° 5 (1945).

En otras ocasiones, las imágenes sorprenden al lector al irrumpir sin aparente explicación sobre la página. Al igual que en el caso de la *Revista del Sindicato*, estas son imágenes que poseen una narrativa y argumentación propias. A diferencia de las anteriores, sin embargo, ocupan un espacio continuo al texto, pero en lugar de referirse a él, compiten por la atención del lector/observador. La mayor parte de las veces, se trata de fotografías de pinturas y esculturas, salvo contadas excepciones en que aparece una xilografía. La reproducción del original en blanco y negro asegura la diseminación eficiente y efectiva de la obra de arte ante una amplia audiencia, rompiendo con los límites impuestos por las paredes de museos.

Una diferencia notable se advierte, sin embargo, entre la *Revista del Sindicato* y *Letras del Ecuador*; esta diferencia indica dos intenciones diferentes por parte de sus editores. Si en la primera la utilización de xilografías tiene como objetivo la denuncia social, en *Letras* se anulan los conflictos y más bien se usan las imágenes para construir una visión de la sociedad ecuatoriana como una comunidad incluyente, anclada en un pasado común. Así, a la par de las obras de artistas modernos y de izquierda, en *Letras* se incluyen fotografías de obras de arte y monumentos arquitectónicos coloniales, con frecuencia en artículos que discuten el tema pero en ocasiones simplemente como imágenes autónomas.

Una intención similar se encuentra presente en la reseña que escribe Alejandro Carrión sobre el Primer Salón Nacional de Bellas Artes, en 1945. Aquí, Carrión presenta a la "pintura actual" del Ecuador no como la respuesta a un contexto histórico y social específico, sino como la continuación inevitable del arte colonial. Comparando la exposición del Salón Nacional con una exhibición paralela de arte colonial en el Museo de San Francisco, escribe: "La pintura actual del Ecuador, desciende de una pintura espantosamente dramática, la pintura de la Colonia...". Y añade que "con esta ascendencia, con esta misma permanente voluntad de ver y de nunca soñar que han tenido nuestros pintores, error sería pedirles que su pintura fuera otra cosa de la amarga, de la angustiada y cruenta realidad que es hoy" (*Letras del Ecuador* 5, 3).

Las palabras de Carrión encuentran eco, de manera más directa, en la fotografía de una pintura de Eduardo Kingman. Titulada *El Descendimiento*, esta pintura participó en el Primer Salón Nacional de Bellas Artes (5, 20). La obra combina la narrativa sagrada con la historia local y contemporánea. De esta manera, el cuerpo musculoso de un obrero muerto, la soga todavía al cuello, toma el lugar del Cristo yacente, mientras que la Magdalena y San Juan son reemplazados por un trabajador

"El descendimiento", óleo de Eduardo Kingman, en *Letras del Ecuador*. Año 1. Nº 5 (1945).

y una mujer indígena. Lo más significativo para la discusión presente, sin embargo, es la ineludible deuda que guarda la pintura con una pieza escultórica emblemática del arte colonial quiteño como es la *Piedad* atribuida a Caspicara, y que se exhibe en el trascoro de la Catedral de Quito. Al igual que en los textos críticos de Carrión, de esta manera, la referencia al arte colonial sirve para reforzar una visión de la cultura ecuatoriana como una unidad, continua y colectiva.

Una mirada crítica a la democratización de la cultura

Si por un lado debemos reconocer el legado para el presente del impulso democratizador de la cultura durante la década de los cuarenta, es también necesario evaluar el compromiso real de Benjamín Carrión y del círculo de intelectuales y artistas que le rodeaban con respecto a las masas y a lo popular. Como vimos anteriormente, Carrión define a la cultura como vocación nacional, presentándola de esta manera como un espacio integrador. ¿Hasta qué punto, sin embargo, se materializaba este discurso sea en las políticas de la Casa de la Cultura o a través de sus órganos de difusión, como fue *Letras del Ecuador*?

Una rápida mirada a las actividades culturales sobre las que se escribe en *Letras del Ecuador* evidencia un interés en ratificar la precedencia de lo culto sobre lo popular. La cultura se devela no como un lugar de encuentro sino, nuevamente y tal como sucedió en décadas anteriores, como un espacio elitista y excluyente. A pesar de que la cultura deja de ser aristocrática, saliendo de las colecciones y bibliotecas privadas para ocupar la esfera pública, los comentarios eruditos y críticos de los que está plagada la publicación son parte de un proceso de selección que construye y reafirma un canon para las expresiones culturales y artísticas. En una reseña del recital brindado por el guitarrista Albor Maruenda, el autor demuestra su conocimiento sobre la potencialidad del instrumento así como su capacidad para juzgar la calidad de ejecución del músico. Así, escribe que "Maruenda es un buen conocedor de la guitarra. Sabe palpar la hebra melódica en el telar de cuerdas, e ir dibujándola, iridiscente, en el ambiente rarificado de la sala". Más adelante, añade que "Albor Maruenda tal vez no conseguirá nunca satisfacer a todas las almas detenidas en el auditorio. Siempre habrá algo de extraño en su figura problemática y en su ejecución un poco recobrada" (4, 17). A la agudeza de esta apreciación se contrapone en el mismo número una reseña del concierto de gala realizado en el Conservatorio Nacional, en la que se comenta sobre la fácil complacencia de una audiencia a la que se juzga poco cultivada, crítica y selectiva. "El concierto transcurrió ante un público lleno de justo amor al terruño", escribe el autor de la nota. Presto a marcar una distancia entre su apreciación crítica y el gusto poco refinado del pueblo, añade que ese público "lo mismo aplaudía la primera sinfonía de Beethoven que el vals popular mejicano 'Cielito lindo', y que estaba pletórico de benevolencia para este esfuerzo en pro de la cultura del país (4, 17)".

Letras del Ecuador se ocupa principalmente de las expresiones clásicas, el ballet, la música, la literatura y el teatro. Ocasionalmente se incluyen, también, reseñas o notas sobre cine, en general extranjero. Las notas sobre artes plásticas se limitan exclusivamente a las "bellas artes", la pintura y la escultura de los grandes maestros coloniales y contemporáneos. A pesar de que en sus *Cartas al Ecuador* Carrión habla de arte y de artesanía como si fuesen el producto del mismo material humano, esta última está ausente de las páginas de la revista. Más aún, haciendo gala de erudición cosmopolita, los colaboradores de *Letras* se esfuerzan por situar el quehacer cultural ecuatoriano en un diálogo internacional. Así, en su discurso inaugural de la exposición de Jan Schreuder, compara la experiencia del artista holandés en el Ecuador (el trópico) con la de Paul Gauguin en Tahití (2, 3). De la misma manera, al hablar sobre Manuel Rendón Seminario, Leopoldo Benites Vinueza se refiere a grandes artistas europeos como Cézanne, Turner, Constable, Goya y Manet, sin olvidar al crítico John Ruskin y al *Tratado de Pintura* de Leonardo da Vinci (*Letras del Ecuador* 4, 6).

En el mismo orden, si como decíamos antes la publicación de grabados y fotografías publicados en la *Revista Ilustrada* tiene como propósito desacralizar y democratizar a la obra de arte, la paralela preocupación por la cultura elevada conduce a esa inicial intención hacia una incómoda contradicción. La revista oscila peligrosamente entre la desmitificación de la obra de arte, por un lado, y su glorificación, por el otro. Si por una parte las viñetas reducen la imagen a lo ornamental, restándole de esta manera su aura artística, por otra se insiste en señalar la autoría de cada uno de los grabados y dibujos. Por otro lado, si la reproducción mecánica apunta a anular la unicidad y originalidad de la obra de arte, reduciendo su valor como objeto de acumulación, la fotografía en blanco y negro, incapaz de capturar la totalidad del prototipo, únicamente añade valor a esa pieza original al despertar un deseo por lo inalcanzable.

Una crítica adicional tiene que ver con los silencios y ausencias de la *Revista Ecuatoriana*. Un número significativo de las obras artísticas reproducidas en fotografía, así como muchas de las ilustraciones grabadas, representan al indígena y al obrero ecuatoriano. Uno y otro, sin embargo, están ausentes de la publicación, ya sea como autores, actores o interlocutores. Como tal, aparecen reducidos a objetos e imágenes silentes, que pueden ser contemplados por el lector/observador distante. Sobre el mismo punto es interesante notar el lugar (o no lugar) que se concede a lo ancestral. En contraste con la innegable presencia que ocupa el período colonial, representado principalmente por medio de sus manifestaciones artísticas, no se menciona al arte precolombino, excluyéndolo así de una narrativa nacional. En ese sentido, los intelectuales y artistas del círculo de Carrión parecen alinearse con la postura de los grupos tradicionales conservadores que, como hemos visto, privilegiaban la herencia cultural española como un puente hacia la Europa civilizadora.

Finalmente, también merece reflexión la intención final detrás de los esfuerzos democratizadores de la cultura. A diferencia del proyecto de Vasconcelos, que tenía como fin hacer del arte un instrumento de educación, y lograr por su intermedio un cambio social, la democratización de la cultura en el Ecuador durante este período es la respuesta a un momento coyuntural en la historia limítrofe del país. Auspiciado por el gobierno populista de Velasco Ibarra, el programa dirigido por Benjamín Carrión tenía como fin reconstituir el orgullo cívico perdido tras la humillación del Protocolo de Río de Janeiro. Es notable, en este sentido, el lugar privilegiado que van a ocupar en ese entonces la historia, el arte y los artistas ecuatorianos, como símbolos de un pasado glorioso o como figuras ejemplares y heroicas del presente. El mismo Carrión, por ejemplo, llamaba a Camilo Egas el heresiarca de la pintura quiteña, mientras que Pío Jaramillo Alvarado, en su defensa de Goríbar como autor de los lienzos de los profetas en la iglesia de la Compañía de Jesús escribía que "todos, artistas, poetas, escritores, mantengamos inalterada la gloria de esa numerosa pléyade de pintores que culmina con Miguel de Santiago y Goríbar, ilustrando el prestigio del Ecuador ante el mundo" (s.p.).

En medio del fervor cívico de la década de los cuarenta, de esta manera, la cultura y el arte no fueron instrumentos de cambio, sino más bien el material con el que se construyó la ficción de una unidad e igualdad nacionales.[9] El proyecto

---

[9] Es interesante mirar las coincidencias entre el programa cultural del Ecuador y el ejecutado posteriormente en la Francia de la posguerra durante el gobierno de

de Carrión y de su círculo, al igual que el impulsado por Vasconcelos en México, había fracasado en su propósito de cambio al alinearse cómodamente con el discurso oficial.

Bibliografía

Ades, Dawn. *Arte en Iberoamérica*. Madrid: Ministerio de Cultura, 1989.

Azuela, Alicia. "Public Art, Meyer Schapiro and Mexican Muralism." *Oxford Art Journal* 17/1 (1994): 55-59.

Bustos, Guillermo. "El hispanismo en el Ecuador". *Ecuador-España: Historia y Perspectiva*. María Elena Porras y Pedro Calvo-Sotelo, eds. Quito: Ministerio de Relaciones Exteriores del Ecuador/Embajada de España, 2001, s.p.

____ "La hispanización de la memoria pública en el cuarto centenario de fundación de Quito". *Etnicidad y poder en los países andinos*. Christian Büschges, Guillermo Bustos y Olaf Kaltmeier, comps. Biblioteca de Ciencias Sociales 58. Quito: Corporación Editora Nacional, 2007.

Capello, Ernesto. "Hispanismo casero: la invención del Quito hispano". *Procesos: revista ecuatoriana de historia* 20 (2004): 55-77.

Carrión, Alejandro. "Paredes y Andrade en el Primer Salón Nacional de Bellas Artes". *Letras del Ecuador* 4 (1945): 3.

Carrión, Benjamín. "Memoria presentada por el Presidente de la Casa de la Cultura Ecuatoriana". *Casa de la Cultura Ecuatoriana* 2/3 (enero-diciembre 1946): 12.

____ "Cartas al Ecuador". Estudio, selección y notas de Michael Handelsman. Quito: UASB/Corporación Editora Nacional, Campaña Nacional Eugenio Espejo por el Libro y la Lectura, 2007. 33-59.

Charles de Gaulle y bajo la dirección de André Malraux. Como argumenta Marc Fumaroli, la política cultural francesa bajo el gaullismo sirvió para compensar el honor francés perdido durante la Segunda Guerra Mundial. Esta política, de acuerdo con Fumaroli, encuentra su antecedente inmediato en las políticas culturales del régimen de Vichy. Véase Marc Fumaroli.

———— "Exposición pictórica de Diógenes Paredes". Re/ incidencias. Anuario del Centro Cultural Benjamín Carrión 3/3 (2005): 213-219.

———— "Camilo Egas, gran heresiarca de nuestra plástica". Re/ incidencias. Anuario del Centro Cultural Benjamín Carrión 3/3 (2005): 221-225.

Casa de la Cultura Ecuatoriana, *Letras del Ecuador. Periódico de literatura y arte*. 2 (1945).

———— *Letras del Ecuador. Periódico de literatura y arte* 4 (1945).

———— *Letras del Ecuador. Periódico de literatura y arte* 5 (1945).

———— *Letras del Ecuador. Periódico de literatura y arte* 82 (1953).

Delgado, Florencio. "De coleccionista a arqueólogo: lecciones del siglo XX". *Apachita* 17 (2010): 18-22.

Fernández-Salvador, Carmen. "Historia del arte colonial quiteño: un aporte historiográfico". *Arte colonial quiteño: renovado enfoque y nuevos actores*. Quito: FONSAL, 2007.

Fumaroli, Marc. *El Estado cultural (ensayo sobre una religión moderna)*. Eduardo Gil Bera, trad. Barcelona: Acantilado, 1991.

Gracián. "Espejo de los días: ciudad sin museos". *El Comercio* XXXV/12.458 (31 de enero de 1940): 4.

Greet, Michelle. "Pintar la nación indígena como una estrategia modernista en la obra de Eduardo Kingman". *Procesos: revista ecuatoriana de historia* 25 (2007): 93-119.

Habermas, Jürgen. "Public Sphere: An Encyclopedia Article (1964)". Sara Lennox y Frank Lennox, trads. *New German Critique* 3 (otoño 1974): 49-55.

Hein, Hilde. "What is Public Art?: Time, Place and Meaning." *The Journal of Aesthetics and Art Criticism* 54/1 (1996): 1-7.

Jaramillo Alvarado, Pío. *Examen crítico sobre los profetas de Goríbar*. Quito: Casa de la Cultura Ecuatoriana, 1950.

Jijón y Caamaño, Jacinto. "Arte quiteño. Conferencia pronunciada en la Sala Capitular de San Agustín, en junio de 1949, con motivo del II Congreso Eucarístico Nacional". *La Colonia y la República*. Biblioteca Ecuatoriana Mínima. Puebla: Cajica, 1960.

Mattern, Mark. "John Dewey, Art and Public Life." *The Journal of Politics* 61/1 (1999): 54-75.

Mitchell, W. J. T. "The Violence of Public Art: 'Do the Right Thing'." *Critical Inquiry* 16/4 (1990): 880-899.

North, Michael. "The Public as Sculpture: From Heavenly City to Mass Ornament". *Critical Inquiry* 16/4 (1990): 860-879.

Parker, Helen. "El Museo de Arte Colonial en Quito". *Boletín del Ministerio de Obras Públicas* 66 y 67 (1948): 171-175.

Pérez, Trinidad. "Artes plásticas: del siglo XIX al XXI". *Enciclopedia Ecuador a su alcance*. Bogotá: Espasa, 2004.

"Quito ciudad sin museos". *El Comercio* XXXV/12.454 (27 de enero de 1940): 4.

"Quito es una ciudad sin museos III: El Museo Militar Nacional". *El Comercio* XXXV/12.456 (29 de enero de 1940): 2.

"Quito es una ciudad sin museos IV". *El Comercio* XXXV/12.457 (30 de enero de 1940): 5.

"Quito es una ciudad sin museos V: El museo de Bellas Artes". *El Comercio* XXXV/12.458 (31 de enero de 1940): 5, 9.

"Quito contará pronto con museos". *El Comercio* XXXV/12.459 (1 de febrero de 1940): 4.

Salón Exposición Mariano Aguilera: 65 años de la plástica ecuatoriana 1917-1982. Quito, 1982.

Tablada, Juan José. "The Arts in Modern Mexico". *Parnassus* 1/3 (1929): 8-9.

Vargas, Jose María. *Jacinto Jijón y Caamaño: su vida y su museo de arqueología y arte ecuatorianos*. Quito: Editorial Santo Domingo, 1971.

José Vasconcelos y Benjamín Carrión, suscitadores de las vanguardias

YANNA HADATTY MORA
Universidad Nacional Autónoma de México

> *Nuestra independencia estuvo en el papel y nuestro decoro en el fango. Países de opereta trágica; razas bastardas, hemos sido los simios del mundo, porque habiendo renegado de casi todo lo propio, nos pusimos a imitar sin fe y sin esperanzas de crear.*
>
> José Vasconcelos
>
> *Si Vasconcelos hubiera sido consecuente con sus grandes facultades y con su genio creador, habría sido en las letras nacidas al calor de la Revolución lo que es Diego Rivera en la pintura.*
>
> Martín Luis Guzmán

EL *DEUS EX MACHINA* DEL MURALISMO

José Vasconcelos (Oaxaca, 1882; Ciudad de México, 1959), impenetrable al influjo de las vanguardias en su propia prosa, promueve y apadrina con su característica vehemencia la avanzada estética de la época en su papel de funcionario de educación y mecenas de arte. Durante el gobierno de Álvaro Obregón (1920-1924), Vasconcelos, ratificado como rector de la Universidad Nacional, reinstala al mando de la Academia de Bellas Artes durante los cuatro años a Alfredo Ramos Martínez, pintor centrado en la iconografía indígena, pero sobre todo creador de la Escuela al Aire Libre de Coyoacán. Este proyecto "antiacademicista" resulta a la vez relevante y polémico.[1] Una vez fundada la Secretaría de Educación Pública en octubre de 1921, para cuya creación Vasconcelos viaja por México escoltado por una embajada de intelectuales de primer orden –como "oradores, Antonio Caso y Gómez Robelo; de embajador de la pintura [Roberto] Montenegro; y Carlos Pellicer y Jaime Torres Bodet, para colmar el afán de poesía" (Vasconcelos, *El desastre* 12)–, el flamante secretario impulsa desde ella "un arte saturado de vigor primitivo, nuevos temas, combinando la sutileza y la intensidad, sacrificando lo exquisito a lo grande, la perfección a la invención" (Molina Enríquez, "La decoración" 41). Al respecto, destacan los historiadores del arte de nuestros días la marca de José Vasconcelos y Manuel Gamio –pionero este de la antropología y la arqueología en México y alumno de Franz Boas– en la generación de pintores que decide plantear la temática del México precolombino en el muralismo, convencidos de la posibilidad de equipararlo con el Renacimiento italiano. Por ello, el movimiento se conoce también como Renacimiento mexicano (ver Teresa del Conde y Enrique Franco Calvo).

Sin lugar a dudas, esta campaña lo vuelve célebre. Como recuerda uno de los practicantes y críticos del muralismo, Vasconcelos puede calificarse como su promotor y auspiciador, pues es:

> [...] el *deus ex* machina del [...] movimiento muralista [que] se inició durante su mandato como Secretario de Educación del gobierno de Obregón [...] Personalmente, él obtuvo los muros, el dinero para los materiales, los sueldos de los artistas y, lo más importante, la libertad estilística; todos los ingredientes indispensables que, de hecho, fueron corolarios de su propia filosofía aplicada al sistema social. (Charlot 106)

---

[1] "Nuestras escuelas libres son ACADEMIAS AL AIRE LIBRE (peligrosas como las academias oficiales en las que al menos conocemos a los clásicos), colectividades en las que hay maestros QUE HACEN NEGOCIO y se impone un criterio flaco que mata las personalidades incipientes" (Siqueiros, en Mendonça Teles y Müller-Bergh 98).

Ciertamente, el secretario de Educación se deja asesorar por pintores y escultores al momento de construir los edificios educativos, lo que le vale la caricatura y la mofa inmediatas de los sectores conservadores. Sin embargo, convencido de la aceleración que dentro del caótico México posrevolucionario

Vasconcelos sentado entre Pedro Henríquez Ureña y Diego Rivera, en una ceremonia en Chapultepec, 1921.

representa una obra educativa guiada por el arte, no ceja en el empeño de llevar como punta de lanza a los muralistas. Jean Charlot destaca la libertad ilimitada con la que los artistas cuentan bajo el mecenazgo oficial, al igual que la convicción y justificación filosófica con que el secretario sostiene el proyecto:

> A través de medios más esenciales que el progreso material, quiso [...] capacitar a los hombres para el ejercicio de la contemplación, imponiéndoles hermosas formas y figuras, en este caso, la pintura mural. Lejos de ser decoraciones superfluas en una arquitectura sustancial, los frescos eran para Vasconcelos un medio sustancial para acelerar la llegada del milenio pitagórico. (Charlot 120)

Charlot alude aquí a la propuesta de Vasconcelos del modelo filosófico pitagórico –que concibe al período estético como tercer estado de la sociedad, posterior a los estados material e intelectual–; la llegada de este se aceleraría por intermediación del arte (ver Vasconcelos, "Nueva ley de los tres estados").

Los alcances de los opositores al nuevo proyecto estético –calificado de grotesco, inclusive de no ser arte– llevan al retiro de al menos dos pintores, David Alfaro Siqueiros y José Clemente Orozco, de la labor mural en la Escuela Nacional Preparatoria –hoy Antiguo Colegio de San Ildefonso– en 1924. Los estudiantes de la preparatoria atacaron físicamente sus murales, luego de hacerlo desde la prensa, con panfletos y periodicazos. Una vez concluida la gestión de Vasconcelos como secretario de Educación Pública, su sucesor, José Puig Caussaranc, recorta la nómina de muralistas. El recién formado Sindicato de Pintores y Escultores presenta su protesta apoyando a los expulsados; pero esta no prospera. Más allá del incidente, para entonces el muralismo se halla inscrito en la historia del arte mexicano y latinoamericano.

Este mecenazgo en las artes resulta además inspirador para los intelectuales y políticos latinoamericanos de aquel entonces. El ecuatoriano Benjamín Carrión (Loja, 1897-Quito, 1979) reconoce sentidamente el mencionado papel de auspiciador del muralismo y de las escuelas libres de arte del ministro, y recuerda: "el arte mejicano, la pintura mejicana atacó, a iniciativa de Vasconcelos y por su inspiración multicomprensiva, la decoración mural, el fresco"; "La Academia de Bellas Artes abrió sus puertas 'a la libertad de todas las inspiraciones'"; "procurando huir del academicismo y de las escuelas, se instalaron escuelas de pintura al aire libre, bajo este cielo nuestro, incomparable"; "Los pintores vivían por cuenta del Estado, para que, olvidados de la lucha diaria, entorpecedora y penosa, se dediquen sin inquietudes al cultivo del arte"; "Y el Estado, compraba mensualmente ciento cincuenta cuadros de los pintores nuevos…!" (*Los creadores* 34).

Caricaturas de Vasconcelos, de Antonio Toño Salazar.
Fuente: *José Vasconcelos. Iconografía*, México: SEP/ FCE, 2010.

En cuanto a la divergencia estética que aparta a los muralistas de su mecenas en una década, vale la pena recordar que Vasconcelos prefiere las imágenes alegóricas en ocasiones esotéricas del simbolismo de la generación anterior, por encima del indigenismo o el vanguardismo de los muralistas, si bien es cierto que permite que cada artista desarrolle sus propios temas y estilos.² Si bien enarbola en ocasiones la bandera indigenista, se trata de una actitud extendida entre sus contemporáneos con muy diferente signo ideológico, por lo que resulta imprescindible discernir la visión que acompaña a la reivindicación, como acertadamente reconoce la crítica contemporánea:

> En el [...] siglo xx, el indianismo, el indigenismo y el neo indigenismo revelaron los avatares del proceso histórico latinoamericano. Cultivaron el indigenismo escritores tan diferentes en objetivos como los peruanos Manuel González Prada (1844-1918), Uriel García (1884-1965) y José Carlos Mariátegui (1894-1930), el mexicano José Vasconcelos (1882-1959), el ecuatoriano Jorge Icaza (1906-1978) y el boliviano Fernando Diez de Medina (1908-1990). Los seis trataron, junto con otros, de definir y ubicar al indio en el contexto de su ideología, aplicada a la cultura y sociedad hispanoamericanas. (Chang-Rodríguez, "José Carlos" 103-112)

---

² En palabras de Carlos Monsiváis: "Muy probablemente, Vasconcelos invoca el genio del Buen Salvaje, pero no vislumbra el cambio ideológico que a fines de 1923 radicaliza a Orozco y Siqueiros y acto seguido a Rivera. Dura poco el proyecto original de Vasconcelos. Lo expresa de manera muy abstracta, y los pintores contratados se fastidian ante lo que consideran vaguedades humanistas. Influidos por el arte europeo de la posguerra, por las libertades artísticas, por el ideal de la cultura y la política revolucionarias, los pintores desdeñan el mensaje de Vasconcelos, y eligen otros caminos. En primer término, el compromiso doble con el arte y el pueblo, la consignación pictórica del pueblo que en 1910 emergió con violencia y en la década del veinte persiste desafiante y tenso. Rivera especifica su meta: 'Escribir en enormes murales públicos la historia de la gente iletrada que no puede leerla en libros'. Y tal aspiración, igualarse al vértigo revolucionario, da lugar a una estética distinta, concentra versiones de luchas sociales de México y del mundo, incorpora en los muros a símbolos y multitudes desplazados pero aún no eliminado del todo. El resultado es el perfil legendario y la obra múltiple de un movimiento, la Escuela Mexicana de Pintura, de grandes resonancias internacionales y nacionales, ratificación de la vitalidad de la revolución triunfante, resumen irremplazable de la Historia nacional, incentivo del nacionalismo cultural [...]. Si el ministro Vasconcelos y el presidente Obregón admiten a estos renovadores y provocadores, es por la necesidad de un arte público, que ahorre tiempo cultural y emita un pregón: la Revolución mexicana es tan sólida que ya patrocina el arte, antes de hacerse cargo de la interpretación de la Historia".

El crítico de Pablo Palacio

En 1930, Benjamín Carrión publica en Madrid *Mapa de América*. Este libro, subtitulado *Teresa de la Parra, Pablo Palacio, Jaime Torres Bodet, el Vizconde de Lascano Tegui, Carlos Sabat Ercasty, José Carlos Mariátegui*, se ocupa de la presentación biográfica y del comentario literario de estos personajes para afirmar en ellos la promesa hispanoamericana de varias latitudes, en tanto escritores e intelectuales.

Sobre Pablo Palacio (Loja, 1906-Guayaquil, 1947) abundan los elogios de Carrión a lo largo de su obra crítica. Ya en este primer momento afirma: "Pablo Palacio, de 'el último rincón del mundo', salió a hacer la literatura más atrevida –de contenido artístico y temático– que se haya hecho en el Ecuador" (*Mapa* 50). Para entonces, el vanguardista ha publicado tanto una colección de cuentos, *Un hombre muerto a puntapiés*, como una novela, *Débora*; ambos en 1927. Con sólo este primer libro "los grupos intelectuales [quiteños] acogen al recién llegado, lo sostienen, orgullosos del inesperado reclutamiento: el humorista que les hacía falta" (54).

Carrión califica de humorista a Palacio –condición señalada por el mismo crítico como rara dentro de la literatura hispanoamericana–, puntualizando que el suyo es "un humorismo *deshumanizado*, con la expresión cara al señor Ortega y Gasset" (57). Con este comentario afilia al ecuatoriano al movimiento de "arte nuevo", *vanguardista* diríamos hoy, caracterizado por ser un arte intelectual, carente de sentimentalismo, cuyo advenimiento anuncia alborozado José Ortega y Gasset en su conocido ensayo *La deshumanización en el arte* (1925) como propio del siglo xx. Por oposición, el crítico y filósofo español califica al arte del siglo xix –romanticismo o realismo, indistintamente– de arte "humano", sensitivo, empático; concesivo en la medida en que busca una respuesta próxima y emotiva con su receptor.

Carrión continúa en esta línea de análisis afirmando que el estilo de Palacio sería similar al humor de Ramón Gómez de la Serna en sus *Greguerías* (1917-1955); pero que en el lojano, más allá de la ocurrencia o hallazgo en la imagen renovadora, predomina una "fuerza de inercia ante la emoción [...] que, junto con su inercia ante la moral, lo deshumanizan fundamentalmente" (59). Se detiene además en la construcción de los personajes, para calificar al narrador de "determinista esencial. Sus personajes evolucionan, viven lejos de toda volición, de toda voluntariedad. Andan sueltos. Sueltos de la mano de Dios y –lo que en este caso es más grave– sueltos de la mano del autor mismo" (60).

Como culminación, resalta lo que sería el rasgo más vanguardista en esta narrativa: Palacio "no espera que se produzca todo el proceso de elaboración de la idea, tan caro al pensamiento francés, clarificador y mesurado. Él nos deja ver ese proceso, *como los vendedores de automóviles dejan ver, en el esqueleto del motor, el complicado funcionamiento de la máquina*" (61). "Su pluma es más bien *una aguja registradora del pensamiento* a medida que se produce. Mientras este trabajo mecánico se realiza, él, permanece serio, indiferente" (61-62). En estas citas que nos permitimos subrayar resulta muy claro que Carrión se vuelve vanguardista al analizar a un autor de esta catadura, demostrando gran maleabilidad en su propio estilo. Sobre todo si nos detenemos en las imágenes que emplea, pues colindan con las de la propia vanguardia adoradora de la modernidad y la máquina, al comparar la escritura de Palacio con la actividad de quien se dedica a promover automóviles o con una sofisticada tecnología del registro del pensamiento.

En otro orden de cosas, Carrión advierte el riesgo que entraña la opción de Palacio por su famoso "descrédito de la realidad", que –como en tantas novelas autorreflexivas características del período (ver Niemayer y Hadatty)– se vuelve alegato estético central y deja en segundo plano la trama en *Débora* al denunciar la falsedad del realismo por no ocuparse de los detalles de las realidades pequeñas, orgánicas, nimias, a pesar de ser el movimiento artístico que se jacta de reflejar la vida en su totalidad. Esta carga de proclama y de parodia realista que se detiene en los callos y ojos de pollo de un personaje, señala el crítico, podrían restar a Palacio sus grandes dotes de humorista puro. Carrión se inclina por las imágenes y por el rechazo al lugar común en Palacio; y sobre todo por la aproximación introspectiva y psicológica, que lo acercarían al Miguel de Unamuno de *Niebla* (1914) o al Luigi Pirandello de *Seis personajes en busca de un autor* (1921), en tanto "*como en el cinematógrafo*, proyecta el negativo de sí mismo sobre la pantalla" (Palacio, 62, cursivas mías), lo que contemporáneamente llamaríamos prácticas metaficticias.

Tras destacar la notable juventud del autor –veinticuatro años para entonces–, Carrión lo califica en las últimas líneas del artículo como el escritor de mayores facultades de análisis psicológico en la "literatura joven hispanoamericana" (69), y lanza la apuesta de Palacio en el futuro, si se dedica a diseccionar "un gran amor o un gran dolor o un gran júbilo, que no excluirán [...] las pequeñas alegrías de encontrarse en la calle una moneda" (70): "Entonces tendremos en Pablo Palacio el novelista, el cuentista que ataca la realidad total". Apuesta que, como hoy sabemos, nunca se cumple.

Un comentario de Gabriela Mistral en el prólogo de *Los creadores de la nueva América* de Carrión, nos recuerda la definidora generosidad del ensayista lojano para sopesar a los sujetos y sus obras sin espíritu de partido. Quizá podríamos añadir algo sobre su crítica proteica: es un vanguardista si exalta a Palacio, un socialista cuando se ocupa de Mariátegui, un partidario del mestizaje cultural cuando se centra en Vasconcelos.

Tres ensayos de *El Maestro*

El Maestro. Revista de cultura nacional aparece como medio de difusión periodística de la campaña de educación vasconcelista. Con un tiraje de setenta y cinco mil ejemplares, se publica entre abril de 1921 y 1923, bajo la dirección de Enrique Monteverde y Agustín Loera y Chávez. La publicación se caracteriza por un enfoque a la vez nacionalista, latinoamericanista y revolucionario; y se encuentra destinada a servir de material didáctico de temas canónicos y emergentes para el recientemente institucionalizado Estado revolucionario; por tanto, debe distribuirse de manera gratuita a lo largo de la República mexicana y enviarse a donde sea requerida dentro de Latinoamérica. La apelación de la contraportada habla de una función militante:

> El Gobierno publica esta revista con positivo esfuerzo. Ni un solo ejemplar debe de ser inútil. Si a usted no le sirve y no la da a quien pueda aprovecharla, deja sin utilizar el dinero del Estado que es dinero del pueblo. Sabe usted leer y escribir. Enseñe pues a los que no saben. Es un deber que le corresponde como mexicano y como hombre. Pida hoy mismo a la Universidad Nacional su nombramiento de Profesor Honorario. (García Rey)

Parece pertinente revisar el discurso del entonces secretario de Educación Pública, a partir de tres textos –que calificamos de ensayos, aunque se presenten bajo formatos de carta, discurso y artículo periodístico– firmados por él que aparecen en las páginas de la mencionada publicación: sobre todo, si se piensa que corresponden a los años de surgimiento de las vanguardias mexicanas. Se trata, en primer término, de "Carta a la juventud de Colombia", epístola originalmente destinada a Germán Arciniegas, que a nuestro parecer muestra de cuerpo entero al Vasconcelos de los años veinte. Para recalcar el título de la publicación, y en un espíritu muy cercano a la definición

Portada de *El maestro. Revista de cultura nacional*, México, 1921.

arielista del intelectual, que en primer lugar debe ocupar la función de Maestro de la sociedad, Vasconcelos revela la misión que corresponde a la juventud de América (Roberto González Echevarría): "La conciencia de esta misión late en todos los pueblos de la América Latina y da impulso al latinoamericanismo contemporáneo" (426); "¡Dichosa juventud latinoamericana que llega a la vida cuando se sientan las bases de un nuevo período de la historia del mundo" ("Carta a la juventud" 428); "si la juventud de estos instantes toma sobre sus hombros la misión varonil, la victoria humana será gloriosa y rápida [...]. Fraternalmente mejoraremos lo que se ha hecho antes, y el mundo se beneficiará con nuestro triunfo" (429).

Si pensamos en el Ateneo de la Juventud, asociación intelectual mexicana a la que pertenece Vasconcelos, como heredero del *arielismo*,[3] se entiende más la filiación discursiva heredera directa del Martí de "Nuestra América" (1898): de tono semejante, aunque con menos lustre retórico, incluye otro de sus ensayos, "Nueva ley de los tres estados", comentarios a tono con la prosa ensayística martiana: "había que mandar a Francia algún señor rico para convencer a los franceses que no todos usábamos plumas" ("Nueva ley de los tres estados", 153); "todos estábamos de acuerdo en que [...] el cerebro del mundo estaba en París. Los franceses, en cambio, opinaban concordes que el latinoamericano era un infeliz" ("Carta a la juventud" 428).

En cuanto a la elaboración utópica y nacionalista, los rasgos de proximidad de sus ensayos con los manifiestos de la militancia vanguardista de sus contemporáneos deben ser subrayados también: en una reciente compilación, Jorge Schwartz recoge un fragmento de *La raza cósmica* (1925) de Vasconcelos como parte de los manifiestos y proclamas de la vanguardia, ubicando el texto específicamente entre los que exaltan la identidad latinoamericana como punto de partida para una nueva era (otros manifiestos de este apartado se ocupan de la brasilidad, el criollismo, el indigenismo, la

---

[3] Ver Martínez Carrizales, respecto a la influencia de *Ariel* de Rodó en la generación.

negritud o el negrismo). Según el crítico argentino, estos lo emparejan con las ideas de mesianismo y utopía, el anuncio epifánico de una nueva era, la prosa enardecida. Al respecto, revisaremos "El bronce del indio mexicano se apoya en el granito", discurso que Vasconcelos pronuncia en Río de Janeiro con ocasión de las fiestas de celebración del primer centenario de la independencia del Brasil (1922), encargado por el presidente mexicano Álvaro Obregón de encabezar la delegación nacional ante el país de la conmemoración, y que se reproduce en *El Maestro*. Se trata, además, de un claro antecedente de *La raza cósmica*, con una premisa semejante, exaltadora del tiempo nuevo que se anuncia ya:

> El bronce del indio mexicano se apoya en el granito bruñido del pedestal brasilero; dimos bronce, y nos aprestáis roca para asentarlo, y juntos entregaos, en estos instantes, las dos durezas al regazo de los siglos para que sean como *un conjuro que sepa arrancar al Destino uno de esos raptos que levantan del polvo a los hombres y llenan los siglos con el fulgor de las civilizaciones: el conjuro creador de una raza nueva, fuerte y gloriosa*. ("El bronce del indio" 254; énfasis mío)

En esta ceremonia, México hace entrega de una estatua en bronce de Cuauhtémoc, héroe y mártir de la defensa de Tenochtitlán frente a la conquista española. Consciente de la particularidad de la entrega, Vasconcelos defiende la figura simbólica del héroe mártir, derrotado "si se le ve desde el punto de vista de los que sóolo reconocen el ideal cuando se presenta en el carro de la Victoria, domeñando altiveces y aplastando rebeldías; mas, para nosotros, un héroe sublime porque prefirió sucumbir a doblegarse, y porque su memoria molestará eternamente a los que tienen hábito de halagar al fuerte" (254). En este sentido de convicción de combatir no para triunfar sino por defender la causa históricamente justa, recuerda fuertemente al arielismo imprecador de Rubén Darío en "El triunfo de Caliban" (1898):

> Cuando lo porvenir peligroso es indicado por pensadores dirigentes, y cuando a la vista está la gula del Norte, no queda sino preparar la defensa. Pero hay quienes me digan: "¿No ve usted que son los más fuertes?

¿No sabe usted que por ley fatal hemos de perecer tragados o aplastados por el coloso?" ¿No reconoce usted su superioridad?" Sí, ¿cómo no voy a ver el monte que forma el lomo del mamut? Pero ante Darwin y Spencer no voy a poner la cabeza sobre la piedra para que me aplaste el cráneo la gran Bestia. (Darío 455)

Dice Vasconcelos: "Ahora Cuauhtémoc renace porque ha llegado, para nuestros pueblos, la hora de la segunda independencia, la independencia de la civilización, la emancipación del espíritu" ("El bronce del indio" 257). Quizá la visión de sí mismo como un héroe que lucha contra corriente y con plena conciencia de sólo poder cumplir con su misión sin aspirar al triunfo, es lo que más lo aproxima a los imaginarios que comparten arielismo y vanguardias latinoamericanas:

> cansados, hastiados de toda esa civilización de copia, de todo ese largo coloniaje de los espíritus, interpretamos la visión de Cuauhtémoc como una anticipación de este florecimiento, o más bien dicho, nacimiento del alma latinoamericana. (257)

Anuncio quizá más esperanzado que el de los modernistas, por provenir de una de las piedras angulares de la institucionalización de la triunfante Revolución mexicana, que para la época representa la avanzada en la transformación social del continente, al divulgarse a lo largo de Latinoamérica más sus logros que las sucesiones internas de carácter fratricida o las progresivas conciliaciones con los gobiernos norteamericanos.

En cuanto representante de una época de triunfo y afirmación –"Hemos asimilado, y ahora estamos en el deber de crear" (258)–, el gesto de enunciación es comparable con el de los manifiestos vanguardistas o con el señero ensayo posterior de Alfonso Reyes, "Notas sobre la inteligencia americana" (1936):[4] modernidad latinoamericana, soberana,

---

[4] "Sentadas las anteriores premisas, y tras este examen de causa, me atrevo a asumir un estilo de alegato jurídico. Hace tiempo que entre España y nosotros existe un sentimiento de nivelación y de igualdad. Y ahora yo digo ante el tribunal de pensadores internacionales que me escucha: reconocemos el derecho a la

nacionalista, creativa, reivindicadora de dos tradiciones – europea y vernácula– para ser verdaderamente moderna: el destino de los pueblos se encuentra ya "en las manos de los hombres, y por eso, llenos de fe, levantamos a Cuauhtémoc como bandera y decimos [...] 'sé como el indio; llegó tu hora; sé tú mismo'" (256). Hay una gran distancia entre este indígena emblemático y alegórico y el planteamiento sobre la población indígena real. Como se reconoce en nuestros días,

> Vasconcelos se caracterizó por su oposición a reconocer o a promover la diversidad étnica, impulsando, por ejemplo, las escuelas rurales que tenían como objetivo la transmisión de una influencia *civilizadora* y el fomento de la conciencia nacional. De la misma forma se negó a establecer escuelas especiales para los indios, pues creía que era una medida segregacionista, además de que consideraba que eso sólo haría crecer el "problema indígena". (Aragón)

José Carlos Mariátegui, la vanguardia política

Al menos en tres ocasiones el ideólogo peruano José Carlos Mariátegui (1894-1930) ocupa la pluma de Benjamín Carrión: al realizar la semblanza que aparece en el ya mencionado *Mapa de América* (1930), y las selecciones para las series Pensamiento de América de Costa-Amic –*Antología de José Carlos Mariátegui*, 1966– y Sep/setentas –*José Carlos Mariátegui: el precursor, el anticipador, el suscitador*, 1976–. En los dos tomos editados en México, tenemos compilaciones semejantes, aunque la antología es más completa en Costa-Amic por cuestiones de formato; ambas corresponden a parte de los *7 ensayos de interpretación de la realidad peruana* (1928), pero la segunda consta de fragmentos mientras en la primera aparecen íntegros tres de ellos: "El problema de la tierra", "El factor religioso" y "El problema de la literatura". Por su mayor abarcamiento, nos detenemos en la última en aparecer.

---

ciudadanía universal que ya hemos conquistado. Hemos alcanzado la mayoría de edad. Muy pronto os habituaréis a contar con nosotros" (Reyes, *Obras completas* 90).

La proporción descomunal que alcanza el ideólogo peruano a los casi cincuenta años de su muerte, resulta altamente ostensible en este testimonio generacional: "En el santoral laico de la Revolución, Mariátegui es el grande, fecundo y doloroso predecesor. [...] en él hemos visto al hombre-conciencia, al hombre-conducta, al hombre-iluminación" (*Antología* 77). Sabemos de la adhesión total de Carrión por el peruano, a quien llegó a considerar, en sus propias palabras, un santo laico: "Llevo iniciada una galería de los *Santos del Espíritu* y he dedicado ya un libro a *San Miguel de Unamuno* y otro libro a *Santa Gabriela Mistral*. [...] En esa galería de Santos del Espíritu, tengo anunciados un San José Martí y un San José Carlos Mariátegui" (ídem). Estos dos últimos tomos no se llegaron a escribir.

A partir de una frase del mismo Mariátegui en los mencionados *Siete ensayos*... –"No sobrevive sino *el precursor, el anticipador, el suscitador*. Por esto, las individualidades me interesan sobre todo por su influencia" ("El problema de la literatura", en *Antología* 164. Énfasis mío)–, el crítico ecuatoriano hace un repaso cronológico de la obra y de la vida del pensador peruano, que orbita también en esta lectura de la trayectoria de un hombre señero en tanto derrotero intelectual de su propia generación.

Sin embargo, a diferencia de la visionaria lectura de Pablo Palacio, en la revisión de Mariátegui, más que la puesta en centralidad de la avanzada ideológica marxista del peruano, un tono más conservador guía a Carrión para valorarlo, por esto se detiene de manera predominante en lo anecdótico como forjador de un temperamento de excepción –así los episodios de la afrenta del militar al "cojito" Mariátegui, o su voluntad de ser operado sin anestésicos– que explique la originalidad del sujeto estudiado. No su revisión sistemática de la ideología de vanguardia política que lo guía, sino la construcción de un héroe romántico-cristiano.

Sin eliminar las denominaciones propias del marxismo, el acento queda en otra parte. De esta manera, se enfatiza que el proyecto de la revista *Amauta* logra agrupar a "las fuerzas jóvenes en el campo intelectual" bajo dimensiones continentales, porque el pensamiento universalista que porta "representa la primera persistente palabra anunciadora y propiciadora del socialismo en el Perú y América Latina. No del socialismo utópico [...] Mariátegui [...] traía el *socialismo-marxista*, el marxismo-leninismo" (63); para después hablar de características no ideológicas: bondad, valor, amistad, diálogo, como las decidoras del personaje.

Lo más acentuado de esta revisión, con indudable acierto, es la capacidad de disfrute y la valoración estética de la literatura de Mariátegui –centrado sobre todo en los poetas José María Eguren, Martín Adán y César Vallejo, ampliamente comentados en "El problema de la literatura"– cualidades que según Carrión lo distancian del marxista prototipo, si bien se acompañan de la mirada antiimperialista y revolucionaria. Destaca el punto de vista del crítico literario en esta presentación: la convicción de que el peruano "es el creador de una nueva fórmula para el ensayo latinoamericano"; "El ensayo que nos descubre y nos entrega Mariátegui, es una herramienta de trabajo, pero antes ha sido una interrogación, una pregunta urgida de respuesta. Una pregunta que investiga métodos y soluciones; que investiga defectos y descaminaciones. Que le urge respuestas a la historia" (54-55). Semejante a su obra de ensayista resulta la de su cogeneracional, José Vasconcelos. La comparación viene muy a cuento en estas páginas, pero además Carrión rememora y cita en las mencionadas páginas la crítica a Vasconcelos hecha en 1927 por el mismo Mariátegui, a razón de comentario sobre una obra del mexicano: "*Indología* por José Vasconcelos", en donde el peruano acusa al mexicano de "acompaña[r a los pensadores de su generación] fácil y generosamente a condenar el presente, pero no a entenderlo ni utilizarlo. [...] Vasconcelos coloca su utopía demasiado lejos de nosotros. A fuerza de sondear en el futuro, pierde el hábito de mirar en el presente" (Mariátegui, *Obras completas*, publicado originalmente en *Variedades*: Lima, 22 de octubre de 1922).

A propósito de esto, Carrión aprovecha también para reflexionar sobre el Vasconcelos final, como antípoda de

Mariátegui, por la ausencia de directriz ideológica. Léase con atención la matriz cristiana que acompaña nuevamente la valoración positiva del ya tildado de "San José Carlos": aquel "no tenía un credo para la justicia de los hombres. [...] Le faltó [...] ser como Mariátegui, 'un hombre con una filiación y una fe'. Vasconcelos tenía la estrella, pero no sabía dónde estaba Belén" (*José Carlos Mariátegui* 58). La retórica sigue siendo predominantemente cristiana: la zaga de Mariátegui es la de un mesías.

Claude Fell, por su parte, recupera la adhesión de Mariátegui a Vasconcelos un par de años antes, y retoma lo que juzgamos una coincidencia a propósito de la publicación de *La raza cósmica* (1925): "el gran mérito de Vasconcelos fue crear un mito, ya que 'sin un mito la existencia del hombre no tiene ningún sentido histórico. La historia la hacen los hombres poseídos e iluminados por una creencia superior'" (Mariátegui, *El alma matinal*, en Fell 655). De este primer Vasconcelos habla admirativamente Mariátegui: "Nadie se ha imaginado el destino de América con tan grande ambición ni tan vehemente esperanza como José Vasconcelos en el prefacio de *La raza cósmica*" (en Fell 655-656). Dos años después, el peruano encuentra demasiado utópico el proyecto propuesto en *Indología*.

Exalta Carrión sobremanera, en cambio, su prosa, sobre todo la de sus memorias:

> A Vasconcelos, el sumo maestro del político con imaginación, no es cierto que le sobrara la rabia. La rabia no le sobra a nadie. Le sobró la desmesura de sus resentimientos Si ellos se hubiesen vaciado únicamente en el *Ulises criollo, La tempestad, El proconsulado* y *El desastre*, habríamos salido ganando, sin la menor duda, la mejor novela de habla española de este siglo. Nadie, ni de lejos puede igualarlo. Nadie. Y habríamos ganado, igualmente, la mayor capacidad de diatriba, de dicterio, de insulto, desde Montalvo hasta el presente. (*José Carlos Mariátegui* 56)

ACTIVISMO, *AGONISMO*, VANGUARDISMO

> [...] *el agonismo, tal como aquí se entiende, es más patético que trágico [...] Deriva del* pathos *moderno de la historia [...] significa sacrificio y consagración; una pasión hiperbólica, un arco tenso hacia lo imposible, una forma paradójica y positiva de destrucción espiritual. La obra que queda como el símbolo estético más típico de este estado de ánimo es precisamente la obra maestra, intentada y fallida, del vanguardismo literario extremo [...]*
> Renato Poggioli

Es evidente que ni José Vasconcelos ni Benjamín Carrión corresponden en un sentido literal y diáfano al epíteto "vanguardistas". Como escritor de ficción, los cuentos del mexicano sin resultar desdeñables –*La sonata mágica* (1933), *El viento de Bagdad* (1945)– tienen el mismo viso alegórico de cierto simbolismo modernista, que más que a una corriente literaria particular parecen corresponder a su peculiar filosofía. Por su parte, la novela del ecuatoriano *El desencanto de Miguel García* (1929) es una obra política y psicológica que sobre todo puede caracterizarse como una *novela de formación* perfecta con trasfondo histórico (Hadatty, "La novela"). Quizá ambos son recordados como hombres de letras más bien por su obra de no ficción: las memorias y los ensayos de Vasconcelos, los textos de crítica literaria e historia, e incluso el recuerdo como interlocutor oral en Carrión; vanguardia en un sentido metafórico pero no historiográfico.

Planteamos en este texto la presencia de lo que se puede denominar un "vanguardismo heroico" en ambos derroteros biográficos: denominación con que se reconoce a los pioneros de los movimientos de vanguardia en la medida de lo extenuante del combate realizado, si se recupera el origen bélico de la expresión *vanguardia*. Entenderla como una aproximación a los dos personajes como héroes más que como sujetos, con la creencia de que se puede retomar para ello algunos elementos vanguardistas propuestos por la *Teoría del arte de vanguardia* de Renato Poggioli (1962). Ambos –sobre todo el mexicano– acometen la acción cultural y educativa en sus respectivos países como cruzadas personales, cuyas dificultades *agónicas* robustecen el carácter esforzado, de patriotas y soldados de la cultura.

Asimismo, los dos pueden calificarse más atinadamente quizá como activistas culturales de avanzada, *suscitadores*, en terminología de época (Piñeiro Íñiguez 91-93) en la medida en que el dinamismo psicológico que los motiva (Poggioli 42-44) es acompañado por una acción de renovación de instituciones y contenidos dentro del concepto de cultura. El hecho de definirse a sí mismo en sus memorias como un "Ulises criollo" revela en Vasconcelos un carácter de personaje creado para las peripecias y devenires; el grado de *antagonismo* (45-51) que alcanza en sus campañas culturales y políticas e incluso en su vida –ateniéndonos a sus memorias– lo hacen un ser en contienda, que batalla de manera permanente contra adversidades y enemigos. La idea del combatiente que resiste valeroso el embate contrario desde las primeras filas del ejército, incluido en el origen militar del término *vanguardia*, brinda una imagen justa de la cruzada vasconceliana. Por otro lado, piénsese la adhesión que a la generación provoca una obra tan romántica y poco vanguardista como la novela *Juan Cristóbal*, de Romain Rolland: el antifascismo del autor marca la lectura al grado de ver en ella lo que no tiene.[5] Quizá

---

[5] Militante antifascista y antibelicista, intelectual señero, Rolland aparece bien en los consejos editoriales de varias publicaciones latinoamericanas o bien como aval de autoridad hasta iniciados los años cuarenta. Junto con Máximo Gorki y Henri Barbusse, forma parte de la directiva del Comité Mundial de Lucha contra el *Fascismo*, la *Reacción* y las *Guerras Imperialistas*, como parte del apoyo a la I Internacional luego del ascenso de Hitler al poder. Seguramente prevaleció para sus contemporáneos la lectura de la filiación del hombre frente a la lectura de la obra en sí. La novela *Juan Cristóbal* se revela ante la lectura de nuestros días estéticamente más próxima al idealismo romántico que al realismo revolucionario; sorprende, por tanto, que voces latinoamericanas de militancia marxista la reivindiquen como paradigma literario de compromiso social. En este contexto, valga citar un comentario en una nota de homenaje en los sesenta años del escritor francés hecha por Mariátegui. En el artículo que le dedica, publicado

mucha de la vanguardia ideológica de época conservó un cierto conservadurismo estético, y mucha vanguardia estética un cierto conservadurismo político.[6] El gran proyecto de Carrión, la fundación de la Casa de la Cultura Ecuatoriana (1944) surge como un deseo de superación del estado de derrota en que queda sumido el Ecuador tras la pérdida de gran parte de su territorio contra Perú, según la resolución del Protocolo de Río de Janeiro de 1942. Viabiliza esto la mancuerna que el lojano logra para el apoyo a su proyecto con José María Velasco Ibarra, presidente triunfador luego de la "Gloriosa revolución del 28 de mayo" de ese año. La pequeña nación en lo económico y político debe ser una gran potencia en cultura. Debe revisarse cuánto influyen en este modelo el recuerdo de la campaña vasconcelista en la Secretaría de Educación, y el modelo mexicano del Colegio Mexicano, considerando que esta:

> [...] comprendía una serie de proyectos asociados que de a poco se fueron materializando. Comenzó la edición sistemática de la obra de autores ecuatorianos y la publicación de una revista de elevado nivel, *Letras del Ecuador*. A su amparo surgieron el Instituto de Teatro y el Instituto Ecuatoriano de Folclore; se creó el Coro de la Casa de la Cultura y se fueron fundando sucursales –*casitas*– en Guayaquil, Cuenca, Manabí, Loja y Esmeraldas, que reproducían las actividades de la central quiteña. Carrión no se quedó en el sillón directivo que se le asigna, sino que recorre el país llevando los frutos, manojos de revistas y libros ecuatorianos desconocidos hasta entonces en las pobres bibliotecas del interior del país. (Piñeiro Íñiguez 99)

La conciencia de que se trata de una institución paliativa, para países de economías restringidas, y sobre todo carentes de estímulos para promover la cultura, acompañan todo el tiempo

---

por partes entre 1925 y 1926, e incluido posteriormente dentro de su obra *El alma matinal*, prevalece el tono de alabanza hacia la novela: "La voz de Romain Rolland es la más noble vibración del alma europea en literatura contemporánea. [...] Su Jean Cristophe es un mensaje a la civilización. No se dirige a una estirpe o a un pueblo. Se dirige a todos los hombres" (Mariátegui 160).

[6] Ver Beatriz Sarlo 1986, citado en Schwartz 580.

al proyecto de Carrión, que quiere difundir al Ecuador fuera de las fronteras; por eso la edición de sus escritores e intelectuales y la proyección editorial le ocupan en primera instancia: "la Casa de la Cultura es la Institución indispensable para los pueblos pobres, no suficientemente desarrollados. Porque el país rico tiene poder en sí mismo para estimular la obra de cultura y hacerla interesante hasta para permitir medios de vida" (Carrión, *Trece años de cultura*, en Handelsman 116).

Como uno de los fundadores del Ateneo de la Juventud (1909), José Vasconcelos participa de la discusión con destacados intelectuales antipositivistas y artistas de avanzada de inicios del siglo XX, entre otros, Antonio Caso, Alfonso Reyes, Martín Luis Guzmán, Julio Torri, Enrique González Martínez, Diego Rivera, Manuel M. Ponce, y el dominicano Pedro Henríquez Ureña. A diferencia de ellos, Vasconcelos es sobre todo un hombre de acción, que desde el maderismo se involucra con el proyecto revolucionario.

En esta comparación de los dos personajes con la generación de vanguardia, se evidencia una radicalidad menor en Carrión y Vasconcelos que la que demanda la modernidad para dar carta de identidad a quienes se pretende sus ciudadanos: aquellos capaces de destruir lo instituido, y, en los casos más afirmativos y trascendentes, volver a crear con sus ruinas. Signados más bien por la conciliación prevanguardista del arielismo, ambos personajes se presentan asentados en la plataforma sólida y firme de la erudición y el conservadurismo, en el sentido de preservación de la cultura sin voluntad iconoclasta; para ellos, cabezas de proyectos culturales de sus países, todos los gestos caben, pues son susceptibles de volverse capital simbólico. Viabilizan en cambio –quizá allí estribe su servicio no menor a la vanguardia– la introducción de la ruptura vanguardista en el campo cultural: conscientes de la valía de la avanzada estética de sus contemporáneos o de la siguiente generación, resultan asimismo piezas clave para el advenimiento de artistas nuevos, estos sí vanguardistas en un sentido histórico, como es el caso de la narrativa de Pablo Palacio en Ecuador, o del muralismo en México. Incluso son capaces de saludar a un José

Carlos Mariátegui pasado por un baño de heroísmo romántico, o a un Romain Rolland. Hasta ahí llega su aproximación a las vanguardias. La misión del intelectual al servicio del pueblo que los signa corresponde, en cambio, a una visión arielista que ambos hombres comparten. Uno y otro se abocan a "Hacer de la cultura *una profesión liberal*, como dijera un ensayista. Pero no la profesión egoísta de provecho privado solamente que conduce al vicio del profesionalismo; sino una actividad con proyecciones sociales y utilidad nacional" (Carrión, *Memoria*, en Handelsman 117).

BIBLIOGRAFÍA

Aragón Andrade, Orlando. "El indigenismo oficial mexicano en el siglo XX". *Indigenismo, movimientos y derechos indígenas en México*. División de Estudios de Posgrado de la Facultad de Derecho y Ciencias Sociales. Instituto de Investigaciones Históricas. Universidad Michoacana de San Nicolás de Hidalgo. 2007. <http://dieumsnh.qfb.umich.mx/indige_cap1.htm#_edn5>. 30 agosto 2011.

Blanco, José Joaquín. *Se llamaba Vasconcelos. Una evocación crítica*. México: Fondo de Cultura Económica, 1977.

Carrión, Benjamín. *Antología de José Carlos Mariátegui*. México: Costa-Amic, 1966.

_____ *El nuevo relato ecuatoriano*. Quito: Casa de la Cultura Ecuatoriana, 1951.

_____ *José Carlos Mariátegui: el precursor, el anticipador, el suscitador*. Colección Sep/setentas 238. México: Secretaría de Educación Pública, 1976.

_____ *Los creadores de la nueva América. José Vasconcelos, Manuel Ugarte, F. García Calderón, Alcides Arguedas*. Prólogo de Gabriela Mistral. Madrid: Sociedad General Española de Librería, 1928.

_____ *Mapa de América. Teresa de la Parra, Pablo Palacio, Jaime Torres Bodet, el Vizconde de Lascano Tegui, Carlos Sabat Ercasty, José Carlos Mariátegui*. Madrid: Sociedad General Española de Librería, 1930.

Chang-Rodríguez, Eugenio. "José Carlos Mariátegui y la polémica del indigenismo". *América sin nombre* 13-14 (2009): 103-112.

Charlot, Jean. "7. El *deus ex machina*". *El renacimiento del muralismo mexicano (1920-1925)*. México: Domés, 1985.

Conde, Teresa del y Enrique Franco Calvo. *Historia mínima del arte mexicano en el siglo XX*. México: Attame/Museo de Arte Moderno, 1994.

Darío, Rubén. "El triunfo de Caliban". Edición y notas de Carlos Jáuregui. Aníbal González, ed. *Revista Iberoamericana. Número especial: Balance de un siglo (1898-1998)*. LXIV/184-185 (1998): 451-455.

Fell, Claude. *José Vasconcelos, los años del águila (1920-1925). Educación, cultura e iberoamericanismo en el México postrevolucionario*. Serie Historia Moderna y Contemporánea 21. México: UNAM (Instituto de Investigaciones Históricas), 1989.

García Rey, Rocío. "La presencia de América Latina en la *Revista El Maestro*, 1921". Centro de Investigaciones sobre América Latina y el Caribe. *Revistas literarias y culturales: redes intelectuales en América Latina (1900-1980)*. <http://www.cialc.unam.mx/Revistas_literarias_y_culturales/PDF/Articulos/La_presencia_de_america_latina_en_el_maestro.pdf>. 15 julio 2011.

González Echevarría, Roberto. "El extraño caso de la estatua parlante: *Ariel* y la retórica magisterial del ensayo latinoamericano". *La voz de los maestros: escritura y autoridad en la literatura latinoamericana contemporánea*. Madrid: Verbum Editorial, 2001.

Hadatty Mora, Yanna. *Autofagia y narración: estrategias de representación en la narrativa iberoamericana de vanguardia (1922-1935)*. Frankfurt/Madrid: Vervuert/Iberoamericana, 2003.

_____ "La novela de la generación del 50: entre el *Bildungsroman* y el desencanto". *Kipus: Revista andina de letras* 21 (I semestre 2007): 77-96.

Handelsman, Michael. *En torno al verdadero Benjamín Carrión*. Quito: El Conejo, 1989.

Leines Mejía, Armando. "El Maestro. Revista de Cultura Nacional (1921-1923)". *Tema y Variaciones de Literatura. Revistas y suplementos literarios, México siglo XX* 25 (2005): 63-86.

Maples Arce, Manuel. "Margen". Germán List Arzubide. *Margen*. México: Cicerón, 1923.

Mariátegui, José Carlos. "Indología por José Vasconcelos" (1927). *Variedades. Mariátegui Total*. Tomo I. Lima: Empresa Editora Amauta, 1994.

_____ "Romain Rolland". *El alma matinal y otras estaciones del hombre de hoy*. Vol. 3. Lima: Biblioteca Amauta, 1988.

Martínez Carrizales, Leonardo. "La presencia de José Enrique Rodó en vísperas de la Revolución mexicana". *Literatura Mexicana* XXI/2 (2010): 51-73.

Mendonça Teles, Gilberto y Klaus Müller-Bergh, *Vanguardia Latinoamericana. Historia, crítica y documentos. Tomo I. México y América Central*. Madrid: Vervuert/Iberoamericana, 2000.

Molina Enríquez, Andrés. "La decoración de Diego Rivera en la Preparatoria". *El Universal Ilustrado* 306 (22 marzo 1923): 41 y 54.

Monsiváis, Carlos. "El muralismo: la reinvención de México". *Fractal. Revista trimestral* VII/31 (2003): 77. 5 octubre 2011 <http://www.fractal.com.mx/F31Monsivais.html>. 29 abril 2013.

Piñeiro Iñiguez, Carlos. "III. Benjamín Carrión: por el camino de la cultura, volver a tener patria". *Pensamiento equinoccial. Seis ensayos sobre la nación, la cultura y la identidad ecuatorianas*. Quito: Ariel, 2005.

Poggioli, Renato. *Teoría del arte de vanguardia* (*Teoria dell'arte d'avanguardia* 1962). Rosa Chacel, trad. Madrid: Revista de Occidente, 1964.

Reyes, Alfonso. "Notas de la inteligencia americana". *Sur*, Buenos Aires: septiembre de 1936.

_____ *Obras completas de Alfonso Reyes. Última tule. Tentativas y orientaciones. No hay tal lugar*. Vol. 11. México: Fondo de Cultura Económica, 1997.

Sarlo, Beatriz. "Vanguardia y criollismo, la aventura de *Martín Fierro*". *Ensayos argentinos: de Sarmiento a la vanguardia.* Carlos Altamirano y Beatriz Sarlo, eds. Buenos Aires: Centro Editor de América Latina, 1983.

Schwartz, Jorge. *Las vanguardias latinoamericanas. Textos programáticos y críticos*. México: Fondo de Cultura Económica, 2002.

Siqueiros, David Alfaro. "3 llamamientos de orientación actual a los pintores y escultores de la nueva generación americana" (mayo 1921). *Vanguardia Latinoamericana. Historia, crítica y documentos. Tomo I. México y América Central*. Gilberto Mendonça Teles y Klaus Müller-Bergh. Madrid: Vervuert/Iberoamericana, 2000.

Skirius, John. *José Vasconcelos y la cruzada de 1929*. México: Siglo XXI, 1979.

Vasconcelos, José. "Carta a la juventud de Colombia". *El Maestro* 29. México: Secretaría de Educación Pública (1922): 425-430.

____ "El bronce del indio mexicano se apoya en el granito bruñido del Brasil". *El Maestro* 18. México: Secretaría de Educación Pública (1921): 254-258.

____ "Nueva ley de los tres estados". *El Maestro* 2. México: Secretaría de Educación Pública (noviembre 1921): 150-158.

____ *El desastre*. 1938. *El Proconsulado*. 1939. México: Fondo de Cultura Económica, 1993.

____ *La tormenta*. México: Ediciones Botas, 1936.

____ *Ulises criollo*. México: Ediciones Botas, 1935.

Vázquez, Josefina. *Nacionalismo y educación en México*. México: El Colegio de México, 1975.

Yankelevich, Pablo. "Estampas de un destierro. El periplo de José Vasconcelos por Colombia, Ecuador y Centroamérica en 1930". *Historias* 56. México (septiembre-diciembre 2003): 55-62.

García Moreno, el santo del patíbulo y *Ulises criollo*: biografía y autobiografía en los bordes de la ficción

FRANÇOISE PERUS
*Instituto de Investigaciones Sociales/
Centro de Investigaciones sobre América Latina y el Caribe/
UNAM*

No son pocos los paralelismos que se podrían tejer entre los protagonistas del *Ulises criollo*, de José Vasconcelos, y *García Moreno, el santo del patíbulo*, de Benjamín Carrión, pese a las diferencias de contexto y los desfases históricos que median entre ambas figuras históricas, consideradas bajo la modalidad de la autobiografía la primera, y de la biografía la segunda. En efecto, la centralidad de los personajes retratados en el abordaje de períodos históricos claramente acotados no deja de poner de manifiesto ciertos rasgos comunes en la formación y la trayectoria ideológica de José Vasconcelos y de Gabriel García Moreno.

El apego a una madre determinante tanto en la formación religiosa del hijo como en la inculcación de su "predestinación" pese al "desclasamiento" familiar, son rasgos que encontramos en ambos retratos. Así mismo, y pese a los desfases históricos entre los procesos sociopolíticos de México y el Ecuador durante el siglo XIX, también son numerosos los paralelismos que podrían establecerse entre circunstancias históricas, convicciones "liberales" profundamente marcadas por un exacerbado "catolicismo", y papeles políticos desempeñados por ambos biografiados. Sin embargo, las particularidades de las estructuras heredadas de la Colonia en los casos de México y el Ecuador, las modalidades específicas que revistieron los procesos independentistas en sendos casos, y los derroteros concretos por los que estos mismos procesos desembocaron en la instauración de un Estado liberal-oligárquico, en la segunda mitad del siglo XIX, no permitirían sino destacar tendencias sumamente generales. Pese a ciertas similitudes circunstanciales, ni estas ni las tendencias de largo o mediano plazo de los procesos en cuestión alcanzan para discernir entre personalidades y protagonismos concretos, y a fin de cuentas bastante distintos.

Por lo demás, el establecimiento de estas similitudes y tendencias generales pasaría por alto las diferencias de fondo entre formas narrativas que no por referirse a figuras relevantes de la vida social y política, en una época caracterizada por un proceso decimonónico de modernización liberal, pueden asimilarse la una a la otra. En efecto, las modelizaciones conjuntas del objeto de la reflexión, del sujeto de la narración y de su destinatario virtual difieren sustancialmente cuando de "biografía" o de "autobiografía" se trata, pese a los tópicos o los "biografemas" que podemos ver transitar de un texto a otro.[1] Su recurrencia hasta pudiera sugerir que al proyectar la "biografía" de García Moreno –iniciada en Quito en 1938 y concluida veinte años más tarde en México–, Benjamín Carrión tenía en mente las memorias de Vasconcelos, entre ellas el *Ulises criollo*, cuya primera edición data de 1935. A menos que la mayoría de estos tópicos sea inherente a la "escritura de una vida" –cualquiera sea la orientación conceptual de dicha escritura–, como sugieren los muchos ejemplos de biografías y autobiografías revisadas por François Dosse en su reciente libro *Le pari biographique*. Pero otros son también, y ante todo, los vínculos que aquellas modelizaciones establecen con el o los pasados traídos al presente de la enunciación. Por ello, no voy a centrar estas reflexiones en torno a las personalidades y las trayectorias respectivas de Gabriel García Moreno o José Vasconcelos, ni en las "vidas paralelas" de estas figuras históricas de relieve, con formaciones y temperamentos marcados por desfases hasta cierto punto relativos. Tampoco abordaré la problemática de las relaciones entre la historia y la ficción atendiendo a las muchas diferencias entre los autores del *Ulises criollo* y *El santo del patíbulo*. Propongo

---

[1] El término *biographème* proviene de Barthes, 14.

más bien reflexionar aquí en torno a las "posibilidades del género" –autobiográfico en el caso de Vasconcelos, biográfico en el de Carrión– puestas en práctica por uno y otro, con el fin de destacar las diferentes concepciones de la *historicidad* involucradas en sus narraciones respectivas.

Para tal efecto, dividiré esta exposición en los siguientes apartados: 1. Deslindes genéricos. 2. *Ulises criollo*, o la "centralidad" de la frontera. 3. *Gabriel García Moreno. El santo del patíbulo*, o la historia a debate. 4. Historia y ficción.

DESLINDES GENÉRICOS

Desde el punto de vista estrictamente *formal*, se puede considerar que la diferencia entre la biografía y la autobiografía radica en que, en el primer caso, quien narra y configura el objeto de la representación es distinto del personaje que pone en escena, mientras que en el segundo se supone que ambas "figuras" coinciden. Esta distinción *formal* descansa, sin embargo, en una serie de falacias, puesto que el sujeto de la narración autobiográfica reelabora y configura *a posteriori* la imagen del sujeto de vivencias y acciones pasadas, acudiendo como el biógrafo a tópicos y convenciones genéricas más o menos establecidos, con el propósito de conferir sentido y orientación a la "escritura de una vida". El que esta "vida" haya sido la "propia" no quita la distancia *temporal*, y por ende *subjetiva*, que media entre el pasado evocado y el presente de la escritura, ni cancela el esfuerzo de *objetivación y configuración retrospectiva* del sujeto de aquellas vivencias y acciones pasadas. En efecto, aun cuando el "sujeto" objeto de la autobiografía no es propiamente "ajeno" al de la escritura autobiográfica, no por ello deja de ser "otro" con respecto al sujeto de esta última. Conviene, por ello, empezar con una revisión sucinta de las "potencialidades" histórica y culturalmente inscritas en el género biográfico, antes de puntualizar lo que la autobiografía pudiera presentar de particular con respecto a la forma de la biografía.

Como atinadamente recuerda François Dosse (7), Walter Benjamin concebía al historiador como quien procede a la deconstrucción de la continuidad de una época, distinguiendo en ella una vida singular con el objeto de "mostrar cómo la vida entera de un individuo se condensa en una de sus obras, en uno de sus actos, y cómo una época entera se halla contenida en dicha vida" (Benjamin 347. La traducción es mía). Gracias a esta "operación histórica", una vida singular puede convertirse así en la caja de resonancia de una época concreta. Pero acudiendo luego a Paul Ricoeur, el mismo Dosse considera que en el transcurso de esta operación histórica "el sí mismo *(Ipse)* no se construye mediante la repetición de lo mismo *(Ídem)*, sino en relación con lo otro y el otro", y que por ende "la escritura biográfica se halla en estrecha relación con este movimiento hacia el otro y lo otro, y con la alteración del yo *(moi)* mediante la construcción de un sí mismo vuelto otro". Y añade a continuación: "Obviamente, semejante aventura no corre sin riesgos: entre la pérdida de la identidad propia y la posibilidad de equivocar la singularidad del sujeto objeto de la biografía, el biógrafo ha de procurar mantener la distancia justa; lo cual no deja de plantear dificultades por cuanto los arranques pasionales o las tomas de distancia objetivas son tan necesarias para la investigación como la preocupación por no perder el rumbo" (11). En este caso, Dosse plantea el doble problema de "distancia justa" y de relación fecunda con la "alteridad" del objeto de la reflexión del sujeto de la escritura en relación con el género *biográfico*. Sin embargo, la formulación de Ricoeur, a la cual apela el planteamiento del historiador francés, da pie para extenderla a la escritura de la "vida propia".

De acuerdo con este planteamiento de orden general, la historia individual y colectiva, la memoria propia y ajena, y las relaciones del sujeto de la escritura con respecto a sí mismo, del sujeto biografiado y del destinatario virtual de la narración conforman una *intrincada serie de correlatos entre instancias muy diversas*. Sólo que los vínculos que estas instancias mantienen entre sí distan mucho de ser homogéneos y estables. Dan más bien lugar a un ámbito sumamente movedizo y esencialmente problemático, en el cual las diferentes elecciones del sujeto de la escritura resultan primordiales para la compenetración del lector con la materia narrada y sus debidas valoraciones. Pero no se trata tan sólo del énfasis puesto en tal o cual aspecto de la vida del biografiado. La narración de esta vida no se limita al acopio de una serie de "datos objetivos", ni opta solamente por privilegiar las dimensiones "privadas" –valiéndose de escritos del propio biografiado o de "testimonios" de quienes lo frecuentaron–, o por poner el énfasis en sus declaraciones y actos referidos a la función "pública". También acude a aspectos diversos del "contexto histórico-social" o de la "personalidad" del sujeto biografiado, y entre ambas dimensiones las relaciones que establece no dejan nunca de revestir cierto valor conjetural. De cualquier forma, todos estos énfasis –o estas minimizaciones– guardan no pocos vínculos con la configuración del objeto de la representación. Sin embargo, la forma de la organización del relato, las concepciones de la temporalidad involucradas en ella, los registros de la perspectiva cognitiva y valorativa con respecto a los diversos aspectos de lo narrado, y los acentos y tonos de la voz enunciativa tienen tanta o más relevancia que los "contenidos" de la narración. En efecto, estos últimos aspectos, relativos a la composición narrativa y las orientaciones de la voz enunciativa, son a fin de cuentas los que han de guiar la atención cognitiva y valorativa del lector con respecto al personaje puesto en escena y a los "materiales" que concurren en la configuración de "su mundo". Y son asimismo los que dan cuenta de los modos en que el sujeto de la narración concibe la inscripción de la misma en su propio presente.

Sobre la base de estas consideraciones previas, que permiten desplazar el objeto de los análisis de los "contenidos" hacia problemas de enunciación y de poética narrativa, propongo considerar la *autobiografía* no como un "género" distinto de la *biografía*, sino como una de sus modalidades. Y ello por cuanto –parafraseando a Ricoeur– el "yo" *objeto* de la narración autobiográfica es en realidad un "otro" –un "*él*"–, pese a los vínculos que lo unen indefectiblemente al "yo" *sujeto* de la enunciación narrativa; y por cuanto en ambas instancias –la pasada y la presente– el "yo" no deja de irse configurando en estrecha relación con unos "otros", trátese de los de las vivencias de ayer o de los de la narración de hoy. De tal suerte que, pese a la *ilusión* de una continuidad entre la *imagen del yo narrado* y el *sujeto de la narración retrospectiva*, el "*sí mismo*" del relato autobiográfico ha de entenderse del mismo modo que el del relato biográfico, como el "lugar" de las múltiples tensiones que privan entre el "yo" de la enunciación y sus "otros", el "yo" de ayer inclusive. Explícitos o no, estos "otros" y las tensiones que suscitan dejan sus huellas en la vivencia pasada, lo mismo que en la escritura de hoy: cimbran la coherencia lógica de la narración, la vuelven tributaria de convenciones narrativas, modelizaciones y valoraciones que pugnan con las heterogeneidades y conflictividades de los mundos atravesados por el biógrafo y su biografiado, y contribuyen así a instaurar un mundo más "ficticio" que "real", aunque no por ello menos "verdadero".

Estas puntualizaciones relativas a la *autobiografía*, y su concepción como modalidad particular de la *biografía*, no contradicen el hecho de que el sujeto de esta última pueda revestir la forma de una enunciación impersonal, *como si* el mundo narrado estuviera enunciándose solo. El recurso *formal* de la tercera persona gramatical al que suele recurrir el "narrador histórico" tan sólo sirve para producir otra *ilusión*: la de una "*objetividad*" incuestionable, que descansa de hecho en supuestos positivistas, y que al "borrar" el sujeto concreto de la enunciación, tiende a ocultar las dimensiones ético-valorativas inherentes a la organización de los saberes en el ámbito de las disciplinas humanas y sociales. En este sentido, por más que el sujeto de la biografía aparente ampararse con la "cientificidad" de las disciplinas a las cuales acude y con formas de enunciación impersonales, tiene también sus "otros", lo quiera o no. De modo que cualquiera sea su orientación –psicológica, psicoanalítica, histórica o sociológica, o la conjugación "híbrida" de todas ellas–, la biografía no se opone a la autobiografía como lo "objetivo" frente a lo "subjetivo". Ambas modalidades narrativas participan de una y otra dimensión y, por ende, son las modalidades específicas en que la narración las va conjugando, las que dan razón de la concepción que aquella tiene de su propia *historicidad*; vale decir, de sus modos de concebir y figurar los vínculos indefectibles que unen su presente con sus pasados.

Ahora bien, las dos obras objeto de estas reflexiones se inscriben en un tiempo anterior al desprestigio de las formas biográficas y autobiográficas a raíz del predominio de las concepciones estructuralistas en el ámbito de la teoría y la crítica literarias, y más allá de estas. Como se sabe, los principales efectos de este predominio consistieron en la evicción –con no pocas repercusiones en la misma práctica de la escritura– del sujeto de la misma junto con las dimensiones históricas, sociales y culturales de los mundos ficticios. Debido a esta anterioridad, en el *Ulises criollo* de Vasconcelos, como en la biografía que de Gabriel García Moreno ofrece Carrión en *El santo del patíbulo*, el sujeto de la escritura tiene una presencia ostensible y hasta desembozada, aunque bajo modalidades sumamente diferenciadas, como se verá más adelante. En la perspectiva del actual "regreso del sujeto" en el ámbito de una crítica más "cultural" que propiamente literaria, acaso no esté por demás traer a la memoria, poner en paralelo y confrontar entre sí unas *prácticas de la escritura* que permiten entrever posibilidades muy distintas de *intervención* en la cultura de nuestro tiempo.

Las diferencias entre la escritura "autobiográfica" de José Vasconcelos y la "biográfica" de Benjamín Carrión referida a Gabriel García Moreno son sumamente profundas. Con todo, para diferenciarlas no está por demás reparar en lo que pudiera acercarlas más allá de sus disimilitudes. Ambos textos se presentan en efecto bajo títulos que dejan entrever no pocas paradojas: un "Ulises" griego traído al ámbito de un mundo "criollo" que acaba de cimbrar una revolución en la que participaron biografiado y biógrafo, por un lado; y un "santo" vuelto "patibulario" bajo el escrutinio de un biógrafo vuelto historiador, por el otro. Estas claves de entrada en sendos mundos ponen de manifiesto cierta preocupación compartida por los entreveros, o los deslindes entre la historia y el mito, y por las relaciones de ambos con la ficción literaria.

ULISES CRIOLLO, O LA CENTRALIDAD DE LA FRONTERA

Al referirse al primer volumen de una "autobiografía" que habrá de constar luego de otros tres volúmenes –*La tormenta* (1936), *El desastre* (1938) y *El proconsulado* (1939)–, José Vasconcelos advertía: "La presente obra [...] contiene la experiencia de un hombre y no aspira a la ejemplaridad, sino al conocimiento. El misterio de cada vida no se explica nunca, y apenas si nosotros mismos podemos rescatar del olvido unas cuantas escenas de panoramas intensos en que se desarrolló nuestro momento" (*Ulises criollo* 45). Ligado a la "experiencia de un hombre", el "conocimiento" no aspira aquí ni a la "ejemplaridad", ni al desvanecimiento del "misterio" de toda vida humana; tan sólo apunta al rescate de la "memoria" de "unas cuantas escenas", dentro de un "panorama" calificado de "intenso". Así, la memoria y sus discontinuidades presiden el rescate de una experiencia vital enmarcada en un período histórico que concluye con el asesinato del presidente Madero en 1909 y comienza con el nacimiento del autor en 1882: el "panorama intenso" corresponde, por ende y a muy grandes rasgos, con el "porfiriato". En cuanto al título de este primer volumen –los otros tres aún permanecen como proyecto en el momento de redactar las "advertencias" que buscan orientar su lectura–, el autor señala a continuación: "El nombre que se ha dado a la obra entera se explica por su contenido. Un destino cometa, que de pronto refulge, luego se apaga en largos trechos de sombra, y el ambiente turbio del México actual, justifican la analogía con la clásica *Odisea*" (45). La colocación del relato *bajo la égida del mito* señala el claro propósito de unir entre sí "destino" y "ambiente", en tanto el calificativo de "criollo" que se le adscribe apunta a las tensiones propias del período, considerado en los siguientes términos: "El criollismo, o sea la cultura de tipo hispánico, en el fervor de su pelea desigual contra un indigenismo falsificado y un sajonismo que se disfraza con el colorete de la civilización más deficiente que conoce la historia; tales son los elementos que han librado combate en el alma de este *Ulises criollo*, lo mismo que en la de cada uno de sus compatriotas" (45). Pese al deslinde previo con la "ejemplaridad" a la que se confiere un sesgo moral al parecer secundario, esta "autobiografía" –cuyas "advertencias" al lector señalan de pronto al "yo" concreto de ayer como un "él" a la par singular y mítico– apunta de este modo a convertir el destino personal en "biografía colectiva", dentro de coordenadas histórico-culturales que no dejan de recordar las del *Ariel* de Rodó (1900). Soslayado en el célebre ensayo de este último, el "indigenismo" se califica aquí de "falsificado", acaso por la distancia temporal que separa la obra del uruguayo de la redacción del *Ulises criollo*, o por ciertas dimensiones de la Revolución mexicana poco afines, por decir lo menos, con los ideales "criollos" y platonizantes de su autor.[2] Sea como fuere, de nueva cuenta estamos colocados ante la reivindicación del "hispanismo", en este caso "vencido en nuestra patria desde los días de Poinsett, cuando traicionamos a Alamán" (45). Y añade luego el depuesto Secretario de Educación, refiriéndose al exilio político desde el cual redacta su obra, entre 1934 y 1935: "Mi caso es el de un segundo Alamán hecho a un lado para complacer a un Monrow" (45). Queda claro así el sesgo particular desde el cual el sujeto de la enunciación autobiográfica se erige en representante de una nación concebida como heredera de un "criollismo" sometido a los embates de las ambiciones norteamericanas, por un lado, y a los de reivindicaciones provenientes de la *otra cara* de este mismo "criollismo", a las que el autor califica de "falsificadas" y detrás de las cuales no es muy difícil identificar algunos protagonistas

---

[2] A este respecto, remitimos a *De Robinsón a Odiseo*, texto fechado también en 1935, en el que Vasconcelos expone sus concepciones acerca de la educación que, según, él, habría de privar en México. El texto está disponible en la red. También su *Estética* (1936), redactada al mismo tiempo que *Ulises criollo*, da buena cuenta de estos ideales platonizantes.

del proceso revolucionario que saltaron a la palestra a raíz del asesinato del presidente Madero. De tal suerte que el mito no se limita a cohesionar destino y ambiente; subsume las tensiones y los derroteros propios del período histórico dentro de una perspectiva "nacional" de cuño hispanista y criollo, que a la sazón el autor juzga tan "vencida" como él mismo, refrendando así el carácter colectivo que pretende otorgar al relato de su "experiencia". De este modo, quedan perfilados –al menos *idealmente*– el sujeto objeto de la autobiografía y el de la escritura autobiográfica, junto con sus "otros" denostados y el destinatario virtual del relato.

Ahora bien, entre 1953 y 1958 Emmanuel Carballo realizó una serie de entrevistas a Vasconcelos, quien volvió entonces no sólo sobre los motivos que lo impulsaron a escribir los cuatro volúmenes de su autobiografía sino también sobre aspectos compositivos y estilísticos de su *Ulises criollo*. Precisó entonces el autor: "El *Ulises* lo escribí en España [...] Algunas personas han dicho que es mi libro mejor escrito. Y es cierto. En él tuvo influencia, sobre todo en el estilo, el ambiente español. Los otros tres, en cambio, los escribí en Texas y otros varios lugares de los Estados Unidos en los que, por supuesto, sólo escuchaba hablar inglés y un español ruinoso" (Carballo 6-7). El conflicto entre sajonismo e hispanismo vuelve a encontrarse en estas consideraciones estilísticas en las que Vasconcelos, lector de su propia obra, se refiere a algunos de sus lectores.

En el plano temático, el autor apunta a continuación: "En el *Ulises* [...] traté de aprovechar el consejo de André Gide según el cual la literatura tiene por objeto salvar del olvido situaciones que amamos. Yo lo que quise salvar son mis Piedras Negras, en Coahuila. Mi temperamento es oaxaqueño. Sin embargo, vine a conocer mi tierra nativa a los 25 años. Oaxaca es para mí únicamente la memoria de mis padres" (Carvallo 8). Deslindada de la memoria familiar, la *vivencia personal por rescatar* aparece como la de la infancia en Piedras Negras, que paradójicamente se presenta también como la de la *frontera* con los Estados Unidos, en donde Vasconcelos cursó, en una escuela tejana, los primeros años de su formación escolar, antes de que la familia se mudara a Campeche y de que él viniera luego a establecerse en la Ciudad de México. El bilingüismo inglés-español –recurso fundamental en más de una circunstancia de la agitada vida del autor–, y la *nostalgia del ámbito fronterizo* aparecen así inscritos en el corazón del *Ulises criollo*, cuya narración empieza y termina efectivamente en Piedras Negras.

En cuanto al trabajo de la escritura, Vasconcelos lo explicó a su entrevistador en los siguientes términos: "Escribo de prisa [...] para que no se me olvide lo que estoy pensando. Mi método (de trabajo) comprende dos fases: la primera, impremeditada, es la inspiración; la segunda, el trabajo, es premeditada e incesante. Siempre he trazado minuciosamente mis libros" (Carvallo 6). Este nuevo deslinde entre la "inspiración" –o la memoria de la vivencia pasada recuperada y transcrita con premura– y la elaboración formal de este material primario conduce entonces a otras consideraciones, de no menor relevancia:

> Cuando me decidí a escribir prosa narrativa [...] quise hacer novela a lo Balzac, pero fracasé: me salió un género un tanto híbrido, *la biografía novelada*. (*Nunca pude desprenderme de la primera persona*). En mis *memorias* intenté describir a mi generación y al mundo miserable en que le tocó vivir. Creo que los cuatro tomos que las integran son *una construcción épica*. Estoy, sin darme cuenta, dentro de la corriente narrativa de nuestros días. (Carvallo 11. Énfasis mío)

En estas nuevas puntualizaciones, cabe destacar la referencia fundamental, ya no a Gide sino a Balzac. Aun cuando Vasconcelos no menciona ninguna obra en particular del novelista francés, es dable suponer que piensa en *Las ilusiones perdidas* (1837-1843), si es que no también en *Lucien Lambert* (1833) y su afición por las ideas religiosas de Swedenborg, tan eclécticas como las de Vasconcelos antes mismo de que se reclamase de toda suerte de irracionalismos. De hecho, las relaciones temáticas que se podrían establecer entre las memorias de Vasconcelos y buena parte de la narrativa de Balzac no son pocas, dada su ambientación entre la

Restauración y la Monarquía de Julio (1815-1830) y la atención puesta por el autor en los conflictos del provinciano que parte a la conquista de la capital y sus afanes por insertarse en el ámbito intelectual y político –y desde luego adinerado– de la misma; sin contar, claro está, con las muchas divagaciones metafísicas del novelista francés, nada ajenas –como las de Vasconcelos– a lo "turbio" de una transición posrevolucionaria de rumbos socioculturales inciertos. Incluso no se puede descartar que, en este caso como en el de Benjamín Carrión y su "santo del patíbulo", los principales tópicos o "biografemas" asociados con la "escritura de una vida" provengan en realidad de la novelística de Balzac, cuyo "realismo psicológico" conjuga no pocos rasgos románticos con el arribismo social. Sea de ello lo que fuere, lo que interesa destacar en esta relectura de la obra son nuevamente las ambigüedades del autor del *Ulises criollo*. Resalta ante todo la deriva de las ambiciones novelísticas hacia la "biografía novelada" y de esta hacia las "memorias". En ambos casos, estos traslapes conceptuales se vinculan con la imposibilidad de desprenderse de la primera persona; o sea, con la incapacidad para establecer la distancia necesaria para la "objetivación" de la "experiencia" propia, a la que sin embargo se pretende adjudicar un valor eminentemente cognitivo. En efecto, el desplazamiento de la "biografía novelada" –que supondría conferir a la trayectoria vital del protagonista un sentido y una *forma culturalmente significativa*– hacia unas "memorias", cuya índole implica mayor tributación a las circunstancias y las referencias "externas", no hace sino poner de manifiesto la profunda inestabilidad cognitiva y valorativa del sujeto de la enunciación, su dificultad para discernir entre sí mismo y el mundo evocado, y para elaborar y profundizar en los conflictos inherentes a esta relación vital. De ahí que, por debajo del mito al que acudió el autor para significar y conferir valor "universal" a su periplo, lo narrado por el *Ulises criollo* –y más aún por las "memorias" posteriores– no logre trascender lo *fragmentario y anecdótico* de lo relatado: recae a cada paso en la reafirmación de un "yo" que se concibe a sí mismo como poseedor de un destino de excepción frente a lo "turbio" y "miserable del mundo en que le tocó vivir". Frente a ello, la sorpresiva referencia final a lo "épico" tampoco resulta casual: reafirma la grandeza y la envoltura mítica del destino supuesto y refrenda al propio tiempo el "fracaso" de la ambición novelística. Al menos desde cierta concepción del género novelesco, dicha ambición hubiera entrañado el atisbo y la elaboración artística de la "degradación" del "héroe épico" en un mundo él mismo "degradado" por la asunción de la heterogeneidad de intereses y valores en contienda en un mundo en transición hacia la "modernidad".[3] La "biografía novelada" hubiera conducido entonces hacia alguna modalidad del *Bildungsroman* o de la "novela de aprendizaje". O, desde otra perspectiva conceptual, esta misma ambición novelesca hubiera conllevado asumir la heterogeneidad sociocultural de lenguajes y mundos desde una perspectiva descentrada, abocada al desentrañamiento de los contactos –o la falta de estos– entre todos ellos, de cara a una cultura en devenir.[4] En otras palabras, para conferir forma novelesca a su proyecto, Vasconcelos hubiera tenido que distanciarse de ese *yo* pasado para convertirlo en un *sí mismo* enfrentado a sus diversos *otros*, un él de ayer, inclusive. Hubiera tenido que elaborar artísticamente, hacia dentro de sí mismo y desde la asunción de una perspectiva *cognitiva y valorativa –sin duda problemática–* las múltiples dimensiones y tensiones del *ámbito fronterizo* que había colocado de entrada en el centro de su narración. Pero se contentó con evocarlo, no sin profunda nostalgia, y subordinándolo a un *mito* que no daba sino para la *sucesión* de una *diversidad* de vivencias distribuidas en espacios y tiempos disímiles, a los que conectan entre sí la confusión y ausencia de elaboración de las relaciones entre el sujeto y el objeto de la narración.

---

[3] Me refiero en este caso a la concepción lukacsiana de la novela y el héroe novelesco. Ver Lukacs.
[4] En este caso, hago referencia a las concepciones de M. M. Bajtín acerca del género novelesco, y su capacidad para integrar dialógicamente todos los lenguajes y géneros, literarios y no literarios. Ver entre otros, *Esthétique et théorie du roman* y *La poétique de Dostoïevski*. De ambos existen traducciones al español.

Estas particularidades de la forma narrativa del *Ulises criollo* obviamente no le restan interés a la obra. No por "híbrida" –según su propio autor– carece de forma propia. A este respecto, en su notable ensayo dedicado al conjunto de biografías y autobiografías mexicanas contemporáneas de las "memorias" de Vasconcelos, Víctor Díaz Arciniega destaca el indudable valor *testimonial* de *Ulises criollo*. Pero recalca en esta obra también, y ante todo, la relevancia del gesto retrospectivo, ahondado por las distancias espaciales y temporales que separan al sujeto de las vivencias de ayer del de la escritura, que cuenta a la sazón con 53 años y se halla en el destierro. Apunta Díaz Arciniega:

> [...] las dimensiones temporales y espaciales, marcan una de las cualidades más profundas que distinguen a *Ulises criollo* del común de las memorias y autobiografías de sus coetáneos [...] Por esta calidad, las de Vasconcelos se convierten en unas memorias donde el "sujeto" protagonista y sus contextos temporales y espaciales se encuentran dentro de un permanente desplazamiento, tanto que a lo largo de la *petite histoire* familiar y de formación profesional él elude y aun omite en forma deliberada las marcas referenciales externas, con lo que pareciera decir que lo importante es el hombre y no la historia, o en un punto extremo: importa *la* versión y no la historia. (736-737)

Desde una perspectiva analítica distinta, esta apreciación coincide con algunos de los rasgos que venimos analizando. Sin embargo, el autor del artículo vincula estos rasgos con "la noción de proceso o devenir, enmarcada dentro de un contexto espacial (geográfico y mental) prefigurado, más no rígido" (736). Y añade más adelante:

> La deliberada omisión de marcas referenciales externas dentro de la reconstrucción autobiográfica descubre en *Ulises criollo* una noción de memoria, más atenta al autorreconocimiento del hombre que al testimonio de una historia. José Vasconcelos muestra en su libro una prefiguración unitaria de sí mismo totalmente cerrada, sin fisuras –o por lo menos no las que surgirían de las contradicciones entre sus ideas y opiniones estrenadas años antes de su reconstrucción autobiográfica y las que posee cuando escribe su memoria–, y cuyo núcleo estructural y conductor de esa vida es la búsqueda del

"cuadro de la totalidad que nos acoge". Como escritor, Vasconcelos no miente a sabiendas: cuenta *su* dicho, aunque evidentemente atribuye a su pasado infantil y juvenil cualidades de su presente [...] Como historiador, Vasconcelos ajusta a su propia conveniencia su memoria, en la que omite pasajes, hechos, personas, circunstancias y tanto más que se le reprochó en aras de la "verdad histórica", pero que él como individuo no las consideró por un hecho: miraba *su* pasado en función de *su* presente, y no tan secretamente acariciaba un porvenir, que en el presente del *locus* era de destierro y fracaso político. (737)

En este "cambio de perspectiva entre lo personal y social" ubica Díaz Arciniega las mayores discrepancias entre el autor de *Ulises criollo* y sus coetáneos ligados a la actividad política. Y juzga por ello erróneas las lecturas –y las réplicas– que trataron estas memorias "*como si* se tratara de una historia de México" o, en palabras de Silvia Molloy, "de un enorme mural [...] donde el autor figura como narrador, participante e incluso protagonista" (250). Y añade a continuación:

Por eso, quienes lo emularon subsumieron en forma convencional la secuencia cronológica y geográfica de la historia, con sus protagonistas, hechos y circunstancias como hilo conductor; son émulos pródigos que, afanados en la verdad histórica, se empeñaron en subrayar su propio lugar como testigos privilegiados y en demostrar su rica documentación para validar su dicho. Entre didácticos y (auto) apologéticos, la mayoría de los autobiógrafos y memorialistas que "dialogan" con Vasconcelos omiten de sí mismos lo que es central en *Ulises criollo*: una reconstitución del hombre dentro de un proceso de conformación natural como *ser* –en un sentido ontológico–. (Díaz Arciniega 738)

Estos deslindes resultan tanto más relevantes cuanto que subrayan el desplazamiento de Vasconcelos desde la reconstitución de la *historia* hacia la *memoria personal*, el desdibujo de la primera en favor de la segunda y la identificación de esta última como propiedad del *ser*. Sin embargo, este "ser" –al que Díaz Arciniega, siguiendo a Vasconcelos, atribuye un valor "ontológico"– difícilmente puede considerarse al margen de las circunstancias que lo "formaron" y de los atributos que él mismo y su comentarista le atribuyen: las circunstancias denostadas pese a la participación activa en ellas, por un lado, y la "prefiguración unitaria de sí mismo totalmente cerrada, sin fisuras", por el otro, no se limitan a validar un *dicho*, que con todo no deja de estar amparada en la dimensión "pública" del autor de la narración. También ponen de relieve la incapacidad del sujeto de la narración para abrirse a la comprensión de su tiempo, a dialogar con sus *otros* pasados y presentes, y a inscribir "la noción de proceso o de devenir" en su propia "formación". Ni "autobiografía novelada" ni *Bildungsroman*, el *Ulises criollo* de Vasconcelos atestigua *a pesar suyo la permanencia de una mentalidad criolla*, que no por toparse con una insurrección armada de muy diversos ribetes, contempla la posibilidad de transformarse. En este sentido, adquiere un *valor testimonial* que aun hoy, ante sus nuevas recomposiciones "neoliberales", no puede desestimarse.

GABRIEL GARCÍA MORENO. EL SANTO DEL PATÍBULO, O LA HISTORIA A DEBATE

En el *Ulises criollo*, el *mito griego* cumple con "universalizar" la experiencia vital y la perspectiva nostálgica de José Vasconcelos sobre las transformaciones de la sociedad mexicana de su tiempo, que acabaron excluyéndolo y reforzando su "criollismo". En cambio, con *Gabriel García Moreno. El santo del patíbulo*, Benjamín Carrión toma apoyo en la *mitificación* del papel atribuido a la figura de García Moreno en la historia del Ecuador, para poner en entredicho el sesgo particular de la historiografía del país andino, y para revertir un *mito* que, en este caso, tiene su asiento en la indefectible unión de la Iglesia y el Estado en un país en que no hubo "leyes de reforma" durante el siglo XIX, ni mucho menos "revolución" similar a la mexicana en el transcurso del siglo XX. No sólo cuentan en esta diferencia fundamental de perspectiva las particularidades y los desfases históricos en los sinuosos procesos de tránsito de la Independencia a la "modernidad". La elección del personaje biografiado y el tratamiento de los vínculos que establece y mantiene

García Moreno, el santo del patíbulo y Ulises criollo ... • 289

con su tiempo y su entorno social y cultural son también de otra índole: transforman profundamente la concepción de la supuesta representatividad, a la par "histórica" y "ontológica", del sujeto objeto de la narración, y ofrecen también otras posibilidades de inscripción de la propia práctica de la escritura en el presente en devenir. A este respecto, el mismo Carrión señala en su "Prólogo" a *García Moreno*:

> Un grupo de escritores hispanoamericanos –entre los cuales Rómulo Betancourt y Germán Arciniegas– [...] pensamos hace no mucho tiempo –¿1955-1956?– abrir un nuevo frente de lucha, por medio de libros que contengan la biografía del tirano que, en el pasado de cada una de nuestras tierras, haya significado y siga significando la expresión esencial del despotismo y la opresión. El objeto era curar por el ejemplo al revés. No mostrar ya únicamente el paradigma a seguirse. No mostrar únicamente al Bolívar de todos, al Hidalgo, al Juárez, al Morazán, al José Martí, al O'Higgins, al José Bonifacio, al Artigas, al San Martín de cada una de las grandes parcelas del gran todo común. (7)

Antes de que surgieran –también por una especie de acuerdo entre varios novelistas del subcontinente– las "novelas de dictadores" con que varios de los escritores del *Boom* saltaron a la fama, el propósito del libro es abiertamente ideológico y político, y no sólo se inscribe a contra corriente del tradicional ensalzamiento de los héroes independentistas, sino que se propone explícitamente *impugnar otros mitos*. La polémica y la pasión –esto es, las muy deliberadas marcas de la perspectiva cognitiva y valorativa del sujeto de la escritura– confieren así a esta "biografía" de Gabriel García Moreno su sello particular, no desvinculado por cierto de otras obras del mismo autor. Carrión señala, a propósito del enlace de esta nueva "biografía" con la del "gran inca-Shiry", *Atahuallpa* (1935):

> Atahuallpa es un libro optimista. Pero confío en que este García Moreno lo sea también. Porque señala la derrota, el descaminamiento, pero al propio tiempo, la salida del túnel, mediante la dirección de la patria hacia la vida, hacia el futuro. Muestra lo que es vivir en las tenebrosidades del pasado. Lo que

trae consigo la resurrección de Tomás de Torquemada y de la Santa Inquisición. Señala como la reacción, el regreso, cambia el rostro de la patria, el alma de la patria. Este García Moreno, aspira a ser la señal indicadora del peligro. La estaca indicadora del sitio en que se halla la trampa, para que no caigamos en ella. Pretende ser una candela como las que encendían nuestros antepasados los indios en las cumbres de los cerros, para comunicarse señales, noticias, mensajes. Para aclarar las rutas de la noche.

Este García Moreno aspira a librar a mi pequeña patria del sambenito vergonzoso de tener un tirano, un reaccionario, un matador de hombres como raíz y paradigma. (9)

Estas encendidas declaraciones no reniegan de la metáfora –cuando proviene del mundo indígena–, pero ponen el acento en la sustancia: multiplica las analogías y acumula sustantivos y verbos con el objeto de mover a la acción; pero aun cuando pareciera renegar del mito, reincide en él a su propia manera:

> [...] sentí como una misión de hombre ecuatoriano el decirle al mundo: no, lo más grande del Ecuador, no es ese tirano vendepatrias y matahombres. Lo más grande de nuestra historia son los Shirys, es Atahuallpa, es Rumiñahui, la prefigura heroica de Túpac Amaru. Son los hombres heroicos de la Revolución de las Alcabalas, es Moreno Bellido y sus compañeros mártires [...] Son los hombres del 10 de Agosto, sacrificados por sus congéneres españoles del 2 de agosto siguiente, 1810. ¿Y, por qué no, y a mucha honra? Las mujeres alegres, generosas con los hombres y con la libertad, las dos Manuelas colibertadoras [...] (10)

Si dejamos de lado la reivindicación de "las dos Manuelas colibertadoras" que pudieran encontrar no pocos ecos en las reivindicaciones del feminismo actual, en estos tiempos de neoliberalismo globalizado, la oratoria de Benjamín Carrión –la palabra eminentemente *pública y asociada a los destinos de la "patria"*– suena sin duda algo "anticuada", si es que no también "mistificadora". En efecto, pese a su declarado empeño por ir acrisolando "la fecunda alianza –entre sangre, codicia y amor– de las dos razas que están haciendo, por el mestizaje, la nuestra: la raza hispanoamericana" (9), esta oratoria señala con demasiado énfasis el "yo" de la enunciación y quienes son "los nuestros", frente al "otro" y los "otros" irredimibles:

paradójicamente, y pese a la *inversión* de sus componentes y sus direcciones, no andan muy lejos la "raza cósmica" de Vasconcelos ni las ambiciones épicas del autor del *Ulises criollo*. Ahora bien, estos preámbulos, que al igual que los de Vasconcelos constituyen una "relectura" de la propia obra, no han de empañar el indudable *valor historiográfico* de esta "biografía" de Gabriel García Moreno. Pese a que el autor señala en su mismo prólogo que el libro "no es, primordialmente, un libro de investigación", sino un libro "de síntesis, de historia interpretativa", un "libro de opinión y de pasión" (10), también reivindica su dimensión "veraz", subrayando que descansa en "la veracidad de los otros, con el dato de los neutrales" (10). A continuación precisa que no sólo no acudió a la información de los autores "signados como enemigos de García Moreno", sino que –aparte de "algunos garcianos honestos y, a su manera, imparciales"–, se atuvo, por un lado, a "los datos proporcionados por los ensalzadores de García Moreno hasta el ditirambo, hasta las nubes", y por el otro, a los cuatro gruesísimos volúmenes del epistolario del mismísimo presidente ecuatoriano, suministrado por Wilfrido Loor, "exaltado partidario de García Moreno" (10); "epistolario útil sobre todas las cosas para desvanecer el mito, la gran fuerza nacional de la grandeza olímpica, arcangélica, santa de García Moreno" (10). De tal suerte que "el principal autor utilizado para escribir esta vida es Gabriel García Moreno. Su epistolario, en lo íntimo. Sus 'escritos y discursos', en lo público. Su *Defensa de los jesuitas*, los textos de sus famosos pasquines [...] y sus versos, ah, sus versos [...]" (10-11). Contra lo que su "pasión" pudiera dejar suponer de *parti pris* en contra de su biografiado, Benjamín Carrión se ampara así en el dato o la información proporcionados por quienes no pueden sospecharse de parcialidad, y en las fuentes documentales constituidas por los diversos escritos del propio biografiado. La *reinterpretación* de datos y fuentes documentales ya valorados por esos "otros" de los que se deslinda el autor constituye, pues, el principal objetivo y el valor que atribuye a su obra, en el entendido de que "como lo recomienda el gran Tácito, el historiador debe tener opinión. De lo contrario, es simple acarreador y amontonador de documentos y fichas. Eso no es la historia" (11). Para la secular tradición historiográfica en la que Benjamín Carrión inscribe su obra, la imprescindible fiabilidad del dato y el respeto al archivo no se confunden con su interpretación, ni esta con una forma de exposición que no puede ser "desapasionada": el pasado no es la historia, ni dicha historia habla por sí misma, sino que toda empresa historiográfica conlleva necesariamente dimensiones cognitivas y valorativas que atañen tanto a la interpretación propiamente dicha como a la forma de su exposición; vale decir, una determinada concepción de la relación con el pasado y la *historicidad*. Esta concepción –que en el caso particular de Carrión es explícita y cobra visos de "magisterio" por "indicadora de los peligros" que acechan a una patria volcada hacia "las tenebrosidades del pasado"–, es la que justifica el tono particular de una exposición que se asume en nombre propio y en primera persona, y no desdeña ninguno de los recursos que proporcionan a su autor diversas tradiciones narrativas y literarias, la ironía inclusive.

Queda, sin embargo, por detenerse en la interpretación propiamente dicha. En efecto, lejos de oponer su propia "verdad" a la de sus "otros" ideólogos y políticos, el texto de Carrión da cuenta de un *proceso interpretativo que se abre paso en los intersticios de discursos encomiásticos que apuntan a la unidad y cohesión entre el "héroe" y su "contexto"*. Su propia labor de indagación consiste entonces en ubicarse imaginariamente en el interior mismo de estos discursos mistificadores, en detectar sus presupuestos y sus fisuras, en desagregar y desplegar los diversos elementos que traen a su propio ámbito, y en redefinir así las relaciones esencialmente *conflictivas* entre el "héroe" y los contextos social y cultural de su trayectoria y sus actuaciones. El "biografiado" se convierte entonces, y efectivamente, en centro colector y punto de partida para la explanación de un vasto "panorama" histórico, social y cultural, primordialmente marcado por la heterogeneidad y conflictividad de sus elementos. Sólo que esta explanación ya no conduce a hacer del "héroe" y su "destino" el paradigma de una generación y una época: la dilucidación de lo "oscuro" del panorama en cuestión y de las actuaciones públicas y privadas de quien participó activamente en la definición de los derroteros del Ecuador de entonces, presenta una marcada ampliación de los horizontes que permiten iluminar dicho panorama, al mismo tiempo que una extraordinaria movilidad del punto de vista de un "tiempo" y un "espacio" a otro. Pese a la tripartición del volumen –"Entre la espada y la sotana", "El poder" y "El obispo de afuera"– en que se entrelazan los aspectos públicos y privados de la vida y las "obras" de García Moreno, distribuidos en fragmentos yuxtapuestos y relativamente cortos, los enfoques de los núcleos conflictivos así delimitados y ordenados de acuerdo con la trayectoria vital del personaje se acompañan también de una serie de excursiones fuera de este ámbito particular y de movimientos de retorno hacia otros momentos de la configuración histórica de la nación ecuatoriana. De modo que, lejos de presentarse como lineal y evolutiva, la forma de la indagación y la de la exposición conjugan la irreversibilidad del tiempo cronológico con la movilidad y la versatilidad del punto de vista. Ambas contribuyen así a poner de relieve temporalidades distintas según los ámbitos de que se trate, y a destacar, por debajo de los acontecimientos propiamente políticos, la permanencia de una acendrada y terca "mentalidad criolla", aparejada con la inestabilidad y ausencia de sedimentación institucional, social y cultural de perspectivas más propiamente liberales y modernas.

Abordada desde la puesta en escena de la "vida" de uno de los *personajes* clave de la transición del Ecuador de la Independencia hacia la organización de una sociedad "moderna", la propuesta historiográfica de Benjamín Carrión en *Gabriel García Moreno, el santo del patíbulo* es de hecho mucho más que una "biografía". Como tal, echa mano de una serie de tópicos que vemos aparecer en gran parte de narrativas –biografías, autobiografías o novelas–, cuya aparición corre paralela al advenimiento siempre conflictivo de las sociedades modernas, con las que estas suponen de "liberación" del individuo con respecto a formas de organización social e instituciones amparadas por una u otra forma de metafísica. En el caso de García Moreno –como en el de Vasconcelos–, las ataduras al pasado, y los conflictos que de ello se derivan, no alcanzan a dar lugar a un "sujeto", cuyo "aprendizaje" o "formación" hubieran derivado de su confrontación consigo mismo y con unos "otros" reconocidos como semejantes, en espacios tan públicos como privados. La denostación del "otro", su instrumentación pura y simple, y el recurso a la violencia –la "simbólica" o la desnuda de un poder político siempre precario, que no duda en revertirse en contra de los mismos que lo instrumentalizan– no hacen de ellos grandes héroes mitológicos: tan sólo el *síntoma*, vivo y concreto sin duda y más o menos cruel y despiadado según alcancen las medidas de lo grotesco, de procesos entreverados y turbios cuyos meandros privan a las aguas de su cauce, las llevan a remontar su curso entre islotes carentes de asidero firme, y propician formas de entendimiento y percepción tendientes a reabsorber el pasado y la historia en el mito. Con su *Ulises criollo* Vasconcelos *atestigua y da forma literaria a un síntoma asaz recurrente*. Benjamín Carrión, en cambio, lo recoge y lo anima en la figura de Gabriel García Moreno para desmontarlo y desvirtuarlo, poniéndolo a distancia y devolviéndole su justa dimensión: su banalidad, endeblez y pequeñez humanas, y la despiadada crueldad de su actuar, tanto público como privado, que no tiene otro parangón que el de los mismos sectores "criollos" que lo despreciaron y usaron para perpetuar sus propios privilegios. Sin descuidar otras dimensiones de los procesos históricos ya documentados por la historiografía ecuatoriana, Carrión no sólo vuelve a colocar a su personaje en el marco de las coordenadas históricas, nacionales e internacionales, que permiten situarlo en su justa dimensión: al centrar su interpretación de dichos procesos en un personaje paradigmático, acudiendo al menos en parte al género biográfico, también contribuye a potenciar las posibilidades de dicho género y a abrir la historiografía a las dimensiones propiamente "culturales" de los procesos históricos. Dimensiones propiamente culturales sin las cuales estos mismos procesos permanecen ajenos a quienes han de apropiarse de ellos para comprenderlos y devolverles su curso.

Historia y ficción

Tanto la autobiografía novelada de Vasconcelos como la biografía de Gabriel García Moreno plantean cuestiones conceptuales relativas a los deslindes entre la historia y la ficción, en particular en lo que al valor del conocimiento proporcionan. El *Ulises criollo* lo mismo que *el santo del patíbulo* participan no sólo de modalidades narrativas hasta no hace mucho denostadas frente al establecimiento de temporalidades y regularidades históricas diferenciadas de corto, mediano y largo plazos, que dejan de lado o no colocan en el centro de sus preocupaciones las cuestiones relativas a sujetos y acontecimientos (Chartier 85-109).[5] Esta no es propiamente la que priva hoy en día en una historiografía que rescata a una pluralidad de "sujetos" –definidos en términos más sociológicos y antropológicos que políticos– y vuelve con ello a la cuestión de la "narratividad", abordada con los instrumentos de las llamadas ciencias del lenguaje, la lingüística de cuño saussureano, la retórica y la narratología en particular. Bajo la cobertura de una noción de cultura sumamente laxa y desprendida de sus más sólidas herencias, todo es hoy "relato" y por ende "subjetivo" y "relativo", el discurso historiográfico inclusive. Este queda amputado así de cualquier valor cognitivo frente a toda clase de "memorias" y "testimonios" fragmentarios esgrimidos en contra de la "historia oficial", a menudo confundida con las más diversas y sólidas tradiciones historiográficas. No es este el lugar para sacar a luz los múltiples traslapes nocionales que privan en este

---

[5] Acerca de las transformaciones en el ámbito de la historiografía durante las últimas décadas, se puede encontrar una excelente síntesis en el breve texto de Roger Chartier, "Al borde del acantilado", incluido en *Pluma de ganso, libro de letras, ojo viajero*.

ámbito de fronteras sumamente borrosas, ni para considerar la necesidad de volver a discernir entre los ámbitos de pertinencia de las diferentes nociones en juego en estos planteamientos.

Entre *Ulises criollo* y *Gabriel García Moreno, el santo del patíbulo,* las diferencias de objetivo y de forma son notorias, tanto como sus respectivos alcances propiamente culturales. Ambas obras se sitúan sin embargo, y de modo explícito, en las fronteras entre la historia y la literatura, y participan por lo tanto de la ficción, si por "ficción" entendemos no sólo una construcción verbal, sino también y a la par una elaboración *artística* de la misma; vale decir una forma-sentido doblemente cifrada, que suele entrañar diversas modalidades de puesta a distancia y de reorientación de los más variados enunciados y lenguajes que trae a su propio espacio. No de otro modo procede Carrión con respecto a los materiales proporcionados por la "pluma" de su biografiado y sus panegiristas: los "estiliza" y los parodia, poniéndolos en escena y propiciando nuevas asociaciones con las dimensiones soslayadas de sus contextos concretos de enunciación. *Se vale así de los recursos de la ficción literaria para pulverizar el mito, con todo y sus pretensiones metafísicas.* Vasconcelos, en cambio, *pone los recursos de la ficción al servicio del mito,* soslayando las heterogeneidades conflictivas del contexto de sus percepciones, pensamientos y acciones en aras de una "unidad" entre "héroe" y "mundo", a la que a fin de cuentas sólo alcanzan a colorear la nostalgia y la pulcritud del estilo. Los alcances de estas "biografías" son sin duda disímiles, aunque no totalmente opuestos entre sí. Ambas se edifican sobre las fronteras que unen y separan entre sí la historia, la ficción y el mito. De las concepciones de estas relaciones mutuas y de su puesta en práctica en los diversos planos de su escritura –y no de concepciones *a priori* del "valor de verdad" de la historiografía o la narrativa de ficción– se derivan las dimensiones objetivas y las proyecciones eventuales de estos alcances.

Bibliografía

Bakhtine, M. M. *Esthétique et théorie du roman*. 1975. París: Gallimard, 1978.
_____ *La poétique de Dostoïevski*. 1963. París: Editions du Seuil, 1970.
Barthes, Roland. *Sade, Fourier, Loyola*, col. "Points", 1971. París: Le Seuil, 1980.
Benjamin, Walter. "Acerca del concepto de historia". *Écrits francais*. 1940. París: Gallimard, 1991.
Carrión, Benjamín. *Atahuallpa*. Colección Luna Tierna. 10a. edición. Quito: Casa de la Cultura Ecuatoriana, 2002.
_____ *Gabriel García Moreno, el santo del patíbulo*. 1959. Quito: El Conejo, 1984.
Carvallo, Emmanuel. *Protagonistas de la literatura mexicana*. Sepan Cuántos 64, 4a. edición. México: Editorial Porrúa S.A., 1994.
Chartier, Roger. *Pluma de ganso, libro de letras, ojo viajero*. México: Universidad Iberoamericana, 1997.
Díaz Arciniega, Víctor. "La voz: el eco. Vasconcelos: lección de historia y vida". *José Vasconcelos. Ulises criollo*. Edición crítica. Claude Fell, coord. México: Archivos/FCE, 2000.
Dosse, François. *Le pari biographique. Écrire une vie*. París: La Découverte, 2005.
Lukacs, Georges. *Théorie du roman*. 1920. París: Gonthier, 1963.
Molloy, Silvia. *Acto de presencia. La escritura autobiográfica en Hispanoamérica*. Colección Tierra Firme. México: Fondo de Cultura Económica, 1996.
Perus, Françoise. *La historia en la ficción y la ficción en la historia*. México: UNAM, 2009.
Ricoeur, Paul. *Soi-même comme un autre*. París: Le Seuil, 1990.
Vasconcelos, José. *Ulises criollo*. 1998. Prólogo de Emmanuel Carballo. Biblioteca José Vasconcelos 5. México: Trillas, 2009.

III. Intelectuales y cultura nacional

Vasconcelos y Carrión: un sumario epistolar

ALEJANDRO QUEREJETA BARCELÓ
Universidad San Francisco de Quito

Cuando estaba al frente del consulado ecuatoriano en El Havre, Francia,[1] Benjamín Carrión (Loja, 1897-Quito, 1979) publicó dos libros[2] en los que se refleja, además de su vocación americanista, un interés manifiesto por la cultura mexicana, en particular por una de sus figuras más relevantes: José Vasconcelos (1882-1959). Carrión recuerda que en aquellos años en que se reunían en los "cafés bulliciosos" de La Rotonde, La Dome y La Coupole, Asturias ("con su barba en punta, su corpachón entonces muy delgado") y él gozaban de la compañía de Miguel de Unamuno, Alfonso Reyes, Gabriela Mistral, Alcides Arguedas y Ramón Gómez de la Serna, así como "por temporadas cortas, [de] la iluminadora presencia de Vasconcelos, antes de que se nos fuera, no de la vida sino de la verdad y la justicia" (*La patria* 234). Por entonces, los jóvenes de Latinoamérica ya habían otorgado al pensador mexicano el título de "Maestro de la Juventud".[3]

Carrión parte a Francia en 1925 con su familia. Inspirado en la despedida a su amigo, Jorge Carrera Andrade le dedica un poema que incluirá en todas las antologías de su obra: "Rebosa

---

[1] En 1927 Carrión era cónsul de su país en El Havre, cargo que desempeñó hasta principios de 1931.
[2] *Los creadores de la nueva América* (Madrid, 1928) y *Mapa de América* (Madrid, 1930).
[3] "El hecho fue que un día le llegó por la vía telegráfica un mensaje en el que los estudiantes de Colombia, una de ellos Germán Arciniegas, le pedían que aceptara su designación con ese título que acostumbraban adjudicar periódicamente. A la iniciativa se unieron los estudiantes de Perú" (Taracena 50-51). Según este autor, Vasconcelos aceptó la propuesta en carta dirigida a Arciniegas el 23 de mayo de 1923.

ya el humano vaso de su deseo: / va a salir de esta tierra. La luz de otras ciudades/ le va a limpiar, por fin, la niebla de los ojos. / El odre de su pecho se va a llenar de otro aire. / En un barco cargado de cajas y toneles / con patojos letreros, hará su primer viaje. / Verá el beodo mar, los puertos tumultuosos / y las mil chimeneas de Marsella y El Havre". ("A Benjamín Carrión" 213-214). Carrera Andrade titula el texto "El camarada parte de la tierra natal", donde llama la atención el vocablo "camarada", apelativo que alude al trato entre quienes profesaban una misma ideología, en particular de izquierda.

En Francia, Carrión traba amistad con Vasconcelos, principalmente gracias a los buenos oficios de Gabriela Mistral y de su compatriota César Arroyo. Desde el siglo XIX y principios del XX, París es la "capital" para la civilización occidental:

En Europa, César E. Arroyo, segundo desde la izquierda, y José Vasconcelos, primero desde la derecha. Centro Cultural Benjamín Carrión, Quito.

París, hubiese dicho cualquiera de los escritores, músicos, pintores, hombres cultos de la época, nos enseña a ver, sentir, y pensar de manera civilizada, y auspicia la ambición magnífica, la condición de ciudadano del mundo o, en un nivel menos enfático, de persona cosmopolita [...] Y en la atmósfera general de afrancesamiento no es demasiada la distancia entre las élites de La Habana, Buenos Aires, Managua, Valparaíso, Santo Domingo, Quito o la Ciudad de México. (Monsiváis 125-126)

Carlos Monsiváis precisa que una meta de los escritores iberoamericanos era ver desde fuera las culturas de cada uno de sus países, "para reconocerlas casi objetivamente, cotejándolas con la francesa" (Monsiváis 125-126). Carrión, por tanto, está inmerso en un complejo y efervescente período de entreguerras, en el que los latinoamericanos "exiliados" buscaban, por contraste, reconocerse y asumirse como tales, y es precisamente en París donde, en 1927, la autora de *Desolación* congregaba en torno suyo a un amplio abanico de personalidades relevantes:

> En esa época, dentro de nuestro grupo, la voz más autorizada era la de José Vasconcelos. Y conste que, en esa época, convivían y conversaban frecuentemente, gentes tan altas como Alfonso Reyes –suave e inapelable en cuestiones estéticas–, Francisco García Calderón, Manuel Ugarte, Adolfo Costa du Rels, Gonzalo Zaldumbide, Alcides Arguedas, Eduardo Santos, César Arroyo, Teresa de la Parra. Entre los más jóvenes, Margarita Abela Caprile, Carlos Pellicer, Andrés Iduarte y Jorge Carrera Andrade, que se incorporará más tarde. (Carrión, *La patria* 221)

El investigador ecuatoriano Gustavo Salazar advierte que "el carismático Vasconcelos logró un especial ascendente sobre este 'círculo' de amigos –Andrés Iduarte lo denominó: 'los en torno a Gabriela'–, y marcó las pautas que Carrión quiso implantar, en la medida de lo posible, con su labor en la Casa de la Cultura Ecuatoriana. El mexicano alimentó la utopía de Carrión sobre la nación" (*La voz cordial* 24).

CARTAS DE VASCONCELOS

Carrión conoció a Vasconcelos en Rúan, "en ese marco medioeval, en ese ambiente cargado de lluvia, de neblina y de historia". El mexicano, "hombre desconcertante en el pensamiento y en la acción fecundos", impresiona a Carrión, además, por su sencillez. El trato con Vasconcelos en Francia tuvo también por escenarios El Havre, París y su "retiro tranquilo de Neuilly-sur-Seine". Águeda Eguiguren Riofrío relata en *Recuerdos de Mamaniña*, que Vasconcelos, por indicación de César Arroyo, fue hasta El Havre a saludar a su esposo Benjamín Carrión:

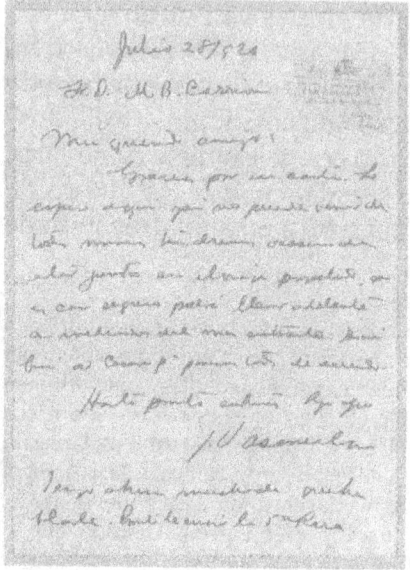

Carta de Vasconcelos a Carrión. 28 de julio de 1926. Fuente: Carrión, *Correspondencia II*. Quito: Centro Cultural Benjamín Carrión, 2003.

Vasconcelos vino de París a visitar a Benjamín con un grupo de muchachos intelectuales mexicanos y dos cubanos. Hicieron un recorrido muy largo, lo invitaron a Benjamín, [y] él se fue con ellos. Viajaron por la Normandía y así comenzó Benjamín a entrar en la vida intelectual de los latinoamericanos en Francia. (Hurtado 145)

A lo largo de toda su vida, la admiración de Carrión por el pensador mexicano no conoció mengua, pese a la diferencia generacional entre ambos y el distanciamiento ideológico y político, en especial en los últimos años de este último. Una admiración que, en principio, también le otorgó Vasconcelos al ecuatoriano, según revelan sus cartas conservadas en el Archivo del Centro Cultural Benjamín Carrión de Quito, fechadas entre junio de 1927 y abril de 1930.

En efecto, la primera de ellas, escrita desde Chicago (10 de junio de 1927), es un acuse de recibo a una carta de Carrión, en donde le da las "gracias por sus letras afectuosas" y añade que "tengo el gusto de informarle que nos veremos pronto", pues Vasconcelos se embarcará en El Havre a los pocos días rumbo a Egipto y Tierra Santa (Blanco 129-168). Ya en París, gracias a que Carlos Pellicer, quien fungía por entonces como secretario de Vasconcelos, "me da sus señas" (junio de 1927) le invita almorzar con él. El 21 de julio de 1927 y fechada en Marsella, Vasconcelos escribe a Carrión tal vez sobre una primera versión del ensayo que este incluiría luego en su libro *Los creadores de la nueva América*:

Vasconcelos y Carrión: un sumario epistolar • 305

Desde antes de salir de París leí las páginas que me ha dedicado. ¿Qué puedo decirle después de que ha sido usted tan generoso para juzgar y tan inspirado para interpretar? Lo que más me complace es esto: ver cómo ciertas tesis que yo apunto pueden dar lugar a desarrollos tan lúcidos y fuertes como los que usted logra en su ensayo: el mejor sin duda de cuanto se ha dicho alrededor de mis libros (Carrión, *Correspondencia II*, 61)

El 25 de noviembre de 1927, desde Nueva York, Vasconcelos informa a Carrión que estará en enero en la Universidad de Chicago, y le pide que "si no hace Villermy la edición, le agradeceré que de ser posible le recoja los originales pues tengo por aquí posibilidades". Se trata de una compilación de ensayos y artículos de su autoría de la que Carrión, al parecer, se comprometió a gestionar, según carta de Vasconcelos del 2 de octubre de ese año. Publicado el volumen *Los creadores de la nueva América* (Madrid, 1928), el 7 de abril de 1928, desde Chicago, José Vasconcelos escribe a Benjamín Carrión:

> Hoy ha llegado el libro; he releído la parte que se sirvió dedicarme y he leído los otros tres ensayos, el prólogo, etc. Qué puedo decirle sino que me siento muy agradecido por la viva simpatía y valiente estimación que me demuestra. También me he sentido muy a gusto en compañía de hombres limpios y altos. Particularmente en el caso de hombres discutidos como Ugarte[4] y como yo, creo que es importante que los jóvenes den el ejemplo de estar dispuestos a combatir por las ideas que nos ha tocado a nosotros defender sin éxito; creo que eso es lo más alto a lo que debe aspirar un combatiente y combate es toda la vida bien entendida –a lo que debemos aspirar es a que aumente la legión del bien en la tierra y usted se presenta como abanderado de esa nueva generación que nos superará, pero que habrá de recordarnos con el afecto de los precursores... El libro está muy bien presentado; el prólogo de Gabriela [Mistral] le pone dintel de oro y usted logró darle unidad con armonía –es decir sin eliminación de caracteres disímiles, al contrario, con armonización de rasgos que solo aparentemente son opuestos. En fin le mando un abrazo muy apretado... Estoy con una temporada de gran trabajo por eso no le he escrito más a

---

[4] Manuel Ugarte (1878-1951), político, sociólogo e historiador argentino. Carrión escribió el ensayo "Manuel Ugarte" en *Los creadores de la nueva América*.

menudo; he hecho avances en mi *Metafísica*; recibí los originales que me mandó de París. (Carrión, *Correspondencia II*, 69)

El *Tratado de Metafísica*, título definitivo al libro sobre el que trabajaba Vasconcelos según esta carta, fue publicado en México al año siguiente. El 4 de abril de 1929 le escribe de nuevo a Carrión sobre el apoyo brindado por el ecuatoriano a su idea de postularse para la Presidencia de la República, cosa que hizo en el mes de julio por el Partido Antirreeleccionista. Le dice al respecto: "Deseo asegurarle que la opinión pública está de nuestra parte y podríamos contar con el triunfo por seguro, si no nos quedara por vencer el machete. En todo caso seguiremos luchando". De su fracaso en las elecciones Vasconcelos nunca se recuperó y tampoco de la falta de apoyo para imponer sus derechos con "el machete" (Blanco 157 y ss.).

La frase de Vasconcelos de su importante carta del 7 de abril de 1928: "Usted se presenta como abanderado de esa nueva generación que nos superará, pero que habrá de recordarnos con el afecto de los precursores", dejó una marca indeleble y honda de compromiso en Carrión con el pensador y político mexicano, que no pudieron borrar los diferentes caminos políticos e ideológicos seguidos por ambos. Carrión se mantuvo fiel a las ideas iniciales del autor del *Ulises criollo*, hasta la muerte del mexicano en 1959 y aun después. Vasconcelos fue siempre para él una "gran inteligencia de nuestra América", una "soberana inteligencia", aunque se tratara de "un hombre intelectualmente autoritario, muy acostumbrado a que sus opiniones sean escuchadas reverentemente" (*La patria* 222).

> Porque el desbordante ensayista de *La raza cósmica*, superior entonces a las pequeñas miserias del odio político que lo ahogaron después, tenía la facultad genial de ver en todas partes a la eminencia humana, a la excelsitud del corazón o de la inteligencia, sin límites de tiempo, de raza o de religión. Y así, al propio tiempo que editaba a Homero, Platón, Esquilo, Sófocles, Eurípides, buscaba el encuentro con Romain Rolland –el pacifista, el justiciero– y con Gabriela Mistral miraba a Unamuno. Y ofrecía oportunidades a Diego Rivera para que se expresara en la pintura, siendo él,

Vasconcelos, el verdadero creador y estimulador del muralismo mexicano. (225-226)

En su interpretación de 1928, Carrión destaca de Vasconcelos el esfuerzo por hacer vivir en su obra "el sentido de lo humano integral y, luego, ante el límite de las posibilidades, pues no es un utopista ni un iluso, ante ese límite que él concibe siempre muy lejano, hace vivir el sentido de lo continental, de lo hispanoamericano" (*Los creadores* 37-40). Y llama la atención sobre "el placer supremo" del mexicano: la construcción, en donde se siente "que ha encontrado su terreno propio y que ejerce su oficio verdadero".

> Sus construcciones de teoría, de ideal o de piedra, son su más vivo amor. En su defensa empeña todo lo que hay en él de fuerza y de coraje. Siempre, cuando se trata de defender su obra, puede más su gran cólera que su gran miedo. Y maneja bien el látigo que arroja a los mercaderes del templo [...] Tiene esa extraña fuerza de los conductores, de los hombres que marchan con hombres que los sigan. Que los sigan hasta la muerte, a veces. (*Los creadores* 37-40)

Impacto semejante hizo Vasconcelos en su compatriota el poeta Carlos Pellicer: "La intimidad de este hombre ha sido para mí una constante lección de energía espiritual y cívica [...] Estar con Vasconcelos es una de mis mayores alegrías. Pero pensar en él tiene para mí el valor de un viaje sideral" (Salazar, *La voz cordial* 25).

En ese primer libro de Carrión, que Gabriela Mistral considera "fervoroso", de "agilidad lozana", hay una clara voluntad de servicio: "Carrión ha escrito estas biografías o comentarios de maestros, para cuantos jóvenes no tendrán la dicha de ver nunca, sobre la misma tarima de su aula, sentarse a estos cuatro directores a hablarles de los problemas de su raza" (*Los creadores* 9). En su estilo, Carrión "cae en el orden que apellidaremos 'martiano', que usó de este mismo desenfreno santo de admirar". Y añade: "Los imaginativos y los emocionales nos quedamos con Martí por patrón, y yo se lo regalo gustosamente a este Benjamín Carrión, que se sentirá contento de seguir la huella que casi quema, del 'Arcángel cubano'" (12).

Un hombre bueno

De acuerdo con las investigaciones de Gustavo Salazar, el escritor César E. Arroyo se radicó en Marsella el 28 de abril de 1925, como cónsul del Ecuador. Desde temprano sostuvo una fluida y reveladora correspondencia con Benjamín Carrión, quien a su vez había iniciado su carrera diplomática como cónsul en El Havre en junio de ese año. Ambos permanecerían en estos cargos, según Salazar, hasta 1931. Ya el 5 de febrero de 1926 Arroyo le escribe a Carrión en los siguientes términos: "Parecía mentira que estuviéramos incomunicados, estando los dos en Francia. Yo, la verdad, no le he escrito porque me parecía muy poco medio de comunicación el papel, y lo que quería es ir a visitarlo y charlar larguísimo con usted, que es uno de los amigos de más confianza y, quizá, el que más impulso de confidencia me inspira" (*La voz cordial* 33).

Portada de *México en 1935. El presidente Vasconcelos*, de César E. Arroyo. París: Le Livre Libre, 1929.

Las cartas de César E. Arroyo dan cuenta –aparte de los accidentes, estrecheces e incertidumbres de la "cotidianidad" de la vida diplomática ecuatoriana de entonces–, del acercamiento, incidencia e interés de Carrión (y del propio Arroyo) por la diáspora de intelectuales latinoamericanos radicados entonces en Francia, así como de sus contactos con la cultura europea. Arroyo, en ocasiones, hace de "cicerone" epistolar de Carrión y, entre otros contactos, le introduce en el círculo de dos personalidades que ejercerían una enorme influencia sobre Carrión: la poetisa Gabriela Mistral y el mexicano José Vasconcelos. Imperecedero fue, por ejemplo, el viaje a Rouen en compañía de Vasconcelos:

> Después de la fraterna comunión de espíritus, reanudemos ahora la comunicación escrita. ¿Verdad que pasamos días muy gratos? Yo no olvidaré nunca la fraternal acogida que tuve en su noble hogar. Ni las horas emocionantes de Rouen, vibrando entre creaciones de arte excelsa, con el hombre de América, con sus hijos[5] y con usted, el amigo dilecto. La verdad, desde que estoy en Francia no he pasado horas más placenteras [...] A mi regreso a París, tuvimos una comida [con] Vasconcelos y con Alcides Arguedas. Este ilustre y viejo amigo estuvo cariñosísimo conmigo y me acompañó hasta el último momento. Es una suerte, sentirse alentado y asistido por los más altos espíritus de la América. A Arguedas, Vasconcelos y yo le hablamos de usted, en nuestra deliciosa peregrinación a Rouen. A los dos les parece muy bien el libro que usted proyecta y colaborarán. (Salazar, *La voz cordial* 43-44)

Relativamente poco explorada, a la hora de estudiar el pensamiento de Carrión, sin embargo, es la influencia que en él ejerció el autor de *La raza cósmica*. De los contactos entre los dos y del interés mutuo da fe la carta de Arroyo a Carrión escrita desde Marsella el 25 de octubre de 1926, al regreso de uno de sus frecuentes viajes:

> Al llegar me encontré, entre la correspondencia, con una carta de Vasconcelos, que dice así: [...] Acabo de regresar de Bélgica y Holanda. Le contesto su grata del 21 de septiembre. Siento mucho no poder hacer el viaje a Italia, como me propone, porque tengo mucho quehacer pendiente, y además es probable que emprenda yo un viaje a Rusia. Al llegar aquí me he encontrado la tarjeta del señor Carrión, nuestro gentil amigo de El Havre, que tuvo la bondad de venir a vernos con su señora, a esta su casa; me dice que lo verá a usted en esa, sírvase saludarlos de parte de mi esposa, de mi hija y de mí. Ojalá que cuando regresen a París podamos vernos. Por unas dos semanas más me tendrá en esta, seguramente. Un abrazo, etc. [...] La carta tiene fecha 28 de septiembre, y no he vuelto a tener más noticias de nuestro hombre, a quien escribí al llegar. Seguramente estará en Rusia, como anunciaba. Cuando usted vaya a París, no deje de buscarlo. (Salazar, *La voz cordial* 52)

---

[5] Se trata de José y María del Carmen Vasconcelos.

El investigador y ensayista Gustavo Salazar, en las notas a las cartas cruzadas entre ambos, recuerda que Carrión aludirá a su amistad con Vasconcelos en el ensayo que le dedicó en *Los creadores de la nueva América* (1928), y que Arroyo evocará emocionado la catedral gótica de Rouen en *Catedrales de Francia* (1933). También apunta que Vasconcelos se referirá a este viaje en el tercer tomo de su autobiografía *El desastre* (1938).

Los contactos de Arroyo con la intelectualidad europea pueden constatarse en estas cartas, porque como en el caso de Unamuno, serán determinantes en la formación espiritual e intelectual de Carrión. El 14 de marzo de 1928 Arroyo le dice a su amigo: "Solo impresiones gratas he traído del viaje a España. He estado en Barcelona, Madrid, Ávila, Santander y Bilbao. Después, ya en Francia, me detuve en Hendaya para visitar a don Miguel de Unamuno" (*La voz cordial* 77-78).[6]

No obstante, hay otros importantes intelectuales que se van sumando, por la vía de Arroyo y también por su gran capacidad de despertar simpatía y confianza, al impresionante círculo de amistades de Benjamín Carrión durante su permanencia en Francia: los mexicanos Enrique González Martínez, Alfonso Reyes, Jaime Torres Bodet, Andrés Iduarte y Carlos Pellicer; los peruanos José Diez Canseco, y Francisco y Ventura García Calderón; los guatemaltecos Miguel Ángel Asturias y Luis Cardoza y Aragón; la venezolana Teresa de la Parra; el panameño Demetrio Corsi; el uruguayo Carlos de Ambrosis Martis; los argentinos Lascano Tegui y Manuel Ugarte; y el boliviano Alcides Arguedas. Pero, sin lugar a dudas, Gabriela Mistral y José Vasconcelos, a partir de entonces, ejercerán una influencia decisiva en el pensamiento y la conducta del crítico y ensayista lojano.

Muchos años después, en una conversación con jóvenes estudiantes en Quito, Carrión recordaría a su amigo como un

---

[6] Al pensador, poeta y novelista español Miguel de Unamuno (1864-1936) Carrión le dedicaría uno de sus libros: *San Miguel de Unamuno*. En esta época Unamuno estaba exiliado voluntariamente en Francia en rechazo a la dictadura de Miguel Primo de Rivera en su país.

hombre "al que no debemos olvidar", "animador de cultura", "suscitador", "hombre maravillosamente bueno –uno de los hombres más maravillosamente buenos con quienes yo me haya topado– era César Arroyo" (Castelo 291).

Preconiza la unidad

Mario Alemán Salvador observa que el consulado en El Havre significó para Carrión "en lo personal [...] seis años de creación que le permitieron ultimar y dar forma final a sus tres primeros libros, que los hizo publicar en París y Madrid" (149). En efecto, Carrión publica en 1928 su conjunto de ensayos titulado *Los creadores de la nueva América*, que se ocupa de la obra conocida hasta ese momento del mexicano José Vasconcelos, el argentino Miguel Ugarte, el peruano Francisco García Calderón y el boliviano Alcides Arguedas. Un libro en el que aborda el problema de la influencia norteamericana en Latinoamérica, abanderándose explícitamente como antiimperialista; la necesidad de la unidad de los pueblos del continente y de un entendimiento de doble vía con Europa.

Estos ensayos le sirven a Carrión para ir a los orígenes de la precariedad económica y política de nuestros pueblos, y de la gravedad y profundidad de sus conflictos sociales, a la luz de su atomización étnica y clasista, lastre de la etapa colonial y enfermedad endémica de una república de castas inamovibles, excluyente y caudillista. Carrión pertenece a una corriente intelectual y literaria que preconiza la unidad de lo que José Martí llamó *Nuestra América*.

Es tarea de esos escritores, artistas y pensadores construir esa utopía que, según Carlos Monsiváis, "dispone, para medir su amplitud, de dos contrastes: la situación caótica de los países versus el orden que surge en Estados Unidos, y el ámbito de los valores del espíritu versus el culto a lo material" (128). Sostiene, además, que hay "en esto, una estrategia de resistencia indispensable que consiste en oponer al desprecio de las metrópolis la certidumbre de una grandeza".

En *Los creadores de la nueva América* Vasconcelos es el paradigma de lo que debería ser intelectual en nuestro continente, tanto en el pensamiento como en su plasmación práctica. Carlos Piñeiro Íñiguez considera que el "retrato más vivo –por más cercano a su propio ideario de entonces– es el que Carrión traza de José Vasconcelos" (65-67).

El prestigio de Vasconcelos entre los jóvenes latinoamericanos era enorme, pues su gestión como ministro de Educación en su país durante el gobierno del presidente Álvaro Obregón por tres años y hasta su exilio en Estados Unidos, trascendió las fronteras nacionales. Hizo mucho por la educación popular general y por la alfabetización de los indígenas, y la enseñanza rural, técnica y urbana. Creó bibliotecas, misiones culturales, escuelas normales; fomentó la lectura, editó colecciones de libros de los autores clásicos, apoyó la obra de los primeros muralistas, los que con el tiempo casi llegarían a trabar amistad con Benjamín Carrión.

> Entre las ideas volcánicas de Vasconcelos, Carrión enfatiza la de la América Una, que prestara pilares a una filosofía propia, característica de un pueblo nuevo que pudiera plantearse entre sus deberes históricos la empresa utópica de la redención de la humanidad. Sin embargo –ya lo señala Gabriela Mistral–, [...] [Carrión] rompería con él cuando 'el profeta del trópico' errara el camino y dejara que su gran cólera lo obnubilara, llevándolo a derivar hacia posiciones falangistas y fascistas. (67)

Sin embargo, el expresidente liberal Alfredo Baquerizo Moreno, a quien Carrión hace llegar *Los creadores de la nueva América*, acusa recibo del libro el 12 de septiembre de 1928, con una dura y desencantada observación sobre Vasconcelos:

> Hace veinticinco años oía yo decir mucho y bueno y excelente, en los Estados Unidos, de aquel señor Díaz,[7] déspota mexicano, afanoso en las magnificencias de cal y canto, de acero y hormigón,

---

[7] Porfirio Díaz (1830-1915), general y dictador mexicano que se destacó primero en la lucha contra la invasión francesa a su país. Elegido presidente en 1884, consiguió por medio de enmiendas constitucionales mantenerse en el poder hasta 1910.

Vasconcelos y Carrión: un sumario epistolar • 313

del dólar y su apoyo y su poder. Desquició, oprimió y amordazó lo verdaderamente espiritual del progreso, lo que no era pan y dinero, para dejar tras sí la anarquía espeluznante que se siguió a su inesperada y rápida caída. En su libro, en su libro de Ud., tenemos el reverso con Vasconcelos. ¿Pero, señor y amigo, apenas ido él, cómo que desaparecen los grandes libros que editó? [...] Por la raza hablará el Espíritu, el espíritu de Calles,[8] triste es pensarlo y más decirlo, en descargas de fusilería, y el espíritu de Toral en la pistola asesina y fanática. Y no parece sino que de día en día, ponemos fronteras a lo "ilimitable", a lo que no puede encerrarse dentro del límite alguno, dentro de ley o de mandato alguno: "el pensamiento, el arte, la belleza, la verdad", la verdad sobre todo. (Carrión, *Correspondencias IV* 31-32)

Gonzalo Zaldumbide, figura prominente de la vida intelectual y política ecuatoriana de proyección internacional, el 17 de agosto de 1928 escribe a Carrión sobre *Los creadores de la nueva América*, calificando al ensayo sobre Vasconcelos incluido en el libro de "magnífico", pero no oculta cierto escepticismo: "Nobilísimo ardor de neófito, el que lo ha inspirado a usted sin sombras de reticencia. Y, también lo admiro y acaso le envidio más que comprendo: quisiera creerle, ¡quisiera creerle! No soy de los que mean frío, pero qué difícil embriagarme de mesianismo" (Carrión, *Correspondencia IV* 279).

El fracaso en las elecciones mexicanas de 1929 llevó al autor de *La raza cósmica* a nuevas búsquedas que, como vemos, no logra sustraerle del resentimiento. Carrión se mantuvo atento a su conducta y proyectos, según se infiere de la carta del 13 de marzo de 1930 en que César E. Arroyo le resume el contenido de otras dos que ha recibido de Vasconcelos:

> [...] que le robaron la elección (esto ya lo sabíamos); que quiso armar revolución pero que lo dejaron solo; que no puede esperar indefinidamente y que el 15 de febrero se embarcaba para Colombia, con el objeto de dar unas conferencias que tenía

---

[8] Plutarco Elías Calles (1877-1945), militar y político mexicano, presidente de la República (1924-1928). Ante su política laicista, en agosto de 1926 estalló la sublevación del denominado movimiento cristero, que se generalizó a partir de enero del año siguiente.

contratadas en Bogotá, pasando luego a Cuba con el mismo fin; que si el resultado económico de las conferencias es bueno, vendrá entonces a París, a fundar con nosotros una revista que diga la verdad, toda la verdad de la América. Yo le contesté por cable y por carta poniéndome, incondicionalmente, a sus órdenes, rogándole que de Colombia pase al Ecuador, y qué ojalá venga lo más pronto a Francia en donde estará seguro y, sobre todo, tranquilo y con libertad para todo. (Salazar, *La voz cordial* 114-115)

El 29 de abril de 1930, el entonces presidente ecuatoriano Isidro Ayora le escribe a Carrión, aún en El Havre, que ha tomado nota de "la importante sugerencia de su carta de 8 de marzo pasado, en la que Ud. expresa que el ilustre escritor y conferencista don José Vasconcelos, aprovechando la oportunidad de encontrarse en Colombia, desearía pasar al Ecuador para desarrollar en este país un ciclo de conferencias análogo al dictado en Colombia y Panamá" (Carrión, *Correspondencia IV* 40). Y añade que ha dado instrucciones al respecto al ministro de Instrucción Pública, el educador y periodista Manuel María Sánchez.

El viaje de Vasconcelos a Ecuador, un proyecto acariciado por él cinco años atrás, se concretó finalmente en julio de 1930, según afirma en *El proconsulado* (Vasconcelos 339-350). Fue atendido, cosa curiosa, por Zaldumbide: "Si Gonzalo Zaldumbide no hubiese sido entonces Ministro, no hubiera llegado a Quito tranquilo; más aún, precedido de toda suerte de consideraciones y presagios dichosos" (Vasconcelos 339-350).

INSPIRADO POR VASCONCELOS

Según el ecuatorianista Michael Handelsman, "al volver de Europa a comienzos de los años treinta, Carrión mismo asumió el papel de maestro y guía espiritual del pueblo ecuatoriano mediante una obra ensayística que, en realidad, constituiría su magisterio y la base pedagógica de su autoridad y prestigio" (471). Por entonces Benjamín Carrión dará a conocer, además, agudas reflexiones, polémicas, definitivas y a contracorriente, sobre la cultura y el arte ecuatorianos.

La cultura para Carrión es un proceso vivo de producción y reproducción sociales de sentido, significado y conciencia, el cual se ve a sí mismo en su centro, como un pivote que no irradiaría en la historia política y cultural de su país de manera permanente y a lo largo de los años hasta su muerte en 1979. Una influencia basada en la discusión, reflexión, aceptación crítica o rechazo de sus ideas de "libertad y cultura", "volver a tener patria", "la grandeza de la nación pequeña sobre la base de su cultura" y hasta la idea de Carrión sobre la identidad nacional misma.

Carrión echó sobre sí la tarea de estimular el desarrollo de la literatura ecuatoriana de su tiempo, como parte de su idea de la salvación nacional por medio de la cultura –proyecto semejante asumió paralelamente un grupo como el de la revista *Orígenes* en Cuba–, sin duda inspirado por su maestro mexicano José Vasconcelos. Quería, como el venezolano Mariano Picón Salas, hacer de su pequeño país una "potencia cultural".

Al ecuatoriano, además, le dolía su patria y su cultura, y por ambas vivió en continua agonía, es decir, lucha. No fue como Reyes, sólo un hombre de letras, sino que se impuso la "supertarea" de hacer de su país grande en lo espiritual. Un país en el que se sucedían los gobiernos efímeros y las "revoluciones", fragmentado por el regionalismo, dividido contra sí mismo por las prácticas racistas, traumatizado por la guerra fratricida de 1941 con Perú en la que perdió la mitad de su territorio de entonces y con una población mayoritariamente analfabeta.

Un país que en lo ideológico se debatía entre un conservadurismo agresivo y paralizante, y el dogmatismo intransigente de una izquierda –de la que el propio autor de *Cartas al Ecuador* fue víctima–, a contrapelo de las cuales, y en gesto de voluntad integradora de esos extremos, Carrión levantó una obra magna e insólita en el contexto latinoamericano de la época: la Casa de la Cultura Ecuatoriana:

> La Casa de la Cultura Ecuatoriana es la "respuesta" a la "incitación" producida por la poda que el país sufrió en 1941-1942. Respuesta positiva, ajena a toda clase de sentimientos vengativos. Respuesta alegre, optimista, como de árbol joven, seguro del poder de sus ramas y de la fecundidad maravillosa de la tierra en que se ha plantado [...] La Casa de la Cultura Ecuatoriana se origina profundamente en las constantes de la vocación del hombre ecuatoriano –Cultura y Libertad– [...] con un propósito de sana y penetrante indagación, para poder afirmar a plena conciencia, lo que dijimos hace muchos años, para explicar el por qué de la fundación de la Casa: tenemos que ser un pueblo grande en los ámbitos de la espiritualidad, de la ética, de la solidez institucional, de la vida tranquila y pulcra. Debemos aspirar a tener el ejército imponderable de la cultura y la respetabilidad democrática. Tenemos que ser, por esos caminos que sí están a nuestro fácil alcance, un "pequeño gran pueblo digno del respeto universal, de la consideración afectuosa y admirativa de todos". (Carrión, *Trece años* 10)

La idea de Vasconcelos de la salvación y regeneración de nuestros pueblos por medio de la cultura, término que para el mexicano era sinónimo de "espíritu", y la fe en que "la estética" era la fase superior de la humanidad, calan en quien años más tarde fundaría la Casa de la Cultura Ecuatoriana. La experiencia y la obra de Vasconcelos al frente del Ministerio de Educación de su país durante la Presidencia del general Álvaro Obregón, no sólo la llega a conocer y aprehender creativamente Carrión a través del propio autor de *La raza cósmica*, sino también del testimonio de viva voz de Gabriela Mistral, la que fuera colaboradora del mexicano.

Dice con acierto Salazar en su estudio "Benjamín Carrión: versiones de un mapa de América", que sirve de prólogo a *La patria en tono menor*, refiriéndose a la fundación de la Casa de la Cultura:

> A sus 47 años, inspirado por la sentencia de Mariátegui: "No sobrevive sino el precursor, el anticipador, el suscitador", asume el rol de suscitador al que permanece fiel contra viento y marea. A lo largo de esta etapa el ejercicio de la escritura si bien no es relegado, al menos baja en intensidad y desafíos, lo que se explica, en parte, por su inserción en causas de la cultura del Ecuador

y el destino político "preocupación permanente que lo llevó a practicar un americanismo clásico" de este continente que Carrión exploró desde todos los ángulos, diseñando y rediseñando un mapa espiritual de esta América por la que apostó dentro de una visión en la que elementos como la dignidad, la consecución de la justicia, y la noción de identidad empataban con una tradición en la que conceptos de esta naturaleza no fueron una mera pose (7-8).

Décadas después

En marzo de 1965 Carrión leyó una ponencia en el Encuentro de Escritores realizado en Génova, Italia, que dio paso a la creación de la Comunidad Latinoamericana de Escritores. La tituló "Raíz e itinerario de la cultura latinoamericana", y constituye un esfuerzo por sintetizar lo que Leopoldo Zea llama su "amplitud de [...] conocimientos sobre la cultura latinoamericana". Y añade el ensayista mexicano: "Conocimiento de una cultura a partir [de la] cual los pueblos que [la] forman pueden integrarse" (248).

Una herramienta más que Carrión aporta para la construcción eficaz del proyecto de integración de la gran patria latinoamericana ("Estados Desunidos de América Latina", la denomina Carrión), soñado por Bolívar y entrevisto por Martí, como en su oportunidad lo hicieron desde niveles diferentes de conceptualización de vías y maneras José Enrique Rodó, Pedro Henríquez Ureña, Germán Arciniegas o Mariano Picón Salas, o, desde un ángulo diferente, José Carlos Mariátegui. Como antes su maestro Vasconcelos con *La raza cósmica*, el pensador ecuatoriano ve configurada y delimitada la posible originalidad latinoamericana, "en su realidad histórica y actual, por el mestizaje". Un mestizaje racial (étnico, diríamos hoy) y un mestizaje cultural, que Carrión considera en proceso, o sea, sin cristalizar aún completamente:

> Mestizaje racial y mestizaje cultural en pleno proceso. Bajo el mandato inexorable del medio físico: clima, alimentación, radiación solar. Mestizaje del cual es muy peligroso hablar en términos de generalización, que conducirían a errores graves en los que han caído escritores, historiadores, sociólogos o simplemente turistas europeos. (*Re/Incidencias* 229-230)

Ya octogenario, casi un año antes de su muerte, el 9 de junio de 1978, Carrión escribe al escritor, historiador y político mexicano Fedro Guillén, uno de sus más fieles y constantes corresponsales, que ha recibido de "nuestro común amigo, el Embajador de México en Bogotá" el libro *Se llamaba Vasconcelos* de un autor que le era desconocido: José Joaquín Blanco.[9] Precisa que "esta lectura me ha llevado a la relectura de la obra formidable del Maestro"; y dice que "por préstamos a amigos y admiradores de Vasconcelos", le faltan dos tomos "de su incomparable novela autobiográfica", el *Ulises criollo* y *El Proconsulado*; añade que también ha perdido la *Breve historia de México*: "¿Podría usted conseguirme en librería o donde Ahumada esos tres libros?" Antes ha valorado el libro de José Joaquín Blanco en estos términos:

> El libro es, sin duda, interesante. Bien documentado, con buen sentido crítico aunque, para mi manera de ver las cosas, está dominado por una cierta animadversión contra el Maestro, no compartida por mí, que fui su admirador, como le expresé en el primer ensayo de mi libro *Los creadores de la nueva América*, publicado en el año 1928 [...] El señor Blanco tiene también, a momentos, un criterio ampliamente favorable, admirativo. La última parte de su vida no fue tampoco de mi agrado: su resentimiento político ahogó violentamente a la mente más esclarecida que haya producido México y, durante un tiempo largo, Latinoamérica. (*Correspondencia II* 436-437)

Rescato el vocablo "Maestro", escrito con mayúsculas, y esta última frase conmovedora: "la mente más esclarecida que haya producido México y, durante un tiempo largo, Latinoamérica". Esa carta, tal vez la última que escribió Carrión a Fedro Guillén, y una de las últimas de su existencia, sirven para cerrar, con una mezcla de nostalgia y agradecimiento por la honestidad intelectual que reflejan, este sumario epistolar que pudiera servir para dar comienzo a una exploración más

---

[9] El ejemplar al que se refiere Carrión se conserva en la Biblioteca del Centro Cultural que lleva su nombre en Quito.

profunda de los vínculos, para el ecuatoriano fecundantes entre Carrión y Vasconcelos.

BIBLIOGRAFÍA

Alemán Salvador, Mario. "Benjamín Carrión, diplomático". *Re/Incidencias* III/3 (diciembre 2006).
Blanco, José Joaquín. *Se llamaba Vasconcelos: una evocación crítica.* México: Fondo de Cultura Económica, 1977.
Carrera Andrade, Jorge. "A Benjamín Carrión: poemas y dedicatorias". *Re/Incidencias* I/1 (diciembre 2002).
Carrión, Benjamín. *Correspondencia II: Cartas mexicanas.* Quito: Centro Cultural Benjamín Carrión, 2003.
_____ *Correspondencia IV: Cartas ecuatorianas 1.* Tomo II. Quito: Centro Cultural Benjamín Carrión, 2007.
_____ *La patria en tono menor: ensayos escogidos.* Prólogo, selección y edición de Gustavo Salazar. México: Casa de la Cultura Ecuatoriana/Fondo de Cultura Económica, 2001.
_____ *Los creadores de la nueva América.* Madrid: Sociedad General Española de Librería, 1928.
_____ *Mapa de América.* Madrid: Sociedad General Española de Librería, 1930.
_____ *Trece años de cultura nacional (1944-1957). Informe del presidente de la institución.* Quito: Casa de la Cultura Ecuatoriana, 1957.
Handelsman, Michael. "Benjamín Carrión entre la modernidad y la posmodernidad". *Re/Incidencias* III/3 (diciembre 2005).
Hurtado Neira, Henriette. *Recuerdos de Mamaniña.* Quito: Casa de la Cultura Ecuatoriana, 1998.
Mistral, Gabriela. "Prólogo". Benjamín Carrión. *Los creadores de la nueva América.* Madrid: Sociedad General Española de Librería, 1928.
Monsiváis, Carlos. *Aires de familia: cultura y sociedad en América Latina.* Barcelona: Anagrama, 2000.

Piñeiro Iñíguez, Carlos. "Benjamín Carrión: por el camino de la cultura, volver a tener patria". *Re/Incidencias* III/3 (diciembre 2005).

Rodríguez Castelo, Hernán. "Benjamín Carrión da una clase sobre Benjamín Carrión". *Re/Incidencias* III/3 (diciembre 2005).

Salazar, Gustavo. Investigación, prólogo y notas. *La voz cordial. Correspondencia entre César E. Arroyo y Benjamín Carrión (1926-1932)*. Quito: La Palabra Editores, 2007.

_____ Prólogo, selección y edición. Benjamín Carrión. *La patria en tono menor: ensayos escogidos*. México: Casa de la Cultura Ecuatoriana/Fondo de Cultura Económica, 2001.

Taracena, Alfonso. *José Vasconcelos*. México: Porrúa, 2005.

Vasconcelos, José. *El proconsulado*. México: Editorial Jus, 1938.

Zea, Leopoldo, comp. *Fuentes de la cultura latinoamericana*. Tomo I. México: Fondo de Cultura Económica, 1993.

A caballo, por la ruta de los libertadores: el legado mesiánico y elitista de José Vasconcelos en Ecuador[1]

JUAN CARLOS GRIJALVA
Assumption College

José Vasconcelos Calderón llegó al Ecuador el 27 de junio de 1930. Esta visita formó parte de su prédica continental por Colombia, Cuba, Panamá, Costa Rica, Honduras y El Salvador, publicitando la defensa de la integración hispanoamericana, el valor de la herencia cultural hispánica y el rechazo al intervencionismo de los Estados Unidos en la región. Junto a estos objetivos, además, confluiría otro mucho más personalista: su propia auto-representación intelectual como libertador hispanoamericano. En *El Proconsulado* (1939), la cuarta parte de su monumental auto-biografía, el *Ulises Criollo*, Vasconcelos rememora su viaje por Ecuador, cruzando, montado a caballo, la ruta que Simón Bolívar delinearía en su campaña libertaria de 1822.

En este ensayo explico cómo la misión cultural de Vasconcelos en tierras ecuatorianas, justificará, de manera ambigua y contradictoria, la necesidad de un nuevo tipo de intelectual, americanista, humanista, anti-imperialista, comprometido con la democratización cultural de la sociedad, el desarrollo de la educación pública y la acción política directa en función de las necesidades populares. Vista a la distancia, la prédica posrevolucionaria de Vasconcelos calaría hondo en el Ecuador de la época, siendo no sólo aplaudida ampliamente

---

[1] Mi agradecimiento especial a Plutarco Cisneros Andrade, canciller de la Universidad de Otavalo, por sus valiosos comentarios; y a las bibliotecarias Yesenia Villacrés, de la Biblioteca del Ministerio de Cultura, y Fanny M. Bolaños, de la Biblioteca del Municipio de Tulcán. Asimismo, estoy en deuda con Assumption College por la beca de investigación que me permitió viajar al Ecuador en el 2011.

por la prensa de Quito, Guayaquil y otras ciudades; sino también influyendo de manera fuerte entre pensadores de distintas tendencias ideológicas como José Rafael Bustamante, José María Velasco Ibarra, Pio Jaramillo Alvarado, Fernando Cháves, y muy especialmente, Manuel Benjamín Carrión, entre otros. La representación heroica de Vasconcelos, sin embargo, evidencia serias discontinuidades o rupturas con el intelectual concreto, efectivamente existente. En sus observaciones prejuiciosas sobre la heterogeneidad socio-cultural del Ecuador (su afirmación de un mestizaje grotesco entre las poblaciones indígenas otavaleñas; su admiración hacia el afrancesamiento etnocéntrico de una minoría terrateniente de la sierra ecuatoriana; y su visión mistificada de Juan Montalvo como ícono libertario), Vasconcelos revela la pervivencia de un intelectual y un modelo de cultura nacional atrapados en el elitismo, el racismo y el mesianismo del siglo XIX. En la década de 1940, la propuesta nacionalista de Benjamín Carrión de "volver a tener patria", no dejará de reproducir los prejuicios y limitaciones de su "precursor" mexicano.[2]

Vasconcelos y su viaje a caballo por Ecuador

La visita de Vasconcelos al Ecuador, sugerida anhelosamente por sus amigos ecuatorianos en Europa, César E. Arroyo y Benjamín Carrión, se concretaría finalmente con el apoyo del presidente Isidro Ayora.[3] El 27 de junio de 1930, el Consejo Municipal de Tulcán, ciudad fronteriza con Colombia, vota y acuerda de manera unánime que:

---

[2] En una carta fechada el 7 de abril de 1928, Vasconcelos agradece a Benjamín Carrión la publicación de su libro *Los creadores de la nueva América*, donde se reconoce a sí mismo como su "precursor". Vasconcelos escribe: "Hoy ha llegado el libro; he releído la parte que se sirvió dedicarme [...] usted se presenta como abanderado de esa nueva generación que nos superará, pero que habrá de recordarnos con el afecto de los precursores" (Benjamín Carrión, *Correspondencia II* 69).

[3] Carrión conocería a Vasconcelos en Francia, a través de su amistad con César E. Arroyo, escritor y diplomático ecuatoriano. Carrión estaría ausente durante la visita de Vasconcelos en el Ecuador.

A caballo, por la ruta de los libertadores ... • 323

[...] la visita del maestro Vasconcelos significa un orgullo para la ciudad de Tulcán ya que no era desconocido para nadie la figuración mundial que tiene el gran pensador americano y que la misión de espiritualidad y unión hispanoamericanista tienen un inmenso valor en la vida de los pueblos del continente, [por lo cual] el Consejo debe declarar Huésped de Honor a tan meritísimo visitante. (Municipio de Tulcán, Acta solemne del 27 de junio de 1930)[4]

El acta del recibimiento de Vasconcelos no sólo anticipa la resonancia nacional que tendrá su visita, sino que confirma también la popularidad de su propia auto-representación como guía espiritual hispanoamericano en el Ecuador. No es casual que Simón Bolívar y Antonio José de Sucre, próceres de la independencia sudamericana, aparezcan como una evocación mayor en su relato autobiográfico de su viaje.

Acta de bienvenida a Vasconcelos. Consejo Municipal de Tulcán, Ecuador, 27 de junio de 1930.

Para el pensador mexicano, la extensa geografía andina, que recorre montado a caballo, simboliza un escenario histórico-fundacional que preserva en sus parajes, montañas y valles remotos el camino glorioso que habían cruzado los libertadores hace más de un siglo. En la campaña libertaria de 1822, Bolívar avanzaría desde Bogotá hasta Quito, donde lo esperaría Sucre

---

[4] Firman el acta, Carlos Velastigui, presidente del Consejo y concurren, además, José María Grijalva, gobernador de la provincia; Miguel Ortiz, comandante del Batallón Manabí; Sebastián Aldás, cónsul del Ecuador en Ipiales, entre otras autoridades.

para librar la batalla decisiva contra los ejércitos realistas. En *El Proconsulado*, bajo un acápite titulado "Reflexiones andinas" (1930), el viajero mexicano escribe:

> Atravesar de Popayán a Quito por la ruta de los libertadores y a caballo, en estos tiempos de automóvil y avión, parecía un disparate del que mis mejores amigos trataban de disuadirme [...] se me hizo ver el peligro de las enfermedades y los insectos, la fiebre perniciosa y la mosca del tábano, sin contar con las culebras y los despeñaderos. Pero yo ya tenía el viaje adentro [...] Cumplir así un destino en sus detalles y en su conjunto es, entonces, la suprema incitación, el objetivo complejo de cada vida. (*Obras Completas* II, 699)

Vasconcelos antepone a los peligros y penurias del viaje a caballo, el reencuentro interior consigo mismo y su destino heroico.[5] Recorrer *la ruta de los libertadores*, encarna un estado del espíritu, una misión utópica y heroica: alcanzar la definitiva emancipación y unidad del continente hispanoamericano.[6] La imagen del intelectual a caballo, cruzando geografías remotas, representa un símbolo, además, del compromiso político y cultural del nuevo hombre de letras. Al contrario del escritor decimonónico latinoamericano, encerrado en su "torre de marfil", aislado del mundo cotidiano y especialmente de la vida del pueblo, el intelectual a caballo que Vasconcelos encarna va al encuentro de la realidad americana, sin importarle lo lejana o inaccesible que esta se encuentre. Europa y Estados Unidos dejan de ser el referente y destino cultural del nuevo intelectual. Así como José Martí también lo quisiera, la tarea es ahora

---

[5] Vasconcelos no llegaría a Quito a caballo, sino por tren, desde Ibarra, como él mismo lo confiesa en su autobiografía. También viajaría en auto desde las afueras de Ibarra hasta esa ciudad. La ficción heroica y su relato autobiográfico no tienen continuidad.

[6] Al igual que Bolívar en "Mi delirio sobre el Chimborazo" (1822), Vasconcelos se detiene jubiloso ante el nevado ecuatoriano y comenta: "En la soledad, el cono majestuoso relucía como si fuese de cristal. El corazón envidiaba aquel reposo duradero; luego, reflexionando, se recogía otra vez dentro de sí, porque mañana el volcán rodará junto con las arenas del valle rumbo al mar, que todo traga, en tanto que el alma, para entonces, habrá cambiado, quizás hasta de constelación" (*Obras Completas* II, 423).

conocer la propia realidad "desde adentro", desde los signos autóctonos de *Nuestra América*. El propio Vasconcelos afirma, "El intelectual de oficio no se atreve siquiera a escribir, si no reviste su pensamiento con todos los primores mediocres de un estilo convencional, y nada le importa que su corazón calle ante las necesidades públicas [...] He aquí por qué la intelectualidad ha perdido su influencia sobre el pueblo, justamente porque ella se ha mantenido apartada..." (*Obras Completas* II, 878). En efecto, ya como rector de la Universidad Nacional de México en 1921 y como secretario de Educación Pública en el gobierno de Álvaro Obregón, entre 1921 y 1924, Vasconcelos, el "ministro a caballo", decide visitar personalmente las principales ciudades mexicanas y los pueblos distantes e ignorados por los planes educativos del gobierno. Vasconcelos, en otras palabras, al igual que otros intelectuales de su época, politiza la figura del intelectual, convirtiéndola en depositaria de un discurso revelador de cierta verdad, descubridor de ciertas relaciones políticas antes desapercibidas.[7] Claude Fell lo describe en los siguientes términos:

> Pronuncia discursos, discute con las autoridades, preside banquetes. Pero, sobre todo, visita escuelas, habla con los maestros, toma nota del estado de decrepitud y deterioro de los locales; hace listas del material necesario que luego enviará, a su regreso a la ciudad de México [...] Quizás por primera vez desde la Independencia –con la excepción de Benito Juárez, hombre de la provincia–, México ve a uno de sus ministros "codearse" con las realidades locales y tomar conciencia, *sobre el terreno mismo* [...] de las condiciones de vida *reales* de ese México rural en el que todavía vive, en la década que va de 1920 a 1930, la inmensa mayoría de la población. (50)

---

[7] El problema de la politización del intelectual latinoamericano de esta época no está, sin embargo, en la función que desempeña o el contenido intrínseco de sus actividades, sino, como diría Gramsci, en el lugar que ocupa en el sistema general de las relaciones sociales y grupos de poder existentes en una época determinada. No existe, en todo caso, el intelectual autónomo, superior o independiente de la política. Véase, Antonio Gramsci, "The Formation of Intellectuals" y Michel Foucault, "Los intelectuales y el poder".

La prédica posrevolucionaria de Vasconcelos, hombre de acción *sobre el terreno mismo*, calaría hondo en el Ecuador de 1930. Un país apenas habitado por unos dos millones y medio de habitantes; y donde Quito, la capital, apenas sobrepasaría las ciento diez mil personas. Un país, además, predominantemente rural, escasamente industrializado, segregado regional y racialmente, y que experimentaba una crisis económica, social y política profunda. El agotamiento del modelo agroexportador cacaotero, que había dominado la economía nacional desde la segunda mitad del siglo XIX, dejaría a la economía nacional imposibilitada de rearticularse al mercado mundial. Lo cual vendría a agravarse, también, con los efectos demoledores del "crack" económico de 1929. Tal como Agustín Cueva señala, "la depresión económica produjo una exacerbación de todas las contradicciones sociales, que se tradujo en una crisis de hegemonía de vastas proporciones" (96). En el período que va de 1925 a 1948, el Ecuador experimentaría la sucesión azarosa de veintitrés gobiernos, incluyendo cinco mandatarios en el año 1932. En *Ecuador: Una nación en ciernes*, Rafael Quintero y Erika Silva señalan que:

> [...] el Ecuador de los años 30 y 40 albergaba una *sociedad problema*, es decir, una sociedad que había acumulado su pasado sin desatar los nudos que potenciaran su conformación como nación, un país disgregado regional y étnicamente, no reconocido por sus habitantes como *suyo y común*, una cultura popular divorciada del poder económico y político constituidos, un país semicolonial sin burguesía hegemónica después de medio siglo de Revolución Liberal. (401-402)

En este contexto de crisis y fractura social, las conferencias de Vasconcelos en Quito y Guayaquil, seis en total, en torno a la misión de la universidad hispanoamericana, la educación popular de las masas, la integración racial y cultural del continente, y los principios y resultados de la Revolución mexicana, encontrarán una audiencia receptiva y elogiosa. *El Día, El Comercio, El Universo, El Telégrafo* o *El Debate* –los principales periódicos del país– compartirán fervorosos la prédica del viajero mexicano, dedicándole notas de bienvenida, fotos de primera plana, la reproducción y discusión de sus conferencias, comentarios, poemas dedicados e inclusive caricaturas. En su portada del 2 de julio de 1930, *El Día*, publica: "El señor Vasconcelos viene y escucharemos su palabra unciosa, inspirada en las serenidades de la filosofía aplicada a las realidades; esperamos que fluya el manantial de enseñanzas superiores de que es capaz el ilustre hispanoamericano, a quien saludamos respetuosamente"; o en *El Universo*, José Rafael Bustamante, hiperbólico, escribe: "He ahí un hombre que tiene un inri en la frente; el inri de todo idealista, de todo pensador que pone sobre el poder brutal de la fuerza el poder moral de la idea [...] Vasconcelos, vivo, como Rodó, como Montalvo, como todos los idealistas, será hostilizado, será encarnecido por la grandeza y pureza de sus ideas" (julio 2, 1930). Para la prensa ecuatoriana, Vasconcelos, en suma, es un "Maestro"; un idealista "encarnecido"; el "apóstol" iluminado de una nueva época.

Junto a la prensa elogiosa, distintas universidades, colegios, municipios, comités de bienvenida y grupos culturales e intelectuales de Quito, Guayaquil y otras ciudades, movilizarán también sus fuerzas para recibir de manera entusiasta al intelectual mexicano. A pesar de su reciente derrota electoral para presidente en México, este clima cultural atestigua hasta qué punto la influencia del pensamiento y acción política posrevolucionaria de Vasconcelos habrían impactado en el campo intelectual ecuatoriano, ya desde principios de la década de 1920.

El "vasconcelismo" en el campo intelectual ecuatoriano

En *Ecuador: una nación en ciernes*, Quintero y Silva argumentan que la composición intelectual de la cultura ecuatoriana de los años treinta se hallaba divida entre "dos voces", dos maneras de entender el "ser nacional". El "metropolitalismo", por un lado, representado fundamentalmente por los intelectuales

Vasconcelos en la prensa ecuatoriana, 1930

Periódico *El Día*, Quito, 2 de julio de 1930.

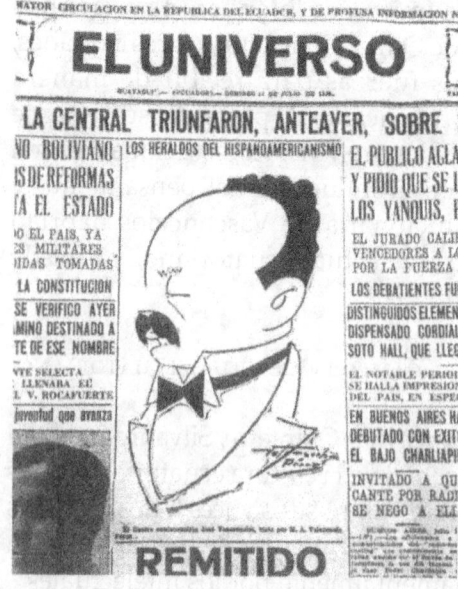

"El ilustre conferencista José Vasconcelos, visto por M. A. Valencia". *El Universo*, Guayaquil, 12 de julio de 1930.

A caballo, por la ruta de los libertadores ... • 329

Anuncio de la última conferencia de Vasconcelos en el Ecuador. *El Universo*, Guayaquil, 13 de julio de 1930.

Periódico *El Telégrafo*, Guayaquil, 10 de julio de 1930.

arielistas, defendía una nación de raíces cosmopolitas y europeas; mientras que el "terrigenismo", por el otro, asociado con el indigenismo, patrocinaba el carácter local, autóctono e indígena del ser nacional. La observación de Quintero y Silva, aunque esquemática, distingue bien las dos miradas intelectuales dominantes y hasta cierto punto opuestas desde las que el pensamiento de Vasconcelos será asimilado en el Ecuador. Como mostraré, Benjamín Carrión, en este horizonte intelectual, representará una tendencia de conciliación.

El "arielismo" apoyó la causa de *Ariel* (1900), nombre del famoso ensayo y símbolo del uruguayo José Enrique Rodó, a través del cual se llamaba a custodiar los valores estéticos universales de "belleza", "moral" y "humanismo" que había fundado la civilización clásica griega. Se convocaba así a la defensa de una cultura latinoamericana elitista y aristocrática en sus valores, pero que sería entregada a las masas ignorantes a través del "magisterio espiritual" de sus intelectuales. En *Ariel*, Rodó lo expresa en los siguientes términos, "El presuroso crecimiento de nuestras democracias por la incesante agregación de una enorme multitud cosmopolita [...] nos expone en el porvenir a los peligros de la degeneración democrática [...] La multitud, la masa anónima, no es nada por sí misma. La multitud será un instrumento de barbarie o de civilización, según carezca o no del coeficiente de una alta dirección moral" (25). En el caso del Ecuador, la influencia de Rodó ocuparía un lugar prominente y de larga duración en la formación y visión cultural de sus intelectuales durante toda la primera mitad del siglo XX. Los arielistas ecuatorianos y su modelo de intelectual humanista, idealista y esencialmente, eurocéntrico, reuniría en sus filas a hombres como Gonzalo Zaldumbide, Alfredo Espinosa Tamayo, Julio César Endara, Alejandro Andrade Coello, José Rafael Bustamante, y muy notoriamente, Benjamín Carrión y José María Velasco Ibarra, presidente del Ecuador por cinco ocasiones, entre 1934 y 1972.[8]

---

[8] El arielismo ecuatoriano tiene un paralelo interesante con el Ateneo de la Juventud (1909) en México, movimiento intelectual formativo del pensamiento

Zaldumbide, en particular, figura fundacional del arielismo ecuatoriano, será precisamente quien como Ministro de Relaciones Exteriores del gobierno de Ayora, reciba a Vasconcelos en su llegada a Quito. En *El Proconsulado*, el mismo Vasconcelos anota, "conviene recordar que, en la Secretaría de Relaciones del Ecuador, estaba por entonces Gonzalo Zaldumbide, ilustre escritor y amigo mío de años atrás en su Legación parisiense" (*Obras Completas* II, 1012). Y más adelante señala: "Si Gonzalo Zaldumbide no hubiese sido entonces ministro, no hubiera llegado a Quito tranquilo; más aún, precedido de toda suerte de consideraciones y presagios dichosos" (1019). Influidos por Vasconcelos, los arielistas ecuatorianos defenderán una identidad nacional forjada en torno a la herencia del hispanismo y la tradición greco-latina, empuñadas como una defensa cultural frente a la amenaza de las muchedumbres urbanas ignorantes y la creciente penetración norteamericana en la región. El testimonio de Ángel Felicísimo Rojas es significativo. Rojas escribe, "se creía ingenuamente en la hegemonía espiritual de América hispana, en una especie de revancha que nos compensaba del poderío de 'la bestia rubia del Norte' [...] Y nos desquitábamos acogiendo como nuestro el lema vasconceliano de 'por mi raza hablará el espíritu'" (137-138). Para Quintero y Silva, "el arielismo influyó notablemente en la intelectualidad ecuatoriana, sobre todo quiteña, y se expresó a través de la actitud y la obra de intelectuales metropolitanizados, francamente divorciados de la realidad circundante" (416). El arielismo, desde un punto de vista socio-material, surgirá como la expresión ideológica de una clase terrateniente y burguesa, que defendería la herencia

---

de Vasconcelos. Los ateneos adoptaron a Rodó como su maestro espiritual y se representaron a sí mismos como los precursores intelectuales de la Revolución, incluyendo en sus filas a artistas e intelectuales de la talla de Alfonso Reyes, Henríquez Ureña, Antonio Caso, entre otros. Anti-intelectualistas y humanistas, al igual que los arielistas ecuatorianos, los ateneos reprodujeron ciertas nociones de la ideología positivista anterior, así como su elitismo. El pensamiento de Vasconcelos no escapará del todo, a pesar de sus ideales sociales, a estas contradicciones. Véase los trabajos de Robert Conn, Carlos Monsiváis y Mary Kay Vaughan.

colonial hispánica como elemento integrador del continente. Velasco Ibarra, en esta misma línea de argumentación, escribiría en su discurso de bienvenida a Vasconcelos, "Se honra ahora el Ecuador con la visita del Maestro insigne Dn. José Vasconcelos […] es en verdad un Maestro insigne por el vigor de sus ideas, por la nobleza de sus sentimientos éticos, por la sinceridad de su acción" (*Cuestiones americanas* 42). El "Maestro", como lo llama Velasco Ibarra, defiende la necesidad de que sean los valores del cristianismo y la tradición cultural española los que se vuelvan ejemplo de progreso y civilización.[9] Tanto para Velasco Ibarra como para Vasconcelos, el individuo castizo, católico y moral es la medida de todas las cosas. "El Sr. Vasconcelos –comenta Velasco Ibarra– insiste mucho en la historia colonial […] en verdad resulta ya insoportable este desdén por el latino, por el ibérico. España supo crear, supo dominar la materia. Ahí está la historia, la verdadera historia" (51). El pensamiento católico e hispanófilo de Velasco Ibarra no sólo cruzará su camino con el de Rodó, Bustamante o Vasconcelos, sino que su apoyo político como presidente a la gestión cultural de Benjamín Carrión y la fundación de la Casa de la Cultura Ecuatoriana en 1944, será fundamental.[10]

---

[9] En 1934, poco después de posesionarse como presidente, Velasco Ibarra invitaría a Vasconcelos al Ecuador por segunda ocasión. Aunque esta propuesta nunca se concretaría por la prematura caída de Velasco, Moisés Sáenz, embajador de México en el país, no dejará de comentar, de manera irónica, las posibles incongruencias de esta segunda visita. En sus informes diplomáticos, Sáenz escribe: "No ha de ser remoto, sin embargo, que al fin y al cabo llegue a Quito nuestro altisonado personaje. Ya me imagino el fandango que les va a dar el inquieto megalómano e histérico Vasconcelos. Para todo les servirá menos para reorganizar lo que pretenden. Por lo demás no creo que durará mucho la luna de miel entre Vasconcelos y Velasco Ibarra […] con el sanquintín que se va a armar, entre humos y nebulosidades místico-socialista-ultramontanos con la 'colaboración' de Vasconcelos, Velasco Ibarra, el Arzobispo, los conservadores y los izquierdistas de Quito" (Miño Grijalva 232-233).

[10] A través de la Casa de la Cultura Ecuatoriana, Carrión, al igual que Vasconcelos, combinará ambiguamente su visión arielista de la cultura con el rol popular de su misión intelectual. La Casa tendrá como misión fundamental, afirma su página web, "dirigir la cultura con espíritu esencialmente nacional, en todos los aspectos posibles a fin de crear y robustecer el pensamiento científico, económico, jurídico y la sensibilidad artística de la colectividad ecuatoriana" <http://cce.org.ec>.

En una posición que parecería antípoda al arielismo e hispanismo, la emergencia del indigenismo ecuatoriano en los años veinte reivindicaría la formación de una cultura nacional de raíces étnicas y populares. En América Latina, como se sabe, el indigenismo de principios del siglo xx se constituiría como un movimiento de intelectuales urbanos y mestizos que en un lenguaje, punto de vista y sistema cultural occidentales, ajenos al mundo indígena rural, intentaría imaginarlo y representarlo estética y políticamente. La gestión político-educativa de Vasconcelos con respecto a la alfabetización de las poblaciones indígenas mexicanas será leída, en este contexto, como la obra de un pensador indigenista, aunque realmente no lo fuera.[11]

En *El Proconsulado*, el viajero mexicano rememora cómo su amistad con un grupo de indigenistas ecuatorianos, casi olvidados en nuestros días, sería una de sus mayores motivaciones para su viaje al Ecuador. El pensador mexicano escribe: "[...] estábamos en estos arreglos (en Colombia) cuando llegó telegrama del Círculo Vasconcelista de Otavalo, agrupación que funcionaba años atrás; le había dado mi nombre a una escuela y había mantenido correspondencia conmigo" (*Obras Completas* II, 409); y más tarde, añade: "Sin la vieja simpatía del círculo de amigos, de Otavalo, quizá no me habría decidido al viaje por el Ecuador" (415). La *Liga de cultura José Vasconcelos*, fundada por Fernando Chaves en 1924, estuvo compuesta por más de una docena de jóvenes intelectuales otavaleños, en su mayoría indigenistas y socialistas, que habían adoptado al pensador mexicano como su mayor ideólogo. Plutarco Cisneros Andrade menciona entre otros integrantes a Aurelio Ubidia, Víctor Alejandro Jaramillo, José Ignacio

---

[11] En efecto, si bien el indigenismo sería una de las tendencias artísticas e ideológicas del nacionalismo cultural que Vasconcelos apoyaría como ministro de Educación, el indio mexicano no tiene en su pensamiento ni un lugar central reivindicativo, ni una valoración positiva en su diferencia cultural específica. En *Aspectos indigenistas de la obra literaria de José Vasconcelos*, Antonio Sacoto anota: "resumimos la obra total de Vasconcelos como antiindígena. No encuentra valor alguno en las culturas precoloniales [...] el mestizo debe abandonar su abolengo, su raíz india si quiere sobrevivir al avance del progreso" (158).

Narváez, Víctor Gabriel y Enrique Garcés Cabrera, Miguel Valdospinos, Luis Gómez Jaramillo, Francisco H. Moncayo, Luis Enrique Cisneros, Carlos J. Almeida, Luis Enrique Álvarez, Guillermo Garzón Ubidia, Rafael Alberto Balseca, Luis A. León Vinueza, Alfonso Rodríguez y Carlos Chávez. Para Andrade, los *Vasconcelos* reivindicaron la formación de una cultura e identidad parroquiales, otavaleñas, en la que la regeneración educativa de las poblaciones indígenas de la región fuera considerada como una prioridad. La gestión política de Vasconcelos en torno a la incorporación educativa de los pueblos indios a la cultura mestiza mexicana influiría hondamente en la *Liga* y su proyecto de regeneración indígena, si bien sus miembros estarían prácticamente dispersos para 1930.[12]

Las ideas de Vasconcelos jugaron así un papel importante, como observa bien Sergio Miguel Huarcaya, en el discurso intelectual no-indígena de la formación mestiza de una otavaleñidad, entendida como una actitud de promoción y orgullo de la región de Otavalo. En la revista *Imbabura, Órgano de la Liga "Vasconcelos"*, Cháves publica en 1928 un ensayo significativo en que reconoce a Vasconcelos como el iniciador de la redención indígena. Para Cháves,

> El iniciador de la reforma educativa en el sentido de incorporar las grandes masas de indios a la naciente cultura de estos pueblos de América nueva y de dotarla a esa misma cultura de un contenido de sabor propio no excluyente de los zumos heredados, es José Vasconcelos [...] Vasconcelos crea el Departamento de Cultura Indígena y sienta la piedra angular sobre la que deberá levantarse el edificio de la redención social del indio. Sobre dos edificios se fija la obra vasconceliana. El uno podría enunciarse así [...] poner al indio en potencia de ser permeabilizado por las corrientes de la cultura que le rodea. El segundo: habilitarle manualmente para que esa conquista de un más alto nivel espiritual [...] (*Imbabura* s.g.)

---

[12] Cisneros Andrade observa que en las fotos que testifican el encuentro de Vasconcelos con los miembros de la *Liga* no aparecen Cháves ni otros miembros. Luego de la visita del pensador mexicano, la *Liga* se desperdigaría.

Los "Vasconcelos", en definitiva, usan la lógica cultural asimilacionista de un "mestizaje cósmico", que "blanquea" lo indio para redimirlo y defender así el "derecho" de las sociedades étnicas nativas a incorporarse a la cultura moderna y latina occidental. Hay pues, como Segundo Moreno y José Figueroa argumentan, un "modelo indigenista integracionista" y "evolucionista" que tiene en la figura de Francisco Pimentel y, particularmente, Vasconcelos, un claro influjo (16). En *El indio ecuatoriano* (1922), Pío Jaramillo Alvarado, intelectual cardinal del pensamiento indigenista ecuatoriano, elogia precisamente la reforma educativa impulsada por el intelectual mexicano en la década de los años veinte. Jaramillo Alvarado anota:

> Vasconcelos, artista de honda percepción psicológica, burilará su obra para que perdure en el tiempo y alcance la inmortalidad, dando a la reforma su mejor y más sólida defensa por la educación e instrucción de las clases populares, multiplicando las escuelas, impulsando la extensión universitaria, protegiendo las ciencias y las artes. (146)

Para Jaramillo Alvarado, al igual que para Cháves y el propio Vasconcelos, la salvación del indio dependerá de su grado de incorporación a la civilización latina; o, en palabras del autor de *La raza cósmica*, "el indio no tiene otra puerta hacia el porvenir que la puerta de la cultura moderna, ni otro camino que el camino ya desbrozado de la civilización latina" (*Obras Completas* II, 917). El indigenismo asimilacionista continuará afirmando, en definitiva, un modelo intelectual y cultural elitista y europeizante con respecto a la incorporación los grupos étnicos marginales y subordinados en el Ecuador.[13]

Esta influencia temprana de Vasconcelos entre "arielistas" e "indigenistas", no sólo prepara el terreno de su bienvenida elogiosa al Ecuador, sino que pone en evidencia cómo ambas

---

[13] Para Armando Muyolema-Calle, "la idea de latinidad, afirmó, legitimó y dio fuerza cultural y prestigio simbólico a las políticas culturales de las naciones criollas" (*Colonialismo y representación* 28), dentro de un proyecto de homogenización cultural en lo interno y cohesión continental frente a Estados Unidos y Europa.

tendencias intelectuales no resultaban tan contradictorias después de todo.[14] Arielismo e indigenismo asimilacionista, en efecto, orbitaban en torno a un modelo etnocéntrico de integración cultural, en que el intelectual mestizo ocupaba un lugar privilegiado como nuevo sujeto hermenéutico de la representación cultural del otro y sus diferencias. Formulado más sencillamente podría decirse que mientras el arielismo afirmaba la redención del pueblo ignorante, incluyendo los sectores étnicos, desde los valores de la alta cultura; el indigenismo asimilacionista, por su parte, terminaba haciendo lo mismo, pero "desde abajo", usando los males de las poblaciones indígenas como pretexto de su incorporación a la cultura nacional. En la década de 1940, el nacionalismo cultural defendido por Benjamín Carrión, intentaría, precisamente, "conciliar" esta doble mirada sobre la nación ecuatoriana, hispanista e indigenista-socialista, cosmopolita y localista, elitista y popular. Carrión asumiría una posición que podría llamarse ecléctica y neo-arielista, ya que oscilará entre las polaridades del universalismo hispanizante y el nativismo indigenista, intentando hacer realidad la tesis vasconceliana del equilibrio "cósmico" entre ambas, si bien privilegiando siempre la primera polaridad. Un análisis atento a la manera cómo Carrión asimila el indigenismo socialista de José Carlos Mariátegui ofrece un ejemplo paradigmático de lo dicho.[15]

Ya desde *Mapa de América* (1930), Carrión se propone exorcizar del pensamiento indigenista-marxista de Mariátegui

---

[14] Lo cual, hace pensar, no sólo en su coincidencia mental, sino en el orden económico-social y los grupos de poder en torno a los cuales se articulan. El estudio de este ámbito, en el orden de lo que podría llamarse el "orden de discurso" de esta época, está todavía por hacerse.

[15] La producción artística del indigenismo literario y pictórico influenciará de manera decisiva en la obra ensayística y activismo cultural de Carrión. Sus estudios críticos sobre Alcides Arguedas o Mariátegui; sus reflexiones históricas en torno al legado cultural prehispánico, y en particular la figura del rey inca Atahualpa, así como su apoyo y promoción del indigenismo literario de Jorge Icaza o el pictórico de Eduardo Kingman, Luis Moscoso, Diógenes Paredes, Oswaldo Guayasamín o Leonardo Tejada, entre otros artistas, no pueden pasar desapercibidos.

de todo lo que tuviese de radical, disruptivo, contradictorio u ofensivo a los valores de élite de la cultura hispánica y latina. Carrión inventa y canoniza un "San José Carlos Mariátegui" que se ajusta dócilmente a su panteón patriótico latinoamericano. "Necesitamos hombres apasionados –escribe–, no violentos. Entre nosotros la pasión es Bolívar, es Sarmiento, es García Moreno, es González Prada, es Montalvo, es Vasconcelos" (235). Mariátegui, "San Mariátegui", es leído como un intelectual "nutrido de occidentalidad", un hombre universal, sentimental, idealista, en definitiva, un hombre bueno. Carrión propone una valoración del pensamiento socialista e indigenista de Mariátegui que es completamente personalista y moralizante. Tal como en el sermón de *Ariel* de Rodó, para Carrión los valores del individuo-modelo lo son todo y la defensa humanista de la cultura europea y francesa tienen su base en un "yo moral". Canonizar a Mariátegui como a un "Santo del Espíritu" significa así purgarlo de su materialismo marxista e "indoamericano", su radical antihispanismo, su exclusivismo étnico sobre el indio, su "indigenismo hostil". En otras palabras, Mariátegui es despojado de lo que es más fundamental a su pensamiento revolucionario. Carrión escribe:

> No hacen falta especiales dones de previsión para afirmar que su ideología, vigorosa, nerviosa, apasionada, ha de cavar surco profundo en el devenir político y social de Hispanoamérica –a la que yo me resistiré siempre a llamar Indoamérica, como el mismo Mariátegui la llama, y menos aún esa barbaridad moral, histórica y gramatical de "Indolatinia". (233)

Y más adelante, subraya enfático:

> En lo que no creo es en la "exclusividad" de lo indígena, en la hostilidad de lo indígena contra lo español. La fusión hispano-indígena –que yo considero universalista y generosa de parte de los españoles de una época (que es también esta época para los conquistadores modernos) en que colonizar era exterminar a los indígenas– es el primer paso puesto hacia la universalización... ¿Pero el exclusivismo indigenista, como una teoría basamental para el futuro de América? Me quedo yo con Vasconcelos: "Por España y por el Indio". (243)

Fiestas indígenas de San Juan, Otavalo, Ecuador. Foto histórica.

En su "exorcismo" del pensamiento indoamericano y marxista de Mariátegui, Carrión delata su profundo arielismo y su rechazo a dialogar y nutrirse de los aportes más progresistas de su propia época, ofreciendo a cambio una interpretación reduccionista y europeizante, alejada de la realidad nacional-popular que decía salvaguardar. Escindir a Mariátegui de su indoamericanismo significaba, en efecto, borrar de un plumazo su cuestionamiento al hispanismo, entendido como el rezago de una ideología conservadora y racista que había colocado el comienzo de la historia americana en el momento de la conquista y que desconocía, además, las formas de explotación económica impuestas sobre las poblaciones indígenas.[16]

---

[16] Para Guillermo Bustos Lozano, la ideología hispanista es "una corriente política, intelectual y cultural que surgió en España y sus excolonias luego del desastre de 1898, cuando la antigua metrópoli perdió sus últimas posesiones en Cuba, Puerto Rico y Filipinas [...] El hispanismo que germinó a principios del siglo xx se desarrolló, décadas más tarde, durante las dictaduras de Primo de Rivera y Franco, especialmente, como un culto al legado espiritual hispano que descansaba en cuatro pilares fundamentales: la exaltación de la religión católica, el idioma castellano y el orden corporativo de la sociedad; y un acentuado etnocentrismo cultural que relegó la agencia histórica de los pueblos sometidos por la Península" (494).

Vasconcelos y sus discontinuidades como héroe cultural

Los desfaces que existen en la interpretación de Carrión sobre Mariátegui, tienen también su correspondencia en los de Vasconcelos consigo mismo. La gran paradoja con la auto-representación intelectual de Vasconcelos como "libertador americano" es que se desdibuja rápidamente. En su relato auto-biográfico en tierras ecuatorianas, al visitar la ciudad de Otavalo, el viajero mexicano comenta sus impresiones sobre las fiestas aborígenes de San Juan o Inti Raymi, dedicadas a la celebración de la recolección de las cosechas.[17] Vasconcelos escribe:

> Durante varios días, indios y no indios, comunidades y particulares, se visten trajes extravagantes, se ponen caretas, se disfrazan, ya de conquistador, ya de cacique, y con sus mujeres al lado, en trajes de colores vivos, pendientes en las orejas y en el cuello toda suerte de collares, se lanzan por las calles bailando en procesión; seguidos de músicas tristonas, se pasan en el atrio de los templos horas y horas entonando cánticos, formando ruedos de bailarines y no pocos terminan ebrios porque beben mezcal y ya no el buen vino de los conquistadores. Es decir, hemos podido conservar los trajes que nos inventó la Colonia, pero no el cultivo de la vid, que requiere ciencia y paciencia. (*Obras Completas* II, 414)

Los indios de la zona de Otavalo, en defintiva, son representados por Vasconcelos como gente ignorante que ha aceptado caótica y parcialmente la civilización de sus conquistadores. Su vestimenta es un disfraz extravagante; son alcohólicos sin clase; usan todavía "el grito atávico del bárbaro", en lugar de "la risa del civilizado"; aparecen "desprovistos de industria y de comunicaciones" y carecen

---

[17] Aunque Vasconcelos no menciona el nombre de esta fiesta aborigen, el lugar, tiempo y costumbres descritas en su relato concuerdan con esta celebración de origen prehispánico. La fiesta de San Juan esta vinculada al solsticio de verano y coincide con el agradecimiento a la Madre Tierra por la recolección de las cosechas recibidas (el Inti-Raymi o fiesta del sol). Los preparativos y celebración de esta fiesta toman lugar durante los meses de mayo y junio en Otavalo y otros lugares adyacentes.

de la "invención" cultural europea. Los indios, en definitiva, son el producto de un *mestizaje abyecto*, incompleto, que resulta más una "pantomima colectiva" que la asimilación de "la superioridad de una cultura que fue capaz de abarcar y transformar todos los aspectos de la vida, y no únicamente su técnica" (*Obras Completas* II, 414). Más adelante, al acercarse al clima tropical de la ciudad-puerto de Guayaquil, Vasconcelos observará asimismo,

> Muy lejos había quedado el encogimien-to que a veces creemos es exclusivo de nuestros indios y que pude observar una y otra vez en la meseta andina, desde Pasto hasta Quito y Ambato, y que probablemente se debe a la indumentaria tradicional del poncho, el sarape, incómodo embozo que abriga mal, pero ata los brazos y al suprimir el ademán entorpece la lengua también. (*Obras Completas* II, 425)

En la mejor lógica racista y etnocéntrica del siglo XIX, Vasconcelos repudiará las malas mezclas culturales, avalará la pureza lingüística del español, y atacará las tradiciones indígenas como una forma de barbarie cultural, asumiendo, en contrapartida, una posición civilizadora y mesiánica. No de otra manera se explican, en el reverso de sus prejuicios racistas, sus elogios y admiración hacia el afrancesamiento cultural de cierta minoría terrateniente privilegiada de la sierra ecuatoriana. En Ibarra, muy cerca de Otavalo, Vasconcelos comenta su recibimiento: "[...] cocinero francés, nos advirtieron y, en efecto, hubo buena sopa y pasteles de carne, legumbres y postres, con la legítima champaña [...] El viaje a Europa es por allá (en Ibarra) complemento de educación y compromiso social. *Casi no se es persona, menos personaje, si no se puede hablar con naturalidad de las fondas parisienses, los paseos por el Viejo Mundo*" (*Obras Completas* II, 412. Énfasis mío). Y un poco más adelante concluye, "hay en todo ecuatoriano el deseo de hacer más culta a su patria, más parecida a Europa" (*Obras completas* II, 416). Para el intelectual mexicano, al igual que para Zaldumbide, Velasco Ibarra o Benjamín Carrión, entre muchos otros, la CULTURA, en mayúsculas, no deja de definirse desde una referencialidad europea, francesa, grecolatina. Desde esta lógica cultural, la realidad indígena sólo adquiere reconocimiento y valor como *elemento incorporado* a la nación mestiza hegemónica. El discurso del mestizaje defendido por Vasconcelos en su conocido ensayo *La raza cósmica* supone, por ejemplo, un doble registro: por un lado, el mestizaje afirma una integración nacionalista, utópica y feliz, de las distintas diferencias raciales y culturales existentes; por otro lado, hay una negación y desprecio encubiertos hacia la diferencia de los pueblos indígenas no integrados (Grijalva, Vasconcelos 341). Para Vasconcelos, como piensa Marentes, hablar de la conquista y colonización de las poblaciones nativoamericanas es pensar en procesos necesarios, que posibilitan y completan, en último término, la obra civilizadora de una síntesis racial superior.

Es precisamente bajo este modelo de una cultura de élite y el rol civilizatorio y mesiánico de sus intelectuales, que el legado combativo del liberal romántico Juan Montalvo contra las dictaduras de su época será glorificado, desde finales del siglo XIX, como un ícono heroico de la nación ecuatoriana. En *El Proconsulado*, Vasconcelos ratifica esta lectura cívico-patriótica cuando escribe:

> La influencia de Montalvo [...] perdura aún y se le cita familiarmente. Su literatura ha marcado el ambiente [...] La casa en que vivió luce una placa y perduran las anécdotas de su orgullo de mulato pobre, olvidado de la mayoría, respetado por unos cuantos, en los años largos de su exilio combativo. En rigor, de Ipiales en adelante, y por todo el Ecuador, lo mismo en Otavalo que en Ambato, el país entero está penetrado de los dichos y los hechos del gran hombre que dio fisonomía a su raza. (*Obras Completas* II, 407)

Montalvo, en suma, representa aquel prohombre de la historia ecuatoriana "que expresa y resume lo mejor del alma nacional", concluye Vasconcelos (417). Años más tarde, en *El nuevo relato ecuatoriano* (1951), Carrión, continuando esta misma visión cultural, escribirá que "Don Juan Montalvo es sin contradicción posible, la primera figura de nuestra historia literaria; excluyendo toda opinión, todo plebiscito, toda disparidad" (45); y, en *El pensamiento vivo de Montalvo* (1961), insistirá: "Don Juan Montalvo, por temperamento, por altura mental, por insobornable honestidad de espíritu, es el paradigma, la expresión de un estado de conciencia, no solo ecuatoriano, sino americano, iberoamericano" (21). La construcción patriótica de Montalvo como ícono libertario del pueblo ecuatoriano continuará vigente durante todo el siglo veinte e inclusive, se prolongará al veintiuno, modelando todavía, hoy en día, un tipo de cultura e intelectual francamente cuestionables.

La comparación crítica entre Montalvo y Vasconcelos resulta, en este sentido, mucho más interesante. A pesar de sus distancias ideológicas, geográficas y temporales, estos dos intelectuales comparten un marcado énfasis humanista, antimilitarista, católico y, ante todo, hispanizante. Ambos, además, apoyan una cultura de élite, modélica, eurocéntrica, que para Montalvo representaría la existencia de un pueblo ecuatoriano ideal opuesto a la tiranía, mientras que para Vasconcelos sería el elemento dominante e integrador de su mestizaje cósmico. El pensamiento de Montalvo y el de Vasconcelos se aproximan, en efecto, poniendo en evidencia, en el reverso de su idealización libertaria, su elitismo cultural y su repudio racista a un mestizaje cultural y lingüístico de raigambre indígena. Las observaciones racistas de Vasconcelos sobre cómo el poncho indígena "ata los brazos y al suprimir el ademán entorpece la lengua también"; resultan comparables a las de Montalvo, quien desde el siglo XIX, escribe, "El chagra –campesino de hacienda– dice *piti* en lugar de *poco*, responde *jau!*, cuando le llaman"; "no sabe 'qué hacer de la cara y las manos: come con el cuchillo, hiere el pan con la cuchara, se limpia los labios con el poncho'" (Grijalva, *Montalvo* 52-53). Para Montalvo, Vasconcelos, y más tarde, Carrión, las poblaciones étnicas nativas y el pueblo ignorante deberán asimilarse a una cultura nacional de raíces hispánicas y europeas. La misión del intelectual, de esta manera, no puede ser otra que redentora, civilizadora, mesiánica.

Una misión intelectual elitista y mesiánica

Elitismo, racismo y afrancesamiento cultural quiebran en pedazos la auto-representación intelectual de Vasconcelos como "libertador a caballo". A pesar de sus consignas democratizantes y populares, Vasconcelos no dejaría de afirmar –como tampoco Carrión– la vieja lógica decimonónica del intelectual criollo que se reconocía a sí mismo como parte del pueblo o el conjunto de la nación, en abstracto, para enseguida distinguirse y alejarse de los sectores analfabetos e ignorantes, justificando así su posición privilegiada como educador, moralizador o político cultural del Estado. En "Un llamado cordial", Vasconcelos es enfático al respecto: "Escribiremos para los muchos, más con el propósito constante de elevarlos, y no nos preguntaremos qué es lo que quieren las multitudes, sino qué es lo que más les conviene, para que ellas mismas encuentren el camino de su redención" (*Obras Completas* II, 875). Vasconcelos reinstituye así la figura de un intelectual paternalista, que infantiliza al pueblo ignorante – que no sabe "lo que más le conviene"–; y mesiánico, al asumir una misión "espiritual" como portador de valores culturales de élite.

La obra y acción política de Carrión en la década de 1940 se debatirá precisamente entre la figura del Vasconcelos como "ministro a caballo", intelectual comprometido con la reestructuración posrevolucionaria en el poder y el Vasconcelos como "héroe cultural", miembro del santoral patriótico de una cultura intelectual mesiánica y civilizadora.[18]

---

[18] Una de las mayores ironías de la prédica nacionalista de Carrión, inspirada en Vasconcelos, es que haya sido el intelectual mexicano, en su ensayo "La hora de Hispanoamérica", el que sugiriera al Ecuador ceder su territorio de las islas Galápagos a Perú o Colombia, países que, en su opinión, disponían de mejores ejércitos para su protección. Vasconcelos escribe: "Simplemente como sugestión, y sin bastante conocimiento de las circunstancias, ocurre, por ejemplo, observar que a cambio de una faja amazónica que le diese entrada al concierto Perú-Colombia, bien podría el Ecuador ceder las Galápagos, ya sea al Perú, ya sea a Colombia, que poseen armadas modestas, pero más eficaces que la marina del Ecuador para mantener en las Galápagos una ocupación tenaz y un aprovechamiento que aleje

En sus *Cartas al Ecuador*, la décima quinta, "Sobre la responsabilidad de los intelectuales", Carrión –al igual que Rodó frente a los Estados Unidos, pero esta vez en un contexto nacional– convocará a los "intelectuales de valor" a unirse "por la cultura", "sin excepción válida", "sin vacilaciones", a favor de "la causa de la república española". La unidad de la patria, "la pequeña gran nación" de raíces hispánicas, reactualiza así el viejo arielismo de principios de siglo, en el contexto de un país derrotado en la guerra ecuatoriano-peruana de 1941 y mutilado en su territorio y orgullo nacionales. La hispanofilia de Carrión, convertida en la esencia espiritual de la patria mestiza, encuentra sus "apóstoles" en los artistas plásticos, narradores, poetas y ensayistas ecuatorianos de distintas ideologías, generaciones y regiones del país. El autor de *Cartas al Ecuador* escribe, "Ni una sola voz discordante, digna de tomarse en cuenta dentro del gran concierto de rabia contra los bárbaros y de amor para los defensores de la patria materna" (255). Los creadores de la patria, según Carrión, se llaman Espejo, Olmedo, Rocafuerte, Montalvo, González Suárez. Estos son los santos civiles que representan el "espíritu libre" que la patria mutilada necesita recuperar. No es casual que en el primer número de *Letras del Ecuador. Periódico de literatura y arte* (1945), haya sido Carrión, su fundador y editor, quien le proponga a los ecuatorianos una encuesta pública sobre la misión de la cultura y el rol de sus intelectuales. Carrión plantea tres preguntas:

> 1º. ¿Cree Ud. que la misión específica del intelectual es el mantenimiento y defensa abstracta de los valores esenciales del espíritu, con sentido de permanencia y no de actualidad; sin descender a la lucha cotidiana; o piensa quizás que, sin abandonar "el timón de la cultura" debemos los intelectuales –hombres de ciencia, escritores, artistas– salir a la lucha concreta por el hombre, por su vida mejor, su paz y su justicia? 2º. ¿Cuáles son, a su parecer,

---

el peligro". Y en seguida concluye: "¡Un reparto de las Galápagos entre Colombia, Perú y Ecuador, a cambio de un reparto de la zona amazónica que antes fue peruana! [...] ¡Hispanoamericanos, osad; es nuestra hora!" (*Obras completas* II, 1491-1492).

las posiciones que la cultura debe ocupar, las obligaciones que debe cumplir y las responsabilidades que gravitan sobre ella, según la misión que, de acuerdo con la primera interrogación, Ud. le asigne? 3º. Para dar mayor objetividad a su posición ante nuestros lectores, le rogamos nos diga, dentro de la historia de la cultura humana, ¿cuál es el intelectual –hombre de ciencia, escritor, artista–, que, según Ud. haya realizado o se haya acercado más al paradigma del intelectual que Ud. concibe? (1)

Aunque la encuesta del editor de *Letras* apela a la patria e insiste en la redefinición del intelectual tradicional, estableciendo como sus responsabilidades prioritarias la "justicia" y "la lucha concreta por el hombre", antepone enseguida a su encuesta un editorial de bienvenida que comenta los debates y preocupaciones intelectuales franceses y europeos de posguerra. Carrión escribe, "sus voces, encaminadas al desarme moral del hombre, no detienen la loca carrera hacia la catástrofe. Trágicos payasos asoman en Italia. Criminales frenéticos en Alemania. Bufones sangrientos y grotescos en España [...] Y ponen fuego al mundo" (*Letras del Ecuador* 5, 1). En definitiva, en el primer editorial de *Letras*, el Ecuador, irónicamente, queda innombrado y deviene una realidad entre líneas. Hay, pues, una "misión de la cultura" en abstracto, que piensa al país y sus problemas desde los intelectuales y cultura europeos. En su discurso "Francia: plaza pública del mundo", el eurocentrismo de Carrión es explícito:

> A lo que nos diera Egipto e Israel, Grecia y Roma, España e Inglaterra, Francia le pone las alas de su claridad, de su medida humana, las arregla a la estatura del hombre. Cumpliendo el anhelo de Bacon, Francia ha encendido la luz para el esclarecimiento del mundo [...] Para estos pueblos de América, singularmente desde el Río Bravo, hasta la Tierra del Fuego, la presencia de Francia en el escenario del Mundo es totalmente indispensable [...] Francia clarifica, ilumina, humaniza y, sobre todo, da alas a todas las ideas, concepciones, ritmos y cánones que, desde todas partes, llegan hasta ella. (*Letras del Ecuador* 5, 2)

Las resonancias del afrancesamiento y elitismo cultural de Vasconcelos, refluyen entonces en el pensamiento de

Carrión y *Letras del Ecuador*, si bien entremezcladas con otras tendencias de la producción artística y social del momento. Tal como ha dicho Michael Handelsman, "los pilares principales del pensamiento rodoniano (i.e., la tradición grecolatina, la moral cristiana, el idealismo, el panamericanismo y el antiimperialismo) van a influir profundamente en todo el pensamiento maduro de Carrión [...] la visión del mundo que condiciona el *modus vivendi* de Carrión tiene como vertiente una tradición arraigada en el elitismo" (24).

Las consecuencias de este modelo cultural e intelectual, como se puede imaginar, son invariablemente negativas: autoritarismo, discriminación racial, elitismo; todo lo cual aparece camuflado en un discurso libertario, heroico y humanista. En el caso de un escritor como Montalvo, considerado por Vasconcelos, Zaldumbide, Carrión y otros como el que "expresa y resume lo mejor del alma nacional", el resultado es el encubrimiento de su profundo elitismo y desprecio hacia el pueblo pobre e ignorante. Escribía Montalvo en *Las Catilinarias*: "he aquí, ecuatorianos, en qué extremo de miseria habéis caído. Digo habéis porque a mí no me inficiona vuestra servidumbre, vuestro infame sufrimiento. Cuando no os miro con lástima, arrebatos de odio son los míos. Quisiera libertaros por la razón o la fuerza y deciros: Pueblo sin ventura, aquí está vuestra libertad. ¿Me la aceptaríais? No lo creo" (Grijalva, *Montalvo* 52-53).

No lejos de la amargura y malhumor de Montalvo, Vasconcelos también optaría por augurar, en década de 1940, la destrucción de México. A partir de su fracaso como "guía espiritual", su derrota como candidato a la presidencia y su adscripción a un pensamiento abiertamente fascista y reaccionario, Vasconcelos afirmará que la única forma de superar el antagonismo social y cultural existentes en México sería que el fuego apocalíptico de la "B-H", la bomba de hidrógeno, descendiera sobre el país como un "baño de aseo" y una "bendición". Vasconcelos escribe: "La B-H será rápida y piadosa; en un instante fisuras colosales harán del planeta un pequeño sol, como aquel dios sol de las mitologías. Quizá ya lo único que merece el planeta es arder" (*En el ocaso* 225). El profeta mexicano vaticinará, además, que la guerra nuclear no sólo colocaría a los Estados Unidos como la única opción bélica capaz de detener la eventual hegemonía mundial de los soviéticos; sino también como el posible imperio vencedor que podría adoptar a México como a una de sus colonias privilegiadas. Vasconcelos afirmará que "un imperio mundial encabezado por los Estados Unidos, sería preferible a la continuación de la presente anarquía internacional" (130).

Aunque Carrión no llegaría a proclamar la destrucción del Ecuador en la hecatombe atómica, compartiría con Vasconcelos, desde épocas y procesos históricos y nacionales diversos, una tragedia similar como intelectual de la nueva época: representar y encauzar las transformaciones sociales, económicas, políticas e ideológicas que irrumpen a nivel popular durante las primeras décadas del siglo xx (revoluciones populares, luchas obreras, reivindicaciones indigenistas, fractura del país, etc.); teniendo uno de sus pies firmemente apoyado en la ideología racializada, elitista y mesiánica del siglo xix. El resultado será un tipo de intelectual democratizante en sus promesas, pero elitista en sus resultados. Un intelectual reformista, que terminará "secuestrando" el ejercicio de la política de la participación y decisión populares; auto-representándose a sí mismo, en nombre del pueblo, como su "suscitador", su "maestro", su "libertador", al interior de un sistema de poder determinado.[19] Me pregunto si esta lógica mesiánica y paternalista de íconos nacionales como Benjamín Carrión o Velasco Ibarra ha justificado también su tan prolongada influencia y control sobre la cultura y el Estado ecuatorianos

---

[19] En efecto, hoy en día, como afirman Foucault y Deleuze, el intelectual ha dejado de ser "conciencia" y "elocuencia"; ya no es aquel que "decía lo verdadero a quienes aún no lo veían y en nombre de aquellos que no podían decirlo [...] las masas no tienen necesidad de ellos para saber; saben claramente, perfectamente, mucho mejor que ellos; y lo afirman extremadamente bien" ("Los intelectuales y el poder"). La misión del intelectual ya no es la representación popular, sino la crítica al mismo poder de la representación.

en el siglo XX, abonando así al mito seductor del caudillo como "gran señor de la nación pequeña".[20] Más importante todavía, es necesario indagar cuáles son las deudas del Ecuador de hoy con estas formas de representación mesiánicas y caudillescas de sus intelectuales y la cultura nacional así entendida. En la década del sesenta, la crítica beligerante del movimiento tzántzico evidenciaría, precisamente, el carácter paternalista, conservador y elitista de la misión democratizadora y popular que intelectuales como Velasco Ibarra y Benjamín Carrión defenderían en Ecuador, bajo la inspiración del "ministro a caballo".

Bibliografía

Aravena, Jorge. *Geografía humana de Benjamín Carrión*. Quito: Litocromo, 1980.

Bonilla, Aníbal Fernando. "Liga 'José Vasconcelos'". *Diario El Telégrafo*. Quito. 3 mayo 2010.

Bustos Lozano, Guillermo. "La conmemoración del primer centenario de la independencia ecuatoriana: los sentidos divergentes de la memoria nacional". *HMex* LX/1 (2010): 473-524.

Blanco, José Joaquín. *Se llamaba José Vasconcelos*. México: Fondo de Cultura Económica, 1977.

Carrión, Benjamín. "José Vasconcelos". *Los creadores de la nueva América*. Madrid: Sociedad General Española de Librería, 1928.

_____ "Prólogo". Juan Montalvo. *Las Catilinarias. El Cosmopolita. El Regenerador*. Caracas: Biblioteca Ayacucho, 1977.

---

[20] Me refiero, por supuesto, al poema "Gran señor de la nación pequeña", de Jorge Enrique Adoum: "El hizo más grande nuestra patria [...] él le enseñó a leer la patria... era único con su generosidad empecinada [...] y es difícil saber qué vamos a hacer con esta herencia/ de generosidad que nos deja de golpe [...] ver quién se lleva más y así llegarle a los talones/ a usted Benjamín/ gran señor de la nación pequeña" (Aravena 77).

_____ *Antología de José Carlos Mariátegui*. Selección y prólogo de Benjamín Carrión. Colección Pensamiento de América 2, México: Costa-Amic, 1966.

_____ "Mapa de América. José Carlos Mariátegui". *Obras*. Tomo 1. Quito: Casa de la Cultura Ecuatoriana, 1981.

_____ *Cartas al Ecuador*. Estudio introductorio de Michael Handelsman. Biblioteca Básica del Pensamiento Ecuatoriano XXXVII. Quito: Corporación Editora Nacional/ Banco Central del Ecuador, 1988.

_____ *El nuevo relato ecuatoriano. Crítica y antología*. Quito: Casa de la Cultura Ecuatoriana, 1958.

_____ *El pensamiento vivo de Montalvo*. Buenos Aires: Editorial Lozada, 1961.

_____ *Correspondencia II. Cartas mexicanas*. Quito: Municipio de Quito, Dirección General de Educación, Cultura y Deporte/Centro Cultural Benjamín Carrión, 2003.

_____ "Encuesta sobre la misión de la cultura". *Letras del Ecuador. Periódico de literatura y arte* 1/1 (1945): 1.

_____ "Exposición Jan Schreuder". *Letras del Ecuador. Periódico de literatura y arte* 1/2 (1945): 3.

_____ "Francia: plaza pública del mundo". *Letras del Ecuador. Periódico de literatura y arte* 1/5 (1945): 1.

Chaves, Fernando. "Escuelas para indígenas". *Imbabura, órgano de la Liga "Vasconcelos"*. Otavalo: Ecuador. L. Enríquez Álvarez, administrador (septiembre-octubre 1928).

Cisneros Andrade, Plutarco. *Pensamiento otavaleño. Aporte de dos grupos culturales al Ecuador del siglo XX*. Otavalo: Universidad de Otavalo/Instituto Otavaleño de Antropología, 2007.

Conn, Robert T. "Official Nationalism in Mexico: Alfonso Reyes and the Hispanization of High Culture at the Turn of the Century". *Anales de la Literatura Española Contemporánea*. 23/1-2 (1998): 8, 99-115.

_____ "Alfonso Reyes and 'El Ateneo': Mexico's 'Continuing' Enlightenment". *Hacia un nuevo canon literario*. Joanne Engelbert y Dianne Bono, eds. Hanover, NH: Montclair State University/Ediciones del Norte, 1995.

Cornejo-Polar, Antonio. "El indigenismo y las literaturas heterogéneas: su doble estatuto sociocultural". *Sobre literatura y crítica literaria latinoamericanas*. Caracas: Universidad Central de Venezuela, 1982.

Cueva, Agustín. "El Ecuador de 1925 a 1960". *Nueva Historia del Ecuador. Época Republicana IV.* Enrique Ayala Mora, ed. Vol. 10. Quito: Corporación Editora Nacional/ Grijalbo, 1983.

Domínguez Michael, Christopher. "José Vasconcelos, padre de los bastardos". *Tiros en el concierto. Literatura mexicana del siglo V.* México: Ediciones Era, 1997.

Fell, Claude. *José Vasconcelos. Los años del águila (1920-1925): Educación, cultura e iberoamericanismo en el México posrevolucionario.* México: Universidad Nacional Autónoma del México, 1989.

Foucault, Michel. "Los intelectuales y el poder". *Microfísica del poder.* Madrid: Ediciones de La Piqueta, 1979.

Gramsci, Antonio. "The Formation of Intellectuals". *Norton Anthology of Theory and Criticism.* Ed. Vincent Leitch. New York: Norton, 2001.

Grijalva, Juan Carlos. *Montalvo: civilizador de los bárbaros ecuatorianos.* Serie Magíster 54. Quito: Universidad Andina Simón Bolívar, Sede Ecuador/Corporación Editora Nacional/Abya-Yala, 2004.

_____ "Vasconcelos o la búsqueda de la Atlántida: exotismo, arqueología y utopía del mestizaje en *La raza cósmica*". *Revista de Crítica Literaria Latinoamericana* XXX/60 (2o. semestre 2004): 329-345.

Handelsman, Michael. *En torno al verdadero Benjamín Carrión.* Quito: El Conejo, 1989.

Huarcaya, Sergio Miguel. *Othering National Identity. Alterity and Indigenous Activism in Otavalo.* Tesis doctoral. Univerisity of Michigan, 2011.

Jaramillo Alvarado, Pío. *El indio ecuatoriano. Contribución al estudio de la sociología indoamericana.* Tomo I. Quito: Corporación Editora Nacional, 1997.

Martínez-Echazábal, Lourdes. "Mestizaje and the Discourse of Nacional/Cultural Identity in Latin America, 1845-1959". *Latin American Perspectives* 25/3 (mayo 1988): 21-42.

Marentes, Luis A. *José Vasconcelos and the Writing of the Mexican Revolution*. Nueva York: Twayne Publishers, 2000.

Mariátegui, José Carlos. *Siete ensayos de interpretación de la realidad peruana*. Barcelona: Grijalbo, 1976.

Miño Grijalva, Manuel. "Actores políticos y representaciones cívicas: Ecuador de 1934 visto por Moisés Sáenz". *Ecuador y México. Vínculo histórico e inter-cultural (1820-1970)*. Documentos 14. Quito: Museo de la Ciudad, 2010.

Monsiváis, Carlos. "Notas sobre la cultura mexicana en el siglo XX". *Historia general de México*. Varios autores. México: El Colegio de México/Centro de Estudios Históricos, 2000.

Moreno Yánez, Segundo, José Figueroa. *El levantamiento indígena del Inti Raymi de 1990*. Quito: Feso/Abya-Yala, 1992.

Muyolema-Calle, Armando. *Colonialismo y representación. Hacia una lectura del latinoamericanismo, del indigenismo y de los discursos etnia-clase en los Andes del siglo XX*. Tesis doctoral. Universidad de Pittsburgh, 2007.

Quintero López, Rafael, Erika Silva Charvet. *Ecuador, una nación en ciernes*. 3 volúmenes. Quito: Editorial Universitaria, 1995.

Rodó, José Enrique. *Ariel. Motivos de Proteo*. Prólogo de Carlos Real de Azúa; edición y cronología de Ángel Rama. Venezuela: Biblioteca Ayacucho, 1976.

Rojas, Ángel Felicísimo. *La novela ecuatoriana*. Guayaquil: Publicaciones Educativas Ariel, 1948.

Sacoto, Antonio. *Aspectos indigenistas en la obra de José Vasconcelos (1881-1959)*. México: Cuadernos Americanos, II/28 (marzo-abril 1969).

Vasconcelos, José. *Obras Completas*. Colección Laurel. Tomos I, II, III y IV. México: Libreros Mexicanos Unidos S.A., 1961.

____ *En el ocaso de mi vida*. México: Populibros "La Prensa", 1957.

Vaughan, Mary Kay. *Estado, clases sociales y educación en México*. Tomos I y II. México: FCE, 1982.

Velasco Ibarra, José María. *Cuestiones americanas. Rodó, Vasconcelos, Bolívar, un centenario. Obras Completas* IV. Juan Velasco Espinosa, ed. Quito: Escuela Tipográfica Salesiana, 1981.

Zaldumbide, Gonzalo. *Del Ariel*. Quito: Imprenta de la Universidad Central, 1903.

Publicaciones periódicas:

El Comercio. Diario independiente. Quito, 1-15 de julio de 1930.
El Día. Diario de la mañana. Quito, 1-15 de julio de 1930.
El Debate. Diario de la mañana. Quito, 1-15 de julio de 1930.
El Universo. Guayaquil, 1-15 de julio de 1930.
El Telégrafo. Guayaquil, 1-15 de julio de 1930.
El Comercio. Guayaquil, 1-15 de julio de 1930.
Imbabura. Órgano de la Liga "Vasconcelos". Otavalo, Ecuador, septiembre-octubre, 1928; 2 (3-4).

La revisión del proyecto cultural de Benjamín Carrión: los tzántzicos parricidas

EMMANUELLE SINARDET SEEWALD
Université Paris Ouest, CRIIA
Centre d'études équatoriennes

A partir de 1960, en un ambiente autoritario,[1] surge en el Ecuador un ambicioso proyecto de revisión cultural que procura redefinir las relaciones entre el arte y la política. La censura, la represión, el cierre de las universidades son prácticas corrientes; con todo, lejos de impedir nuevas formas de protesta, estos eventos contribuyen a enardecer un debate que se radicaliza con la conmoción provocada por la Revolución cubana, alimentando nuevas prácticas artísticas en los márgenes de las redes institucionales. La década de los sesenta representa así en el Ecuador unos "años de la fiebre",[2] cuyos actores pertenecen a una nueva generación de artistas que pretenden llevar a cabo un parricidio: rechazan la herencia legada por la generación anterior, abogando por la ruptura con el autoritarismo político y un modelo de sociedad donde prevalece aún la influencia oligárquica. Desde esta perspectiva, reclaman un renacimiento cultural que acabe con el colonialismo y con el elitismo, y promueva desde una base popular una cultura nacional genuina.

El grupo tzántzico, conformado en 1961, ilustra esta protesta a través de su compromiso artístico militante, e introduce la

---

[1] La década de los sesenta se caracteriza por varios golpes que atentan contra el ejercicio de la democracia: José Velasco Ibarra, electo en 1960, no puede acabar su mandato presidencial; Carlos Julio Arosemena es derrocado por el Ejército en 1963; y cuando, después de una Junta Militar en el poder hasta 1966, Velasco Ibarra resulta reelecto, disuelve el Congreso y se declara dictador en 1970.
[2] Usamos el título del ensayo de Ulises Estrella, *Los años de la fiebre*.

práctica de *performances* provocativos y polémicos que ponen en tela de juicio la acción, denunciada como hegemónica, de intelectuales establecidos como Gonzalo Zaldumbide, Jorge Carrera Andrade y Benjamín Carrión. En un primer momento, de manera contraria a Zaldumbide y Carrera, Carrión no es el principal objeto de su empresa de demolición por compartir con él afinidades ideológicas y posiciones antiimperialistas patentes en su admiración común por la Revolución cubana y la defensa del proyecto castrista. No sin ambigüedades, entre simpatía y distanciamiento, los tzántzicos establecen una distinción entre el hombre Carrión, con sus convicciones de izquierda; y el actor cultural Carrión, en el seno de la Casa de la Cultura Ecuatoriana (CCE). Como lo veremos, el parricidio sin concesión, fenómeno generacional, se radicaliza contra la figura de Carrión después de la toma de la Casa en 1966 por considerarle entonces la encarnación de un proyecto cultural rancio y caduco, y promotor de una cultura servil, estancada, aislada del resto del continente: critican su protagonismo en la CCE, acusada de esterilizar la producción nacional.

La herencia en cuestión: por un arte militante y revolucionario

La herencia intelectual denunciada viene íntimamente vinculada a la institucionalización de un patrimonio cultural que tiene su raíz en la acción de la CCE: son tanto el orden cultural imperante como la cultura legada los que cuestionan la revisión de la acción de Carrión. Como un intento por definir cánones culturales nacionales, la CCE fue normalizando una literatura y unas prácticas artísticas cuyas pautas debían tomarse como autoridad en las décadas de los cuarenta y cincuenta, privilegiando, por ejemplo tratándose del campo literario, a los autores de la Generación del Treinta. Esta lectura posterior que se da desde la de las obras del treinta, recuperadas al servicio de una respuesta posible al doloroso trauma de la amputación territorial de 1942,³ intentaba indagar en los fundamentos populares de una identidad nacional que quedaba aún por consolidarse. La búsqueda identitaria de los cuarenta y de los cincuenta servía a la reconstrucción cultural, la recuperación del orgullo ecuatoriano y la cohesión nacional que promovía el proyecto de creación de una "gran nación de la cultura". Esta valoración de la ecuatorianidad (Sinardet, "*Atahuallpa*" 212-215) anima el proyecto de Carrión no sólo a la hora de crearla, en 1944, sino en la década de los sesenta, en plenos "años de la fiebre", lo cual subraya la continuidad y la coherencia del proyecto de la entidad cultural bajo la influencia de Carrión. Así, en su ensayo *El cuento de la patria*, publicado en 1967, Carrión sigue declarando: "Si no podemos, ni debemos, ser una potencia política, económica, diplomática y menos –¡mucho menos!– militar, seamos una gran potencia de la cultura, porque para eso nos autoriza y nos alienta nuestra historia" (87). En su "teoría de la pequeña nación", Carrión considera que el Ecuador es un país de tamaño reducido, pues amputado gran parte de su territorio, no puede pretender convertirse en una potencia económica, militar o diplomática, pero sí puede ser una potencia intelectual, una "pequeña gran nación", con tal de que se le concedan los medios necesarios para la realización de esta ambición cultural. El Ecuador entonces será respetado por las demás naciones del continente y del mundo, así como son respetados y hasta envidiados los países que abrigan o han abrigado una civilización ejemplar. Las referencias de Carrión son desde luego europeas y clásicas, y el mentalizador de la CCE evoca la posibilidad del Ecuador de igualar a Francia, a la Grecia de la antigüedad, a Italia o Flandes. Desde esta perspectiva, sus miembros, distribuidos en diferentes secciones representativas de todas las disciplinas artísticas, literarias y científicas, representan los actores privilegiados de una élite *éclairée* destinada a guiar al

---

³ En su estudio sobre los mitos fundadores de la identidad nacional, Erika Silva destaca la noción del "señorío natural" (5), la cual resulta radicalmente cuestionada con la amputación territorial, provocando una crisis sin precedente de la ecuatorianidad.

Estado de la edificación de la Casa de la Cultura al 31 de diciembre de 1945 (lado posterior).

Fuente: *Letras del Ecuador*, 1945. Año 1, No. 10, 9.

pueblo hacia la realización de su vocación, de su destino, es decir convertirse en un pueblo libre y culto. Carrión privilegia esta noción de vocación nacional, pues le permite justificar la creación de la CCE como instrumento para la satisfacción del potencial de libertad y cultura consustanciales, según él, de la ecuatorianidad (Morel, "Las 'políticas culturales'" 78-80).

El entorno histórico del momento de gestación y creación de la CCE es determinante: aparece como el símbolo de una renovación democrática después de la "Revolución de mayo" de 1944, y rompe también con las instituciones del antiguo régimen feudal de la oligarquía. En efecto, el decreto de su creación invalida el decreto de fundación del Instituto Cultural Ecuatoriano creado por Arroyo del Río en 1943, caracterizado por un academicismo y un formalismo que indignan a Carrión. Sus ambiciones se anuncian ya en los textos fundadores: "Que para robustecer el alma nacional y esclarecer la vocación y el destino de la Patria, es indispensable la difusión amplia de los valores sustantivos del pensamiento ecuatoriano en la Literatura, las Ciencias y las Artes, así del pasado como del presente".[4] Varias son las influencias sobre la elección del modelo institucional y la definición de la política cultural de Carrión: la de las *Maisons de la culture* creadas en 1934 en Francia y promovidas por la Asociación de Escritores y Artistas Revolucionarios (AEAR) de obediencia comunista, la política cultural de José Vasconcelos en México, creador de las Casas del Pueblo a partir de 1921, así como las realizaciones culturales llevadas a cabo en Rusia a raíz de la Revolución de Octubre. Es patente el paralelo no sólo onomástico sino también ideológico entre las organizaciones culturales francesas y ecuatorianas: la pluralidad de las disciplinas artísticas y el elitismo cultural son dos características comunes reivindicadas en los textos fundadores y en las proclamas de fe (Morel, *Compte-rendu de thèse* 1-2).

Sin embargo, los miembros de la CCE difieren de los intelectuales franceses o mexicanos por no declarar abiertamente su compromiso político ni su orientación estética. Morel subraya la ambigüedad del ambicioso proyecto: "los miembros de la entidad, los colaboradores de Benjamín Carrión, nunca manifestaron ningún compromiso de orden político, ideológico o estético. El consenso parecía ser la garantía de la emergencia de una 'cultura ecuatoriana'" (Morel, "Las 'políticas culturales'" 79). La búsqueda a toda costa del compromiso explica la forma de inercia que se apodera de la institución a partir de 1946:

> [...] esta suerte de parálisis de las actividades y del funcionamiento administrativo se debe, entre otras causas, al modo de selección de los miembros. Artistas, intelectuales e investigadores de varias tendencias políticas, de varias generaciones y de diferentes credos estéticos se reúnen en el seno de la entidad y en la asamblea general que la guía y orienta, tal como lo deseó Benjamín Carrión, pero el resultado de tanta variedad se asemeja más a un consenso estéril. La CCE se reduce rápidamente a un espacio utópico de escaso compromiso, lo que limitaba fatalmente las posibilidades de revelación de una "ecuatorianidad" anhelada por unos

---

[4] "Consideraciones preliminares del decreto de fundación de la CCE" de 1944, citado por Anne-Claudine Morel ("Las 'políticas culturales'" 78).

apasionados, así como limitaba la reflexión acerca de la concepción de la nación y de la cultura nacional, premisas de una nación fuerte, respetada. (Morel, "Las 'políticas culturales'" 80)

Más que la persona de Carrión, el blanco de los ataques de la joven generación son los límites de esta política cultural, o la ausencia de una verdadera política cultural, la cual pone en tela de juicio la legitimidad de Carrión como intelectual para hablar en nombre de toda la nación y, por ende, su figura de "incitador-impulsor-constructor del campo institucional de la cultura" (Arcos Cabrera, "El duro arte" 148). Por ello, esta crítica apunta a los límites del ideal de la "teoría de la pequeña nación", que no es sino otra manifestación de la dependencia cultural, pues el patriotismo que defiende se basa en un folklore superficial, en la inautenticidad cultural y en glorias falsas (Handelsman, "Resonancia" 171-172), desembocando en una expresión elitista y conformista que privilegia modelos culturales extranjerizantes y academicistas. Benjamín Carrión elabora:

> [...] algo cercano a una política cultural [que] consist[e] en favorecer todas las opiniones, todas las tendencias artísticas, con tal que subrayaran la superioridad de una sola, la de la élite, de origen europeo, único modelo cultural válido en opinión del teórico de la 'pequeña nación'. Es decir que la denominación CCE encubrió la búsqueda de una cultura oficial, más que la búsqueda de una cultura nacional, identitaria o representativa de todos los componentes de la nación. (Morel, "Las 'políticas culturales'" 80)

La CCE representa así para los jóvenes artistas de la vanguardia el instrumento servil de la reproducción del orden imperante en beneficio de una intelectualidad estatal y mediocre (Polo 31-33). En nombre de la necesaria "segunda independencia" capaz de superar el colonialismo y la inautenticidad cultural, la nueva generación emprende una tarea de "desmitificación" (Estrella, "Los tzántzicos" 82). Conforman esta vanguardia jóvenes ensayistas, sociólogos, filósofos, poetas, novelistas, dramaturgos, pintores, cineastas, fotógrafos, tales como Agustín Cueva, Francisco Proaño

La revisión del proyecto cultural de Benjamín Carrión ... • 359

Arandi, Fernando Tinajero, Alejandro Moreano, Ulises Estrella, Humberto Vinueza, Alfonso Murriagui, Rafael Larrea, Raúl Arias, Euler Granda, Simón Corral, Marco Muñoz, Antonio Ordóñez, entre otros. No representan un movimiento homogéneo sino una multitud de pequeños grupos que concentran sus actividades en Quito; a pesar de sus diferencias, colaboran y defienden posiciones comunes frente a la CCE que cuajan en la toma de la institución en 1966.

Cabe subrayar que estos intelectuales no son los primeros en criticar la acción de la CCE. A pesar de una actividad intensa y fecunda durante los dos primeros años con la concurrencia de varios intelectuales de renombre, opiniones negativas empiezan a aparecer a partir de 1946 en la prensa conservadora. Se indignan de la selección de los artistas, cuando la institución organiza el Segundo Salón de Bellas Artes en Mayo: imbuida de su papel de "Instituto director y orientador de las actividades científicas y artísticas nacionales, que dirige la cultura 'con espíritu esencialmente nacional', la entidad se encierra en un programa de actividades decidido por un reducido grupo (Morel, "Las 'políticas culturales'" 80). Estos intelectuales conservadores expresan también su temor a la concentración de socialistas en la CCE y denuncian la situación monopolística de la institución en el panorama cultural ecuatoriano.

Dichas críticas por parte de los sectores conservadores se multiplican durante la segunda presidencia de Benjamín Carrión (1950-1957): "[...] advierten que la entidad se encogió sobre sí misma, concentrada primero en una función de atracción de la cultura internacional, y luego empeñada en desarrollar las actividades literarias y artísticas de un reducido número de 'elegidos', amigos todos de Benjamín Carrión y, cabe subrayarlo, partidarios los más de ellos de una tendencia política de izquierda" (Morel, "Las 'políticas culturales'" 80). El mismo presidente Camilo Ponce expresa abiertamente sus críticas a la CCE. Pero la mejor ilustración de este movimiento de hostilidad es un pasquín firmado por anónimos "Intelectuales Independientes", redactado en 1956: contra el proselitismo de izquierda de la institución y el monopolio ejercido por la entidad, en nombre de los principios democráticos de libertad e igualdad, evocan la abolición de los privilegios, "remitiéndose irónicamente a unos principios revolucionarios que la institución desconoció a pesar de sus propósitos iniciales de insurgencia contra el monopolio de unas academias elitistas" (Morel, "Las 'políticas culturales'" 81). Cuestionan así el privilegio que los miembros "elegidos" de la CCE se arrogan para presentarse como depositarios de las tradiciones culturales. Atacan también la gestión económica de la institución, acusada de despilfarrar el dinero público en costosos viajes y costeando ediciones de libros de miembros de poco talento. Es más, ponen en tela de juicio la moralidad de la institución, cuando Benjamín Carrión inten[ta] precisamente instituir y promover, a través de su organismo, un "doctorado en civismo" (Morel, "Las 'políticas culturales'" 82). Aunque los intelectuales de la vanguardia en la década de los sesenta no cuestionan la moralidad de Carrión –con el que comparten convicciones de izquierda– ni la integridad de su gestión, reclaman a nombre de los "intelectuales independientes" la democratización de la entidad, acusada de cerrar sus puertas a los artistas e intelectuales que no pertenezcan a un grupo de "elegidos": "Recordemos que el sistema de elección de los Miembros Titulares reduce las posibilidades de acoger a elementos nuevos en el seno de la CCE, ya que cada Miembro dura tres años en su cargo y puede ser indefinidamente reelegido" (82).

Frente a la CCE como escenario institucional de la cultura oficial, los jóvenes intelectuales de la vanguardia de los sesenta se dotan de un espacio alternativo e informal de encuentros y debates: el Café 77 se sitúa cerca de la Facultad de Filosofía donde muchos estudian, pero también cerca del Ministerio de Gobierno, sede de un poder autoritario que procuran desafiar. La elección de un café como espacio de reflexión ilustra, más allá del rechazo a la filiación institucional, la adopción del ideal sartreano del intelectual comprometido con la transformación de la realidad a través de la cultura (Ortega Caicedo 33-35). Otro espacio de reflexión son las revistas que se crean como

La revisión del proyecto cultural de Benjamín Carrión ... • 361

alternativas a las publicaciones de la CCE: *Pucuna*, publicada por primera vez en 1962; *Indoamérica, Ágora* o *La bufanda del sol*, a partir de 1965. Los debates sobre la misión transformadora de la cultura también contribuyen a la reflexión teórica y crítica: en agosto de 1962 se reúne una mesa sobre la "Problemática y relación del artista con la sociedad"; en septiembre otra sobre "La función de la poesía y responsabilidad del poeta".

Uno de los grupos más activos es el tzántzico, promotor de *Pucuna*, cerbatana literaria que dirige sus flechas acerbas a los intelectuales reconocidos, especialmente a Carrión. Los tzántzicos marcan su voluntad de ruptura con un término que remite a la tzantza de los Shuar del Oriente amazónico, representando la cabeza reducida la aniquilación del enemigo después del combate. "Los tzántzicos tenían, pues, la finalidad de reducir las cabezas de todo lo engrandecido falsamente, anulando los valores establecidos y buscando auténticos valores" (Estrella, "Los tzántzicos" 81). A los integrantes iniciales, Marco Muñoz, Ulises Estrella, Leandro Katz, se unen Alfonso Murriagui, Euler Granda, Jos Ron, Rafael Larrea, Raúl Arias, Teodoro Murillo, Humberto Vinueza, Simón Corral, Antonio Ordóñez, compartiendo los tzántzicos el entorno de otros intelectuales de la vanguardia como Agustín Cueva, Fernando Tinajero o Alejandro Moreano, entre otros.

Avocados al combate cultural, condenan tajantemente a los animadores de la vida intelectual nacional, con dos ambiciones complementarias: renovar la producción artística y actualizar la reflexión sobre el rol social y el alcance político del arte. Las apelaciones bélicas asumen la provocación (Handelsman, "Del tzántzismo al desencanto" 141); los tzántzicos procuran despertar a una sociedad cerrada, conservadora y provinciana:

> En un ambiente saturado por la beatería, inmerso en la "Sanfranciscana paz de los sepulcros", y en medio de las loas a los "ilustres intelectuales" pertenecientes a la aristocracia usufructuaria del poder, un grupo de jóvenes, la mayoría estudiantes de la Universidad Central, decide participar activamente en la vida cultural de Quito, especialmente en el campo de la creación poética, que venía siendo maltratada consuetudinariamente por "poetitas"

trasnochados, que no querían abandonar la poesía "lloriqueante, sensiblera y derrotista", que tanto éxito tenía en los círculos sociales del "romántico Quito" de los años cincuenta. (Murriagui, "El movimiento tzántzico" 1)

Las nociones de decencia y de buen gusto son los blancos predilectos de sus ataques, los cuales sirven, según ellos, de máscaras sociales a las relaciones de dominación que imperan en el Ecuador. Su rechazo al conformismo *petit-bourgeois* se manifiesta también en la pose tzántzica: vestimenta desaliñada, uso de *jeans* y pelos hirsutos.

El arte de ruptura no puede ser sino revolucionario. Los tzántzicos se acercan al Partido Comunista Marxista Leninista Ecuatoriano (PCMLE), aunque muchos se alejarán de él en los años setenta por diferendos ideológicos. El compromiso ideológico influye directamente en sus juicios estéticos, por lo que la calidad literaria de una obra tenderá a definirse según el grado de compromiso político de su autor (Arcos Cabrera, "La caja sin secreto" 195-196). El Primer Manifiesto publicado en octubre de 1962 en *Pucuna* insiste en la función transformadora de la cultura:

> El mundo hay que transformarlo.
> Nuestro paso sobre la tierra no será inútil
> Mientras amanezcamos al otro lado de la podredumbre,
> Con verdadera decisión de ser hombres aquí y ahora.
> (Murriagui, "El movimiento tzántzico" 1)

Los tzántzicos se oponen a la concepción elitista del papel social del intelectual que, según ellos, caracteriza la posición de Carrión en el seno de la CCE, a pesar de compartir con él posiciones ideológicas de izquierda y de apoyar su compromiso con la defensa de la Revolución cubana; rechazan la visión de una cultura que se difundiría desde arriba sin involucrar a los sectores populares; critican el papel secundario y pasivo que tienen estos en las acciones de la CCE, observando incluso que esta cultura *bourgeoise* no les llega y sigue excluyéndoles de las esferas del poder cultural y del capital simbólico. Los tzántzicos colocan en el centro de todas sus acciones a aquellos que encarnan al "verdadero" pueblo ecuatoriano. Reaccionan contra el fracaso de la institución que, según ellos, actúa estérilmente por estar alejada de la realidad de los sectores populares, dirigiendo a Carrión las mismas críticas que él había hecho en los años cuarenta a la política cultural de Vasconcelos:

> Había una fragilidad institucional en el sentido de que otra vez volvía la etapa esta que habíamos repudiado los tzántzicos: las presentaciones, los elogios, las publicaciones por componendas. No había una adhesión firme como la que nosotros planteábamos, que era la de atender a los sectores populares, difundir los libros y hacer todas las actividades a nivel popular. (Estrella, "El radicalismo" 263)

Con ello, los tzántzicos rechazan el arte por el arte del intelectualismo *bourgeois*, responsable de una producción mediocre y satisfecha, cuyo propósito se resume en divertir o alabar. Y contradicen al arte militante que parte de un diagnóstico social y económico inaceptable para, por el contrario, buscar nuevas formas de expresión artística capaces de reformar la realidad escandalosa:

> La actitud de los tzántzicos no fue dirigida exclusivamente al trabajo literario, fue, mejor, un pretexto para ejercer, con audacia, una actividad abiertamente revolucionaria [...] Los tzántzicos no fueron ni diletantes ni oportunistas, su actitud respondió a una clara militancia política, adoptada, responsablemente y con absoluta convicción, ya que tenían muy claros los problemas sociales, económicos y políticos por los que atravesaba el país, América y el Mundo. (Murriagui, "El movimiento tzántzico" 1)

ACABAR CON EL PROVINCIANISMO:
LA CULTURA NACIONAL AL RITMO DE LAS INNOVACIONES
CONTINENTALES

Aunque el grupo se dedica esencialmente a la poesía, reivindica la mezcla de los géneros, privilegiando el teatro: la expresión teatral y la expresión poética, afirman, pueden converger en la elaboración de un lenguaje revolucionario que dé las espaldas a la cultura oficial. Es que los tzántzicos defienden el principio de la curiosidad intelectual liberada de las pautas de la crítica tradicional, extendiendo sus actividades a varios campos de forma simultánea: Ulises Estrella, poeta, periodista, novelista, cineasta y dramaturgo; Alfonso Murriagui, periodista, dramaturgo, novelista, poeta, defensor y promotor de las artes populares. Sus prácticas artísticas superan los géneros admitidos para servir al compromiso ideológico de la revolución social y política. Al mismo tiempo, procuran sacar la cultura nacional del provincianismo intelectual gracias a su apertura a las vanguardias continentales. Al crear sus propias conexiones más allá de las fronteras, al tomar la iniciativa de contactarse directamente con los movimientos del boom americano, los tzántzicos cortocircuitan las redes institucionales de difusión cultural. Patentizan los límites de la acción de la CCE como un instrumento incapaz de movilizar y nutrir las energías artísticas, mientras va apareciendo inadecuado y pasado el proyecto de la "teoría de la pequeña nación", cuya formalidad contrasta con la agitación de la vida intelectual mundial (Sinardet, "Du mouvement tzántzico" 4). Ulises Estrella, en una entrevista de julio de 1992, recuerda:

> [...] para la década del sesenta, con la fundación del grupo tzántzico en el año 62, nosotros nos planteamos efectivamente una democratización de la Casa de la Cultura, una posibilidad de participar en un sentido político más directo. Esto podría, en este momento, a treinta años de distancia, entenderse como un sectarismo político, pero de lo que se trataba era de que la Casa de la Cultura estaba distanciada en ese momento de la vida activa, dinámica, de los movimientos sociales y políticos en América Latina y en el mundo. Tanto es así que si usted revisa las actividades de la Casa de la Cultura en la década del sesenta, antes de la toma de la institución por parte del Frente Cultural y otros sectores, se dará cuenta de que todo era convencional, doméstico, sin una comprensión de lo que estaba sucediendo en el mundo. Imagínese lo que significaba por ejemplo que el grupo tzántzico se preocupaba por difundir los avances culturales de la Revolución cubana, que la institución como tal, o sea la Casa de la Cultura, estaba marginada de otros procesos como el gran movimiento de poetas, como el gran movimiento de pintores. (en Morel, *La Casa de la Cultura* 630-632)

La revisión del proyecto cultural de Benjamín Carrión ... • 365

Cabe recordar también que a partir de 1963, la dictadura se esfuerza por controlar la CCE, limitando su libertad y sus acciones culturales. Si la figura de Carrión como actor primordial de la entidad viene asociada a las críticas contra el desempeño reducido de la institución, en el período 1963-1966 los tzántzicos distinguen el protagonismo de Carrión del de un Zaldumbide acusado de aceptar la nueva tutela política; consideran a Carrión como un *moindre mal*, un mal menor, pues representa una personalidad aceptable por su compromiso socialista. Esto explica que en 1966, con la toma de la CCE y a la hora de reformarla para garantizar su independencia, los tzántzicos opten por designarle como nuevo presidente, confiando en su desprecio por la dictadura militar. Sin embargo, se darán cuenta de la imposibilidad de transformar una institución cultural que fue establecida como un organismo libre e independiente: saldrán de la CCE y crearán el Frente Cultural en 1968.

El grupo nace en 1961 con Fernando Tinajero,[5] Ulises Estrella, Carlos Benavides Vega, Álvaro San Félix, Simón Corral, Antonio Ordóñez, Marco Muñoz, en casa de Elisabeth Rumazo y de su esposo, el pintor cubano René Alis. La pareja acaba de regresar de Colombia, donde ha conocido las experiencias del grupo nadaísta, las cuales se difunden en la Universidad Central. Se junta al grupo el poeta argentino Leandro Katz, cuya labor se inspira en los grupos iconoclastas de Buenos Aires. En su lucha contra el aislamiento cultural ecuatoriano y la mediocridad de la producción nacional, los tzántzicos dan a conocer las innovaciones de grupos literarios vecinos: *El Techo de la Ballena*, en Venezuela; *El corno emplumado*, revista bilingüe dirigida por Margaret Randall y Sergio Mondragón; *Pájaro Cascabel*, de Thelma Nava, en México; *El pez y la serpiente*, de Pablo Antonio Cuadra y Ernesto Cardenal, en Nicaragua; la reflexión nadaísta de Gonzalo Arango, en Colombia; el grupo

---

[5] Fernando Tinajero se distancia luego del grupo, pero sigue compartiendo su entorno cultural inmediato con numerosas colaboraciones y asumiendo posiciones comunes de ruptura frente a la CCE.

Trilce, con Eduardo González Viaña y Murillo Ganoza, en el Perú. Los tzántzicos participan también en el Movimiento Nueva Solidaridad (MNS), la red panamericana creada en 1962 por el argentino Miguel Grinberg (Grinberg 1). Rafael Larrea y Raúl Arias ilustran este nuevo soplo intelectual con sus viajes destinados a entablar relaciones con los grupos de protesta peruanos y argentinos. Conocen al poeta y cantante Benjo Cruz, quien morirá en Bolivia al lado del Che Guevara, al que cita Murriagui en su libro *33 Abajo*: "Somos hartos los que estamos hartos". Ulises Estrella asume también esta transhumancia intelectual y continental que Margaret Randall llama "sense of community" (1). Viaja a Panamá, Costa Rica, Nicaragua, Honduras, Guatemala, México, y en Nueva York descubre el neorrealismo italiano que suscita su vocación de cineasta. En Colombia, comparte con los nadaístas; en el Perú, con artistas de Trujillo, Lima y Cuzco; en Buenos Aires, se apasiona por Bergman y Kurosawa. Después de nuevos viajes a Cuba y Europa, Ulises Estrella crea en 1969 *Apenas este mundo*, reclamándose parte del teatro experimental popular y comprometido de Bertolt Brecht.

Por sus múltiples contactos con las vanguardias, los tzántzicos se presentan como uno de los motores de la renovación cultural nacional.

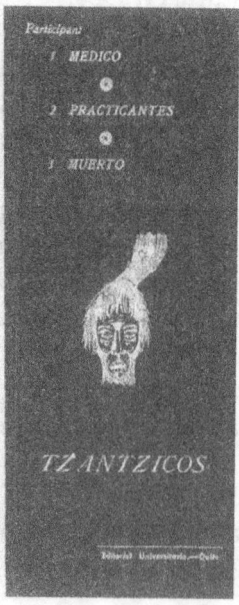

Afiche promocional del recital "Anfiteatro". Fuente: Susana Freire García, *Tzantzismo, tierno e insolente*, Quito: Libresa, 2008.

Las reflexiones teóricas cuajan en el *happening* del recital tzántzico, inspirado en las experiencias iconoclastas argentinas y el contrapunto de los recitales académicos. Al buscar hacer estallar los códigos y cánones imperantes, usan un nuevo lenguaje poético, influenciado por la poesía coloquial de Ernesto Cardenal y de Nicanor Parra, que desarma la rima y la métrica. El acto fundador del grupo es su primer recital tzántzico en abril de 1962, "Cuatro gritos en la oscuridad", que escandaliza al público acusado de pasividad y que es convertido en el blanco de los ataques [...] desde el aula Benjamín Carrión de la CCE cuya autoridad se ataca simbólicamente.[6] Después de una hora de espera destinada a exasperar al público, los tzántzicos gritan sus textos desde las salidas del aula, en la oscuridad, creando una cacofonía corrosiva. Denuncian la mediocridad de una vida cultural enclavada y dormida, desmitificando el "falso patriotismo cuya intensidad se [mide] en la cantidad de odio que [podemos] alimentar contra nuestros vecinos vencedores" (Tinajero, "Sobre leyes" 97). Así Katz concluye leyendo un pedazo de periódico a la luz de una vela, parado en una silla, "Y el público bobo, bobo, bobo, bobo", antes de hacer trizas la hoja que echa a la cara de los presentes. También estallan piñatas con pequeñas banderas nacionales, con el comentario: "Esta es su Patria, cómansela, si quieren" (Estrella, *Memoria incandescente* 11).

Tales recitales iconoclastas se multiplican en espacios paralelos a los de las instituciones culturales, en nombre de la "experiencia vital como forma de acceso a la realidad social" (Grijalva 258), cuyo propósito es llegar al contacto directo con esos sectores humildes apartados de los circuitos oficiales. El *happening* representa el instrumento predilecto al servicio del arte militante y comprometido con la acción revolucionaria, al obrar por la culturización y la concienciación de los sectores populares. Como lo recuerda Estrella: "Al ser

---

[6] Fernando Tinajero recuerda el recital en "Rupturas, desencantos y esperanzas. Cultura y sociedad en el Ecuador: 1960-1985" (791-810). Ver también, en base a la cronología de actividades de *Pucuna* (No. 1, octubre de 1962), Freire García (21-24).

tan sartreanos con esto de que no sirve nada un libro ante millones de analfabetos, adoptamos el acto tzántzico vinculado al *happening*. Pensando que no hacía falta publicar libros" ("El radicalismo" 267). En julio de 1962, los tzántzicos se presentan ante los empleados municipales; en agosto, ante los obreros textiles de La Internacional. El 27 de agosto de 1962, leen su Primer Manifiesto en la Facultad de Filosofía de la Universidad Central, publicado en el primer número de *Pucuna*. Desde esta perspectiva, el lugar y el público de los recitales cobran tanta importancia como el texto y su contenido:

> Será el momento en que el obrero llegue a la Poesía... El arte, la Poesía es quien descubre lo esencial de cada pueblo. Nuestro arte quiere descubrir este pueblo (que en nada se diferencia de muchos otros de América). Y saltar es cosa de arte. Saltar por encima de los montes con una luz auténtica, de auténtica revolución, y con una pica sosteniendo muchas cabezas reducidas. (contraportada)

Para que su mensaje poético-revolucionario llegue directamente al destinatario final, los tzántzicos usan medios radiofónicos, animando en Radio Nacional del Ecuador el programa "Ojo del Pozo", con la lectura de su producción literaria. Contribuyen también a despertar la vida cultural quiteña con la creación, en 1964, del Cine Club, que introduce el nuevo cine europeo y organiza debates teóricos como aquel sobre *Ocho y medio* de Fellini, en el teatro Granada. Con la misma voluntad de multiplicar los contactos, de suscitar debates, de promover colaboraciones e intercambios innovadores, los tzántzicos participan en 1964, con otros intelectuales del boom ecuatoriano, en la creación de la Asociación de Escritores y Artistas Jóvenes del Ecuador, que no tiene reparo en depender de ninguna institución oficial (Rodríguez, 2008, 1). Inspirados en la experiencia mexicana, su propósito es luchar contra el provincianismo cultural y vincular a todos los artistas del país, muchos de ellos produciendo localmente sin resonancia nacional (Estrella, "Indoamérica" 3).

La revisión del proyecto cultural de Benjamín Carrión ... • 369

CONTRA LA CULTURA INSTITUCIONALIZADA: DE LA TOMA DE LA CCE AL FRENTE CULTURAL

La oposición militante a la política cultural oficial culmina en un acto radical: la toma de la CCE en agosto de 1966, cuando se reúne la Asamblea general de la entidad para elegir a sus nuevos miembros, que los tzántzicos calificarán posteriormente de *revolución cultural*. A pesar del abandono del poder por los militares el 29 de marzo de 1966, la Asociación de Escritores y Artistas Jóvenes del Ecuador denuncia las intervenciones pasadas de la dictadura en los asuntos internos de la institución y la permanencia en ella de muchos intelectuales cercanos al poder militar. Adopta la resolución de llevar a cabo una reorganización institucional en su congreso de junio de 1966, y crea el Movimiento de Reorganización de la Casa de la Cultura con el objetivo de expulsar a los intelectuales comprometidos con la dictadura y restaurar su autonomía (Freire García 112-113). Fernando Tinajero, entonces presidente de la Asociación de Escritores y Artistas Jóvenes del Ecuador, lo precisa:

> "Los motivos, primero: después de haber caído el gobierno militar que había entonces, la Casa seguía regida con las autoridades que fueron nombradas por la dictadura militar. Segundo, durante ya tres o cuatro años, la Casa de la Cultura estaba en una absoluta pasividad. Y más todavía, considerábamos, yo lo creo todavía, que había sido humillada. Se la había puesto más o menos al servicio de la dictadura y lo único que se oía de la Casa de la Cultura era algún acto en beneficio de la política bastante personalista de la Junta Militar. Pero más allá de esto, el motivo principal creo yo que era toda esta fiebre, esta efervescencia de cambio que había en los años sesenta. Bueno, todo el mundo en los años sesenta esperaba un cambio, una transformación. En América Latina había un oleaje revolucionario, había guerrillas. Aquí no llegó a verse el fenómeno de la guerrilla. Pero hubo en cambio la guerrilla cultural"; entre otras, la de los tzántzicos. (en Morel, *La Casa de la Cultura* 665)

Sitiados por la policía, los miembros de la Asociación con el apoyo de la Federación de Estudiantes Universitarios (FEUE), la Confederación de Trabajadores del Ecuador (CTE), la Federación de Trabajadores de Pichincha (FTP), la

Federación de Estudiantes Universitarios de la Universidad Católica (FEUC), la Federación de Estudiantes Secundarios del Ecuador (FESE), el Frente de Revolución Universitaria (FRU), entre otros, organizan la ocupación de la tanto en Quito como en provincias. Si bien existen diferencias y divergencias entre los actores de la toma, todos comparten el objetivo de democratizar la entidad, como lo recuerda Tinajero:

> La verdad es que las ideas no eran muy claras en este sentido. Había bastantes ideas indecisas, muy generales; más que un proyecto lo que había era un deseo de acabar con todas estas estructuras que todavía venían de una cultura elitista. En ese sentido, yo pienso que el movimiento de los tzántzicos fue un antecedente del movimiento, pero el movimiento ya desbordaba al tzantzismo, comprometía a toda esta Asociación de Escritores Jóvenes, aunque dentro de la Asociación había también un ala izquierda y un ala derecha. (Morel, *La Casa de la Cultura* 666)

El Gobierno acaba aceptando conformar una comisión mixta para la elaboración de una nueva ley para la CCE, de la que forman parte Oswaldo Guayasamín y Fernando Tinajero.

La reorganización desemboca en una nueva directiva, siendo Benjamín Carrión presidente, Oswaldo Guayasamín vicepresidente y Fernando Tinajero secretario. Varios miembros de la Asociación de Escritores y Artistas Jóvenes del Ecuador defienden la opción de otorgar a Carrión la presidencia; entre ellos Hernán Rodríguez Castelo, actor determinante de la toma de la CCE y admirador de Carrión (Rodríguez Castelo relata detenidamente las etapas de la toma en *Revolución cultural. La historia de la toma de la Casa de la Cultura*). Según Estrella, la opción de Carrión se presenta como un mal menor frente a la inexperiencia de los tzántzicos en materia de gestión cultural: "vale la pena recordar que en esa famosa toma de la institución no había un proceso, una organización, una claridad de que eso se democratice y que se busque otros canales, no había un proyecto concreto. Por eso es que se entregó el movimiento nuevamente a Carrión" (Morel, *La Casa de la Cultura* 632). Para Tinajero, la elección de Guayasamín se debe a su respetabilidad: "nosotros éramos muy jóvenes, desconocidos, y con él teníamos pues una garantía de seriedad". La elección de Carrión, en cambio, no carece de ambigüedades. Tinajero la justifica por la experiencia del fundador de la CCE así como por el interés aparentemente sincero de Carrión en el movimiento. Sin embargo, más allá de la posible simpatía recíproca, los tzántzicos esperan sacar provecho de los apoyos con que ya cuenta Carrión. Estos apoyos pueden facilitar la acción de la nueva directiva, aunque –no sin ironía– los tzántzicos hayan criticado a Carrión por sus favores hábilmente concedidos: "[Carrión] estaba muy interesado en aquel movimiento, aunque trataba de no aparecer. Nunca quería que se le hiciera figurar en nada; pero a través de muchos amigos, él siempre hombre de muchas amistades, sobre todo hombre que supo distribuir favores de tal manera que tenía siempre partidarios, tenía influencias" (Morel, *La Casa de la Cultura* 667).

Con otros intelectuales de la vanguardia, los tzántzicos entran así oficialmente en la CCE; si bien brevemente, pues no aceptan una tutela institucional que limite su libertad de acción: "Nos topamos con la institucionalidad. Otra vez el movimiento tzántzico repudió eso que consideramos el entreguismo institucional" (Estrella, "El radicalismo" 262). Siguen vigentes, pese a la toma, las críticas contra el modo de funcionar de la entidad. A la pregunta si la nueva presidencia de Carrión puede compararse a una restauración del grupo de intelectuales elitistas de las primeras horas de existencia de la CCE, contesta Estrella: "Efectivamente [...] Carrión jugó un papel importantísimo en la primera etapa, pero a partir de 1960 su comprensión de una problemática, de una organización de un movimiento cultural era bastante precaria" (Morel, *La Casa de la Cultura* 632). Para Tinajero, el peso paralizador de la institucionalidad se manifiesta ya dentro de la misma Comisión encargada de elaborar la nueva ley, limitando de entrada su alcance democratizador y modernizador:

> Aunque nosotros creíamos tener el triunfo en la mano porque habíamos logrado que el gobierno cediera a nuestro requerimiento, en realidad creo que no habíamos ganado nada. Éramos muy jóvenes, muy inexpertos y ninguno de nosotros tenía grandes

conocimientos jurídicos. Creo que había dos o tres en la Comisión que habíamos hecho estudios de Derecho, pero los habíamos abandonada ya hace mucho. Y por parte de la Casa de la Cultura había pues viejos abogados muy hábiles, un exdecano de la Facultad de Jurisprudencia, y es uno de los más notables abogados que había en el país. Y había sobre todo mucha experiencia en este cabildeo; entonces sin darnos cuenta fueron ellos enredándonos en discursos y aceptaban nuestras propuestas, nuestras tesis, sin ninguna dificultad; nunca había discusión. Estaban dispuestos a aceptar todo; "pero bueno", decían, "de acuerdo a la técnica jurídica, esto es necesario redactar de esta manera [...] No, pero es que quisiéramos de esta otra... no, es que entonces la Constitución no sé qué, y hay otra ley por allá y no sé qué [...] (Morel, *La Casa de la Cultura* 668)

El rechazo al "entreguismo institucional" se manifiesta entonces a través de la posición del parricidio. Fernando Tinajero reformula el enfoque revolucionario del grupo en el artículo "El parricidio intelectual", publicado en 1966 en el N° 6 de *Indoamérica*, en que reclama la ruptura total, sin compromiso ni negociación con la generación anterior y su legado. Tinajero cuestiona radicalmente el ideal del mestizaje cultural en Ecuador definido y defendido por Carrión, afirmando que no sólo resulta inacabado sino imposible por la vigencia en la década de los sesenta de un sistema de clases opresivo y de estructuras de producción oligárquicas. No sólo apunta al fracaso patente del proyecto de Carrión, sino que proclama su imposibilidad por una lectura errónea de la realidad nacional. Tinajero constata que la sociedad ecuatoriana no ha evolucionado desde la década de los treinta, cuando los autores de la Generación del Treinta iban denunciando la injusticia, la explotación, la miseria y el racismo. Aunque estos autores innovaron en el campo artístico denunciando los males de la sociedad, su labor cultural no logró transformar una realidad intolerable. Frente a un fracaso histórico tan doloroso, se impone el parricidio, es decir, "asesinar a nuestros predecesores y asesinarlos sin piedad", aunque esta posición radical implique el sufrimiento y el dolor de sentirse "inermes y desvalidos, huérfanos de toda tradición, abandonados a nuestra propia suerte" (Tinajero, *Más allá de los dogmas* 136). Cabe notar que Tinajero hace más urgente aún el compromiso generacional, pues concluye con la responsabilidad histórica inédita que les incumbe a los jóvenes artistas: "Si por un falso amor al pasado o por un farisaico respeto a las tradiciones renunciamos ahora a llevar adelante este parricidio intelectual que, evidentemente, es el único medio de cumplir nuestra responsabilidad histórica, fracasaremos como pueblo y como generación" (Arcos Cabrera, "El duro arte" 158).

Carrión será el blanco predilecto de esta radicalización, descrita por Ulises Estrella como una posición "a un nivel entre parricida y anárquica" ("El radicalismo" 266). A raíz de una sequía persistente, el conflicto opone al Gobierno con los campesinos de la zona de Loja, cuyas manifestaciones son duramente reprimidas, pareciendo ignorar el presidente Otto Arosemena Gómez la emoción que la represión suscita. Poco después, el presidente de la República otorga tres millones de sucres a la CCE; Benjamín Carrión y Oswaldo Guayasamín saludan esta contribución en la prensa. Los tzántzicos interpretan estos agradecimientos como un acto de sumisión al poder autoritario, y denuncian el compromiso político de los intelectuales desvinculados del pueblo ecuatoriano, en el N° 9 de *Pucana*, en febrero de 1968:

Alfonso Murriagui. Fuente: Susana Freire García, *Tzantzismo, tierno e insolente*, Quito: Libresa, 2008.

Las últimas actitudes de Benjamín Carrión y Oswaldo Guayasamín no sólo han cuestionado la autonomía de la Casa de la Cultura sino que evidencian claramente el fracaso político definitivo de las viejas generaciones inspiradas en principios liberales [...] Constituyen el último estertor, el derrumbamiento catastrófico de una manera de ver, pensar, sentir y actuar, el colapso de un modo de enfrentarse con la vida y la cultura[...] La condición de un escritor o artista tiene que evidenciarse en su capacidad de lucha contra el orden imperante. (Murriagui, "El movimiento tzántzico" 1)

Estrella recuerda en 1992 estas circunstancias, último motivo del rechazo a la institución:

[...] tuvimos que enfrentarnos con una política bastante conciliadora, por decirlo obviamente, que se presentó con los gobiernos posteriores de la dictadura militar. Especialmente con el gobierno de Otto Arosemena, cuando en la casa de Guayasamín se realizó un homenaje a Arosemena, tres días después de que él había ordenado una masacre de campesinos en Calvas-Loja. Eso hizo que cuarenta miembros de los tzántzicos y del Frente Cultural renunciáramos en masa, entre otros el famoso sociólogo Agustín Cueva. (Morel, *La Casa de la Cultura* 632-633)

La denuncia política profundiza el diagnóstico radical del fracaso de la política cultural de la CCE, acusada de servir a los intereses de las élites tradicionales y la reproducción del orden oligárquico. En 1968, los tzántzicos contribuyen a la creación del Frente Cultural que defiende la realización efectiva del parricidio y de la revolución, en nombre de la promoción de una cultura nacional auténtica y liberada del coloniaje. Superando las "trincheras" tzántzicas de los *happenings* provocativos (Handelsman, "Del tzantzismo al desencanto" 142), el Frente Cultural define cuatro frentes complementarios de acción cultural: literatura y pintura (con el protagonismo del grupo VAN-Vanguardia de Artistas Nacionales, organizador de exposiciones alternativas como una Anti-bienal que tiene mayor repercusión que la Bienal de la CCE), sociología (en que actúa Agustín Cueva) y teatro (con el Teatro Obrero y el Politécnico).

Hacia finales de 1969, por divisiones ideológicas, los tzántzicos van desintegrándose mientras se diluye la posición parricida militante (Tinajero, *De la evasión* 105). La dificultad de mantener a largo plazo el compromiso parricida, la ambivalencia entre actividad política y artística, el rechazo literario al boom latinoamericano en nombre de la militancia, la prioridad a los recitales en detrimento del libro, explican que el grupo no deje obras sobresalientes. El balance que propone Rodrigo Pesántez Rodas en su antología de poesía ecuatoriana es muy duro: "Hoy, a la distancia del tiempo no queda sino el eco bullanguero de un movimiento teórico insurgente, producto de tantos sarampiones que nos suele dar en las mocedades de la vida" (286). Tinajero, quien había formulado en 1966 la necesidad del parricidio, propone a su vez un balance generacional desencantado: en su novela *El desencuentro*, publicada en 1976, describe el fracaso histórico de los reductores de cabezas incapaces de modificar la realidad indignante.

Como el propio Carrión, y a pesar de sus críticas a él, muchos tzántzicos siguen a su vez la trayectoria hacia puestos institucionales que otorgan estatus, manifestación de su afán de reconocimiento así como de su relación compleja, entre fascinación y repulsión, con las instancias del poder. Es más, algunos llegan a ocupar puestos clave en el seno de la CCE, cuando no se convierten en sus más activos defensores, ilustrando el agotamiento de la posición de ruptura: la participación de Ulises Estrella y Fernando Tinajero son dos claros ejemplos. Estrella va asociando el radicalismo pasado, como excusándolo retrospectivamente, a la juventud del grupo, y tiende a explicar la falta de autonomía y de ambición de la CCE por circunstancias exteriores a la entidad:

> [...] pienso que estábamos demasiado jóvenes, demasiado tiernos como para entender cómo se podría organizar una nueva Casa. Y después siguió todo un proceso. Hay que recordar que el país vivió dictaduras militares hasta el año 78. Entonces este período fue muy complicado porque en esos períodos la Casa de la Cultura estaba entregada a los gobiernos militares [...] Asimismo las circunstancias

políticas de la época permiten justificar *a posteriori* el "entreguismo institucional" de Carrión que motivó en su momento la salida de los tzántzicos de la CCE: "No podemos a estas alturas pedirle demasiado a Carrión". Es más, la acción institucional se hace legítima con el regreso de la democracia: "Las cosas han cambiado; me parece que el movimiento jugó su papel y que estos espacios de la institución, vistos ya en la década del 90, cobran vigor". (Morel, *La Casa de la Cultura* 633-634)

Prueba de que las cosas han cambiado, según Estrella, es la creación de la Sección de Cine y luego la Cinemateca, "espacio urgente, inaplazable, insoslayable, objetivo, de las imágenes en movimiento, el cine, la fotografía, en la institución". Como director de la Cinemateca, Estrella juzga "provechosa" esta nueva etapa, ilustración de la capacidad de evolución de la entidad a pesar de las dificultades (Morel, *La Casa de la Cultura* 633-634). Fernando Tinajero representa hoy uno de los más fervientes defensores de la CCE frente al actual proyecto de absorción de la entidad en el seno del recién creado Ministerio de Cultura. Reclamándose de la tesis sartreana según la cual toda palabra compromete así como lo hacían los tzántzicos y recordando la toma de la entidad en 1966, Tinajero explica su renuncia al cargo de asesor de la Casa de la Cultura por la voluntad de defender una institución que sea plenamente democrática y transparente. En una carta del 30 de abril de 2008, reactiva los argumentos tzántzicos para esta vez, unos 40 años más tarde, promover la acción de la CCE, según él amenazada:

> Lo que existe es un numeroso conglomerado de hombres y mujeres que anhelan una Casa abierta a todos, una Casa dinámica, que permita desarrollar una suma de acciones colectivas para potenciar la creación, la difusión y la búsqueda de puentes válidos entre las culturas diversas que existen en la Patria. Desgraciadamente, lo que esas personas encuentran es una Casa pasiva y burocrática, que parece haber perdido también la capacidad de iniciativa. (Tinajero, "Carta de renuncia" 1)

Atacada por los medios conservadores ya en 1946, y más abiertamente en 1956; criticada luego por los izquierdistas en la década de los sesenta, defendida a partir de la década de los noventa por algunos de sus anteriores detractores o puesta en tela de juicio más recientemente por nuevas políticas culturales, la CCE simboliza las dificultades de definir a largo plazo un proyecto cultural común. Los numerosos y polémicos debates en torno a ella y a su misma razón de ser contradicen así el propósito inicial de Carrión, "que consistía en realizar la unidad nacional y dar sentido a la nación gracias a la búsqueda, emprendida por unos intelectuales adictos a la causa de la patria, de una supuesta 'ecuatorianidad', y gracias a la edificación de una potencia cultural en la cual participaría todo el pueblo, reconciliado por fin con sus vocaciones esenciales" (Morel, "Las 'políticas culturales'" 82). Las posiciones radicales, ambiguas o contradictorias de los intelectuales frente a la CCE y al proyecto de Carrión ilustran hasta hoy la imposible unidad nacional a través de un ideal cultural.

Bibliografía

Arcos Cabrera, Carlos. "El duro arte de la reducción de cabezas: ruptura y continuidad en la literatura ecuatoriana contemporánea". *Íconos. Revista de ciencias sociales* 25 (2006): 147-160.

_____ "La caja sin secreto: dilema y perspectivas de la literatura ecuatoriana contemporánea". *Quórum. Revista de pensamiento iberoamericano* 14 (2006): 187-220.

Carrión, Benjamín. *El cuento de la patria*. Quito: Libresa, 1992.

Cueva, Agustín. *Entre la ira y la esperanza*. Quito: Casa de la Cultura Ecuatoriana, 1967.

Estrella, Ulises. "Indoamérica: fervor por encima de las barreras". *Pucuna* 6 (1965): 3.

_____ "Los tzántzicos: poesía de la indignación". *Hispanoamérica* 3 (1973): 81-85.

_____ *Los años de la fiebre*. Quito: Libresa, 2005.

_____ *Memoria incandescente*. Quito: Imprenta Noción, 2003.

_____ "El radicalismo de los tzántzicos". *Sartre y nosotros*. Alicia Ortega Caicedo, ed. Quito: El Conejo/Universidad Andina Simón Bolívar, 2007.

Freire García, Susana. *Tzantzismo: tierno e insolente*. Quito: Libresa, 2008.

Grijalva, Juan Carlos. "El ensayo y la crítica ecuatoriana contemporánea". *Historia de las literaturas del Ecuador*. Vol. 7. Alicia Ortega Caicedo, ed. Quito: Universidad Andina Simón Bolívar/Corporación Editora Nacional, 2008. 254-283.

Grinberg, Miguel. "Hace 40 años en un lugar del Plata cuyo nombre no viene al caso... La Conspiración Cronópica". <http://www.morfonet.cl/secciones/literatura/031.htm>. 1 mayo 2013.

Handelsman, Michael H. "Del Tzantzismo al desencanto: un recorrido de treinta años en la crítica literaria del Ecuador". *Revista de crítica literaria latinoamericana* 31/32 (1990): 139-152.

_____ "Resonancia del 'boom': Agustín Cueva y el parricidio cultural ecuatoriano de los 60". *Revista de crítica literaria latinoamericana* 26 (1987): 169-177.

Morel, Anne-Claudine. *Compte-rendu de thèse introduit dans la Bibliographie Française sur l'Équateur*. Bordeaux: Maison des Pays Ibériques-Université Michel de Montaigne-Bordeaux III, 1994.

_____ *La Casa de la Cultura Ecuatoriana: recherches sur l'organisation et le développement d'une institution culturelle en Equateur. Les enjeux d'une politique ambitieuse (1944-1957)*. Tours: Universidad de Tours-François Rabelais, 1994.

_____ "Las 'políticas culturales' en la Casa de la Cultura Ecuatoriana entre 1944 y 1957: desavenencia o armonía entre Benjamín Carrión y Pío Jaramillo Alvarado". *Ecuador debate* 81 (2010): 75-92.

Murriagui, Alfonso. *33 Abajo*. Quito: Editorial Universitaria, 1965.

_____ "El movimiento tzántzico y su clara militancia política". Ponencia leída en el Encuentro de Talleres y Grupos

Literarios del Ecuador "Alfonso Chávez Jara". Riobamba, 2006. <http://k-oz-editorial.blogspot.com/2007/12/el-movimiento-tzantzico-y-su-clara.htm>. 1 mayo 2013.

_____ "Los años de la fiebre". <http://www.nodo50.org/opcion/93/cultura.htm>. 1 mayo 2013.

Ortega Caicedo, Alicia. "Trayectorias y memorias del diálogo con Sartre en la escena cultural de Quito". *Sartre y nosotros*. Alicia Ortega Caicedo, ed. Quito: El Conejo/Universidad Andina Simón Bolívar, 2007.

Pesántez Rodas, Rodrigo. *Del vanguardismo hasta el 50 : estudio histórico, estilístico y crítico de la poesía del Ecuador*. Guayaquil: s. e., 1999.

Pólit Dueñas, Gabriela. *Crítica literaria ecuatoriana*. Quito: FLACSO, 2001.

Polo, Rafael. *Los intelectuales y la narrativa mestiza en el Ecuador*. Quito: Universidad Andina Simón Bolívar/Abya-Yala/Corporación Editora Nacional, 2002.

Randall, Margaret. "Remembering the 1960s". <http://www.triplov.com/sureal/margaret_randall.htm>. 1 mayo 2013.

Rodríguez, Marco Antonio. "Ulises Estrella: el poeta y su mundo". *Revista de cultura Agulha* 61 (2008). <http://www.revista.agulha.nom.br/ag61estrella.htm>. 1 mayo 2013.

Rodríguez Castelo, Hernán. *Revolución cultural. La historia de la toma de la Casa de la Cultura*. Quito: CCE, 1968.

Silva, Erika. *Los mitos de la ecuatorianidad*. Quito: Abya-Yala, 1992.

Sinardet, Emmanuelle. "*Atahuallpa* (1934) de Benjamín Carrión: l'identité nationale à la lumière des guerres de conquête incas et espagnoles". *Guerres et identités dans les Amériques*. Marie-Christine Michaud, Joel Delhom, eds. Rennes: PUR, 2010.

_____ "Du mouvement tzántzico au Frente Cultural: réducteurs de tête et parricides, nouveaux acteurs équatoriens". *1968 en Amérique latine: apparition de nouveaux acteurs*, Alvar de la Llosa, Stéphanie Decante, eds. Nanterre: Presses Universitaires de Paris Ouest. En prensa.

Tinajero, Fernando. *Carta de renuncia a la CCE, 30 de abril de 2008*. <http://consejoculturach.blogspot.com/2008/05/renuncia-fernando-tinajero-la-cce.html>. 1 mayo 2013.

———. *De la evasión al desencanto*. Quito: El Conejo, 1987.

———. *El desencuentro*. Quito: Libresa, 1991.

———. *Más allá de los dogmas*. Quito: CCE, 1967.

———. "Rupturas, desencantos y esperanzas. Cultura y sociedad en el Ecuador: 1960-1985". *Revista Iberoamericana* 144-145 (1988): 791-810.

———. "Sobre leyes, espadas y poetas". *La bufanda del sol* 3-4 (1972): 93-108.

Tzántzico. *Pucuna* 1 (1962).

Sobre los autores

YANNA HADATTY MORA es Investigadora Titular en el Instituto de Investigaciones Filológicas de la Universidad Nacional Autónoma de México. Especialista en vanguardias hispanoamericanas, literatura mexicana del siglo XX, ensayo latinoamericano, literatura ecuatoriana siglo XX, e historia de la prensa y la literatura. Entre sus publicaciones recientes se destacan *La ciudad paroxista. Prosa mexicana de vanguardia, 1921-1932* (2009); y varios artículos en revistas especializadas de México y Ecuador. Su libro *Prensa y literatura La Novela Semanal de EL UNIVERSAL ILUSTRADO, 1922-1925* (2014), está en prensa.

LUIS A. MARENTES es Profesor Asociado de Español en la Universidad de Massachusetts Amherst. Ha enseñado como profesor visitante en MIT y la Universidad de Teherán. Su investigación se ha enfocado en la producción cultural mexicana en el periodo postrevolucionario, la migración y los estudios chicanos. Entre sus publicaciones se encuentran *José Vasconcelos and the Writing of the Mexican Revolution*, "El apando de José Revueltas: Metáfora de la opresión y la resistencia" y la bibliografía digital "Latino Indigenismo in a Comparative Perspective" para Oxford Bibliographies. Es miembro del colectivo digital Latino Rebels y colaborador de Huffington Post Latino Voices.

MICHAEL HANDELSMAN es Profesor Distinguido de las Humanidades en la Universidad de Tennessee, donde ejerce la cátedra de Literaturas Latinoamericanas y dirige el Programa de Estudios Globales y, también, la Oficina de Becas Nacionales. Handelsman ha publicado extensamente sobre las letras y la cultura del Ecuador y su último libro se titula *Género, raza y nación en la literatura ecuatoriana* (2011). Es Miembro Correspondiente de la Academia de la Lengua del Ecuador y Profesor Honorario de la Universidad Andina Simón Bolívar, Sede Quito.

JUAN CARLOS GRIJALVA es Profesor Asociado de Literatura Latinoamericana en Assumption College en Estados Unidos; y es, también, investigador asociado del Centro de Estudios Latinoamericanos de la Universidad de Pittsburgh y la Universidad Paris Ouest-Nanterre La Défense, Francia. Sus publicaciones y estudios giran en torno a escritores e intelectuales del siglo XIX y XX en México y Ecuador; pensamiento social latinoamericano; ensayo indigenista, y periodismo femenino del siglo XIX. Sus publicaciones han aparecido en libros y revistas especializadas de Ecuador, Estados Unidos y Europa.

IGNACIO M. SÁNCHEZ PRADO es Profesor Asociado de Español y Estudios Internacionales en Washington University en Saint Louis. Es autor de *El canon y sus formas. La reinvención de Harold Bloom y sus lecturas hispanoamericanas* (2002); *Naciones intelectuales. Las fundaciones de la modernidad literaria mexicana (1917-1959)* (2009); *Ensayos académicos y literarios (2004-2010)* (2012). Ha editado y co-editado nueve colecciones críticas, entre las más recientes: *El patrimonio literario de México. Siglos XIX y XX* (Con Jorge Ortega y Antonio Saborit) y *Heridas abiertas. Biopolítica y cultura en América Latina* (2014, con Mabel Moraña). Ha publicado más de cuarenta artículos académicos sobre cuestiones de literatura, cultura y cine mexicanos, así como de teoría cultural latinoamericana. Su próximo libro, *Screening Neoliberalism: Mexican Cinema 1988-2012* es una exploración de las relaciones entre cine y neoliberalismo en México y será publicado en 2014 por Vanderbilt University Press.

CARLOS A. JÁUREGUI es Profesor Asociado de Literatura y Antropología en la Universidad de Notre Dame. Autor de *Canibalia* (Premio Casa de las Américas 2005; Iberoamericana 2008) y *The Conquest on Trial* (2008). Coeditor de *Heterotropías* (2003), *Colonialidad y crítica en América Latina* (2007), *Revisiting the Colonial Question* (2008, con M. Moraña), *Coloniality at Large* (2008, con E. Dussel y M. Moraña) y *Of Rage and Redemption: The Art of Oswaldo Guayasamín* (2008, con J. Mella y Ed. Fischer). Trabaja actualmente en un nuevo libro titulado: "Going Native and Becoming-Other in Latin American Literature and Film," proyecto por el cual fue becado por un año por el *National Endowment for the Humanities* (2010) y el 2012-13 *Bavarian Program for Foreign Visiting Scholars Fellowship* de la Universidad de Augsburg.

EMMANUELLE SINARDET SEEWALD es Profesora de Civilización Latinoamericana en la Universidad Paris Ouest - Nanterre La Défense y miembro del CRIIA (Centre de Recherches Ibériques et Ibéro-americaines). Trabaja temas relacionados con los estudios culturales en el Ecuador: historia de la educación, políticas y movimientos culturales, representaciones e imaginarios colectivos nacionales en el Siglo XX. Tiene publicados numerosos artículos y capítulos de libros sobre estas temáticas y está por publicarse en Francia su último libro sobre instrucción moral y cívica durante la Revolución liberal: *Construire l'homme nouveau en Équateur (1895-1925). Le projet de construction nationale de la Révolution libérale au prisme des manuels scolaires d'instruction morale et civique.*

ROCÍO FUENTES es Profesora Asistente de Español en Central Connecticut State University. Sus intereses de investigación se enfocan en el análisis del discurso educativo, la educación intercultural, la educación de profesores de lengua extranjera y el desarrollo de las habilidades interculturales en alumnos de español como segunda lengua. Ha contribuido en los libros *Politics of Interculturality* (2011) y *The Handbook of Intercultural Discourse and Communication* (2012), así como en otras prestigiosas revistas especializadas en el área.

JAVIER GARCIADIEGO es Profesor e Investigador de El Colegio de México. Es especialista en Historia de la Revolución Mexicana y el México posrevolucionario 1920-1950. Algunas de sus principales publicaciones son: *Así fue la Revolución mexicana*, en 8 volúmenes (coordinador académico general, 1985-1986), *Rudos contra científicos. La Universidad Nacional durante la Revolución mexicana* (1996), *Porfiristas eminentes* (1996), *Alfonso Reyes* (2002), *La Revolución mexicana. Crónicas, documentos, planes y testimonios* (2003), *Introducción histórica a la Revolución mexicana* (2006), y *Cultura y política en el México posrevolucionario* (2006). Ha sido Director del Centro de Estudios Históricos de El Colegio de México, Director General del Instituto Nacional de Estudios Históricos de la Revolución Mexicana, y actualmente es el Presidente de El Colegio de México.

ALEJANDRO QUEREJETA BARCELÓ es especialista en Letras y Literatura Hispánicas. Es autor de las siguientes obras: *Los términos de la tierra* (1985); *Arena negra* (1989); *Cuaderno griego* (1991); *Crónicas infieles* (1992); *Cartas interrumpidas* (1993); *Álbum para Cuba* (1998) y *Círculo de dos* (2006). Ha desplegado una amplia actividad como poeta, crítico y periodista, especialmente como editor e investigador de la obra de Manuel Benjamín Carrión.

FRANÇOISE PERUS es Profesora de la Facultad de Filosofía y Letras e Investigadora del Instituto de Investigaciones Sociales de la Universidad Autónoma de México. Sus intereses de investigación se centran en la teoría, crítica e historiografía literarias; cuestiones de poética narrativa; y la narrativa hispanoamericana de los siglos XIX y XX. Entre sus libros más recientes destacan: *La historia en la ficción y la ficción en la historia. Reflexiones en torno a la cultura y algunas nociones afines: historia, lenguaje y ficción* (2009); *Dialogismo, monologismo y polifonía* (2009) y *Juan Rulfo, el arte de narrar* (2012).

ESTEBAN LOUSTAUNAU es Profesor Asociado de Literatura y Cultura Latinoamericana y Director del Programa de Estudios Latinoamericanos en Assumption College, en Estados Unidos. Ha publicado varios artículos y capítulos en libros relacionados a los temas de fronteras geo-culturales, migración, subalternidad y decolonialidad. Su más reciente ensayo trata la emergencia del movimiento hip-hop en Guatemala y sus apropiaciones de las redes sociales en el ciberespacio. Actualmente edita un libro sobre la migración latinoamericana vista por el cine documental y también prepara un libro sobre literatura y desobediencia civil en México.

CARMEN FERNÁNDEZ-SALVADOR es Profesora de Historia en la Universidad San Francisco de Quito. Sus investigaciones se centran en el arte colonial y su relación con la retórica sagrada y la liturgia, el arte y la arquitectura jesuita, y el desarrollo de la cartografía en Hispanoamérica. Tiene varias publicaciones sobre arte colonial y decimonónico, así como sobre la historiografía del arte colonial en el Ecuador. Su proyecto más reciente analiza la relación entre el programa iconográfico de la iglesia de la Compañía de Jesús de Quito en conexión con el trabajo misionero de la orden en la Amazonía.

www.ingramcontent.com/pod-product-compliance
Lightning Source LLC
Chambersburg PA
CBHW071358300426
44114CB00016B/2099